Wendy Goldman Rohm

DIE MICROSOFT-AKTE

Wendy Goldman Rohm

DIE MICROSOFT-AKTE

Der geheime Fall Bill Gates

*aus dem amerikanischen Englisch
von Klaus Fahnenstich und Rainer G. Haselier*

Econ

Die Originalausgabe erschien 1998 unter dem Titel
THE MICROSOFT FILE bei Times Books
im Verlag Random House, Inc. in New York

Der Econ Verlag ist ein Unternehmen
der Econ & List Verlagsgesellschaft

ISBN: 3-430-17869-X

© THE MICROSOFT FILE
1998 by Wendy Goldman Rohm
© der deutschen Ausgabe
1998 Econ Verlag München – Düsseldorf GmbH, Düsseldorf
Alle Rechte vorbehalten. Printed in Germany
Umschlaggestaltung: DYADEsign, Atelier
für Werbung, Düsseldorf
Titelfotos: dpa, Mauritius Bildagentur
Lektorat: Dr. Enrik Lauer / Claudia Niederl / Verena Winter
Gesetzt aus der Sabon und American Typewriter
Satz: rabbitsoft, Aachen
Papier: Papierfabrik Schleipen GmbH, Bad Dürkheim
Druck und Bindearbeiten: Bercker Graphischer Betrieb GmbH,
Kevelaer

Für Madeline und Murphy
in Dank und Liebe

Inhalt

Vorwort   11

1. **Der doppelte Bill**   19
   Sie durften ihn nicht daran hindern, all die ›coolen‹ Dinge zu tun, die er noch in petto hatte.

2. **Die Feds**   33
   Washington überkam der ungute Verdacht, daß da etwas nicht mit rechten Dingen zuging.

3. **Wanzen**   43
   Der Mann nahm eine Flasche mit schwarzem Pulver und einen kleinen Pinsel aus seiner Tasche und bestäubte damit vorsichtig die drei Geräte. Es waren keine Fingerabdrücke zu entdecken.

4. **Labyrinth**   61
   War es nur ein Täuschungsmanöver, ein gezielter Versuch, den Markt zu betrügen?

5. **Mikrokosmos**   91
   »Wir sind nicht dumm. Wir wissen, wie wir die Gratwanderung zu machen haben.«

6. **Der Finger am Abzug**   115
   Wenn man jemanden umbringen will, gibt es keinen Grund, deswegen nervös oder aufgeregt zu sein. Man drückt einfach ab.

7. Entdeckungen 131
»Die Leute wollten sich nicht verpflichten, sie wollten nicht mit uns kooperieren, nicht unsere Lizenzen nehmen, obwohl jeder um uns herum sagte, wir hätten das einzige Stift-Betriebssystem weit und breit und es sei ein schönes Stück Technologie.«

8. Der Drehtür-Effekt 153
»Warum soll ich das Risiko von DR-DOS mit seinen Kompatibilitätsproblemen in Kauf nehmen?«

9. Anti-Monopoly 167
»Wer bei Microsoft steht schon morgens auf und überlegt, wie man mit diesen Kerlen konkurrieren und kurzfristig ihren Umsatz schmälern kann?«

10. Gegen den Strom 177
»Wir vermuten aber, daß man diese Liste noch um einiges ergänzen kann.«

11. Ein Fall löst sich in Luft auf 193
Nach Aussage von Clow wollte Microsoft praktisch nichts dafür zahlen, außer daß sich Stac im Angesicht Microsofts sonnen durfte.

12. Der Master-Plan 211
Während die Branche herumschäkerte, herumtrödelte und dabei einzudösen schien, wurde Microsoft immer wohlbeleibter und mächtiger.

13. Der Vergleich 245
»Ich werde mich nicht von Bill Gates aufs Kreuz legen lassen!«

14. Harte Bandagen 267

»Wenn Informationen über genau diese Bereiche, in denen wir die Goldadern dieser Märkte entdeckt haben, ... an Mitarbeiter von Microsoft übergeben werden – insbesondere, wenn es sich um Herrn Neukom handelt – dann ist das, als reiche man Goliath eine Maschinenpistole.«

15. Die letzte Ölung 289

»*Jim: Für alles, was Lotus darstellte ... beides, Körper und Geist. Danke.*«

16. Bomben 311

Diese Geste, die als Großzügigkeit gewertet wurde, brachte Gates weltweit auf die Titelseiten der Magazine.

17. Das Rad der Geschichte 339

Wie ein lüsterner Zerberus visierte er mit dem Rachen des 1995er-Beschlusses des US Justizministeriums genau Gates' Hosenboden an.

Danksagung 387

Die Akteure 391

Vorwort

Ist Microsofts Aufstieg zur mächtigsten und erfolgreichsten Firma innerhalb der Computer- und Informationsindustrie ein klassisches Beispiel dafür, wie der freie Markt funktioniert? Ist der Erfolg von Microsoft und der Mißerfolg anderer Firmen das Ergebnis der schöpferischen Zerstörungskräfte, die den Kapitalismus so mächtig und einmalig machen? Oder waren da andere Kräfte am Werk?

Dieses Buch wird zeigen, daß sich Microsoft im letzten Jahrzehnt unter der Führung seines genialen Gründers Bill Gates durch eine Fülle räuberischer Geschäftspraktiken ausgezeichnet hat, die den Markt im Bereich der Betriebssysteme und der Anwendungsprogramme ausgeschaltet haben und die jetzt den freien Wettbewerb im Internet und auf dem Gebiet des elektronischen Handels zu ersticken drohen. Was mit Netscape passierte, ist nur das aktuellste Beispiel für ein besorgniserregendes Muster, das deutlich wird, wenn man sich aus einer analytischen Perspektive mit der Strategie und der Taktik von Bill Gates und von Microsoft befaßt, die diese seit den frühen Tagen der Softwareindustrie an den Tag legten.

Die Wurzeln dieses Buches reichen bis in das Jahr 1989 zurück, als ich auf einem Parkplatz in Las Vegas ein inoffizielles Interview mit dem stellvertretenden Vorstandsvorsitzenden eines großen amerikanischen PC-Herstellers führte.

Es war November, und in Vegas fand gerade eine große High-Tech-Konferenz statt. Alle Konferenzräume und Restaurants waren ausgebucht. Ich hatte mein Büro in Form von ein paar Klappstühlen unter der Sonne von Las Vegas in einem Hinterhof aufgeschlagen, fernab der Massen und des Chaos.

Ich plante damals eine Artikelserie und hatte mit einer Reihe von CEOs und leitenden Angestellten Termine vereinbart.

Mit dem, was ich dabei zu hören bekam, hatte ich überhaupt nicht gerechnet. Was mir diese Führungskräfte und viele andere vor zehn Jahren berichteten, war der Anfang einer Geschichte, die sich mit den Anstrengungen eines Mannes und einer Firma beschäftigt, die alles daran setzen, um ein Monopol in einer der dynamischsten, kreativsten und auch heiß umkämpftesten Industrien aufzubauen und zu manifestieren.

In den folgenden Jahren entwickelte sich – basierend auf weiteren Interviews und Untersuchungen – dieser Bericht: wie Gates es schaffte, sowohl den Markt in den Vereinigten Staaten zu dominieren als auch seine weltweite Marktmacht auszudehnen.

Wie Microsoft und Bill Gates jetzt, am Ende des 20. Jahrhunderts, agieren, weist viele Parallelen auf zu dem, was John D. Rockefeller und Standard Oil zu Beginn des Jahrhunderts versuchten. Für Rockefeller war Öl der Treibstoff des Jahrhunderts. Daraus entwickelten sich eine neue Kultur und ein neuer Lebensstil. Das Öl schuf neue Weltmächte: Die Wirtschaft war eine Zeitlang das Synonym für Öl. Rockefeller hat die Welt verändert, genauso wie Gates.

Und doch hatte Gates mehr Erfolg als Rockefeller. In der Weltsicht von Bill Gates ist es nicht mehr das durch Pipelines fließende Öl, das die Welt in Bewegung hält. Öl, das sind für Gates Informationen. Mit der gleichen Scharfsicht wie Rockefeller hat Gates genau an den richtigen Schräubchen gedreht. Er ist sich der Bedeutung der Infrastruktur und einer möglichst hohen Marktdurchdringung bewußt. Beides ist wichtiger als sofortiger Profit – der sich in unermeßlichem Umfang fast von selbst einstellt, wenn ein Monopolist einmal seine Märkte kontrolliert.

Genau wie Rockefeller hat Gates an verschiedenen Stellen seine Auffassung deutlich gemacht, daß ihm die Märkte gehören, die er erschaffen hat. Für beide Männer war Marktanteil ihr Ein und Alles. Die kurzzeitigen Geschenke und Preissenkungen, die sie gewähren müssen, spielen eigentlich keine Rolle. Beide wußten, daß sich dies am Ende des Tages auszahlen würde, wenn der Wettbewerb ausgeschaltet ist und sie so agieren können, wie es ihnen in den Sinn kommt.

Ebenso wie Rockefeller wußte Gates, wie er seinen Mitbewerbern bereits beim Eintritt in den Markt den Weg abschneiden konnte. Rockefeller riß sich die Öllieferungen unter den Nagel, indem er überall auf dem Globus seine Verkäufer plazierte. Sein Motto war: »Das Kohle-Öl-Geschäft gehört uns.« Wenn Händler pro Jahr eine bestimmte Menge Öl benötigten, dann sollten sie jedes einzelne Barrel bei ihm kaufen. Auf gleiche Weise hat Gates nichts unversucht gelassen. Über eine gewisse Zeit – bis die Bundesbehörden diesen Praktiken einen Riegel vorschoben – bezahlten die Computerhersteller an Gates für jeden PC, den sie auslieferten, Lizenzgebühren, und zwar unabhängig davon, ob auf dieser Maschine überhaupt Software von Microsoft installiert war.

Gates wollte sicherstellen, daß kein Alternativprodukt einer anderen Softwarefirma – egal ob groß oder klein – die Chance bekam, in ›seinen‹ Markt einzudringen. Sowohl für Rockefeller als auch für Gates war das Zusammentragen aller verfügbaren Informationen eminent wichtig, und beide waren darin exzellent. Das Ziel: Kontrolle über die Infrastruktur und über den Zugang zu allen Marktsegmenten.

Gleich einem zweiten Rockefeller stießen auch Gates' Profite, seine Unnachgiebigkeit und seine Monopolmacht in völlig neue Dimensionen vor. Rockefeller dehnte sein Imperium auf die Eisenbahn, die Schiffahrt, Stahl, Gas und Kupfer aus, ganz zu schweigen von den Banken und den Investmentgesellschaften. Gates nutzte seine Monopolstellung im Bereich der Betriebssysteme, um auch bei den Applikationen und im Internet den Markt zu besetzen, und beginnt jetzt in den Reisemarkt, bei Finanzdienstleistungen und im Mediensektor einzusteigen.

Gates hat dazu in der Vergangenheit die Preise gesenkt, Produkte verschenkt und PC-Hersteller zum Abschluß von Verträgen gedrängt, die es ihnen erschwerten, andere Produkte zu bevorzugen, losgelöst davon, wie hervorragend sie auch seien. Doch das ist noch nicht alles. Gates kappte den Informationsfluß für seine Konkurrenten. Jene, die in den vergangenen Jahren mit Gates in Konkurrenz treten wollten, mußten die gleichen Erfahrungen machen wie die Lastwagenfahrer in den Tagen von Rockefeller: Diese versuchten, die Pipelines zu sabotieren, indem sie die Rohre freilegten und ansägten, damit das Öl auslief. Die Pipelines mußten bewacht werden.

Gates hingegen durchtrennte die Informationskanäle seiner Konkurrenten und machte es ihnen unmöglich, mit Produkten auf den Markt zu kommen, die auf Maschinen laufen mußten, die von ihm kontrolliert wurden.

Dank der immer weiteren Verbreitung von Computernetzwerken ist es für Gates viel einfacher geworden, die Welt digital zu steuern, einfacher jedenfalls als für Rockefeller, der buchstäblich durch die physischen Einschränkungen der Märkte behindert wurde.

Die Microsoft-Akte beschreibt aus der Innenansicht zahlreicher einschlägiger Firmen rund um den Globus die verschiedenen Feldzüge, mit denen Gates versucht hat, den freien Wettbewerb zu unterbinden. Das Buch zeigt, gleichsam aus der Schlüsselloch-Perspektive, wie strategische Geschäftsabschlüsse bisweilen gerade *nicht* in den Büchern auftauchen. Es erzählt von den Mitteln der psychologischen Kriegführung zwischen denen, die innerhalb des Gates-Imperiums um Einfluß wetteifern. Und es zeigt, wie Gates mit einem Nebelschleier namens ›komplexe Technologien‹ den Markt und die genaue Überprüfung der Aktivitäten von Microsoft zu kontrollieren versucht.

Darin verwoben werden die Bemühungen der amerikanischen Bundesbehörden dargestellt, die hier einen wirklich großen Fall aufzurollen versuchen. Die Akteure und deren Charakter werden in einer zirkusartigen Atmosphäre geschildert, in der hinter den Kulissen die sich bekriegenden Armeen von Anwälten, Politikern und leitenden Angestellten ihre persönlichen Dramen auslebten.

Vorwort

Viele Leute würden einem nur eines raten: Laß doch Bill Gates in Frieden. Warum eigentlich nicht? Schwer würde das nicht unbedingt fallen. Dieser Mann und seine großartige Firma haben schließlich weltweit zur Schaffung von Tausenden von Arbeitsplätzen beigetragen und die Gründung von Hunderten von Firmen begünstigt, die Produkte für PCs herstellen, die ja erst mit Hilfe seines Betriebssystems in den Gründerzeiten des Marktes derart erfolgreich werden konnten. Warum also an Bill herumnörgeln? Seine Vorherrschaft hat in einem Markt, der ansonsten sehr chaotisch geworden wäre, Standards geschaffen, lautet das Argument.

Gates' Verdienste um das Entstehen einer neuen Industrie sind, genau wie die von Rockefeller, unbestritten. Doch weniger offensichtlich sind die geheimen Akten, die zeigen, wie Gates den Handel verhinderte und die Innovationen anderer blockierte, die sich ihm in den Weg stellten. Die Aktivitäten von Microsoft unter der Oberfläche und die Absichten im Markt werden in jenen geheimen Mitteilungen enthüllt, die in der inneren Führungsriege der Firma kursieren. Die amerikanischen Bundesbehörden haben ein Teilbild dessen zusammengepuzzelt, was dort vor sich ging: durch Befragungen und kontinuierliche Untersuchungen, die noch immer andauern. Die Akte zeigt einen klassischen Monopolisten, dessen Strategien, Absichten und Ethik (oder auch Nicht-Ethik) eine schon fast unheimliche Ähnlichkeit zu denen von John D. Rockefeller aufweisen.

Welche Absicht steckt hinter Gates' Aktivitäten? Tolle Produkte auf den Markt zu bringen, wie er öffentlich erklärt, oder durch das Besetzen des gesamten Marktes seine ohnehin schon überquellenden Schatztruhen weiter zu füllen?

Nur die geheimen Mitteilungen von Gates selbst und die Geschichten jener Personen, mit denen er aneinandergeraten ist, bringen die ganze Wahrheit ans Licht. So wird mit Hilfe einer Reihe von E-Mails ein Porträt von Microsofts Strategien zur Erreichung der Marktdominanz gezeichnet – angefangen von jenen frühen Tagen, als die Computerindustrie noch in ihren Kinderschuhen steckte, bis hin zu den aktuellen Konkurrenzschlachten.

Die Auflösung der Dominanz von Microsoft hätte einen enormen Einfluß auf die aufblühende Welt des elektronischen Handels. Wird er sich dadurch frei entfalten können? Könnten dann alle interessierten Teilnehmer ihre Rolle in diesem Markt spielen?

Eine solche Entmonopolisierung hätte nicht nur Einfluß auf das Marktgeschehen, sondern würde auch unseren Alltag massiv beeinflussen: Welche Informationen stehen uns via Internet zur Verfügung? Welche Wahlmöglichkeiten haben wir zukünftig beim Electronic Banking und beim Einkaufen in den elektronischen Netzen und im Internet? Wer kontrolliert zukünftig das technologische Rückgrat der Kommunikation: Rundfunk, Fernsehen, Internet, Kabel? Befindet sich dies alles in der Hand von innovativen Firmen, die durch die Wünsche ihrer Kunden motiviert werden, oder wird all dies durch Bill Gates kontrolliert?

Was Gates unternimmt, während Sie gerade dieses Buch lesen – den Versuch, den elektronischen Handel und das Internet zu kontrollieren – ist nur die Fortsetzung einer Taktik, die er seit den frühen Tagen des Marktes für das Betriebssystem DOS praktiziert und perfektioniert hat.

Während der Arbeit an diesem Buch habe ich in den letzten fünf Jahren Hunderte von Interviews geführt – entweder persönlich, am Telefon oder per E-Mail, und zwar sowohl mit Mitgliedern der US-Bundesbehörden als auch mit Vertretern aller großen Firmen, die an den Vorgängen beteiligt waren. Hierzu gehörten Vorstandsvorsitzende der Firmen, CEOs, Chefberater, Manager auf der mittleren Ebene, aber auch einfache Angestellte. Dies erlaubte es mir in vielen Fällen, die Ereignisse genau zu rekonstruieren.

Wie üblich bei Enthüllungsrecherchen, aber auch aufgrund der sensiblen Natur des Materials, das hier präsentiert wird, erhielt ich von einigen die Erlaubnis, die von ihnen zur Verfügung gestellten Informationen zu verwenden – jedoch sollte nicht offenkundig werden, daß die betreffenden Personen von mir interviewt worden sind. Andere wiederum waren bereit, auch namentlich im Buch aufzutauchen. Einige Situationen, die in diesem Buch beschrieben werden, basieren auf eigener Beobach-

Vorwort

tung der Ereignisse. Andere wiederum wurden rekonstruiert aufgrund der Berichte von Teilnehmern, von Personen, die darüber im Detail informiert wurden, oder von denjenigen, die mit den Vorgängen unmittelbar befaßt oder mit ihnen aus anderen Gründen vertraut waren. Als weitere Informationsquelle zur Präsentation der Ereignisse dienten mir Hunderte Seiten verschiedenster Dokumente, die ich im Laufe der Nachforschungen für dieses Buch zusammengetragen habe.

In einer bestimmten Phase der Entstehung dieses Buches standen Bill Gates und ich mehrere Wochen lang in direktem E-Mail-Kontakt. Darüber hinaus gab es auch einige persönliche Begegnungen. Während eines dieser Treffen berichtete er mir, daß man »es ihm nicht erlaubt habe«, mit mir zu sprechen. Andere Mitglieder der Führungsetage, zu denen auch der stellvertretende Vorstandsvorsitzende Mark Maples gehörte, behaupteten, daß sie zwar gerne mit mir sprechen würden, man ihnen dies aber verboten hätte. Hierbei, so sagten sie, handle es sich um einen Erlaß der Presse- und der Rechtsabteilung im Microsoft-Hauptquartier.

Bevor dieses Buch in Druck ging, erhielt Microsoft die Möglichkeit, zu einer großen Zahl der hier aufgestellten Behauptungen Stellung zu nehmen. Ein leitender Mitarbeiter von Microsoft informierte Random House offiziell darüber, daß die Firma sich dazu entschlossen habe, nicht zu antworten, und daß man zu der Liste von Fragen, die ich ihnen vorgelegt hatte, »keinen Kommentar« abgeben wolle. Abgesehen davon, lehnte Microsoft eine Mitarbeit an diesem Buch offiziell ab, obgleich mir eine Reihe von internen Microsoft-Quellen und Dokumenten zur Verfügung stand.

Wie der Autor Ken Auletta in seinem Buch *Greed and Glory on Wall Street* treffend bemerkte, »kann kein Reporter mit einhundertprozentiger Genauigkeit Ereignisse rekonstruieren, die sich in der Vergangenheit zugetragen haben. Ein Journalist versucht sich gegen Ungenauigkeiten zu wappnen, indem er mehrere Quellen befragt, und der Leser – wie auch der Autor – sollte sich dieser journalistischen Einschränkung bewußt sein«.

Ich habe versucht, die Ereignisse so zu schildern, wie sie sich zugetragen haben, aus verständlichen Gründen manchmal auch aus einem einseitigen Blickwinkel, jedoch immer auf der Grundlage von Berichten all derer, die an jenen neuen Machtspielen beteiligt waren, die ein ganzes ökonomisches und digitales Zeitalter geprägt haben.

Wendy Goldman Rohm

1 Der doppelte Bill

Washington, D.C. in den frühen Morgenstunden des 20. Januar 1995: Bill Neukom, der Rechtsexperte der Microsoft Corporation, stand kurz vor einer entscheidenden Befragung durch die amerikanischen Bundesbehörden. In diesem Gespräch würde die Büchse der Pandora geöffnet werden. Zur gleichen Zeit, genau auf der anderen Seite des Globus, befand sich Bill Gates auf dem Weg ins australische Sydney, wie immer auf der Suche nach neuen Märkten, dieses Mal konkret zur Vorbereitung der Markteinführung seines nächsten entscheidenden Produktes: Windows 95. Microsoft befand sich an einem Wendepunkt – die Dynamik des Marktes würde sich machtvoll verändern, vergleichbar mit den Kräften einer Kontinentaldrift. Das Streben des Softwareriesen nach Monopolmacht würde sich neuen Herausforderungen stellen müssen.

Die Technologie-Tagung war vorüber, und die Dunkelheit senkte sich wie ein Verdeck über die Stadt. Washington D.C. verschwand langsam, aber sicher unter einer Nebeldecke. Die Winternacht war mild, und der Nebel verwischte die scharfen Kanten des Pontiac, der am Weißen Haus vorbeifuhr, wie ein Weichzeichner.

Die Microsoft-Akte

Es war weit nach Mitternacht, und der Nebel war überall. Nebel kroch an den Giebeln und den Säulengängen des Gebäudes entlang, in dem die amerikanische Präsidentenfamilie schlief; Nebel durchzog das Wachhaus am Westportal; Nebel wanderte über den Bürgersteig vor dem exklusiven Hay-Adams-Hotel, das nur einen halben Häuserblock entfernt lag und an dessen Fassade die Leuchtreklamen blinkten wie der Cursor auf einem dunklen Bildschirm.

Die Uhr zeigte 3:20 Uhr. Zuckende Blitze fuhren aus den Wolken hernieder. Die imposante, über einsneunzig große Gestalt des William Neukom, herausragender Wachhund und juristischer Chefstratege eines Molochs der amerikanischen Wirtschaft (auch unter dem Namen Microsoft bekannt), ruhte im Schein der Lampe auf seiner exklusiven Bettstatt. Gründe, um unruhig zu sein, gab es für Neukom genug, trotz der mittlerweile schon vertrauten Atmosphäre des Zimmers: die gepolsterten Stühle, der verblichene Läufer, der Kronleuchter und die weißen Frotteehandtücher, auf denen blau der Name HAY-ADAMS eingestickt war. Natürlich befanden sich auch im Badezimmer und an beiden Seiten des Bettes Telefone, ausgestattet mit Datenanschluß, Freisprechanlage und Anrufbeantworter; vertraut auch die Messinglampen, der Rauchmelder, Perrier und Famous Ams in der Minibar, die Fernbedienung fürs TV.

Ja, alles war genau, wie es sein sollte. Ein alter vietnamesischer Mann servierte in der Empfangshalle des Hotels Getränke. Alles war so wie immer, wenn Neukom die Hauptstadt besuchte, ein Vorgang, der für ihn mittlerweile schon zur Routine geworden war.

Das Hay-Adams-Hotel stand an der gleichen Ecke, an der sich bis zum Jahre 1927 das historische Hay-Adams-Haus befand.[1] Es war ein von Diplomaten, Gästen des Weißen Hauses,

---

[1] Es gehörte John Hay, einem Staatssekretär unter Theodore Roosevelt, und Henry Adams, einem Historiker und politischen Journalisten. (Bei dieser und allen weiteren Fußnoten handelt es sich um Anmerkungen der Übersetzer, die dem Verständnis des Textes dienen sollen.)

Kongreßmitgliedern und betuchten Lobbyisten häufig besuchter Ort. Viele der Gäste stiegen dort unter falschem Namen ab, was für das Hotel-Management kein Problem darstellte. Der Hotelportier kannte die wirklichen Namen der meisten Gäste und ließ keine Gelegenheit aus, die anonymen Besucher während ihres Aufenthaltes mit ihren erfundenen Namen anzusprechen, dabei stets ein spitzes Grinsen auf den Lippen.

Oft sah man Herren, die Arm in Arm mit jüngeren Damen durch die Hotelhalle schritten. An diesem Abend verließ eine Gruppe aus zwei älteren Gentlemen in den Siebzigern gemeinsam mit vier jungen blonden Ladies das Hotelrestaurant. Auch das war nichts Ungewöhnliches.

Neukom meldete sich im Hay-Adams üblicherweise unter seinem eigenen Namen an, da es sehr unwahrscheinlich war, im Hotel auf Bekannte zu treffen. Sein billigster Anzug lag bereit. Es würde keinen guten Eindruck machen, wenn er bei den Bundesanwälten, die nur über ein geringes Einkommen verfügen, in einem Armani-Anzug auftauchen würde oder in einem Zegna-Zwirn von Bullock & Jones in San Francisco, einem der Geschäfte, in denen er bevorzugt seine Anzüge kaufte.

Zu zahlreichen Gelegenheiten hatte er vor seinen Reisen in die Hauptstadt mit seinen Kumpeln darüber gescherzt, wie er seine Klamotten am besten in einen schäbigen Zustand versetzen konnte – mehr als drei Jahre hatte er bereits vor der Federal Trade Commission und nun seit einem Jahr vor dem Department of Justice seine Schau abgezogen. Die Rolle eines Penners einzunehmen war für Neukom nicht neu. Auch wenn er normalerweise wie aus dem Ei gepellt gekleidet war – seine große, schlanke Gestalt und das kräftige, graue Haar verliehen ihm ein würdevolles Auftreten – peinigten ihn Schuldkomplexe wegen seines Reichtums. Zu sozialen Events fuhr er immer mit seinem alten Ford Taurus – der Mercedes und der Porsche blieben in der Garage.

Die dünnen weißen Gardinen und die schweren Vorhänge des Hay-Adams konnten das Leuchten der kräftigen Blitze, deren Ursprung über der Pennsylvania Avenue zu liegen schien, nicht draußen halten. Das Grollen des Donners vermischte sich mit

Neukoms Träumen und klang wie die Triebwerke eines Flugzeuges oder wie jene Metallplatten, die Geräuschemacher hinter den Kulissen verwenden.

Im Laufe der Zeit hatte Neukom großes Geschick im Umgang mit den Bundesbeamten entwickelt. Doch in wenigen Stunden würde er in einem der ungeheuerlichsten Verhöre, die je im Zusammenhang mit Untersuchungen von Verstößen gegen das Wettbewerbsrecht durch die amerikanischen Bundesbehörden durchgeführt wurden, Richter Stanley Sporkin gegenübertreten.

Neukom hatte einen schwierigen Job. Im Laufe der Jahre hatte sich nahezu unmerklich einiges angehäuft, und Neukom befand sich nun in der vertrackten Lage, den Aufpasser für den reichsten Mann der Welt spielen zu müssen: den anderen Bill, Bill Gates. Dessen Aktionen im legalen Rahmen zu halten war mehr als ein Vollzeitjob, pflegte sich Neukom bei seinen Freunden zu beklagen.

Die Vereinbarung, die er in den nächsten Monaten mit den Bundesbeamten abschließen mußte, war eine Folge des Umstands, daß Gates und Kempin den Bogen überspannt hatten. Neukom konnte kaum Schritt halten mit all den Geschäften, die die beiden auf der ganzen Welt abschlossen. Er bezeichnete Joachim Kempin gerne als »den Elefanten, der überall seine Scheißhaufen fallen läßt,« und fuhr fort: »Und ich bin derjenige, der immer mit der Schaufel hinterherlaufen muß.«

Nichtsdestotrotz konnte Neukom einige Siege auf seine Fahne schreiben, und er beabsichtigte, auch aus dieser Auseinandersetzung wieder als Gewinner hervorzugehen. Die Antitrust-Wachhunde schleuderten ihm und dem Gates-Imperium eine Vorladung nach der anderen vor die Füße; nun würden sie ihn zu einer Vereinbarung befragen, die er vor einigen Monaten unter Dach und Fach gebracht hatte. Dabei handelte es sich um einen Leckerbissen, der einen Schlußstrich unter die vier Jahre andauernden Untersuchungen der Feds ziehen und gleichzeitig die Gelddruckmaschine von Gates kein bißchen bremsen sollte.

Neukom, Gates und die Rechtsabteilung machten sich über Janet Reno, die scheinbar übermächtige amerikanische Justizministerin, lustig, die der Öffentlichkeit diese Vereinbarung als einen Sieg ihrer Wettbewerbshüter verkaufte. Neukom wußte, daß die Feds klein beigegeben hatten. Er prahlte mit jenen Einzelheiten der Vereinbarung, die nie ihren Weg in die Zeitungen gefunden hatten; so auch mit jenem Antrag auf Niederschlagung des Verfahrens, den er unauffällig beim Bundesgericht eingereicht hatte, kurz bevor die Untersuchungsbeamten anfingen, massiv zu werden. Doch an den Nähten drohte die ganze Angelegenheit so langsam zu platzen.

Dunkler Nebel sank langsam hernieder. Die Machenschaften des Geschäftsalltags warfen ihre Schatten. Während er an diesem Abend vom Flughafen in die Stadt fuhr, verschwamm die Spitze des Washington Monuments im dunklen, grauen Nebel. Die Ereignisse des morgigen Tages waren nicht vorhersehbar.

Bill Gates, auf der anderen Seite des Globus, fühlte sich müde und zerschlagen. Sein Paradigma war das Reisen auf elektronischen Pfaden: Der Ozean und der Himmel entsprechen dabei freien Stellen auf einem Bildschirm, und die Ziele seiner Reise klappen wie aus einer Menüleiste heraus; seine Favoriten waren Afrika und Australien.

Ein langer Flug lag hinter ihm, und Gates erhob sich aus seinem Schlaf wie von einer Wiese mit schwarzem Gras – Seegras. Der ganze Ozean war damit bedeckt. Beim Landeanflug auf Sydney überflog Gates die Harbor Bridge und die felsige Küstenlinie. Er war nun im Murdoch-Land.

Das Klima war zu dieser Jahreszeit recht milde. Das Leben schien wie einer dieser weiten und gleichzeitig ausgewaschenen Strände zu sein. Seit einigen Monaten war eine Ehefrau an die Stelle seiner Mutter getreten. Wie schnell dieses Jahr vergangen war. Am Neujahrstag des vergangenen Jahres hatte er, an einer anderen Küste, das Hochzeitsversprechen abgegeben. Seine Mutter hatte sich stets gewünscht, daß er heiraten solle, bevor sie stirbt. Liebe ist anfangs wie ein Preis, den man in einem Wettbewerb gewinnt. Doch bald darauf verwandelt sie sich. Auch die meisten anderen Dinge entwickeln sich in die gleiche Richtung. Und so konnte er niemals stillstehen.

Wind und Wasser bestimmten den Tag. Ein Sturm zog draußen am Fenster vorbei, wo die langen Grashalme im heraufziehenden Dunkel vom Wind gepeitscht wurden. An beiden Seiten über seinem Sitzplatz befanden sich Leselampen – ein behelfsmäßiges Zuhause, x-beliebige Polster, über die Wochen angesammelte Gedanken.

Schlafen. Ein matter Seufzer drang aus seiner Brust. Die Haut von der Sonne gerötet, der Kopf unbeweglich, wirkten die Furchen auf seiner Stirn wie eingemeißelt von der Eintönigkeit der Zeit. Es schien, als ob er schon mehr als 39 Jahre auf der Reise sei. Mit seinen matt übereinandergeschlagenen Beinen und hängender Unterlippe machte er einen Eindruck, als ob er bereits aufgegeben habe: Alles schien bereits gesagt.

Er erreichte das Ramada Renaissance Hotel in Sydney auf verschlungenen Wegen. Beim Schlendern durch die Hotellobby legte Gates eine ungewöhnliche Vorsicht an den Tag, die nicht zu dem Mann paßte, dessen Firma in den letzten 20 Jahren die Welt so massiv verändert hatte. Viele halten ihn ja für den mächtigsten Faktor der amerikanischen Wirtschaft in der zweiten Hälfte des zwanzigsten Jahrhunderts. Dennoch schlich er mehr, als daß er ging, als traue er der Stabilität des Bodens unter seinen Füßen nicht, als wolle er irgendeiner unsichtbaren Mine ausweichen.

Auf der anderen Seite des Globus versuchte sein Chefberater, mit den Bundesbeamten ›Händchen zu halten‹. Sie durften ihn nicht daran hindern, all die ›coolen‹ Dinge zu tun, die er noch in petto hatte (›Cool‹ war eines von Gates' Lieblingswörtern, und er bezeichnete damit alles, was ihn überraschte oder begeisterte). Die Firma mußte expandieren. Man stand an einem Wendepunkt, und die Eroberung neuer Märkte war das einzig Wichtige. Es lag schon lange zurück – und mittlerweile hatten Billionen Dollars ihre Besitzer gewechselt – daß ein paar Zeilen Programmcode für Gates das Zuhause waren.

Früher hatte er sich daraus eine Festung errichtet: Die Programmzeilen auf seinem Bildschirm waren für ihn die Steine seiner Burgmauern. Die Welt hatte sich stark verändert – der Einflußbereich von Gates wuchs so rapide, als hätte ein weiterer Urknall stattgefunden. Er hatte sich nie vorstellen können, daß der Erfolg Hand in Hand mit enormen Schwierigkeiten gehen könne.

Doch Gates ließ sich nicht so leicht einschüchtern. Anne Bingaman, Chefin der Antitrust-Abteilung im Justizministerium, wollte erreichen, daß »Gates sich vor Sherman fürchtet«. Doch ihre Versuche, ihn zu Fall zu bringen, hatten ihn nur noch aggressiver gemacht. Unter dem prüfenden Blick der Regierung hatte Gates vor drei Monaten mit Hilfe von Neukom und weiterer externer Berater sein mit 1,5 Millionen Dollar dotiertes Gebot für Intuit Inc. inszeniert. Intuit, eine kleine Softwarefirma, hatte Microsoft mit ihrer Finanzplanungssoftware Quicken deklassiert, also in einem der wenigen Bereiche, in denen Microsoft keine Führungsposition innehatte. Alles, was er und seine Armee von Anwälten nun tun konnten, war abzuwarten, ob sein strategisches Übernahmeangebot die Zustimmung der Wettbewerbshüter finden würde oder nicht.

In der Zwischenzeit waren die vorrangigen Antitrust-Geister lebendig wie nie zuvor. All diese jammernden Mitbewerber müßten platt gemacht werden. Gates ging davon aus, daß seit letztem Juli alles entschieden sei und daß er sich nun entspannt zurücklehnen könne. Doch unter Zuhilfenahme der Tunney-Verordnung[2] brach die Hölle los, gab sie doch einem Bundesrichter wie Sporkin die Möglichkeit, Antitrust-Vergleiche, die

---

[2] Der Tunney Act aus dem Jahre 1976 trägt den formalen Namen: ›Antitrust Penalties and Procedures Act of 1976‹. Hierin werden die Verfahren festgelegt, die die Antitrust-Abteilung immer dann zu befolgen hat, wenn sie beim Bundesgericht eine Unterwerfungsentscheidung anstrebt. Merkmale des Verfahrens sind die Veröffentlichung der geplanten Entscheidung, eine bestimmte Zeitspanne, in der Kommentare dazu abgegeben werden können, und die Vorbereitung eines ›competitive impact statement for public scrutiny‹ (eine Art öffentliche Unterlassungserklärung). Um einen Fall auf diese Weise zu behandeln, muß ein Bundesrichter feststellen, daß für die Einbringung des Verfahrens ein öffentliches Interesse besteht.

mit großen Firmen getroffen wurden, wieder zu Fall zu bringen. John V. Tunney war der Sohn eines Boxers.

Gates tobte, schrie um sich und beschimpfte Neukom jedesmal, wenn die Wettbewerbshüter etwas Unvorhergesehenes taten. Die beiden Namensvettern unterhielten eine merkwürdige Beziehung. Gates hatte Neukom angestellt, um sein Imperium mit 18.000 Mitarbeitern zu überwachen. Gleichzeitig mißtraute er ihm. Gern erzählte er, daß auch seine Mutter ihn vor Neukom gewarnt und diesen als unzuverlässigen Gauner bezeichnet habe. Konsequenterweise war Neukom einer der wenigen aus dem inneren Führungszirkel, den Gates nicht zu seiner Hochzeit eingeladen hatte. Mary Gates konnte Neukom, der einige Jahre zuvor aus der Anwaltsfirma ihres Mannes abgeworben worden war, nicht leiden.

Neukom machte den würdevollen Eindruck eines wahren Gentleman. Die Würde, die er ausstrahlte, war eines jener Merkmale, die Gates nie erlangen würde. Neukom hatte eine beeindruckende Statur, die sehr an den Vater von Gates erinnerte. Viele der weiblichen Anwälte im Justizministerium und bei der Federal Trade Commission schienen beim Anblick von Neukom fast in Ohnmacht zu fallen. Eine Dame soll angeblich sogar versucht haben, schriftlich ein Date mit ihm zu verabreden.

Doch Gates mußte Neukom ja nicht mögen. Die beiden verband eine Art Haßliebe, und in vielen Dingen waren sie sogar Konkurrenten: Beide maßlos reich und erfolgreich, war ihnen eine tiefe Unsicherheit gemeinsam, die wohl auch ein Band zwischen ihnen bildete. Erst kürzlich hatte Gates Neukom dazu gebracht, um eine Beförderung zu bitten. Dann verpaßte er ihm nur einen neuen Titel, erhöhte jedoch nicht sein Gehalt. Es ging das Gerücht um, Neukom sitze schlaflos im Bett und schreibe selbst an der Presseerklärung über die Beförderung, die so lange auf sich hatte warten lassen.

Das Hotel füllte sich langsam mit einer interessanten Mischung aus Geschäftsleuten und frommen Gläubigen. Denn am gleichen Tag sollte der Papst in Sydney eintreffen.

Gates wurde in Australien vielleicht mehr verehrt als in den Vereinigten Staaten. Er sollte im Darling Harbor Convention

Center sprechen, um seine nächste große Softwareversion zu promoten: Windows 95. Dieses Land gehörte für Microsoft zu einem der am schnellsten wachsenden Märkte.

Gates war auf du und du mit den reichsten und wichtigsten Männern der Welt und würde heute dem Premierminister Paul Keating einen Besuch abstatten, der am gleichen Tag auch einen Empfang für den Papst geben würde.

Gates Ruhm reichte vielleicht fast an den des Papstes heran. Die Macht und Stärke von Microsoft war mittlerweile so allumfassend, daß Spaßvögel eine gefälschte Pressemitteilung über das Internet verbreiteten, die die Fusion zwischen Microsoft und der Katholischen Kirche verkündete. Es war schon außerordentlich lächerlich, als die Presseabteilung von Microsoft kurz darauf eine Stellungnahme abgab, in der die Falschmeldung korrigiert wurde. Als würde ernsthaft jemand glauben, Microsoft sei wirklich zu so etwas in der Lage.

Gates selbst nahm sich nicht als Monopolisten wahr. Zwar stimmte es, daß er ein paar Jahre zuvor einigen Reportern erzählt hatte, daß er ein »natürliches Monopol« besitze. Einige nahmen dies zum Anlaß zu glauben, daß Gates sich als jemand betrachte, der vom Schicksal dazu auserkoren sei oder sogar das gottgegebene Recht auf diese Marktmacht habe. Doch Gates hatte damit nur gemeint, daß Microsoft den Markt erobert hatte, weil sie die besten seien.

Nun ja, so was Ähnliches. Seine Zwangsvorstellung, daß andere irgend etwas besser machen könnten als Microsoft, ließ ihn seine Mannschaft um so heftiger antreiben, um die noch vorhandenen Lücken in teilweise eroberten Märkten zu schließen und gleichzeitig aggressiv neue Märkte zu eröffnen und zu besetzen. Seine Programmierer, auch die auf den untersten Rängen der Firma, waren voller Stolz, wenn sie von Gates mit einem geheimen ›dotted line‹-Projekt beauftragt wurden. Diese Projekte waren legendär. Es gab sie in der einen oder anderen Form, seit Gates die Pubertät erreicht hatte: Geheimaufträge; Pakte, von denen niemand etwas wissen durfte – wie Kinder, die den Geheimcode des anderen in einem Spionageclub zu knacken versuchen; wie Maxwell Smart, James Bond und solche Geschichten.

Gates hatte sein Leben so eingerichtet, daß es wie ein Spiel war. Doch mittlerweile waren die Einsätze sehr hoch: Herrschaftsgebiete und Reviere, Lehensgüter und Afterlehen, Bildschirme innerhalb von Bildschirmen. Die Industrie war beinahe ein Platz altertümlichen Wettstreits. Märkte und Untermärkte; er hatte sie alle entstehen lassen – warum sollte er nicht auf allen Feldern mitspielen?

Rupert Murdoch. Das war wirklich ein Monopolist.

Mehr als ein Jahr war seit jenem seltsamen Mittagessen auf dem über 100 Hektar großen Microsoft-Campus in Redmond vergangen. Rupert Murdoch senkte den Blick. Er wollte Bill Gates, der ihm direkt gegenüber saß, nicht dabei zusehen, wie dieser das Essen schaufelweise in sich hineinstopfte.

Heute befand sich Gates im Revier des Medienmoguls, der in ihm eine gewisse Beklemmung auslöste. Das hier war etwas völlig anderes. Murdoch und sein Imperium bildeten eine eigene Welt, über die Gates fast gar nichts wußte. Aber er würde versuchen, ein fleißiger und gelehriger Schüler zu sein.

Nachdem er den weltweiten Softwaremarkt erobert hatte, begann Gates nun gerade damit, in Hollywood und in der Welt der Massenmedien Deals abzuschließen. Er fühlte sich zwar noch immer wie ein Fisch auf dem Trockenen, doch die unendliche Größe dieses Marktes ließen seine Eroberungsenergien strömen. Und, was noch wichtiger war, auch in der Medienwelt ging es um Lizenzen, nie enden wollende Einnahmen aus einer einmaligen Investition. Das Imperium von Gates war auf einem ähnlichen Modell aufgebaut worden: einmal etwas zu entwickeln, dann jahrelang Lizenzeinnahmen einzustreichen und dabei das ursprüngliche Produkt nur marginal weiterzuentwickeln.

Gates schien angesichts des bevorstehenden Treffens mit Murdoch in Panik zu geraten. Ihn überkam ein irrationaler Impuls, das Treffen abzusagen. Gates' Begleiter konnten durch die Tür des Konferenzraumes beobachten, wie ihr Chef hektisch auf und ab ging. Da er die Welt des Medienmoguls intensiv beobachtete, wußte Gates, daß Murdoch Technikexperten anwarb, um schneller auf den Information Superhighway zu kommen.

Was würde er sagen? Gates haßte es, von Leuten umgeben zu sein, die möglicherweise scharfsinniger und klüger waren als er selbst – und das galt besonders hier, wo es sich um einen Mann handelte, von dessen Geschäften er wenig verstand.

Als Murdoch schließlich eintraf und das Essen serviert wurde, machte Gates das, was er immer tat, wenn er sich in einer unterlegenen Position befand: Er legte eine Art ›Scheiß-egal‹-Verhalten an den Tag, mit dem er sich von der Last befreite, immer der beste sein zu müssen. Er sprang auf, häufte hemmungslos Speisen auf seinen Teller und ignorierte sämtliche guten Umgangsformen. Dann ließ er sich wieder auf seinen Stuhl fallen und schaufelte die aufgehäuften Mengen in seinen Mund, als ob es sich beim Vorgang des Essens nur um ein ständig wiederholtes, nervöses Zucken handeln würde.

Für Murdoch war Gates die wohl merkwürdigste Figur, der er bisher in seinem Leben begegnet war, und er verhehlte diesen Eindruck kurz nach dem Treffen auch gegenüber seinen Mitarbeitern nicht. Gates' Stimme war sehr nasal und selbstbewußt, als ob er sich ständig selbst beobachte, sich nur selbst reden höre und sich selbst beweihräuchere. Außerdem war Murdoch über den Mangel an guten Manieren entsetzt, den Gates an den Tag legte. Doch als einem Mann, der einen 20-Stunden-Arbeitstag hatte und dessen Vermögen im Oktober 1994 die stattliche Summe von 9,3 Milliarden Dollar betrug, war er geneigt, ihm all das zu verzeihen.

Dennoch: Ein Geschäftsabschluß kam zwischen den beiden Männern nicht zustande. Gates hatte wohl überlegt, eine der Firmen von Murdochs News Corp. zu übernehmen. ETAK war im Besitz einer Navigationssoftware, für die sich Gates begeisterte. Seine Vision war, diese Software auf jedem Laptop-Computer verfügbar zu machen, damit Mitarbeiter auf Geschäftsreisen schnell ihren Weg durch eine fremde Stadt finden konnten. Doch Murdoch hatte die Software bereits an verschiedene Automobilhersteller lizenziert, die sie in ihre Luxuskarossen einbauen wollten.

Trotz alledem konnte sich Gates einen Eindruck von den strategischen Fähigkeiten Murdochs verschaffen – wenngleich ein

Die Microsoft-Akte

Mitarbeiter Murdochs Gates fast die Wände hochgejagt hatte, als er den Softwarekaiser als ›Black Billy‹ titulierte.

Gates war immer ein Typ, der Herausforderungen ins Gesicht sieht, und er war mitten in einigen Deals, die seinen Aktivitäten eine neue Wendung geben würden. Wo andere an den Erfolgen der Vergangenheit festklebten, war Gates immer jemand, der seine Weltsicht auf den Kopf stellen konnte, wenn es darum ging, neues Terrain zu erobern. Seine langjährigen Freunde kannten ihn als jemanden, der auch einen Kaktus umarmen würde. In seinen frühen Jahren, so heißt es, soll er in der Wüste von Nevada genau dies getan haben; oder zumindest beinahe. Seine Kumpel stoppten ihn, kurz bevor er sich versehentlich selbst an dem skurrilen Gewächs aufspießte, das ihn in frohlokkende Ekstase versetzt hatte. Bill war damals zum ersten Mal in seinem Leben in der Wüste gewesen ...

Der Januar in Sydney ist für seine schweren Unwetter bekannt. Der Ozean schwillt an, und die Stürme peitschen an die Strände, wo die Austern noch hartnäckiger versuchen, an den Felsen haften zu bleiben. Gates mit einer dieser Austern zu vergleichen wäre gar nicht einmal so weit hergeholt gewesen, da nun sturmartige Kräfte drohten, seine Welt neu zu formen.

Während die Zukunft ausbrach, holte ihn die Vergangenheit ein. Die Wettbewerbshüter waren auf seiner Fährte, und er galt auf der ganzen Welt als skrupellos, wenn nicht gar als Dieb geistigen Eigentums. Dennoch war es nahezu unmöglich, eine Gelegenheit verstreichen zu lassen, in der man mit Gates und seiner sehr profitablen Firma Geschäfte machen konnte.

Dafür mußte er seiner Mutter danken, die ihm die Welt zu Füßen gelegt hatte. Im Jahre 1980 hatte sie, mehr zufällig, ihren Sohn mit IBM in Kontakt gebracht. Die Dinge würden niemals mehr so einfach sein wie damals, als er kleine Brötchen backte und erste Programmiersprachen für den noch primitiven PC entwickelte.

Er vermißte den Charme und die Anmut seiner Mutter und hätte nie gedacht, wie groß der Schmerz über ihren Verlust sein würde. Kein Geld der Welt konnte sie ihm zurückbringen.

Wer weiß, wie sein Leben verlaufen wäre, wenn seine Mutter, eine Angehörige der Schickeria von Seattle, nicht Mitglied des Komitees ›United Way‹ gewesen wäre, dem auch IBM-Boß Opel angehörte, oder wenn Opel nicht von der Idee besessen gewesen wäre, den Vorsprung von Apple im Bereich der Mikrocomputer aufzuholen. Opel besaß die Hardware und war auf der Suche nach einem Betriebssystem. Und hier setzte Mary Gates ihr ganzes Vertrauen in ihren Sohn.

Gates hatte überhaupt keine Ahnung von Betriebssystemen, doch er brachte die Firma Seattle Computer Products dazu, ihm ihr Betriebssystem Q-DOS zu lizenzieren. Gerissen wie er war, verschwieg er den Deal mit IBM. Gates drehte sich bloß um und verkaufte Q-DOS an IBM. Opel machte eine Reihe von Schnitzern und gestand Gates sogar Lizenzgebühren für Microsoft DOS zu, wenn es durch IBM und Microsoft gemeinsam weiterentwickelt würde. DOS sollte zum Industriestandard werden, und zwar nicht zuletzt aufgrund des Segens, den es von IBM erhielt. Der Rest ist Geschichte. Gates sollte es mit Windows schließlich sogar schaffen, IBM ganz aus dem Feld zu schlagen.

Langsam, aber sicher wurden alle Computerhersteller dieser Welt von Microsoft als dem Lieferanten für das Betriebssystem abhängig, der zugrundeliegenden Software, mit der die Basisfunktionen des Computers gesteuert werden. Gates nutzte dann seine Marktmacht aus, um auch im Bereich der Anwendungs-Software – Software, mit der Benutzer bestimmte Aufgaben ausführen können (wie z.B. Textverarbeitung oder das Erstellen von Tabellenkalkulationen) – die Führerschaft zu übernehmen.

Neue Betriebssysteme und neue Märkte waren entscheidend, um den Einfluß zu erhalten. Der Release-Termin für sein heißestes Produkt war nur noch wenige Monate entfernt, und der Markt war wegen aufgekommener Gerüchte um eine Produktverschiebung täglich neuen Schwankungen unterworfen. Eine Flut schlechter Publicity hatte das Unternehmen während des vergangenen Jahres belastet, als die Bundesregierung anfing, ein genaues Auge auf Gates' Imperium und seine angeblich monopolistischen Praktiken zu werfen. Der Gewinn der Firma stieg dennoch weiter, gleich den unbezwingbaren Gezeiten.

Die Microsoft-Akte

Seine Bereitschaft, sich selbst in anscheinend unmögliche Koalitionen zu begeben, verbunden mit seiner enormen Marktmacht und seinem Reichtum, brachte ihn mitten in die Welt des Glamours. Kurz vor seinem Abflug nach Sydney hatte Gates vertraulich mit einem Herrn geplaudert, auf dessen Namensschild ›Steve Esser‹ stand. Der Herr war kein geringerer als Steven Spielberg, mit Baseballkappe und Sonnenbrille, der ebenfalls kurz davor stand, in Geschäftsbeziehungen mit Gates zu treten.

Anfangs waren seine neuen Partner skeptisch, doch Gates war durchaus in der Lage, auch Hollywood und die Welt der Medien zu betören.

Außerdem gab es keine wirklichen Gegner mehr im PC-Markt. Der Chefstratege von IBM, John Cannavino, und der Boß von Borland International, Philippe Kahn, waren am Ende, und bald würde auch John Manzi von der Lotus Development Corporation, den Gates verachtete, ein Niemand sein. Seine Mitbewerber fielen wie Fliegen zu Boden. Rupert Murdoch mußte sich ähnlich gefühlt haben, als sein Erzfeind Robert Maxwell aus dem Boot fiel.

Gates durchquerte die Lobby des Ramada und verschwand in einer Türöffnung. In den nächsten Monaten würde er häufiger vor die Öffentlichkeit treten, als er es sich je erträumt hatte. Ein milliardenschwerer Markt hatte sich Gates zu Füßen gelegt, und er strebte die Ausweitung seiner Macht und seiner Erfolge in neue Märkte an, Märkte, die durch ein digitales Netzwerk miteinander verbunden sein sollten (das er natürlich ebenfalls kontrollieren wollte), das alle Aspekte des amerikanischen Alltags miteinander verknüpfen würde.

Doch die Schatten seiner Vergangenheit würden ihn dabei einholen. Dieser Mann und seine Strategien wurden bereits seit sechs Jahren von den Wettbewerbshütern genauestes beobachtet, damals allerdings noch nicht im Lichte der Öffentlichkeit.

Alles begann in einem düsteren, staubigen Büro in Washington, D.C. – auf der anderen Seite jener Stadt, in der der Chefberater von Gates sich in seinem Hotel auf den Sturm des nächsten Tages vorbereitete.

2 Die Feds

Flashback. Während Bill Gates seine Monopolstellung Ende der Achtziger zementierte, machte sich bei der Federal Trade Commission[1] Langeweile breit. Die Reagan-Regierung hatte praktisch alle Antitrust-Erlasse abgewürgt, und im Herbst 1989 wirkte die Regulierungsbehörde eher wie der Schauplatz einer Seifenoper. Aber es sollte sich bald etwas bewegen. Die Fundamente für die späteren Klagen des Justizministeriums und die fortwährenden Überprüfungen des Softwaregiganten wurden von der FTC in jenen Tagen gelegt.

D'Artagnan habe sie im Aufzug geküßt, hieß es. Oder *sie* habe die Initiative ergriffen – je nachdem, wen man fragte. Bei dem Gedanken wurde Norris Washington und seinen Kollegen ein wenig schlecht. D'Artagnan war wahrlich kein Don Juan.

Solche Geschichten halfen Washington über seine langen und grauen Tage bei der Federal Trade Commission hinweg. Manchmal ereignete sich an diesem Ort sogar etwas Aufregendes – aber eben nur manchmal. D'Artagnan, so der Spitzname für den Anwalt Steve Newborn, war eindeutig zum Liebling des Wettbewerbsbüros geworden. Er war klug und arbeitete hart. Wa-

---

[1] FTC = Bundeskommission für Wirtschaft und Handel

Die Microsoft-Akte

shingtons Kollegen würden später über D'Artagnans zu schnellen Aufstieg nörgeln, während man sie übergangen habe. Doch der einunddreißigjährige Washington mochte den wenige Jahre älteren Mann. Er wußte, daß dieser Mann aalglatt war, wenn es darum ging, einen Fall vor Gericht zu bringen. D'Artagnan war ein absoluter Top-Anwalt. Er war ein Killer, wenn es hart auf hart ging und sich ein Monopolist weigerte einzulenken. Washington konnte nicht anders, als ihn zu bewundern.

Es war einer jener Tage im Frühherbst 1989, als das Wetter gerade umzuschlagen begann. Unten auf der Straße hatten Wohnungslose im Gebüsch ein Zeltlager errichtet; direkt neben den steinernen Rössern, die sich so heroisch vor der Fassade der FTC auf der Pennsylvania Avenue aufbäumten. Zwei Blocks weiter im ›Behördendreieck‹ des Regierungsbezirks lag das Justizministerium, dessen Antikartell-Truppe sich in einem ständigen Kleinkrieg mit ihren Gegenspielern bei der FTC zu befinden schien.

Washington sah von seinem Standardschreibtisch, Marke Behörden-Look, auf. Eine Dame mit einer leuchtfeuerartigen Frisur wackelte den Gang herunter; platinblond; eine Lichterscheinung in den staubigen, dunklen Gängen. Man konnte sich darauf verlassen, daß sie alles aufhielt; einem bei jedem Fall Knüppel zwischen die Beine warf, den Washington und seine Anwaltskollegen aufgriffen. Es war irgendwie bizarr, daß solche Figuren auf dem Wege politischer Ernennungen zu ihren Posten als Kommissionsmitglieder kommen konnten.

Allein die Art, wie sie in ihrem ›Tornado-Kleid‹ dem Aufzug entstieg; mit großen schwarzen Punkten, superkurz – als ob sie den Sechzigern entsprungen wäre. Tolle Beine; Die ganze Belegschaft wartete stets voller Vorfreude darauf, daß sie dieses Kleid tragen würde.

Dieser Aufzug war schon immer ein faszinierender Ort gewesen; zumindest ein Anlaß für Heiterkeit. Dieser Fahrstuhl war zum einzigen Fall von Monopolisierung geworden, der in der jüngeren Geschichte der Behörde registriert worden war: Der Vorsitzende der FTC, Dan Oliver, hatte ihn zu seinem Privatbesitz erklärt.

Olivers Monopolisierung des Aufzuges war mittlerweile legendär. Der Mann war bekannt für seine Geheimniskrämerei. Es war ihm so zuwider, seinen Angestellten von Angesicht zu Angesicht zu begegnen, daß er sich einen Schlüssel für den Aufzug hatte anfertigen lassen, der es ihm erlaubte, vom Erdgeschoß in sein Büro im vierten Stock zu fahren – und zwar ohne Zwischenstop. Oliver war ein reaktionärer Konservativer, der von Ronald Reagan eingesetzt worden war. Unter seiner Leitung schien es niemand zu wagen, einen großen Kartellrechtsfall anzupacken. Nichtsdestotrotz waren Washington und sein Vorgesetzter Marc Schildkraut, Direktionsassistent im Wettbewerbsbüro, auf der Suche nach ein wenig Inspiration – nach einem großen Monopolisten, den sie jagen konnten. Das Leben in der Pennsylvania Avenue 601 war seit einiger Zeit ziemlich eintönig.

Washington und Schildkraut waren ein ziemlich gegensätzliches Paar. Washington, klug und gewissenhaft, respektierte Autoritäten und dementsprechend auch Schildkrauts Meinung. Er war ein freundlicher, dunkelhaariger Typ, von mittlerer Größe und Statur, und stand mit beiden Beinen fest im Leben. Er bevorzugte, unauffällig zu bleiben, konzentrierte sich auf die Detailarbeit, auf Zeugenvernehmungen und auf Untersuchungen hinter den Kulissen.

Der große und schlaksige Schildkraut konnte dagegen aggressiv sein, konfrontativ, aber auch griesgrämig. Sein dunkelblondes Haar lichtete sich bereits und fiel in dünnen Strähnen in seine Stirn. Er trug einen Schnurrbart, und wenn er sprach, funkelten seine blauen Augen, was ihn lebendig und ausdrucksstark wirken ließ. Er hatte einfach den Dreh raus, wie man selbst den bestpräpariertesten CEO in die Falle locken konnte. Bei Anhörungen genoß er es manchmal, im Wechsel mit Washingtons scheinbarer Naivität das Spielchen ›Guter Junge – Böser Junge‹ zu spielen. Er stellte dem jungen Anwalt Fragen, deren Antworten er nur zu gut kannte, die aber jener Firmenmanager hören sollte, gegen den er einen Punkt gut machen wollte. Washington spielte seine Rolle brillant und beantwortete die Fragen seines Kollegen nach bestem Wissen und Gewissen.

Die Microsoft-Akte

In die Sprache der Computerindustrie übertragen, arbeitete Washington als ›Backend‹ ihres Systems – als Hüter einer riesigen Datenbank voller Detailinformationen zum Fall – während sich Schildkraut als ›Frontend‹ betätigte, indem er die Arbeitsergebnisse seiner Abteilung dem Direktor des Büros und der Kommission selbst vortrug – wofür er manchmal allerdings auch auf die Knie gehen mußte.

Was die Untersuchungen gegen Monopolisten anging, verkam das Wettbewerbsbüro langsam zu einer kafkaesken Studie trägen Bürokratentums. Nicht, daß die Belegschaft nicht ungeduldig mit den Hufen scharrte, um sich auf einen Meistermanipulierer der Marktgesetze zu stürzen – aber es dauerte ewig, bis sie das Startsignal bekam. Doch bis dahin würde sie zumindest die zweiundvierzigjährige Deborah Owen, neuestes Mitglied der Kommission, mit ihren blonden Haaren und ihren verführerisch hochgeschlitzten Röcken wachhalten.

Im Frühherbst 1989 war Oliver zu persönlicher Bestform aufgelaufen. »Ich habe versucht, alles zu tun, was Präsident Reagan von einem Vorsitzenden verlangt – wenn überhaupt«, verkündete er, während er vor einer Gruppe von Antikartell-Anwälten einen seiner berüchtigten Redeanfälle zelebrierte.

Als Kevin Arquit davon Wind bekam, irritierte ihn das nicht im geringsten. Er ging weiter seinen Tagesgeschäften nach, wanderte auf den polierten Steinböden des vierten Stocks zwischen den Kommissionsbüros hin und her. Diese Böden – sie stammten noch aus dem Jahre 1914, in dem das Gebäude errichtet worden war – konnten sehr glatt sein. Manchmal glaubte Arquit, die Geister alter Räuberbarone in ihnen zu sehen, die Oliver, verbarrikadiert in seinem Büro, gierig angrinsten.

Untersetzt und intellektuell. Das wäre die höfliche Variante, den Vorsitzenden der FTC zu beschreiben. Er war 1981 mit dem festen Willen nach Washington gekommen, die Reagan-Politik umzusetzen. Zunächst war er als Berater im Bildungs- und im Landwirtschaftsministerium tätig gewesen, bevor er dann zum Vorsitzenden der FTC berufen wurde. Dort bemühte er sich dann nach Kräften, der Industrie Regulierungen seitens der Regierung zu ersparen.

Arquit – groß, elegant und scharf wie ein Rasiermesser – wußte aus erster Hand, was es bedeutete, nur einen Platz am äußersten Rand von Olivers Weltsicht zu haben. Trotzdem war er entschlossen, zum Direktor des Wettbewerbsbüros der FTC aufzusteigen. Wenn es darauf ankam, war es unmöglich, Arquit nicht zu mögen, selbst für Oliver, der den jüngeren Mann mit einer gewissen Verachtung betrachtete. Arquit war ein liberaler Republikaner, und so einer machte Oliver ganz kribbelig.

Und daß Arquit mit seinen blaugrauen Augen sich ausgerechnet in die fünfundzwanzigjährige Nichte des Vorsitzenden verliebt und sie geheiratet hatte, kränkte Oliver noch zusätzlich in seiner Empfindsamkeit. Oliver hatte wild protestiert. Seiner Meinung nach war Arquit nicht von adäquater Herkunft für seine Familie. (Doch in den Räumen der FTC hatten sich schon weit aufregendere Vorfälle romantischer Natur abgespielt. Ein illustrer FTC-Angestellter war während Olivers Regiment in Flagranti mit einer weiblichen Angestellten – die dann später seine Frau wurde – in einem Konferenzraum erwischt worden.)

Aber Arquit hatte die Geduld eines Heiligen und den Humor eines altgedienten Diplomaten, dazu ein unglaubliches Talent, die Kluft zwischen den Kontrahenten in der Behörde zu überbrücken – Laisser-faire-Ökonomen, vollstreckungssüchtige junge Anwälte und politisch geprägte Kommissionsmitglieder, deren Fähigkeiten von Brillanz bis zur Peinlichkeit reichen konnten. Er wurde für seine Begabung, gegen jede noch so aufsässige Person eine Einigung herauszuholen, hochgradig geschätzt.

Während Oliver eher ein intellektueller Typ war, neigte Arquit vor allem anderen zu hoher Gesinnung. Natürlich bemerkte er diese Selbstgerechtigkeit in Olivers Sprache, in dessen Stimme die teuersten Schulen Neu-Englands nachklangen. Daran hatten sich inzwischen alle in der Behörde gewöhnt. Der fünfzigjährige Oliver war Chefredakteur der *National Review* gewesen, ein Kumpel des ultrakonservativen William F. Buckley. Seit seiner Berufung in die FTC war er ständig unterwegs, um Reden zu halten, in denen er seine Meinung zu sämtlichen Themen kundtat – von der Iran-Contra-Affäre bis zu den Gefahren für Washington. Sein Laber-Programm ließ ihm nur wenig Zeit für seinen Job, und das war genau das, was er wollte.

In seinen desillusionierten Phasen pflegte sich Arquit in Erinnerung zu rufen, daß alles mit der stellenweise häßlichen Geschichte der FTC als einer politischen Ausgeburt zusammenhing – abgesehen von ihrer Gründung als ›unabhängige‹ Behörde. Die Figuren mochten sich ändern, aber die Probleme der Kommission waren seit ihrer Gründung Anfang des Jahrhunderts immer dieselben: unnötige Verzögerungen, sinnlose Bürokratie und übertriebene Geheimniskrämerei. Dazu kamen noch schlechte Planung, Mißmanagement von Ressourcen und die Beschäftigung mit Nebensächlichkeiten.

Die Reviere innerhalb der Behörde waren so klar abgesteckt, daß man sie schon beinahe riechen konnte. Während sich die Anwälte und Ökonomen in Nr. 601 die Köpfe einschlugen, führten die Kommissionsmitglieder auf der anderen Seite ihre eigenen Kriegstänze auf.

Inzwischen lag an der Peripherie ihres großen Wirkungskreises auch das Justizministerium – das unvermeidlich den Ton in der Kartellpolitik angab. Trotzdem waren die Zuständigkeiten des Justizministeriums und der FTC nie klar voneinander getrennt gewesen, und manchmal waren überhaupt keine Grenzen auszumachen. Traditionell arbeiteten FTC und Justizministerium vollkommen unabhängig voneinander, nach anderen Regeln und anderen politischen Vorgaben. Die FTC hatte wirklich eine lange und bewegte Vergangenheit, und viele waren der Meinung, sie sollte abgeschafft werden.

Arquit wußte, daß die Kritik an der Behörde bis in die Tage ihrer Gründung zurückreichte, in denen sie sofort der politischen Vetternwirtschaft verdächtigt worden war. In den letzten fünfzig Jahren hatte die Behörde konsequent ihre eigenen Ansprüche enttäuscht, nach denen sie die Verantwortung für die Durchsetzung der breiten Palette an Gesetzen des Kartell- und Handelsrechtes zu übernehmen hatte.

»Die bittern öffentlichen Demonstrationen der Uneinigkeit unter den Kommissionsmitgliedern haben die Belegschaft der

FTC irritiert und demoralisiert«, schimpfte ein Bericht, den Präsident Nixon 1969 in Auftrag gegeben hatte. »Der Mangel an Führungsvorgaben hat einen Großteil der Durchsetzungsbeschlüsse ins Leere laufen lassen.«

Eine Studie von Ralph Nader zerlegte die Leistungen der Behörde förmlich in ihre Einzelteile und nannte sie »schockierend armselig«. Auch eine frühe Studie der Hoover-Kommission bemängelte, daß politisch motivierte Ernennungen oft zu personellem ›Ballast‹ führten. Ein weiteres chronisches Problem war der Umstand, daß die Behörde nicht für ihre Aktionen zur Verantwortung gezogen werden konnte.

Teddy Roosevelt würde sich angesichts der Entwicklung der Dinge im Grabe herumdrehen, dachte Arquit. Die Vereinigten Staaten hatten um 1880 erstmals Antikartell-Gesetze erlassen, als Reaktion auf die öffentliche Besorgnis über unfaire Geschäftspraktiken. Während des späten neunzehnten und frühen zwanzigsten Jahrhunderts kamen Fusionen, begünstigt durch den industriellen Fortschritt und die verbesserten Transportmöglichkeiten, groß in Mode. Während des Präsidentschaftswahlkampfes im Jahre 1888 machten alle Parteien die Kartellgesetze zum Thema, und zwischen 1889 und 1891 erließen achtzehn Bundesstaaten Kartellgesetze. John Sherman, ein republikanischer Senator aus Ohio, brachte nach zwei ergebnislosen Versuchen einen Entwurf für ein Kartellgesetz ein, das den Senat mit 52:1 Stimmen passierte und das auch ohne Probleme durch den Kongreß kam.

Zu dieser Zeit wurden gigantische wirtschaftliche Kräfte von einigen wenigen Händen kontrolliert, und die Oligopolisten und Monopolisten erlebten ihre besten Jahre. Die Kartellgesetze sollten die Verbraucher vor monopolistischer Preispolitik schützen und neuen Wettbewerbern einen freien Zugang zum Markt offenhalten. Deren Umsetzung wurde, etwa ab 1901, insbesondere von Theodore Roosevelt gefördert. Er schuf innerhalb des Justizministeriums eine eigene Abteilung, die für die Durchsetzung der Kartellgesetze zuständig war. Die Vollstreckung der Gesetze wurde nicht nur dem Justizministerium und der FTC anvertraut;

auch nichtstaatliche Seiten konnten Anklage erheben und dabei das Dreifache eines etwaigen Schadens als Belohnung erhalten.

Der Sherman Act besteht aus zwei Teilen. Der erste Teil verbietet Verträge, Zusammenschlüsse und Absprachen, die den Handel einschränken. Der zweite Teil verbietet jeden Versuch, »irgendeinen Teil des Handels zwischen den Bundesstaaten oder mit fremden Nationen« zu monopolisieren.

Monopolisierung an und für sich war jedoch nicht illegal. Und damit schien Oliver sein Gewissen zu beruhigen. Nur wenn ein Unternehmen, das bereits eine Monopolstellung innehat, diese mit räuberischen Methoden aufrechterhält, ist dies illegal. Aber dieser Umstand ist natürlich sehr schwer nachzuweisen.

Das Gesetz besagt, daß eine Firma sich so lange nicht illegal verhält, wie sie ihre Macht durch »überlegene Fähigkeiten, Voraussicht und Fleiß« erreicht und sie durch »angemessene industrielle Praktiken« zu erhalten versucht. Eine Monopolisierung ist jedoch strafbar, wenn nachgewiesen werden kann, daß diese eindeutig »beabsichtigt« ist, daß wettbewerbsschädigendes oder räuberisches Verhalten gezielt eingesetzt wird und daß eine »gefährliche Wahrscheinlichkeit« besteht, daß dieses Verhalten zum Erfolg führt. Verstöße gegen den Sherman Act gelten juristisch als Kapitalverbrechen und können mit bis zu einer Million US-Dollar je Verstoß geahndet werden.

Generell wird eine kriminalrechtliche Vollstreckung erst bei anstößigem und offensichtlich illegalem Verhalten als angemessen erachtet, so z.B. bei Angebots- oder Preisabsprachen. Ein Direktor oder Manager einer Firma, der direkt an solchen Verstößen beteiligt ist, kann mit einer Geldstrafe in Höhe von bis zu 100.000 US-Dollar belangt und zu maximal drei Jahren Gefängnis verurteilt werden.

Natürlich war die Reagan-Regierung mit den wirtschaftspolitischen Grundgedanken der meisten Kartellgesetze nicht einverstanden und wendete sie nur sehr selektiv an.

Aber schon in der Vergangenheit war die Durchsetzung der Gesetze nie leicht gewesen, und sie schwankte in Abhängigkeit von den wirtschaftlichen und politischen Kräften.

Die Feds

Der Clayton Act von 1914 beschäftigt sich mit den Problemen der Wettbewerbsschädigung in ihren Anfangsgründen. Teil Zwei, der sogenannte Robinson-Patman Act, verbietet Preisabsprachen; Teil Drei behandelt Verkaufs- und Vertriebsverträge und untersagt ›Koppelgeschäfte‹ sowie Abkommen über den Verzicht auf den Einsatz von Konkurrenzprodukten.

Das dritte große Kartellgesetz war der Federal Trade Commission Act von 1914, der »unfaire Wettbewerbsmethoden« verbot. Die Gerichte hatten entschieden, daß dies sowohl alle Aktivitäten betreffe, die gegen den Sherman und den Clayton Act verstießen, als auch weitere, die von der FTC zu definieren seien. Um Verstöße gegen das Kartellrecht zu ahnden, hat die FTC lediglich die Möglichkeit, sogenannte ›cease and desist[2]‹-Anordnungen zu erlassen, mit denen zur sofortigen Einstellung des beanstandeten Verhaltens aufgefordert wird. Weitere Strafen können erst dann verhängt werden, wenn diese Anordnungen nicht erfüllt werden.

Alles in allem recht brauchbare Instrumente, zumindest für diejenigen, die Wert darauf legten, daß die vorhandenen Gesetze auch vollstreckt würden.

Arquit und D'Artagnan, die gute Freunde geworden waren, verglichen pausenlos ihre Notizen über das bizarre Umfeld, in dem sie seit Jahren arbeiteten. Die ›Kleine Alte Lady‹ aus der Pennsylvania Avenue, wie die FTC von Insidern in Washington getauft worden war, lag im Koma. Seit dem ersten Jahrzehnt des Sherman Acts waren die Kartellgesetze noch nie so lasch gehandhabt worden wie während der Reagan-Regierung.

Schildkraut und Washington – und eigentlich auch jeder andere – bewunderten Arquit wegen seines Diplomatencharmes und seiner Intelligenz, auch wenn er jetzt ein Verwandter von Oliver war.

Und Oliver konnte man über seinen schwierigen Job jammern hören. »Was schreibt ein Deregulierer denn in seinen Lebenslauf – all die Fälle, die er nicht vor Gericht gebracht hat?« fragte er seine Antikartell-Kollegen regelmäßig.

---

[2] cease and desist = aufhören und Abstand nehmen

Norris Washington saß nur ein paar Meter weiter den Gang hinunter als Kevin Arquit und konnte einfach nicht ignorieren, was er da gerade las. Der Artikel, der offen auf seinem Schreibtisch lag, besagte: Letzte Woche trat Microsofts Vorsitzender Bill Gates mit IBMs Senior-Vizepräsident James Cannavino vor die Presse und kündigte an, daß Microsoft bestimmte Teile seines Betriebssystems Windows zurückhalten werde, um die Marktakzeptanz für OS/2 zu fördern; jener Konkurrenzsoftware, die gemeinsam mit Microsoft entwickelt worden war.

Washington überkam der ungute Verdacht, daß da etwas nicht mit rechten Dingen zuging.

3 Wanzen

Bei den ersten Verträgen mit Microsoft hatte IBM den Fehler begangen, Gates die Kontrolle über das Betriebssystem zu überlassen. Ende 1989 kam es dann zwischen Big Blue[1] und Microsoft zum Kampf um die zukünftige Kontrolle dieser Schlüsseltechnologie. Gates trieb Windows voran, und IBM bewarb sein neues Betriebssystem OS/2. Nach einer merkwürdigen Presseerklärung, mit der einer Verunsicherung des Marktes begegnet werden sollte, vermuteten die Feds, daß die beiden Firmen in einer geheimen Absprache den Markt unter sich aufteilen wollten. Natürlich hatte keine der Firmen je publik gemacht, was ihre Führungsstrategen hinter den Kulissen trieben. Und so dauerte es eine ganze Weile, bis die Feds ihnen endlich auf die Schliche kamen.

Wie die Dinge halt laufen: Aus den Balgereien der Kinderzeit waren Kriege um Märkte geworden.

Die Schläge, die Jim Cannavino als Kind eingesteckt hatte, hatten beinahe zwangsläufig zu seinem Unabhängigkeitsstreben, seinem wilden Drang zu überleben und seinem kometenhaften Aufstieg bei IBM geführt. Der Chef der PC-Abteilung von IBM würde sich nicht von Bill Gates verschaukeln lassen. Während

---

[1] Big Blue = Am. Spitzname für IBM

der größten Computermesse des Jahres in Las Vegas wartete der fünfundvierzigjährige Manager, die dunklen Haare im Stile Napoleons frisiert, seit geraumer Zeit in seinem Hotelzimmer. Sein Sicherheitsmann sollte den Raum nach Wanzen absuchen.

Cannavino war nicht der Typ, der einer fälligen Auseinandersetzung aus dem Weg geht. Er freute sich auf den Auftritt, den er am nächsten Tag mit Bill Gates für die Presse hinlegen würde. Mit von der Partie würden außerdem Gates' rechte Hand Steve Ballmer und sein ›Spezialstratege‹ Jon Lazarus sein. Über diese beiden Mitglieder der inneren Führungsriege um Gates pflegte Cannavino zu seinen Kollegen zu sagen: »Wenn man zwischen diesen beiden Dornenbüschen steht, ist es ziemlich schwer, nicht wie ein Rosenstrauch auszusehen.«

Gates war clever, das gab Cannavino zu, und sein letzter Streich war ein Glanzstück. Gates glaubte, IBM getäuscht zu haben, indem er vorgab, sich zusammen mit IBM völlig auf die gemeinsame Entwicklung des neuen Betriebssystems OS/2 zu konzentrieren, während er heimlich mit voller Kraft an Windows arbeitete. Cannavino fragte sich, ob Gates überhaupt wagen würde aufzutauchen – jetzt, wo er wußte, daß Cannavino ihm auf die Schliche gekommen war und öffentlich Gates' Verpflichtung einforderte? Wenn Gates mit Windows die Kontrolle über den PC gewann, so erkannte Cannavino, dann saß er gegenüber allen Computerherstellern weltweit am längeren Hebel.

Cannavino schwor sich, nicht den kürzeren zu ziehen. Auch wenn er schon vor Monaten gegenüber IBMs CEO John Akers warnend das Gefühl geäußert hatte, daß er sich in einem Kamikaze-Einsatz befinde.

Eigenartig, daß er sich gerade jetzt an diese Episode erinnern mußte. Es war inzwischen dreieinhalb Jahrzehnte her, daß ihn diese Nonne geohrfeigt hatte. Als Cannavino danach zu seiner Mutter nach Hause gelaufen war, hatte sie ihn deswegen erneut bestraft – schließlich sei er selbst schuld, wenn er seine Lehrerin ärgere. Mit zwölf begann er dann, sein eigenes Geld auf der Straße zu verdienen: Schuhe putzen für zehn Cent das Paar. Der Junge war zufrieden mit sich und seinem neuen Beruf.

Mittlerweile ging es bei seiner ›Beschäftigung‹ nicht mehr um seinen Lebensunterhalt. Nein, es ging um viel mehr als das. Das Verhältnis zu Bill Gates war die schiere Katastrophe.

Akers war gewarnt worden, vor Gates und vor vielen anderen Dingen.

Vor gerade mal einem Jahr war Cannavino aus der Abteilung Großrechner-Software zum Leiter der PC-Abteilung befördert worden. Akers Befehl hatte gelautet: »Bring das in Ordnung! Wir verlieren eine Milliarde im Jahr.« Cannavino, ein Software-Ingenieur, hatte die Stelle des bisherigen Marketing-Managers übernommen. Er bat um drei Monate, um die aktuelle Lage zu analysieren. Akers gab ihm zwei.

Ende 1988 traf sich Cannavino erneut mit Akers, Präsident Jack Kuehler und dem Rest des IBM-Führungsstabes. »Euer Plan läßt sich nicht realisieren«, folgerte Cannavino – im vollen Bewußtsein, daß diese Neuigkeit für die Bosse nur schwer zu schlucken sein würde. Akers zeigte diesen gewohnten Gesichtsausdruck – eine Mischung aus Stoizismus und Mißtrauen. Cannavino fuhr trotzdem fort.

»Unsere Produkte werden nicht auf den Markt kommen«, begann er und bemerkte, wie Akers einen Zentimeter tiefer in seinen Stuhl rutschte. »Und wenn, dann werden sie der technischen Entwicklung hinterherhinken.«

Kuehler rümpfte die Nase.

»Und ich sehe in dieser Firma auch nicht die notwendigen Entwicklungskapazitäten, die das ausgleichen könnten«, schloß Cannavino in leicht triumphierendem Ton.

Der Gruppe hatte es die Sprache verschlagen. Kuehler veranlaßte muffig eine Prüfung. Zwei Wochen später stand Cannavino erneut vor dem Komitee. Akers starrte ihn an.

Mit seiner langen Adlernase und seinem römischen Profil hätte Cannavino direkt einem pompejanischen Relief entsprungen sein können. Er war ein kleiner, kompakter Typ und schien sich nicht einfach umhauen zu lassen. Seine leicht angewinkelt herabbaumelnden Arme gaben ihm das Aussehen eines Preisboxers.

Akers sagte nichts. Diesmal machte Kuehler den ersten Zug. »Cannavino hat recht«, sagte er. »Wir müssen eine ganze Menge Leute loswerden.«

Cannavino war bekannt dafür, daß er einen Laden so richtig aufmischen konnte. Bevor er Akers die traurigen Nachrichten über die Betriebssystem-Strategie von IBM mitteilte, hielt er ihm deshalb einen kleinen Vortrag über Vertrieb. Er erklärte dem Komitee, daß sich die Vertriebssysteme radikal verändern würden – und daß IBM darauf nicht vorbereitet sei. »Ihr braucht alternative Vertriebswege«, sagte er, »und einige Direktverkäufe an Eure größten Kunden. Zweitens fehlen Euch Direktmarketing-Partner – so was wie Gateway oder Dell. Und drittens müßt Ihr in den Einzelhandel einsteigen.«

Kuehler erwiderte: »Wir werden nicht direkt an unsere Großkunden verkaufen. Und Direktmarketing kommt überhaupt nicht in Frage. Also versucht es mal mit dem Einzelhandel.« Es war das Modell für die Zukunft, und für Cannavino war es klar, daß IBM diesem Modell nur halbherzig folgte.

Er schlug vor, daß IBM Packard Bell kaufen solle. Die Firma hatte ein Geschäftsmodell, das funktionierte und Geld abwarf. »Warum machen wir die nicht einfach zu unserem Vertrtiebskanal im Einzelhandel?« fragte Cannavino Kuehler. Zu dieser Zeit hatte Packard Bell im Einzelhandel einen Marktanteil von ungefähr sieben oder acht Prozent. Dieser Anteil wuchs schon bald auf 40, später sogar auf 50 Prozent an.

Aber IBM gelang es nicht, sich wirklich im Einzelhandel zu etablieren. »Wir haben uns weder um Direktmarketing noch um einen Direktvertrieb gekümmert. Das heißt, für unseren Vertrieb stand es null zu drei«, würde Cannavino später kommentieren.

Als es dann um die PC-Software ging, war Cannavino über die Ideen verblüfft, die seinen Kollegen vorschwebten. »Das mit der Software müßt Ihr mir mal näher erklären. Das kann doch nie im Leben funktionieren.«

»Es muß funktionieren«, sagte Kuehler. Dann schickte er Cannavino aus dem Raum.

Als er wieder hereingerufen wurde, starrten ihn Akers, Kuehler, Terry Lautenbach und die anderen an. »Wir wollen den Rest hören«, sagte Akers.

Cannavino grinste: »O.K. Zuerst einmal glaubt Ihr, daß Bill Gates Euer bester Freund ist. Aber er hat völlig andere Pläne als Ihr. Er setzt auf Windows«, erkärte er.

Tatsächlich schwirrten seinerzeit die Gerüchte über die Täuschungsmanöver des Bill Gates durch so manches Chefbüro. Der Mann festigte langsam seinen Ruf, angebliche Geschäftspartner über den Tisch zu ziehen.

Im April 1989 saß Akers wieder mit seinen Spitzenleuten um seinen massiven polierten Holztisch im IBM-Hauptquartier in Armonk. Auch diesmal stand Cannavino wieder im Zentrum der Aufmerksamkeit. Sie nahmen ihn regelrecht auseinander.

Akers guckte, als ob er Cannavino verdächtige, LSD genommen zu haben. »Kommt nicht in Frage«, rief er.

Doch Cannavino ließ sich nicht beirren. »Gates hat nur ein kleines Team mit der OS/2-Scheiße betraut. Seine wahre Strategie heißt Windows.« Microsoft hatte sich öffentlich verpflichtet, OS/2 zusammen mit IBM als nächste Generation von Betriebssystemen zu entwickeln und damit DOS abzulösen. Zu diesem Zeitpunkt hatte sich Cannavino bereits viermal mit Gates getroffen, um die Softwarepläne der Firma zu besprechen.

»Ich bin mal die Pläne durchgegangen und habe zum einen die Leute zusammengezählt, die an unserem Zeug arbeiten, und zum anderen diejenigen, die zwar in derselben Betriebssystem-Abteilung sitzen, sich aber mit anderen Aufgaben beschäftigen«, berichtete Cannavino. »Ich glaube nicht, daß Gates zuviel Leute hat, also muß er da irgend etwas anderes treiben.«

Und er fuhr fort: »Sie verschwenden ihre Zeit dort nicht mit irgendeinem Blödsinn wie Unix oder etwas in der Art. Also arbeiten die Jungs an einem anderen Projekt.«

Um herauszufinden, was wirklich los war, hatte Cannavino mit Entwicklern von Anwendersoftware gesprochen. Er unterhielt sich sowohl mit den Großen wie Word Perfect als auch mit absoluten Mini-Firmen.

»Was erzählt Euch Microsoft, wofür Ihr Eure Software entwickeln sollt?« fragte Cannavino. Die Antwort war Windows, Windows, Windows.

»Gleichzeitig kommt Gates zu uns und macht uns weis, DOS und Windows seien tot«, hielt Cannavino dem Komitee vor.

Akers schwieg eine Weile. »Wie kommt es, daß ich Deine Geschichte nicht ausstehen kann und Bill Gates so gern mag?« fragte er schließlich.

»Weil Bills Geschichte die ist, die Du hören willst. Meine hingegen beschreibt die Situation so, wie sie wirklich ist«, entgegnete Cannavino.

Totenstille lag über dem Raum.

»Und was denkst Du, was wir unternehmen sollten?« fragte Akers. »Nun«, meinte Cannavino, »meiner Meinung nach sollten wir OS/2 vergessen und 40 Prozent von Microsoft kaufen.«

Nachdem sich Akers halbwegs von Cannavinos Worten erholt hatte, nahm er ihn wieder in die Zange. »Teile von Microsoft kaufen? Was würde Lotus davon halten? Die wären echt sauer. Und unsere Aktionäre würden ausrasten«, hielt er ihm vor. »Und außerdem, Jim, ich dachte, Du magst Gates nicht.«

»Doch, ich mag Gates«, reagierte Cannavino. »Aber ich mag die Strategie nicht, die er fährt. Die ist nämlich verlogen, aber er selbst ist clever. Er hat sich viel mit Hardware- und Marketing-Leuten rumgetrieben.«

»Wie werden darüber nachdenken müssen«, sagte Akers.

In den folgenden Wochen sammelte Cannavino Aussagen von Kunden, wie Microsoft sich ihnen gegenüber über IBM geäußert habe. »Sie sagen, ›Microsoft erzählt uns, daß IBM am Ende ist‹«, berichtete Cannavino, »und daß Akers keine Ahnung habe, wovon er rede.« Cannavino wußte, daß die Erwähnung seines Namens Akers fuchsen würde.

Beim nächsten Meeting der Manager gab Terry Lautenbach gegenüber Cannavino zu: »Dieser Punkt ging an Dich.«

»Das würde mir Bill nicht antun. Ich kenne seine Mutter«, sprang Akers dazwischen.

»Er hat keine Mutter. Sie ist offensichtlich gemietet«, schoß Cannavino zurück. Kuehler kicherte.

Cannavino wurde wieder ernst. »Laßt mich die Situation aus der Sicht des Kunden schildern«, meinte er. »Ich gebe hier nur wieder, was Microsoft gegenüber General Electric und Boeing äußert. Du mußt mir das nicht glauben, John. Ruf bei Boeing an.«

Aber Akers hatte genug. »Bring OS/2 ans Laufen!« befahl er.

Cannavino benahm sich jetzt wie ein trotziger Zehnjähriger. »Das wäre nicht gerade meine erste Wahl«, verkündete er unbeirrt.

»Bist Du auf unserer Seite, Jim?« fragte Akers.

»Ich bin eher für eine vierzigprozentige Beteiligung bei Microsoft«, entgegnete Cannavino.

»Kannst Du dieses OS/2 zum Laufen bringen?« fragte Akers noch einmal.

»Das ist nicht der Punkt, John«, antwortete Cannavino. »Die Frage ist, ›Wie sehen unsere Chancen dabei aus?‹ Die Wahrscheinlichkeit für einen Erfolg liegt im einstelligen Bereich. Bist Du bereit, darauf ein bis zwei Milliarden Dollar zu setzen?«

Akers beriet sich mit den anderen Mitgliedern des Komitees, und alle entschieden sich gegen eine Beteiligung bei Microsoft und für die Investition in eine ›Instandsetzung von OS/2‹.

»Weißt Du, John, es könnte sein, daß ich für diesen Kraftakt nicht der richtige bin«, meinte Cannavino. »Ich würde natürlich mit aller Kraft daran arbeiten. Aber warum versuchst Du nicht, einen von den anderen Jungs dazu zu bringen, das zu übernehmen?« Er deutete auf die anderen Krawattenträger am Tisch, die auf einmal ganz blaß wurden.

Akers begriff zum erstenmal, daß Cannavino ihm keine Lügen aufgetischt hatte.

Ja, Akers war gewarnt worden.

Die Hitze von Nevada breitete sich langsam im Hotelzimmer aus. Cannavino erhob sich und ließ den Detektiv mit seiner Ausrüstung eintreten.

Der Mann hatte ein beachtliches Sortiment in seiner Tasche, die er auspackte, als ob er sich auf eine Operation vorbereite. Cannavino beobachtete, wie der kahle Kopf des Mannes unter dem Bett verschwand.

Während der Sicherheitsmann mit seiner Ausrüstung hantierte, stand Cannavino am Fenster. Es war ein milder Tag in der Wüste von Nevada, und in den Strahlen der Mittagssonne glich der IBM-Manager vor dem Pastellhintergrund des Hotelzimmers zunehmend einem Granitfelsen.

Obwohl Cannavino aus einfachen Verhältnissen kam, lebte er jetzt auf einem 250 Jahre alten Anwesen, seiner Version des Paradieses. Selbst im Angesicht der Niederlage hatte er immer noch dieses Funkeln in seinen blauen Augen, das nie erlosch. Spitzbübisch. Er ritt bei jeder sich ihm bietenden Gelegenheit zusammen mit seinen Hunden aus, jagte Füchse und Kojoten durch das Unterholz. Er neigte nicht zu billigen Jagdlisten und pflegte seinen Kollegen auf Nachfrage zu erklären: »Wir jagen ausschließlich wilde Tiere.«

Obwohl Cannavino mittlerweile recht wohlhabend war, schwärmte er immer noch für die Arbeiterklasse, in der er sich tief verwurzelt fühlte. Er hatte große Sympathien für den ›kleinen Mann‹ und war bekannt dafür, sich mit Büroboten, Mechanikern, Kellnerinnen und anderen Vertretern dieser Gesellschaftsschicht anzufreunden. Man konnte in Hotel-Lobbies oft hören, wie er sich bei den Portiers für ihre Höflichkeit mit den Worten »Sie wortgewandter Teufelskerl« bedankte.

Gates hatte ihn immer für altmodisch und sentimental gehalten und war an seinen Anekdoten nicht sonderlich interessiert.

Die Glatze des Detektivs berührte fast den Boden, als er noch einmal unter dem Bett nachschaute.

Morgen würden Cannavino und Gates zusammentreffen. Es war schon irgendwie verrückt: Noch vor ein paar Jahren, als die Beziehung zwischen den beiden Firmen entspannter war, hatte Gates von IBM ein paar Tips in Sachen Sicherheitsvorkehrungen bekommen. Damals hatten John Akers und Jack Kuehler als die Älteren Gates in einer Besprechung unter ihre Fittiche genommen und ihn sicherheitstechnisch auf den neuesten Stand gebracht. Und jetzt wurde dieser Mann – der vor kurzem zum Milliardär geworden war – mächtiger als sie alle.

Es begann mit seiner Kontrolle über DOS. Es war wirklich dumm von IBM gewesen, Gates diese Führungsrolle zu überlassen. Aber diesen Fehler hatten andere gemacht. Cannavino war erst vor gut einem Jahr von Akers hinzugezogen worden, um das Ruder doch noch herumzureißen.

Gates konnte sich jahrelang ohne Konkurrenz in den Gewässern des DOS-Marktes tummeln, bis 1988 plötzlich diese DR-DOS-Emporkömmlinge auftauchten. Neben IBMs Plänen, mit OS/2 den Markt für Betriebssysteme zurückzuerobern, war das letztendlich der Auslöser für Gates' heimliche Kriegserklärung.

Cannavino beobachtete, wie der Detektiv seinen Kopf ständig auf und ab bewegte. Plötzlich begann das Gerät in seiner Hand wie verrückt zu piepsen. Der Mann steuerte drei verschiedene Punkte im Raum an.

Akers hätte auf ihn hören sollen, als er ihm vorschlug, OS/2 zu vergessen und sich statt dessen bei Microsoft einzukaufen. Doch Akers wollte unbedingt an OS/2 festhalten, und so war es jetzt sein Job, Gates unter Kontrolle zu kriegen und OS/2 zu einem Produkt zu machen, durch das DOS und Windows überflüssig würden.

Der Detektiv hielt seine knorrige Hand jetzt direkt vor Cannavinos Augen. Der legte den Kopf leicht zur Seite, wie er es immer tat, wenn ihn etwas amüsierte.

In seiner Handfläche präsentierte der Schnüffler ihm drei Wanzen. Der Mann nahm eine Flasche mit schwarzem Pulver und einen kleinen Pinsel aus seiner Tasche und bestäubte damit vorsichtig die drei Geräte. Es waren keine Fingerabdrücke zu entdecken.

Die Augen von Mel Hallerman waren vor Aufregung weit aufgerissen, als er wieder in den Raum platzte. Cannavino und eine Gruppe von IBM Top-Managern schauten auf. »Ihr werdet es mir nicht glauben«, rief Hallerman.

Am Morgen dieses 11. November 1989 hatte sich Hallerman in den verschlungenen Korridoren eines Hotels in Las Vegas herumgetrieben. Wie jedes andere Hotel in der Stadt war es diese Woche von den Teilnehmern einer Computermesse überflutet. Hallerman war auf dem Weg zu der mit Spannung erwarteten, gemeinsamen Pressekonferenz mit Microsoft gewesen.

Er war einer der Entwickler des originalen IBM-PCs und gehörte dem elitären Technologieteam von Big Blue an, das für die strategische Produktplanung der nächsten fünf bis zehn Jahre zuständig war. Einer seiner Chefs war Cannavino.

IBM und Microsoft hatten sich bis wenige Stunden vor der Pressekonferenz gestritten und hatten in der letzten Nacht sogar kurz davorgestanden, die ganze Sache abzublasen. Die IBM-Manager warteten besorgt im Konferenzraum, und Jim Cannavino sah aus, als könne er eine doppelte Dosis seiner Blutdruckpillen vertragen.

Schließlich tauchte Gates mit Steve Ballmer auf, ein leidenschaftlicher und temperamentvoller Microsoft-Manager und einer von Gates' engsten Vertrauten. Zur großen Erleichterung der IBM-Mannschaft fand das Ereignis wie geplant statt. Es war eine Vereinbarung nach dem Motto, ›Wir nehmen die erste Klasse und ihr die zweite‹. Die beiden Firmen verkündeten der Welt, daß OS/2 für leistungsstarke Computer im Unternehmensbereich prädestiniert sei und daß Microsoft seine Anwendersoftware zuerst für OS/2 und erst anschließend für Windows auf den Markt bringen würde. Windows werde auf leistungsschwächere Computer zugeschnitten. Cannavino und Gates hatten über diesen Punkt mehrfach verhandelt, und jetzt war endlich eine Vereinbarung veröffentlicht worden.

Als Hallerman die Pressekonferenz verließ, traf er auf dem Korridor Steve Ballmer. Während sie durch das Hotel schlenderten, unterhielten sie sich über die Pläne, die gerade veröffentlicht worden waren. Teil des Vertrages war unter anderem das Versprechen von IBM und Microsoft, daß sie gemeinsam daran arbeiten würden, den Speicherplatzbedarf von OS/2 deutlich zu reduzieren.

Hallerman plauderte gutgelaunt, glücklich darüber, daß OS/2 jetzt erklärtermaßen die beste Software für den Unternehmensbereich sein sollte. Andere Firmenbosse, etwa Jim Manzi von

Lotus und Fred Gibbons von Software Publishing, hatten bereits Millionen in OS/2-Software investiert und IBM angefleht, dringend etwas zur Ankurbelung des Marktes zu unternehmen. Er malte sich gerade all die Entwicklungsarbeit aus, die ihm bevorstand. »Das Ding auf zwei Megabyte runterzubringen wird eine echte Herausforderung werden«, meinte er.

»Oh. Das haben wir eigentlich gar nicht vor«, erwiderte Ballmer.

Hallerman traute seinen Ohren nicht. »Aber...« Er begann zu stottern. »Was wollen Sie damit sagen? Genau das haben wir doch gerade angekündigt!«

Ballmer wandte sich Hallerman zu und grinste ihn an, als wolle er sagen ›Das glaubst Du, Freundchen‹. Dann drehte er ihm den Rücken zu und verließ das Hotel.

Hallerman ging zu seinen Kollegen zurück und berichtete ihnen von dem merkwürdigen Gespräch, das er gerade mit IBMs angeblichem Geschäftspartner gehabt hatte.

Jim Cannavino lächelte nur.

Ein vibrierendes Stimmengewirr erfüllte den Saal.

Dan Oliver war abgetreten, und die cocktailschlürfende Menge war angenehm beschwipst. Es war ein Tag im Dezember 1989. Norris Washington und Marc Schildkraut, beide in Anzug und Krawatte, schlenderten mit einem breiten Grinsen auf ihren Gesichtern durch den Raum. Ihre Kollegen hatten sich zu der alljährlichen Weihnachtsfeier einer Gruppe versammelt, die scherzhaft als ›Casto-Geer‹-Gesellschaft bezeichnet wurde. Es schien, als seien alle Kartellrechtler der Hauptstadt zusammengekommen, um nun wie ein Schwarm Spatzen zu schwatzen.

Casto Geer war eine Legende der besonderen Art. Er hatte nur kurz bei der FTC gearbeitet und erhielt dann – aufgrund seiner Freundschaft mit einem ehemaligen Ausschußmitglied – die Genehmigung, ein Büro der FTC in Oak Ridge, Tennessee, zu eröffnen; und zwar aus keinem anderen Grund als schlicht dem, daß er dort wohnte. Als das Weiße Haus diese Machenschaften durchschaute, wurde Geer gefeuert. Später wurde von ehemaligen und derzeitigen Angestellten der FTC zu seinen Ehren scherzhaft ein ›Verein‹ gegründet, der die Tradition der alljährlichen Weihnachtsfeiern begründete. Diese Veranstaltungen entwickelten sich mehr und mehr zu einem ›Who's Who‹ der Kartellrechts-Szene. Man bekam fast den Eindruck, als habe jeder Politiker und Anwalt der Stadt schon einmal für die FTC gearbeitet.

Der Champagner floß in Strömen, und das aus gutem Grund. Oliver war tatsächlich draußen; George Bush hatte soeben Janet Steiger zur neuen Chefin der Behörde ernannt. Die Anwälte der Kommission, die entsetzlich demoralisiert worden waren, gaben wieder erste Lebenszeichen von sich. Es war bekannt, daß Steiger für einen harten Kurs bei der Anwendung des Kartellrechts eintrat.

Alle Augen in der Washingtoner Kanzlei Baker & Hostedler, wo die Party stieg, richteten sich auf die kleine Frau, die in einer Ecke stand. Die Menge hatte sie bewundernd umringt. Ihre Augen glänzten, wenn sie sprach, und ihre kurzgeschnittenen braunen Haare umrahmten ihr zierliches Gesicht.

Die fünfzigjährige Steiger war von Präsident Bush völlig überraschend ernannt worden, der ein enger Freund ihres Ehemanns gewesen war, dem Kongreßabgeordneten von Wisconsin, William Steiger. William war im Alter von vierzig Jahren plötzlich an Diabetes gestorben. Er war der Gründer der Freiwilligen-Armee, und viele dachten, er würde eines Tages für die Präsidentschaft kandidieren. Seine Verbindung zu Bush reichte bis in das Jahr 1966 zurück, als beide zum erstenmal in den Kongreß gewählt worden waren. Beide kamen aus Houston und gehörten zu einer Gruppe von zwölf neugewählten Republikanern, die in engem Kontakt standen. William Steiger hatte damals als erster vorgeschlagen, daß Bush sich für ein nationales Amt aufstellen lassen solle.

Als William starb, schworen George und Barbara Bush, sich fortan um Janet zu kümmern. Sie wurde 1982 von Reagan zur Vorsitzenden der Posttarif-Kommission berufen und arbeitete dort bis 1989. Dann bestand Bush auf ihrer Berufung als Vorsitzende der FTC.

Wie sich herausstellte, war Steiger stark unterschätzt worden. Die ehemalige Fulbright-Stipendiatin sollte bei ihren Kollegen in der FTC bald als Pedantin berüchtigt sein. Ihr war keine Angelegenheit zu unbedeutend, um nicht ein Meeting einzuberufen. Die Presse hatte sie bislang immer als »republikanische Witwe« und »republikanische Hausfrau« bezeichnet. Neuerdings wurde sie zur »professionellen Bürokratin« aufgewertet. Die Zeitschrift *National Journal* nannte sie eine »Eiserne Elfe«, ein Spitzname, der vielleicht am besten zu ihr paßte. Sie war bekannt für ihre Sturheit und ihre Zähigkeit.

Norris Washingtons Blick wanderte zurück zu Schildkraut. Jetzt hatte er seine Chance. »Ich hab' mir da mal was angeschaut«, fing er an.

Schildkrauts Augen leuchteten auf. »Was hast Du jetzt wieder vor?« fragte er.

»Ich bin da an etwas dran«, sagte Washington, »aber ich weiß nicht, ob dieser Haufen davon begeistert sein wird.« Er deutete in die Richtung einer Gruppe von Kommissionsmitgliedern.

Da war Mary Azcuenaga. Sie war parteilos und noch von Reagan eingesetzt worden. Positiv betrachtet, konnte man ihr zugute halten, daß sie sehr genau auf die Details eines Falls achtete. Aber außer bei Fusionen – die laut Gesetz zügig bearbeitet werden mußten – galt sie aufgrund ihr Hangs, selbst winzigste Details genau zu prüfen, als unbeweglich. Sie hatte den Ruf, noch jahrelang an Erlassen zu sitzen, die von allen beteiligten Parteien längst unterschrieben waren. Aber die Kommission hatte keinerlei institutionelle Möglichkeiten, etwas dagegen zu unternehmen.

Azcuenaga kam 1973 direkt von der Universität zur FTC. Als die Republikaner sie zum Kommissionsmitglied ernannten, waren sie auf der Suche nach einem Kandidaten, der möglichst weiblich sein und einer ethnischen Minderheit angehören sollte. Viele glaubten, ihr Name sei spanischen Ursprungs. In Wirklichkeit war sie jedoch baskischer Abstammung.

Azcuenagas' Liebe zum Detail konnte ihre Kollegen tatsächlich in den Wahnsinn treiben. Einige Anwälte der Kommission konnten sich noch gut daran erinnern, wie das Pressebüro jede

Woche aktuelle Zeitungsausschnitte über die Kommission rundgehen ließ, an die keiner einen zweiten Gedanken verschwendete. Die Artikel wurden in einer Mappe gesammelt, der zum Spaß auch immer eine Karikatur beilag, die zu den aktuellen Ereignissen in der Agentur paßte. Azcuenaga erkundigte sich daraufhin bei der Pressestelle, ob man wirklich sicher sei, keine Urheberrechtsgesetze zu verletzen, wenn man Kopien dieser Comics im Haus zirkulieren lasse.

Gleich einer hellen Lichterscheinung schien Deborah Owen sich Azcuenaga zu nähern. Owen war neuestes Mitglied der Kommission und ebenfalls von Bush ernannt. Sie hatte praktisch keine Erfahrungen mit der Anti-Kartell-Gesetzgebung und sollte sehr berüchtigt für ihre Wutanfälle während der Kommissionssitzungen und den Mitarbeiterkonferenzen werden. Owen betrieb eine ›Politik der geschlossenen Tür‹ und diskutierte ihre Meinung selten mit ihren Mitarbeitern oder sonst jemandem.

Washington und Schildkraut wechselten einen Blick. An diesem Abend trug Owen ein sehr konservativ aussehendes Kostüm – wenn man davon absah, daß es fast bis zum Hintern geschlitzt war.

Vor ihrer Ankunft bei der FTC hatte Owen drei Jahre in der Kanzlei McNair gearbeitet, die ihren Stammsitz in North Carolina hatte und ein Büro in Washington unterhielt. Außerdem war sie die ehemalige Beraterin des Senators Strom Thurmond. Owen, eine konservative Republikanerin, die in Harvard Jura studiert hatte, sollte alsbald auch für ihren obszönen Humor berüchtigt werden.

Onkel Buck würde sich der Gruppe kommende Weihnachten anschließen. ›Onkel Buck‹ war der Spitzname für Roscoe Starek III – aufgrund seiner entfernten Ähnlichkeit mit John Candy[2]. Starek war zuvor die Nummer zwei im Personalbüro des Weißen Hauses. Es kursierten böse, aber unbestätigte Gerüchte, er habe sich für den Posten bei der FTC selbst vorgeschlagen. Er hatte von Kartellgesetzgebung nicht die leiseste Ahnung.

---

[2] *John Candy* ist ein amerikanischer Schauspieler, der die Hauptrolle in der Komödie *Uncle Buck* spielte.

Wanzen

Die Gruppe wurde 1991 noch von Dennis Yao komplettiert, in den die meisten Mitarbeiter ihr Vertrauen setzten. Yao war kürzlich von Bush ernannt worden und eindeutig der Qualifizierteste in dem ganzen Haufen. Er war das jüngste Mitglied der Kommission, der einzige Demokrat und ein Wirtschaftswissenschaftler mit Doktorhut der Universität Stanford. Davor hatte er in Princeton sein Diplom als Ingenieur gemacht und für die Ford-Werke als Produkt-Manager gearbeitet, wo er die Vermarktung des '83er Thunderbirds organisierte.

Schildkraut stieß Washington an, der offensichtlich Owens Beine anstarrte. Der schüttete sich deswegen beinahe seinen Drink über die Hose.

»Also, was ist das jetzt für eine große Sache«, erkundigte sich Schildkraut.

»Große Sache?« Washington hatte vergessen, wovon er gesprochen hatte. »Äh, ja ... ich habe da mal wieder was gelesen«, stammelte er. Washington war als begieriger Leser bekannt und hatte sich angewöhnt, gründlich die einschlägigen Computerzeitschriften zu studieren. Während ein Teil der FTC-Untersuchungen aufgrund von Beschwerden aus der Industrie geführt wurde, die man ihnen quasi unter der Tür durchgeschoben hatte, schienen die besten Fälle immer noch der Neugier der eigenen Mitarbeiter zu entspringen. Auch Schildkraut las die Fachzeitschriften. Beide waren zu Computerfreaks geworden, auf deren Schreibtischen schon einige Jahre ein PC stand – eine echte Leistung in einer Bundesbehörde.

Washington begann zu erzählen. »Da war diese Presseerklärung in Vegas letzten Monat. IBM und Microsoft redeten über einige Dinge und –.«

»Nicht IBM!« unterbrach ihn Schildkraut. Seine Stimme klang immer ein bißchen quiekend, wenn er sarkastisch wurde – was ziemlich häufig vorkam. Der Fall IBM hatte sich über zwanzig Jahre hingezogen und war für das Justizministerium zu einem Alptraum geworden – und einer der Gründe, warum beide Behörden vor Ermittlungen gegen Monopolisten so zurückschreckten.

»Für mich hört sich das wie eine Absprache zur Aufteilung des Marktes an«, fuhr Washington fort.
»Wirklich?«
»Ja«, bekräftigte Washington, »ein ganz klarer Fall von Absprache. Es ist kompliziert. Ich werde es Dir erklären.«

Washington wußte, daß alle PCs von einer Betriebssystemsoftware abhingen, die die erforderlichen Befehle ausführte, um den Rechner zum Leben zu erwecken. Diese Software interpretierte die Befehle aller Programme, mit denen ein Anwender auf den Geräten arbeiten konnte. Ohne sie war ein PC nur ein nutzloses Gewirr aus Blech und Schaltkreisen.

Washington wußte auch, daß Bill Gates, nur zwei Jahre älter als er selbst, mit dieser Software ein Vermögen zusammengerafft hatte. Schon früh hatte er die enormen Geldströme und die Macht gerochen, die einer Firma zufließen würden, die das Geschäft mit Betriebssystemsoftware kontrolliert. Gates war fest davon überzeugt, daß PCs schon bald die Welt beherrschen und genauso verbreitet sein würden wie Fernseher.

Washington hegte mittlerweile den Verdacht, daß sich irgend etwas im Zusammenhang mit Windows – Gates' Weiterentwicklung seines Flaggschiffes DOS – zusammenbraute. Bei Windows konnte man graphische Symbole anklicken, anstatt die undurchschaubaren DOS-Befehle benutzen zu müssen. Gates hoffte, mit Windows endlich eine dem Apple Macintosh ähnliche Benutzeroberfläche anbieten zu können – auf die er seit Jahren neidisch war. Obwohl Microsoft seit 1981 daran arbeitete und die erste Version für 1983 angekündigt hatte, konnte sich Windows auf dem Markt nicht durchsetzen. Trotzdem arbeitete Gates unermüdlich am Durchbruch von Windows.

Aufgrund seiner Lektüre wußte Washington, daß einige IBM-Manager Ende 1989 mißtrauisch gegenüber Microsoft geworden waren, obwohl die Firma versichert hatte, OS/2 zusammen mit IBM zu entwickeln. Aber Gates schien immer mehr Energie in die Weiterentwicklung von Windows zu stecken, statt sich auf OS/2 und seine grafische Oberfläche, den ›Presentation Manager‹, zu konzentrieren.

Für IBM bot OS/2 unter anderem die Chance, Microsoft die Kontrolle über den Markt für Betriebssysteme wieder abzujagen. An den Lizenzgebühren für MS-DOS, die man praktisch von jedem Computerhersteller der Welt kassierte, hatte sich der ›Partner‹ ja vor allem bereichert.

»Wenn sich die beiden jetzt nicht zwischen Windows und OS/2 entscheiden können, dann sieht das so aus, als wollten sie versuchen, den großen Kuchen sauber unter sich aufzuteilen«, vermutete Washington.

Schildkraut lächelte und nickte. Er war sicher, daß Kevin Arquit, Chef der Wettbewerbsaufsicht, bereitwillig eine erste Voruntersuchung – die keine Genehmigung von seiten höherer Stellen erforderte – veranlassen würde. Washington war willens, sein Glück zu versuchen.

Am Rand der Menge wurde es jetzt etwas unruhig. Es war Zeit für das weihnachtliche Lieblingsritual des Casto-Geer-Vereins. Die Tradition verlangte, daß das neueste Mitglied der Kommission eine Rede hielt. Und das war diesmal Deborah Owen.

Washington und Schildkraut beobachteten, wie sie zum Podium schritt. D'Artagnan, der gegenüber mit seinen Kollegen aus der Abteilung Fusionskontrolle und seiner Assistentin Ginger stand, hatte sich etwas seitwärts aufgestellt, um eine bessere Sicht zu haben.

Owen stand vor ihren Kollegen und griff in ihren BH. »Ich habe meine Reden immer im BH stecken«, erklärte sie völlig ernst. Hier und da war ein leises Kichern zu hören, das zu einer Welle von Gelächter anschwoll, die den ganzen Raum erfaßte.

Owen fuhr fort und hielt eine ausgefeilte Rede über Fragen des Verbraucherschutzes bei eßbarer Unterwäsche.

Im Februar 1990, als Schildkraut Arquit informiert hatte, daß Washington zu einer Voruntersuchung im Fall Microsoft bereit sei, gab Arquit der Untersuchung seinen Segen.

Die Anwälte der FTC sind für die ersten Hundert Stunden einer Untersuchung so ziemlich auf sich allein gestellt. Erst wenn sich ihre Verdachtsmomente verdichten, beantragen sie bei ihrem vorgesetzten Direktor und schließlich bei der Kommission selbst die Genehmigung, eine formale Untersuchung aufnehmen zu dürfen.

»Erzähl mir, wie es läuft«, bat Arquit. »In ein paar Wochen kann ich versuchen, die Genehmigung zu bekommen. Das Justizministerium wird nicht gerade begeistert sein, nach dem, was sie mit IBM durchgemacht haben.«

4 Labyrinth

Anderthalb Jahre nach dem Beginn der Microsoft-Untersuchung durch die FTC hatte sich die Strategie der Ermittler einige Male geändert, nachdem die Bundesanwälte damit begonnen hatten, interne Microsoft-Dokumente zu beschlagnahmen und auszuwerten. Gates führte sie ungewollt auf einem Slalomkurs durch seine Strategien in den verschiedenen Märkten. Unterdessen machte Gates weiter wie bisher und ließ in kleinen amourösen Affären, die von seinen Kollegen arrangiert wurden, Dampf ab. Er war entschlossen, sein DOS-Monopol auszubauen, indem er jeden potentiellen Konkurrenten vom Markt fegte – wie bei Digital Research Inc. –, während er seine Marktmacht gleichzeitig in ganz anderen Software-Märkten zu seinem Vorteil einsetzte. Das brachte ihn auf Kollisionskurs mit Ray Noorda, Phillipe Kahn und Jim Manzi.

Sie war wunderschön. So schön, daß es beinahe egal war, daß sie dafür bezahlt wurde.

Es war ein milder Tag. Noch vierundzwanzig Stunden zuvor hatte die Sonne grell geschienen und war dem Lauf der Stunden mit unerbittlicher Strenge gefolgt. Jetzt zogen weiche graue Wolken heran, und ein Licht, das alles miteinander zu verschmelzen schien, entschärfte die Konturen aller Dinge.

Vielleicht war er entspannter, wenn er in Gedanken alles zu einem großen Brei vermischen konnte. Es gab Zeiten, da hatte er ein Gefühl, als ob unter der harten Sonne Teile von ihm verdampfen und sich von ihm trennen würden; die Welt hatte in diesen Zeiten scharfe Kanten, wie aus Glas.

Gates' Vertrauter hatte mal wieder gute Arbeit geleistet – wie er es überall auf dem Globus getan hatte. ›Siehst Du nicht, daß Du alles haben kannst?‹, hatte er zu Gates gesagt, der immer noch nicht verheiratet war. ›Männer Deines Ranges brauchen alle ein wenig Ruhe und Entspannung.‹

Es stimmte, Gates mußte dringend etwas Dampf ablassen. Die Ereignisse des letzten Jahres waren doch etwas viel für ihn gewesen. Die FTC hatte es geschafft, in seinen innersten Geschäftsbereich vorzudringen. Inzwischen mußte Ray Noorda, Vorsitzender und CEO seines Erzrivalen Novell Inc., aufgehalten werden. Die OEM's – Computerhersteller auf der ganzen Welt – wurden mit einer Alternative zu seiner DOS-Software umworben. Joachim Kempin, Gates' Vize für die OEM-Verkäufe, sein Verkaufschef Steve Ballmer und sein Chefberater Neukom, der mit seinem Juristenteam die Verträge entworfen hatte, sie alle hatten dafür gesorgt, daß die gesamte Welt in die Abhängigkeit von Microsoft geraten war. Den vierteljährlichen Lizenzabrechnungen der Computerhersteller auf dem ganzen Planeten nach zu urteilen, hatte Gates in der Tat seinen Finger am Puls des Marktes. Seine globale Sichtweise war absolut einzigartig, kein Unternehmen und keine Bundesbehörde konnte ihm darin das Wasser reichen. Er konnte Veränderungen wahrnehmen, die andere erst sehr viel später registrierten, kleinste Schwankungen der weltweiten Bedürfnisse.

Aber wegen der Feds mußte er sich keine Sorgen machen. Neukom hatte ihn im Laufe der Jahre – mit Unterstützung von Gates' Vater – aus einigen turbulenteren Gewässern herausmanövriert. Sie würden sich um ihn kümmern. Neukom und Ballmer, seine engsten Freunde, wußten über sein ›Ding‹ mit den Frauen Bescheid.

Während er jetzt in einem Restaurant mit dieser Frau zusammensaß, hatte Gates das alles beinahe vergessen. (Es würden andere Zeiten kommen – bald, in einem Hotelzimmer, mit seiner anderen Geliebten, einer kleinen Angestellten bei Microsoft. Sie hatten sich zum Abschied sogar in der Öffentlichkeit geküßt, direkt vor einem Gebäude in Manhattan, in dem eine Produktankündigung von Microsoft stattfinden sollte. Das war aufregend gewesen. Niemand hatte es bemerkt.)

Aber diese Frau hier war wie ein Freund – klug und sehr, sehr schön. Wen interessierte es, daß es arrangiert war?

Sein Vertrauter hatte Gates einen Gefallen getan. Gates mochte ihn eigentlich gern – die beiden verband das Gefühl, über der Masse zu stehen. Beide mochten Wort- und Gedankenspiele, an denen Gates einen Riesenspaß hatte, aber Außenstehende wußten, daß dieser Vertraute nicht gerade ein Juwel war. Indes war diese Umkleideraum-Atmosphäre nicht ungewöhnlich für Microsoft. In einer Klage gegen die Firma wegen sexueller Belästigung war zu lesen, ein Manager habe sich vor seiner Angestellten mit den Worten gebrüstet, er wäre »der Vorsitzende des Vereins der Amateurgynäkologen«. Dann gab es da noch eine an die gesamte Belegschaft gerichtete E-Mail über ›Maus-Bälle‹, voller Anspielungen auf männliche Genitalien; und nicht zu vergessen, Gates' Angebot an eine schwarze Angestellte, ihr 500 US-Dollar zu zahlen, wenn er sie ›Sweet Georgia Brown‹ nennen dürfe.

Die Spitzenmanager hatten einiges von Gates' Privatleben mitbekommen. Ein paar von ihnen wüßten zuviel, meinte er zu seinen engsten Freunden. Auch Neukom wußte zuviel, aber Gates war auf ihn angewiesen.

Als Neukom ihm im letzten Sommer von den Ermittlungen der Bundesbehörden berichtet hatte, hatte Gates fast der Schlag getroffen. Das Team seines Chefberaters spürte förmlich, wie Gates kurz davor war, auf Neukoms Schreibtisch zu springen.

Der Brief der FTC war im Juni 1990 bei Microsoft eingetroffen. In ihm wurde Microsoft mitgeteilt, daß gegen die Firma wegen vermuteter Absprachen mit IBM ermittelt werde. Die Behörde stellte Untersuchungen aufgrund der gemeinsamen Presseerklärung vom vergangenen November an und verlangte Zugang zu internen Dokumenten, die die Geschäftsstrategien von Microsoft und IBM betrafen.

Die Microsoft-Akte

Neukom fand die Angelegenheit amüsant. Gates drehte ohnehin jedesmal durch, wenn seiner Firma Missetaten vorgeworfen wurden, aber diese Vorwürfe waren unerhört. Jeder wußte, daß IBM und Microsoft keinerlei gemeinsame Vereinbarung getroffen hatten. Die beiden Firmen hatten sich auseinandergelebt. Sogar die Presse hatte über die ›Scheidung‹ berichtet.

Neukom hatte einen Flug nach Washington gebucht. Ohne eine offizielle Vorladung würde er auf keinen Fall jemanden in den Dokumenten der Firma herumstöbern lassen. Ende Juni besuchte er zusammen mit seinem Berater Bill Pope und mit Microsofts Vizepräsident Paul Maritz das Wettbewerbsbüro der FTC. In einem Konferenzraum trafen sie sich mit den beiden Unzertrennlichen, Washington und Schildkraut, sowie zwei Anwälten und einem Ökonomen des Wirtschaftsbüros der Behörde.

Fast zwei Stunden lang versuchten Neukom und Maritz die Windows-Strategie der Firma zu erläutern. Sie behaupteten, es gäbe keinerlei Absprachen mit IBM, und der Industrie sei das bereits mehr als klar. Seit November habe sich viel verändert.

Neukom wurde gerne sarkastisch, besonders in Gegenwart von Leuten, die er für weniger gebildet hielt als sich selbst. Aber er machte deutlich, daß Microsoft erst nach Erhalt einer Vorladung kooperieren würde – und ihm war klar, daß das bei der Bürokratie der Bundesbehörden einige Zeit dauern würde. Bis zum Eintreffen dieser Vorladung[1] würde Microsoft lediglich Pressemitteilungen und öffentlich zugängliches Marketingmaterial zur Verfügung stellen. Ziemlich langweiliges Zeug. Neukom war ein Meister im Zeitschinden.

Aber nun flatterten die Dokumente nur so zur Tür hinaus. Inzwischen waren bereits Tausende von Seiten ausgehändigt worden. Gates vertraute auf seine Freunde; nervös fragte er sich, wonach die Feds in Wahrheit suchten. Neukom konnte darüber nur lachen. »Nichts wird jemals dabei herauskommen«, versicherte er ihm.

---

[1] Die Vorladungen der FTC und des Justizministeriums in Zivilrechtsfällen wurden auch als C.I.D oder Civil Investigative Demand (Zivile Untersuchungs-Anforderung) bezeichnet.

Eine Kellnerin begrüßte Gates und seine neue ›Freundin‹ neben ihm. Zum Glück wurde er außerhalb der Umgebung von Seattle oder des Sili Valley nie erkannt. Es war gut, von all dem weit weg zu sein. Noorda trieb ihn die Wände hoch. Er hatte die Dreistigkeit besessen, im Oktober 1991 Digital Research zu kaufen und versuchte nun, sich mit deren DOS-Version DR-DOS, die als einzige Alternative zu Microsoft DOS galt, in Gates' Markt hineinzufressen.

Steve Ballmer wußte, wie paranoid Gates wegen DR-DOS war. Er hatte die E-Mails gelesen, die Gates seinem Vertrauten geschickt hatte und in denen er über das Konkurrenzprodukt schimpfte. Lazarus wußte es, Neukom wußte es, Kempin wußte es, Mike Maples wußte es. Im Einzelhandel lagen die Umsätze von DR-DOS bereits höher als die von MS-DOS. Es wurde zur Politik des gesamten Unternehmens, DR-DOS mit allen verfügbaren Mitteln auszuschalten. Vergeßt die Feds. Behaltet die Kontrolle. Laßt nicht zu, daß sie mit uns das gleiche machen wie mit IBM: Die Firma in einen Haufen Weicheier verwandeln.

DR-DOS war Gates schon seit langem ein Dorn im Auge. Er war wie besessen, trotz seiner Bemerkungen gegenüber der Presse, DR-DOS sei ein unwichtiges Produkt. Als DR-DOS 1988 als Alternative zu MS-DOS aufkam, mußte er bei den Computerherstellern die Preise senken. Bis dahin pflegte er zwischen 30 und 60 US-Dollar pro Computer zu kassieren und konnte sich in dem sicheren Gefühl wiegen, daß nichts sein DOS-Monopol für PCs angreifen konnte. DR-DOS konnte Microsoft Millionen an Lizenzgeldern kosten, wenn man dem Konkurrenten auch nur einen Bruchteil des Marktes überlassen würde.

Die ganze Geschichte war von Anfang an problematisch gewesen. Digital Research Inc. (DRI) hatte CP/M entwickelt, für Gates quasi die Kopiervorlage für sein MS-DOS. Denn Q-DOS von Seattle Computer war ebenfalls ein Klon von CP/M. Microsoft DOS enthielt immer noch Programmzeilen, die vom DRI-Gründer Gary Kildall geschrieben worden waren. Als IBM herausfand, daß Gates ihnen einen Klon verkauft hatte, waren sie so verschreckt, daß sie Kildall 800 000 US-Dollar für das Versprechen zahlten, sie nicht zu verklagen – Peanuts gegenüber den

Milliarden, die Microsoft während all der Jahre mit diesem Produkt zusammenraffte.

Obwohl Gates ihnen die Schau gestohlen hatte, dümpelten Kildall und DRI mit ihrer DOS-Version weiter dahin. Es gab keine wirklichen Weiterentwicklungen, bis 1990 DR-DOS 5 herauskam. Die Verbesserungen – integrierter Speichermanager, Datenkomprimierung, komfortabler Editor, Sicherheitsmechanismen und eine Datensicherung – brachten Gates in Rage, denn sein Betriebssystem konnte damit nicht aufwarten.

Digital Research hatte sein Produkt im Einzelhandel auch als Upgrade angeboten, was Microsoft bis dahin nie eingefallen wäre. Dies gab Tausenden von Computerbenutzern, die bereits für die vorinstallierte DOS-Version bezahlt hatten, die Möglichkeit, noch einmal für ein besseres Produkt in die Geldbörse zu greifen.

Daß Microsoft Ende 1990 mit MS-DOS einen Marktanteil von über 90 Prozent hatte, reichte nicht. Ihn zu behalten, darauf kam es jetzt an.

1991 konnten Microsofts Account Manager die Lizenzbestimmungen noch in einer Kurzversion in ihrem OEM-Handbuch nachlesen. Die neuen Lizenzmethoden kamen erstmals im Fernen Osten zur Anwendung, wo Billiganbieter von PC-Nachbauten ihre schmalen Profite gerne mit einem preiswerteren und zugleich besseren Betriebssystem aufstockten – von DRI. Microsoft führte daraufhin eine Praxis ein, die als ›Pro-Prozessor-Lizenz‹ bekannt werden sollte. Dabei wurden die Computerhersteller in ihren Verträgen gezwungen, für jeden verkauften Computer – unabhängig von dem installierten Betriebssystem – eine Lizenzgebühr an Microsoft zu zahlen.

Die Account Manager wußten, daß sie die Hersteller zu derartigen Vereinbarungen überreden konnten, wenn sie ihnen Rabatte und andere Vorteile in Aussicht stellten. Während diese Pro-Prozessor-Lizenz in den OEM-Handbüchern nur knapp skizziert war, wurde Microsofts Account Managern weltweit in mündlichen Gesprächen eindringlich die ›strategische‹ Bedeutung dieser Lizenzierungs-Praxis für das Microsoft-Betriebssystem vor Augen geführt.

Labyrinth

Gates spielte diese Praxis vor Presse und Öffentlichkeit typischerweise herunter. »Unser Weg der Lizenzierung von System-Software ist keineswegs einzigartig«, pflegte er zu sagen. In einer Stellungnahme gegenüber einem Reporter drückte sich auch Neukom sehr lässig betreffs der Auswirkungen eines solchen Lizenzsystems auf den Wettbewerb aus. »Microsoft glaubt, daß seine Lizenzierungs-Praxis völlig legal und keinesfalls wettbewerbsverzerrend ist«, tat er kund.

Trotzdem war Gates nervös. Es war seine Art. ›Beruhige Dich‹, würde sein Vertrauter sagen. ›Dir ist gar nicht klar, wer Du bist und wie reich Du bist‹, würde Ballmer sagen. ›Ich kümmere mich um alles‹, würde Neukom sagen.

Jetzt saß er hier mit seiner ›Verabredung‹. Er hatte nichts gegen die Frau einzuwenden. Es war nicht ganz so anregend, wie eine schöne Frau in sein Haus in Seattle mitzubringen, aber es machte Spaß.

Die Frau, die jetzt gerade mit ihm dinierte, lebte in einer dieser außerhalb liegenden und scheinbar unbewohnten Gegenden, wo Lagerhäuser zugleich als Künstlerateliers und Wohnungen herhielten. Solche Welten hatte er nur von weitem gesehen. Mary Gates hatte sich in ihrer Eigenschaft als Kunstliebhaberin gerne als Teil der Boheme betrachtet. Sie hielt ein Abonnement des Theaters von Seattle. Aber Gates und seine Familie waren ein wenig zu wohlhabend und zu bequem, um das Leben der Boheme wirklich zu verstehen. Am nächsten kamen dem wohl noch seine frühen Jahren als Programmierer, in denen eine Zeile Code zum Lebensraum werden konnte.

Gates war wie sie, auf seine Art ein Bohemien. Er hatte einen anderen ›Blickwinkel‹ als die meisten, konnte weiter vorausschauen – wie er gerne von sich glaubte. Und er sah es als durchaus gerechtfertigt an, daß alles Geld der Welt irgendwann zu ihm fließen würde.

Sie war schön. Schöne Frauen hatten ihn früher, als er noch kaum mehr als ein simpler Studienabbrecher war, kaum eines Blickes gewürdigt. Aber jetzt konnte er jede Frau haben, die er wollte. Na ja, beinahe. Später würde eine junge Frau in Deutschland seine Aufmerksamkeit erregen, eine Account Managerin von Microsoft. Er mußte ohnehin dorthin fahren und sich um die DR-DOS-Probleme kümmern, die immer noch nicht unter Kontrolle waren.

In Washington, D.C. saßen Norris Washington und seine Kollegen an ihren Schreibtischen und studierten fasziniert den E-Mail-Schriftverkehr zwischen den Mitgliedern des inneren Kreises um Gates.

Es war Frühjahr 1991, und die Präsenz von Bill Gates in den Bergen von Papier, die sich auf Washingtons Schreibtisch türmten und sich in einer langen Reihe von Kartons bis in den Flur fortsetzten, war überdeutlich spürbar. Innerhalb eines Jahres hatten Washington und Schildkraut im Zuge ihrer Beschlagnahmungen eine ganz schöne Sammlung zusammenbekommen – und eine Menge davon war mit ›Microsoft secret‹ gekennzeichnet.

Einige Monate zuvor hatte die FTC ihre erste Zugriffsverfügung an die Firma geschickt und Microsoft davon in Kenntnis gesetzt, daß es ihnen von nun an untersagt war, elektronische oder sonstige Akten und Dokumente zu vernichten. Mit den internen Memos, E-Mails und Briefen an und von Spitzenmanagern anderer Firmen lag quasi ein Tagebuch des Unternehmens vor, das ziemlich genau den Stil von Gates' Führung und Management wiedergab. Kein Journalist, kein Industriemanager, kein Wall Street-Analyst hatte je einen so intimen Einblick in die Funktionsweise des Unternehmens bekommen.

Es hatte enormer Anstrengungen bedurft, um zu diesem Ergebnis zu gelangen. Damals, Ende 1990, hatten Arquit, Schildkraut und Washington um Genehmigung ersucht, eine lückenlose Ermittlung durchführen zu können. Die Zusage erhielten sie jedoch erst, nachdem der Verbindungsmann Carl Hevner einen Antrag beim Justizministerium gestellt hatte.

Diese Vorgehensweise entsprach der formellen Art, in der das Justizministerium und die FTC ihren Dauerstreit darüber austrugen, wer welchen Fall behandeln durfte. Da beide die Kompetenz besaßen, die Kartellgesetze durchzusetzen, war oft nicht nur die Frage, wer die Kartellbedenken ursprünglich angemeldet hatte, sondern auch, welche Behörde das größere Fachwissen über den betreffenden Industriezweig besaß. Mit all den Bundesermittlungen, Zustimmungsbescheiden und Fällen, die von der FTC und vom Justizministerium in der Vergangenheit geschluckt worden waren, um dann nie wieder aufzutauchen, ähnelte das Behördendreieck in jenen Zeiten ein wenig dem Bermuda-Dreieck.

In diesem Fall jedoch verschwand Washingtons Antrag nicht für immer und ewig, sondern siechte einfach etwa sechs Monate vor sich hin. Die ausbleibenden Reaktionen in den folgenden Wochen waren ihm ein Rätsel.

Seine Kollegen in den Büros weiter oben wußten, daß sich eine Schlacht anbahnte. Wenn Schildkraut nicht die Initiative übernommen hätte, wäre der Fall wohl für immer auf dem Abstellgleis gelandet.

Die FTC und das Justizministerium waren über die Frage aneinandergeraten, wer von ihnen sich schneller das nötige Fachwissen über die turbulente PC-Industrie aneignen könne. Die Behörde, die sich zuerst eingearbeitet haben würde, konnte ziemlich sicher damit rechnen, alle folgenden Fälle, die diesen Industriezweig betreffen, an sich zu ziehen.

Im letzten Jahrzehnt hatte die FTC das Justizministerium vorgeführt, obwohl jegliche Regulierungsbemühungen damals einem starken politischen Gegenwind ausgesetzt waren. Die beiden Behörden waren seit Jahren in einen Kleinkrieg verstrickt, maßen wechselseitig ihre Erfolge und verteidigten eifersüchtig ihre Reviere. Während der Achtziger hatte die FTC einige der größten Fusionen der Geschichte bearbeitet, viele davon in der Ölindustrie. Schildkrauts Abteilung hatte etliche Siege bei der Ablehnung von Fusionen in diesem Industriezweig verbucht – während das Ministerium jeden Fall verlor, den es anfaßte. Schildkraut hatte auch die Mammutaquisition von RJR Nabisco durch KKR bearbeitet und spürbare Beschränkungen in Zeiten durchgesetzt, in denen die republikanische Regierung nicht das geringste Verlangen hatte, die Wirtschaft herauszufordern.

Das Justizministerium kämpfte mit Zähnen und Klauen, um zu verhindern, daß diese FTC-Emporkömmlinge einen Fall IBM/

Microsoft übernahmen. Die Kartellrechts-Abteilung des Justizministeriums befürchtete Geländegewinne der FTC in einem Bereich, der seit den Erfahrungen im früheren IBM-Fall als Territorium des Ministeriums galt.

Die Stellvertreter des Vize-Justizministers James Rill argumentierten, daß sie bereits Jahrzehnte mit dem IBM-Fall befaßt seien. »Aber der Fall hat rein gar nichts mit dem PC-Markt zu tun«, konterte Schildkraut. »Dabei ging es um IBM's Geschäft mit Großrechneranlagen. Die beiden Märkte lassen sich überhaupt nicht miteinander vergleichen.«

Schildkraut beharrte auf seiner Position und verlangte, daß Washingtons Anfrage stattgegeben würde. Rills Stellvertreter waren ihrerseits ebenfalls hartnäckig und behaupteten, die Ermittlung sei schädlich, im übrigen gebe es überhaupt nichts zu untersuchen. Andererseits betonten sie: »Wir werden ermitteln. Wir haben die nötige Kompetenz.« Für beide Parteien ging es um die potentielle Kontrolle der Wettbewerbsregulierung in der heißesten Branche der amerikanischen Wirtschaft: der PC-Industrie.

Schildkraut war rot angelaufen und kaute frustriert an seinem blonden Schnurrbart. »Ihr behauptet, eine Ermittlung wäre schädlich, und gleichzeitig sagt ihr, daß ihr ermitteln wollt?« entrüstete er sich.

In Wirklichkeit besaß keine der beiden Behörden ein ernstzunehmendes Fachwissen über die PC-Industrie, aber zumindest hatten die Anwälte der FTC – im Gegensatz zum Personal des Ministeriums – auf ihren Schreibtischen PCs stehen, worauf Schildkraut noch spöttisch hinwies, als er seinen Hut nahm.

Dieses Geplänkel zog sich über die nächsten sechs Monate hin. Schließlich trat Arquit als Verhandlungsführer auf und brachte die Sache hoch bis vor Jim Rill. Das Justizministerium räumte ein, daß Schildkrauts und Washingtons Argumente stichhaltig waren und erteilte im Juni 1990 die Genehmigung für eine Hauptuntersuchung.

Washington begriff inzwischen, wie dumm seine erste Prämisse gewesen war.

Paul Saunders, IBMs externer Berater von der New Yorker Kanzlei Cravath, Swain & Moore, hatte Jahre damit zugebracht, sich mit den Feds herumzuschlagen. Er hatte zusammen mit IBMs Hausanwalt Tony Clapes auf den ersten Brief der FTC reagiert. Sie hatten klugerweise entschieden, sofort allen Anforderungen von Informationen zu entsprechen.

In den folgenden Treffen mit Washington und Schildkraut hatten sie darauf hingewiesen, daß aus den Dokumenten klar hervorginge, wie frustriert IBM über die Partnerschaft mit Microsoft war.

Clapes war ein wortkarger Mann, der lieber zuhörte. Er beherrschte es meisterhaft, die Strategie seiner Befrager zu durchschauen. Washington wurde langsam unsicher. Aus den IBM-Dokumenten und aus der Korrespondenz mit Microsoft glaubte er, deutlich ablesen zu können, daß Gates Angst vor IBM hatte.

Microsofts interne Kommunikation war verwirrend: Die Aufzeichnungen zeigten, daß einige Abteilungen IBM unterstützen wollten, während andere sagten: »Vergeßt IBM«. Zudem schien IBM verzweifelt zu versuchen, die Beziehung wieder unter Kontrolle zu bringen, indem sie Microsoft androhten, sich einen anderen Partner zu suchen, falls man dort nicht der OS/2-zentrierten Strategie treu blieb.

Die FTC-Anwälte versuchten herauszufinden, ob Microsoft sich erst anschließend entschieden hatte, das Abkommen nicht zu erfüllen oder ob sie dies von vornherein geplant hatten. War es nur ein Täuschungsmanöver, ein gezielter Versuch, den Markt zu betrügen?

Jim Manzi war außer sich. Der CEO der Lotus Development Corp. und sein Chefberater, Tom Lemberg, konnten nicht fassen, wieviel Geld sie verschwendet hatten, um ihre marktführende Tabellenkalkulation Lotus1-2-3 an OS/2 zu binden. Und er konnte nicht glauben, wie weit die Feds am Ziel vorbei geschossen hatten.

Man schrieb den April 1991. Die beiden Männer saßen im Hauptquartier von Lotus in Cambridge, Massachusetts, mit Blick über den Charles River, der stahlgrau und unbeweglich dalag. Was konnten sie tun? Es sah zumindest so aus, als ob die Beamten langsam die Zusammenhänge begreifen würden. Lemberg war sicher, daß es sich um ein Täuschungsmanöver handle, was er auch Norris Washington gegenüber erklärt hatte. Die ganze Branche wußte es, Jim Cannavino eingeschlossen. Und jetzt hörte Washington endlich zu. Der IBM-Microsoft-Pakt sei eine Farce, erzählte man ihm. Microsoft und IBM hatten es nicht einmal entfernt geschafft, den Markt unter sich aufzuteilen.

Während IBM OS/2 bei den Programmentwicklern anpries, hatte Microsoft dasselbe getan und dabei IBM und der Branche erklärt, sie würden OS/2 als »Plattform der Zukunft« unterstützen. Doch schon bald würde IBM und der Rest der Software-Industrie Microsoft vorwerfen, daß sie ihnen fälschlich versprochen hatten, OS/2 als das Standardbetriebssystem für Programme mit grafischer Benutzeroberfläche zu unterstützen. 1989 hatte Microsoft in aller Stille einigen Kunden und Computerherstellern erzählt, daß Windows das Betriebssystem der Zukunft sein würde.

Nur wenige Monate nach der Ankündigung von IBM und Microsoft im November 1989 hatte Microsoft sämtliche Prioritäten auf Windows verlagert und die Entwicklung von OS/2 langsam eingefroren. Microsoft-Manager hatten monatelang den unzureichenden Einsatz für OS/2 dementiert, um dann ganz unverfroren anzukündigen: »OS/2 ist tot, und wir haben es zur Strecke gebracht.«

Die Konkurrenz beschwerte sich, daß sie riesige Summen in sinnlose Entwicklungen investiert habe, während Microsoft wichtige Zeit gewonnen hatte, um seine Anwendersoftware für Windows zu vermarkten.

Das Betriebssystem war der Treibstoff, den alle benötigten, um ihre Computer anzutreiben. Durch den Wechsel des Standards hatte der Monopolist erreicht, daß die damals existierende Bürosoftware auf einen Schlag überholt war.

Es war, als hätte Standard Oil gesagt: »Baut alle nur noch Ölöfen. Öl ist der Brennstoff der Zukunft«, während sie heimlich einen neuen Brennstoff entwickelt hätten – zusammen mit neuen Öfen, die mit ihm hätten betrieben werden können. In einem derartigen Szenario hätte der Monopolist nicht nur den Industriestandard verändert, sondern auch sein Wissen und seine Kontrolle über den neuen Standard dazu genutzt, der erste mit dem einzigen dafür geeigneten Gerät zu sein.

Microsoft dementierte entschieden, irgend etwas im Schilde geführt zu haben. Man behauptete, von dem plötzlichen Erfolg von Windows selbst überrascht worden zu sein, da Windows sich vorher eher schlecht verkauft habe. Bill Gates und seine Marktstrategen hatten seit einiger Zeit klammheimlich Millionen in eine neue Version investiert: Windows 3.0. Microsoft würde für Windows im Gegensatz zu OS/2 keinen Pfennig Lizenzgebühren an IBM abführen müssen und könnte in Zukunft den Kurs alleine bestimmen. Und sie hatten die Gewißheit, daß das DOS-Monopol in Kombination mit Windows für die absehbare Zukunft hohe Gewinne abwerfen würde.

Als Microsoft im Mai 1990 Windows 3.0 mit der bisher größten Werbekampagne der Firmengeschichte herausbrachte, wußte die Industrie, daß Microsoft seine Strategie geändert hatte. Die Anwälte der FTC brauchten etwas länger, um das zu kapieren.

Manzi und Lemberg überschütteten die FTC nun mit Bergen von Beweismaterial über das angeblich skrupellose Verhalten Microsofts. Sie wurden dabei von Andy Berg unterstützt, dem externen Berater von Lotus in Washington, D.C., der nahezu jede Firma der Branche in solchen Angelegenheiten beriet.

Für Lotus war eines sonnenklar: Microsofts Täuschungsmanöver war nur ein Aspekt in einer viel größeren Intrige, die das Ziel hatte, noch mehr Macht im Betriebssystemmarkt zu bekommen und mit dieser Macht dann einen neuen Markt zu erobern – den Markt für Anwendungs-Software, auf dem Manzis Firma ihre Brötchen verdiente.

Das Dröhnen der Motoren war zu einem beruhigenden Rauschen verebbt. In 8.000 Metern Höhe durchsuchte Ray Noorda, der Chef von Novell, seinen Aktenkoffer nach einem Stückchen Papier – die Rückseite eines Umschlags mußte herhalten, um die seltsamen Gedanken aufzunehmen, die ihm gerade durch den Kopf gingen.

In Zeiten wie diesen dachte er an seinen Englischlehrer in der Grundschule. Ein Teil von ihm sehnte sich nach dem heroischen Leben der Literatur. Aber hier drehte sich alles ums Geschäft, mit dem leichten Touch einer Odyssee.

Es war Juli 1991, und Noorda hatte gerade Bill Gates und die fünfte Runde in einer Serie nebulöser Konferenzen in San Francisco verlassen. Die Situation schrie geradezu nach Lyrik.

Er suchte in seiner Jackentasche nach einem Bleistift und konnte das merkwürdige Bild jenes Mannes nicht verdrängen. Es waren erst wenige Stunden vergangen, seit Bill Gates vor ihm zusammengebrochen zu sein schien. Er hatte sich gekrümmt, war hin und her gewippt, seine Lippen hatten sich bewegt, als ob er in eine uralte Liturgie versunken sei.

»Aber ich wollte fusionieren! Ich wollte fusionieren!« hatte der Microsoft-Chef immer und immer wieder wiederholt, während sein Kopf auf und ab schwang und beinahe auf dem Tisch aufgeschlagen wäre.

Noorda hätte sich Gates nie so jämmerlich bettelnd vorgestellt. Obwohl sein Benehmen äußerst unmännlich war, soweit Noorda das beurteilen konnte, war Gates doch der deutlich mächtigere Mann.

Gates' Timing war zumindest als interessant zu bezeichnen. Er hatte am 18. Juli 1991 angerufen, um dieses Treffen anzusetzen, und zwar keine 24 Stunden, nachdem Novell sein Interesse am Erwerb von Digital Research Inc. angekündigt hatte. Noorda hatte sich gerade auf eine Konferenz mit Sicherheitsanalysten vorbereitet, um den Kauf zu diskutieren, als der Anruf von Gates kam.

Es gab nicht mehr viel, was Noorda in diesen Tagen noch überraschen konnte. Mittlerweile hatte er etwas von einem alten Bluthund. Seine Gangart war langsamer geworden. In den Jahren vor seiner Pensionierung kämpfte der siebenundsechzigjährige CEO von Novell und Altvater der jungen PC-Softwareindustrie gegen den Zerfall seines Imperiums. Sein Gedächtnis war hinüber, und seine Leute machten sich bereits über ihn lustig.

Labyrinth

Seit die Welt von den Ermittlungen der FTC bei Microsoft erfahren hatte, waren gerade mal zwei Monate vergangen.

Noorda konnte sich gut vorstellen, daß Gates allen Grund zum Jammern hatte, jetzt, wo jeder wußte, daß er die Feds im Nacken hatte. Aber dieses hündische Wimmern, das er vorhin hatte erleben müssen, war einfach unfaßbar. Es erinnerte Noorda an einen seiner Söhne, als dieser vier Jahre alt war.

Es war eine andere Ära, in der der Novell-Chef damals seine Firma in Provo, Utah, gerettet und in ein Kraftwerk für Netzwerksoftware verwandelt hatte.

Diese Fusionsgeschichte mit Gates begann im Herbst 1989. Noorda vermutete, Gates habe die ganze Zeit Informationen gesammelt. Aber Gates hatte zuerst seine rechte Hand Steve Ballmer vorgeschickt, um den Auftrag zu erledigen. Damals hatte sich Noorda bereit erklärt, Rod Canion, dem CEO von Compaq Computers, einen Gefallen zu tun. Canions Firma stellte damals gerade eine neue Produktlinie vor, die sie SystemPro nannten. Noorda willigte ein, auf der Veranstaltung Novells Software-Unterstützung für die Maschinen anzukündigen.

Ballmer war ebenfalls auf dem Podium. Noorda hatte gerade Wind von Microsofts Plänen bekommen, in den Markt von Novell einzudringen – den für Netzwerksoftware, die es Computern ermöglichte, miteinander zu kommunizieren und gemeinsam Daten zu verarbeiten.

Ballmer lud ihn zum Frühstück ein.

Noorda biß sich auf die Zunge; zu gerne würde er den Mann bei jenem Spitznamen rufen, den er für ihn erfunden hatte. Noorda nannte den Microsoft-Chef ›Pearly Gates[2]‹ und Ballmer den ›Em-Ballmer[3]‹: »Weil Dir der eine den Himmel verspricht, während der andere schon Dein Grab schaufelt.«

»Also, was gibt es?« knurrte Noorda. Er hatte eine Tendenz, mehr zu knurren als zu sprechen.

»Bill will wissen, ob ihr an einer Fusion interessiert seid«, entgegnete Ballmer und schlug damit vor, daß der größte Liefe-

---

[2] Pearly Gates: die zwölf biblischen Himmelstore
[3] Embalmer: Einbalsamierer

rant von Betriebssystemen sich mit dem Marktführer bei Netzwerksoftware zusammentun sollte.

Also nahm Noorda mit Rücksicht auf die Interessen seiner Aktionäre an den Gesprächen teil, die sich bis Mitte Januar hinzogen. Dabei fragte er sich, ob Gates es wohl ernst meine. Ihm war klar, daß Gates eine Menge Informationen über die Geschäfte seiner Firma aus ihm herausholte.

Die Treffen fanden in Redmond, Washington und Provo statt. Zu dieser Zeit lag Novells Marktwert bei 1,2 Milliarden US-Dollar und der jährliche Umsatz bei 350 Millionen US-Dollar. Microsoft war ungefähr 4,5 Milliarden US-Dollar wert.

Im Januar 1991 war es ruhig um die Angelegenheit geworden, und Noorda rief bei Ballmer an, um herauszufinden, ob Microsoft noch interessiert sei. Obwohl Noorda immer den Verdacht gehegt hatte, daß dieses Geschäft nicht zustande kommen würde, beteiligte er sich trotzdem weiter an den Besprechungen und überließ Microsoft Informationen über Teilbereiche von Novells Geschäften.

»Bill kann sich nicht entscheiden«, erklärte Ballmer. »Und er kann sich nicht mit dem Gedanken anfreunden, dauernd nach Utah zu fahren, um die Entwicklungsfortschritte zu überwachen, wenn die Firmen fusionieren würden.«

»Nun, dann will ich ihm bei seiner Entscheidung helfen«, meinte Noorda. »Wir werden nicht weiter darüber diskutieren.«

»Na ja, das ist wahrscheinlich das Beste. Bill ist eigentlich auch nicht besonders interessiert«, schnappte Ballmer zurück.

In seiner Firma wurde geredet, und bei Microsoft gingen jetzt ebenfalls die Gerüchte um. Gates und Ballmer hatten schon begonnen, über technische Dinge zu diskutieren, die Noorda für unangebracht hielt.

Im März 1991 kam als Reaktion auf das Gespräch ein Brief von Ballmer, nur vier Monate vor Gates' Ouvertüre zur zweiten Runde in San Francisco. Er legte dar, einer der Gründe für den Abbruch der Gespräche durch Gates sei das »Risiko, daß die Regierung die Transaktion ablehnt«.

Kurz nach Erhalt dieses Briefes wendete sich Noorda an zwei verbündete Softwarefirmen und Mitkonkurrenten von Microsoft – Lotus Development Corp. und WordPerfect –, um ihnen eine Dreier-Allianz gegen Gates' aggressive Taktiken vorzuschlagen.

Den Vorschlag nannte er sein ›360er-Programm‹: gemeinsame Verkaufs- und Marketinganstrengungen, um erfolgreicher mit Microsoft konkurrieren zu können, die sich mit alarmierender Geschwindigkeit im Anwendungs- und Netzwerk-Softwaremarkt ausbreiteten. (Die ›360‹ war doppeldeutig: Zum einen waren die ›vollen 360 Grad des Kreises‹ gemeint, also eine umfassende Allianz, zum anderen sollte sichergestellt werden, daß die drei Firmen einen Marktanteil von 60 Prozent erobern.) Die Zusammenarbeit kam jedoch nie zustande.

Während die Industrie herumspielte, trödelte und döste, wurde Microsoft immer fetter und mächtiger, dachte Noorda. Indem Computer- und Softwarehersteller sich weiter den Bedingungen des Softwaregiganten unterwarfen, gaben sie immer mehr die Zügel zugunsten des Microsoft-Vorsitzenden Bill Gates aus der Hand.

»Wir müssen uns gegen dieses kleine Weichei wehren«, forderte er immer und immer wieder. Das ›kleine Weichei‹ war abwechselnd der reichste und der zweitreichste Mann Amerikas. Es gab Gründe für seinen Erfolg. Er war das Gesicht, der Körper und die Seele von Microsoft. Gates' engste Freunde bemerkten die Unzertrennlichkeit zwischen seinem Ego und seiner Firma. Alles, was seinem Unternehmen widerfuhr, nahm er persönlich. Und Noorda blieb nicht verborgen, daß Microsoft ebenfalls viele Züge des persönlichen Stils seines Chefs angenommen hatte.

Auch jetzt noch konnten diese Themen Noordas Herzschrittmacher einen Schlag lang aussetzen lassen. Die Welt hatte sich verändert – es gab nicht mehr viele ›harte Kerle‹. Noorda glaubte zu wissen, was ›hart‹ sei und dachte an seine Tage als Barmann während seiner Collegezeit oder an die Teenagerjahre in Ogden, Utah, als er diese ›Extrablätter‹ über Hitlers Einmarsch in Österreich auf der Straße verkaufte. Für Noorda hieß CEO zu sein, ein harter Kerl zu sein. In Gedanken verglich er die Mitglieder dieses Clubs. Jack Welch von General Electric: DAS war ein harter Kerl. ›Pearly‹ würde nicht eine Sekunde in einem Raum mit Jack überleben.

Was man bräuchte, war so etwas wie die Front der Alliierten in den Tagen des zweiten Weltkriegs, um dem Aggressor die Stirn zu bieten, meinte er zu seinem Chefberater David Bradford. Für Noorda hatte es immer einen Feind gegeben – in der einen oder anderen Form. Als er bei General Electric war, war es IBM; als er bei General Automation war, hieß der Erzfeind Digital Equipment Corp. Heutzutage aber hatte der Feind enorme Ausmaße angenommen, und auf seinen Flanken war der Name Microsoft eingebrannt.

Noorda war als Mormone erzogen worden, aber im Gegensatz zu seinem Bruder war er nie auf Mission gegangen. Trotzdem schien sich der Mann immer auf einem persönlichen Kreuzzug zu befinden. Sein Heiliger Krieg wurde nun auf dem Boden der Industrie ausgetragen, und er scherzte gerne darüber: »Bomben fliegen, explodieren über mir, um mich herum, in mir!« rief er dann.

Er war tatsächlich als ein Mann bekannt geworden, der die Dinge herumreißen konnte; eine Art Unternehmensretter, ein wandernder Präsident, der Firmen in Not zur Hilfe kam. »Ich war niemals auf Mission, das hat mich zu so einem üblen Typen gemacht«, war einer von Noordas Standardsprüchen.

1939 war sein älterer Bruder Bert – benannt nach seinem Vater Bertus – nach Holland auf Mission gegangen. »Als er fertig war, verfrachteten sie ihn zurück und steckten ihn in die Armee«, erzählte Noorda. Dieser Bruder hatte eine Frau und zwei Kinder, und er wurde bei einem Infanterieeinsatz in der Südsee getötet. »Er hatte es schwer, und ich hatte es wirklich einfach«, pflegte er zu sagen.

Noorda konnte mit seinen Top-Managern stundenlang über den schädlichen Einfluß von Gates auf die Software-Industrie diskutieren. Sie begriffen gar nicht das ganze Ausmaß der Kampagne, mit der dieser »kleine Wicht«, wie Noorda Gates gerne titulierte, bald jede einzelne Firma aus dem Geschäft gedrängt haben würde. So dachte jedenfalls Noorda.

Seinem Chefberater kam er manchmal vor wie Shakespeares König Lear, der auf einem Berg gegen die Elemente anbrüllt. Ab und zu konnte sich Noorda auch selbst über seine leidenschaftliche Art lustig machen: »Dieses Zeug macht mich entweder verrückt, senil oder kindisch!«

Trotzdem war er davon überzeugt, daß es seine Mission sei, sich ›Gates Greueltaten‹ in den Weg zu stellen. Er dachte oft an den zweiten Weltkrieg – und neigte dann zu Vergleichen zwischen Gates' Methoden und der Propaganda des Dritten Reiches.

Gates würde später einmal einen persönlichen Brief an Noorda schreiben und sich über den Vergleich seiner Strategien mit denen der Nazis beschweren. Gates schrieb: Noorda habe geäußert, »bei Microsoft gäbe es äquivalente Personen zu ›Hitler, Göbbels und Göring‹.« Und er fuhr fort: »Ihr Vergleich ist beleidigend. ... Es stört mich, daß Sie als CEO eines großen amerikanischen Unternehmens eine solche Sprache verwenden, um einen Konkurrenten zu charakterisieren.« Gates hatte den Brief persönlich getippt und eine Kopie davon an Larry Sonsini, einen Anwalt Noordas, geschickt; als ob er klarmachen wollte, was für ein böser Junge Noorda doch gewesen war.

Gates' letzter Vorstoß war seltsam. Obwohl er dem Mann mißtraute, war Noorda tödlich neugierig, was er diesmal im Schilde führe. Noorda wußte, daß er Gates mit seiner Absichtserklärung, DRI zu kaufen, schwer getroffen hatte: die einzige Firma, die eine Alternative zu MS-DOS anbieten konnte, das – dank Gates' Geschäftsmethoden – weltweit auf 90 Prozent aller Computer lief.

In seinem Anruf am 18. Juli schlug Gates Noorda vor: »Wir sollten uns im Admirals Club am Flughafen San Francisco treffen.« Er machte ihm Komplimente über den Erfolg seiner Firma bei Netzwerksystemen und entschuldigte sich für den Abbruch der früheren Fusionsgespräche.

Im Flughafen saßen sie sich nun gegenüber und Gates brachte erneut das Fusionsthema zur Sprache. Seit damals war Novells Marktwert auf etwa sechs bis sieben Milliarden US-Dollar geklettert, und die Umsätze waren auf 650 Millionen Dollar pro

Jahr gestiegen. Seit sie das letzte Mal über eine mögliche Fusion gesprochen hatten, war Novells Marktanteil von 40 auf 60 Prozent angewachsen. Noorda wurde immer ungehaltener, als er merkte, wie Gates Blicke während des Gesprächs im Raum umherschweiften, statt sich auf seinen Gesprächspartner zu konzentrieren.

Noorda konnte es kaum fassen, daß Gates das Thema noch einmal ansprach, wenn man seine angeblichen Einwände betreffs einer Regierungsintervention bedachte. Er erklärte, er habe beim ersten Mal das Gefühl gehabt, betrogen worden zu sein. Darauf begann Gates wieder mit dieser Schaukelei, diesem ewigen Kopfnicken und mit seinem Gejammer des »Ich wollte fusionieren! Ich wollte fusionieren!«

Diesmal betonte er: »Und ich will noch einmal über eine Fusion sprechen. Ich übernehme persönlich die volle Verantwortung dafür, daß es klappt.«

Noorda starrte ihn an, während Gates fortfuhr, nur kurz pausierend, um eine linkische kleine Handbewegung zu machen. Er hatte eine Bedingung für den Deal.

»Natürlich muß diese DRI-Sache verschwinden«, sagte er. Noorda beobachtete, wie Gates' Handrücken durch die Luft wischte, als ob er irgendeinen Pesthauch vertreiben wolle.

Noorda war zunächst skeptisch. »Ich dachte, Sie würden ein paar Probleme mit der Regierung bekommen«, insistierte er. »Und auch IBM wird nicht allzu glücklich darüber sein.« Novell hatte eine enge Beziehung zu Big Blue.

Gates, dessen hochgezogene Schultern fast seine Ohren berührten, antwortete in seiner gedehnten und nasalen Sprechweise: »Ich weiß, wie ich mit der Regierung umgehen muß. Und IBM zählt nicht.«

Noorda lächelte. »Nun ja, Bill,« sagte er. »Ich werde mich an den Verhandlungen nicht persönlich beteiligen können, weil es sonst so aussieht, als hätte ich nur mein persönliches Interesse an einem vergoldeten Ruhestand im Auge!« Das war nur zur Hälfte ein Witz. Er und sein Vorstand hatten die treuhänderische Pflicht, Gates' Vorschlag zu bewerten. Ein Aufkauf von Novell-Aktien konnte zu erheblichen Prämien führen.

Jetzt lehnte sich Noorda in seinem Sitz zurück. Die Anschnallzeichen waren erloschen, die Maschine hatte ihre Reiseflughöhe erreicht. Er faltete den Umschlag mit der Bleistiftkritzelei halb zusammen und steckte ihn in seine Jackentasche. Er hatte ein Gedicht geschrieben und konnte kaum erwarten, es Bradford zu zeigen.

Phillippe Kahn hatte Noorda verfolgt. Es wurde langsam etwas seltsam. Der hünenhafte Franzose, CEO von Borland International, erwischte ihn schließlich in Sydney bei einem privaten Vorstandstreffen. Noorda eskortierte ihn zum Parkplatz und forderte ihn auf, abzuhauen. »Stellen Sie sich doch nicht so an. Warum können Sie mich eigentlich nicht leiden?« wollte Kahn wissen. »Sie sind genau wie mein Vater!«

Kahn hatte sich unter anderem angewöhnt, unerwartet bei Novells Personalversammlungen aufzutauchen. Er wollte unbedingt eine Partnerschaft mit Noorda einfädeln. »Was wollen Sie denn hier?« war dann der übliche Kommentar Noordas, der Kahns Mätzchen zum Teil recht amüsant fand. »Ich will nicht mit Ihnen reden. Jetzt raus hier, bevor ich Ihnen eine reinhaue!«

Merkwürdigerweise zeigte Kahn gegenüber Menschen, die er eigentlich bewunderte, einen übertriebenen Mangel an Respekt. Wie ein griesgrämiger neidischer Sohn gab er Geschichten über seine Begegnungen mit Noorda zum Besten. Besonders gern erzählte er von einem Vorfall auf einer Computermesse, auf der Noorda eine Rede gehalten hatte. Nach der Rede nahmen beide an einem Empfang teil. Kahn war erstaunt, daß sich der Mormone als Partyhengst entpuppte. »Der Typ trinkt sich ganz gerne einen«, bemerkte er zu einigen Kollegen. »Stell Noorda vor eine große Blondine, und er hat verloren.«

Kahn beklagte sich außerdem darüber, daß Noorda seinen Verpflichtungen nicht nachkam. Er hatte den Mann eingeladen, eine Rede bei einer Entwicklerkonferenz von Borland zu halten: die Eröffnungsrede vor 3.500 Leuten. Er kam nicht. »Was zum Teufel ist passiert?« wollte Kahn später von ihm wissen. »Ich hatte einen Seniorenflug gebucht, und sie haben mich rausgeschmissen«, entgegnete er.

Die Microsoft-Akte

Auf einer Cocktailparty der Industrie beobachtete Kahn einmal, wie Noorda einige Kanapées in seiner Jackentasche verschwinden ließ. Der sah auf und bemerkte, wie Kahn ihn beobachtete. »Es macht Spaß, reich zu sein und umsonst zu leben«, erklärte er fröhlich.

Als Borland ein Meeting in einer Suite in Utah abhielt, entschloß sich Noorda, vorbeizukommen und mit Kahn zu sprechen. Er kam im verbeulten Pick-Up seines Sohnes vorgefahren. Kahn war wieder schwer beeindruckt, denn Noorda war ein außerordentlich wohlhabender Mann.

Kahn ergötzte seine Kollegen, während er am Fenster stand: »Alles klar, er fährt einen vergammelten Transporter!«

Als Noorda zu dem Treffen mit der Absicht auftauchte, über eine mögliche Fusion zwischen Novell und Borland zu sprechen, fand in der Lobby der Cliff Lodge gerade eine kleine Party statt. Sie wurde von einem Skimagazin ausgerichtet und unter den Gästen befanden sich Dutzende von Ski-Testern. Noorda entschied sich, kurz auf der Party vorbeizuschauen und trug kleine Leckereien für den späteren Verzehr zu seinem Auto.

»Ist das nicht lustig?!« sagte er zu Kahn.

Auch Kahn wollte mit Noorda darüber sprechen, wie die beiden Firmen zusammen gegen Bill Gates bestehen konnten. Gates hatte sich langsam in Kahns Markt vorgewagt. Borlands QuattroPro war eine erfolgreiche Tabellenkalkulation, und Kahn hatte Gates mit den Programmierwerkzeugen seiner Firma deklassiert. Jetzt war Gates dabei, Borlands Produkte herunterzuputzen, und er drängte die Computerhersteller, Microsofts Produkte zu bevorzugen.

Davon abgesehen hatte Gates ihm noch auf andere Weise die Schau gestohlen. Damals, 1983, arbeitete und studierte Kahn an einer französischen Universität und wurde von dem vietnamesischen Wissenschaftler Andy Truong – dem wahren, aber niemals anerkannten Erfinder des allerersten PC – als Programmierer angestellt. Kahn hatte 1974 sogar die Software für Truong geschrieben. Es spendete Kahn ein wenig Befriedigung, daß das Bostoner Computermuseum anerkannte, daß Gates nicht der Vater der PC-Software war.

Auch auf einer Konferenz in Las Vegas 1983 hatte Gates ihn brüskiert, als Kahn noch Student war und Gates zu überreden versuchte, sein Turbo Pascal – eine Programmiersprache – zu übernehmen und zu vertreiben. Kahn hielt sich nicht für einen Geschäftsmann und konnte sich nicht vorstellen, ein Unternehmen zu gründen. Aber er dachte, Gates würde es für eine gute Idee halten, das Paket zu verkaufen und ihm Lizenzgebühren zu zahlen. Gates wies ihn ab.

Jetzt glaubte Kahn, daß Novell mit Borland zusammenarbeiten wolle, um ihm bei der Vermarktung von QuattroPro und anderen Produkten zu helfen. Aber für Noorda war Kahn nur ein Hanswurst, und er hatte kein Interesse am Markt für Anwendersoftware. Das war nicht sein Kerngeschäft.

Bob Kohn hielt sich für Philippe Kahns rechte Hand. Wenn Kahn böse wurde, und das kam häufig vor, fuhr auch Kohn aus der Haut. Er war der Chefberater von Borland International und hatte einen Lieblingsspruch über den Wettbewerb mit Microsoft: »Die Beatles lagen falsch. Mit Geld *kann* man Liebe kaufen.[4]«

Kohn knisterte jetzt vor nervöser Energie. Er hatte ein dringendes E-Mail-Rundschreiben an die Führungsebene von Borland herausgeschickt. Und eben hatte er ein Telefongespräch mit Norris Washington beendet.

Ein paar Stunden später las auch Borlands Senior-Vizepräsident Gene Wang Kohns Nachricht. Wang war regelmäßig von Microsoft umworben worden, und jetzt bot man ihm unglaubliche Summen an, damit er zu Symantec überliefe, deren CEO Gordon Eubanks sich in den letzten Monaten ziemlich an Gates angekuschelt hatte.

Wang las Kohns E-Mail mit gespannter Neugier. Eubanks wäre ebenfalls fasziniert gewesen. Die Mail erklärte en detail, wonach die Feds eigentlich suchten und was Gates unbedingt herausfinden wollte.

---

[4] Anspielung auf den Titel »Can't buy me love«

Wang las noch einmal Kohns Worte:

VERTRAULICHE MITTEILUNG –
ANWALT AN KLIENT
Ich habe eben einen wichtigen Anruf von Norris Washington von der FTC bekommen. Er fragte uns, ob wir Informationen und Meinungen zu einigen Fragen haben (siehe unten), die der FTC helfen würden, ihre Theorie zu formulieren. Ich gab ihm am Telefon keine Antworten, sagte ihm jedoch zu, daß ich bald zurückrufen würde.

1. Ob wir irgendwelche Informationen über eine ›Pro-Prozessor‹-Lizenzierungs-Praxis für DOS oder Windows besitzen – das heißt, daß Hardwarehersteller eine Gebühr an Microsoft zahlen müssen, egal ob sie ihre PCs mit oder ohne Windows oder DOS ausliefern.
Hat irgendwer von Borlands Verkäufern schon von dieser Praxis gehört und haben wir eine Meinung über die Auswirkungen einer solchen Praxis auf den potentiellen Einstieg eines Betriebssystems in den Markt?
Soweit ich das verstanden habe, hat Microsoft das tatsächlich von den Herstellern gefordert, und die FTC sucht nun eine unabhängige Bestätigung für diese Fakten. Auch wenn wir keine unabhängige Bestätigung geben könnten, so sollten wir doch die Meinung vertreten, daß, wenn Microsoft dies tun kann, es für ein Produkt wie DR-DOS unmöglich wäre, vermarktet zu werden. Wenn ein Hardwarehersteller Microsoft für jede Maschine eine DOS-Lizenz bezahlen muß, unabhängig davon, ob DOS auf den Maschinen überhaupt installiert ist, muß er effektiv zweimal bezahlen, wenn er DR-DOS benutzen will.
Haben wir dazu weitere Informationen oder Gedanken?

2. Wissen wir, ob Microsoft irgendwelche Anstrengungen unternommen hat, die es erschweren, Tools oder Anwendungen für alternative Betriebssysteme zu entwickeln?

Ich hörte, daß Microsoft nicht genügend Informationen über Windows an Novell/DRI herausgibt. Deshalb kann Novell nicht ankündigen, ob seine Produkte kompatibel zu Windows sein werden. Es wäre hilfreich, wenn wir Informationen geben könnten, ob und wie Microsoft solche Dinge in DOS oder Windows eingebaut hat oder sie in Windows NT einbauen wird, irgend etwas, das eine Inkompatibilität solcher Systeme mit anderen Betriebssystemen hervorrufen kann (und die Entwickler von Anwedungssoftware zum Portieren ihrer Programme zwingt).

3. Wenn Microsoft die Kontrolle im Markt für Computersprachen gewinnt (z.B. als Folge ihrer Praxis, ihre Kontrolle über die Betriebssysteme als Druckmittel einzusetzen), würde es dann für andere Firmen schwieriger werden, Tools für andere Betriebssysteme herzustellen?

Haben wir technische Informationen, die wir zur Verfügung stellen können? Microsoft hat gegenüber der FTC argumentiert, wenn sie wirklich all diese bösen Dinge tun würden, dann würden Unternehmen wie wir nicht mehr für ihr Betriebssystem schreiben, sondern für Systeme wie Unix. Das ist natürlich unrealistisch. Die Märkte für Tools sind bei anderen Betriebssystemen vergleichsweise klein. Wie unser Rückzug aus dem Mac-Markt vor einigen Jahren beweist, ist mit anderen Betriebssystemen nicht genug Geld zu machen. Wenn Microsoft die Hersteller von Tools für seine Betriebssysteme aus dem Markt drängt, könnten wir die Umsatzeinbußen nicht ausgleichen, indem wir Tools für andere Betriebssysteme schreiben.

4. Sie sind an den Vorgängen rund um den Debug Kernel[5] interessiert, aber diese Fragen werden nicht in der ›ersten Runde‹ thematisiert werden. Sollten diese Themen

---

[5] Als Debug Kernel bezeichnet man spezielle Versionen von zentralen Programmdateien eines Betriebssystems, die Softwareentwicklern bei der Fehlersuche helfen sollen.

jedoch etwas mit der Dominanz von Microsoft im Betriebssystem-Markt zu tun haben oder mit den Schwierigkeiten der Firmen, Tools für andere Betriebssysteme zu entwickeln, so würden sie das gerne wissen.

5. Sie würden von uns gerne auf den neuesten Stand gebracht werden, was die letzten Aktivitäten von Microsoft in bezug auf unsere Geschäfte angeht. Er sagte, die FTC käme mit ihren Ermittlungen voran und sie stünden ›unter Druck, so schnell wie möglich etwas zu unternehmen.‹

Wir müssen unsere Antworten schnell formulieren. Ich kann mir vorstellen, daß sie uns eine eidesstattliche Erklärung unterschreiben lassen, die sie später verwenden wollen, also müssen wir sehr detaillierte Angaben liefern. Ich werde die Antworten anhand der Informationen formulieren, die wir der FTC bereits gegeben haben. Dann werde ich ihnen eine aktualisierte Version geben, die auch auf aktuelle Themen wie Windows-Benutzer-Registrierung, Warenzeichen etc. eingeht.

Inzwischen gebt mir bitte Informationen und Meinungen, die ihr über die genannten Fragen habt. Danke.

Wang glaubte offensichtlich, Eubanks würde den Umfang seiner Informationen über die Absichten der Feds zu würdigen wissen. Ohne großartig darüber nachzudenken, klickte er auf ›Weiterleiten‹ und setzte noch ein ›fyi. gene[6]‹ oben auf die Seite.

Eugene Wang würde bald Ziel einer polizeilichen Ermittlung sein, inklusive Durchsuchungen seines Hauses und seines Büros. Gordon Eubanks, der Chef von Symantec, hatte ihm bereits einen Job angeboten. Der Gates-Freund sollte demnächst positive Aussagen über Microsoft vor der FTC und später vor dem Justizministerium machen. Wang hatte Eubanks vertrauliche Informationen über Borland zugespielt, und zwar zu einem Zeitpunkt, als Gates herauszufinden versuchte, was seine Konkurrenten den Feds erzählt hatten.

---

[6] for your information, gene (gene = Kurzform von Eugene)

Labyrinth

David Bradford hatte einen so herben Humor, daß er selbst Noordas rasiermesserscharfe Bemerkungen und Aussprüche noch kontern konnte.
Bradford hatte in seinen Jahren als Rechtsberater von Novell schon eine Menge erlebt, aber Microsofts Marktaktivitäten verblüfften ihn trotzdem. Es war jetzt Winter 1992, und Novells Manager rund um den Globus hielten ihn mit ihren Berichten über die skrupellosen Methoden des Erzrivalen auf Trab.
Ungefähr sechs Wochen, nachdem die Fusionsgespräche mit Microsoft wiederaufgenommen worden waren, rief Noorda bei Gates an und sagte, die Regierung würde dem Geschäft nicht zustimmen.»Aber wir könnten die Gespräche nutzen, um sicherzustellen, daß unsere Produkte zusammenarbeiten«, schlug er vor. Außerdem informierte er Gates, daß er sich nicht, wie Gates es verlangt hatte, von DR-DOS verabschieden würde und daß er moralisch verpflichtet sei, das Geschäft unter Dach und Fach zu bringen. Er weigere sich, weiter darüber zu diskutieren, bis der Kauf von DRI perfekt war.
Als das Geschäft im Oktober 1991 gelaufen war, rief Gates wieder bei Noorda an: »Ich bin bereit«, ließ er Noorda wissen.
Kurz danach flog Bradford mit einer ganzen Truppe von Anwälten ins kalifornische Palo Alto, wo er mit Bill Neukom und einem Team von Microsoft-Anwälten zusammentraf, die aus Redwood eingeflogen waren.
Ein Großteil der Diskussion drehte sich um Novells Überzeugung, daß ein Zusammengehen nicht gut für die Industrie sei und daß ein Monopol entstehen würde, das die FTC niemals akzeptieren könnte. Neukom, Gates und andere Microsoft-Leute beharrten darauf, daß sie das Geschäft realisieren könnten und rechneten mit einer Chance von 75 Prozent, daß die Feds einer solchen Transaktion zustimmen würden. Novell sah für die Genehmigung der Fusion nur eine Chance von 10 bis 15 Prozent. Mittlerweile hatte Novell seine Integration von DRI verzögert.
Im Februar 1992 schließlich bat Novell Microsoft um eine schriftliche Absichtserklärung. Der Leiter von Microsofts Finanzabteilung, Frank Gaudette, kam der Bitte nach und schrieb

in einem Brief, datiert auf den 13. Februar, daß Microsoft Novell kaufen wolle und bereit sei, eine Prämie von 20 Prozent zu zahlen. Zu diesem Zeitpunkt war Novells Marktwert auf neun Milliarden US-Dollar hochgeschossen. Microsoft war bereit, zwölf bis dreizehn Milliarden US-Dollar zu zahlen. Microsofts eigener Wert war seit den ersten Fusionsgesprächen im Jahre 1989 auf über 22 Milliarden US-Dollar gestiegen.

Beim Vorstand von Novell löste dieser Brief Verwirrung aus. Wenn sie dem Handel zustimmten, nur damit ihn die Regierung anschließend untersagte, welchen Schaden hätten sie Novell dann zugefügt? Währenddessen erkundigte sich Microsoft regelmäßig, ob sie eine Ankündigung machen oder eine Absichtserklärung unterschreiben wollten. Novell bat um mehr Zeit.

Im März gab Microsoft wie aus heiterem Himmel bekannt, daß sie den Datenbanksoftware-Hersteller Fox Software zu kaufen beabsichtigten. Bradford erzählte seinen Kollegen, daß »der Vorstand nicht verblüffter hätte sein können, wenn man uns mit einem Kantholz eins übergezogen hätte.« Er rief Neukom an, um herauszufinden, was los war.

»Keine Sorge. Wir sind immer noch an Novell interessiert«, beruhigte ihn Neukom.

Bradford war weiterhin verunsichert. »Was? Sie machen wohl Witze! Sie sind dabei, die Bereiche Datenbanken und Tabellenkalkulationen zu beherrschen und wollen immer noch an einem Kauf von Novell interessiert sein?« Microsofts Strategie, sich die Führungsposition in jedem Markt zu erkaufen, widerte ihn an.

Microsoft zog den Brief nie zurück, doch Novell beendete die Diskussion kurze Zeit später. Dem Vorstand war nun klar, daß sie von Microsoft auf perverse Art und Weise manipuliert worden waren.

Nach dem Überraschungsangebot von Microsoft für Fox war Noorda empört. »Oh Gott, laßt uns die Sache vergessen, das ist die pure Verschwendung«, äußerte er gegenüber Kollegen. In der Zwischenzeit legte Microsoft bei seinen Angriffen auf DR-DOS den nächsten Gang ein.

Bradford kratzte sich am Kopf und grinste schadenfroh. Der Vorstand von Novell hatte sich seit Monaten mit dem Fusionsangebot von Microsoft auseinandergesetzt. Noorda brachte jene bitter nötige Prise Humor in die Sache, als er in Bradfords Büro tänzelte und dabei einen Zettel aus seiner Jackentasche zog. Bradford las:

MEETING DATES - FLUGHAFEN SAN FRANCISCO
EIN GEDICHT VON RAYMOND J. NOORDA

Wir saßen in einem Raum zusammen, Du und ich
Gemeinsam allein zum vierten Mal
Vielleicht zum letzten Mal
Vielleicht auch nicht!
Wir mußten über so vieles sprechen –
Über die drei vergangenen Treffen.
Über die Entschuldigungen und das Bedauern
Darüber, daß Du nicht tatest, was Du versprochen hattest
*   und was Du doch tun wolltest*
Darüber, wie ich gewann, was Du gewinnen wolltest
Und darüber, wie sehr Du wirklich
Zusammenkommen wolltest, Zwei in Einem
Und ich sagte, Du willst nicht
Doch Du sagtest, Du willst
Es war ein entwürdigendes Spiel
SCHANDE!
SCHANDE! SCHANDE! Ich kenne deinen Namen
Er lautet Pearly

Unterdessen hatte Novell bei einigen Computerherstellern wie Compaq und AST versucht, DR-DOS zu vermarkten. Dabei mußten sie feststellen, daß es für keinen Preis der Welt eine Chance für einen Geschäftsabschluß gab. Microsoft senkte konstant seine Preise für die Hersteller und bündelte DOS mit Windows, verbunden zudem mit dem Versprechen, das demnächst herauskommende Windows für Workgroups umsonst abzugeben. Bradford kam der Gedanke, daß dies gegen das amerikanische Kartellgesetz verstieß, das eine ›Produktkopplung‹ verbot.

Nachdem Noorda seine Schimpfkanonade auf Gates und dessen Pläne beendet hatte, ermutigten ihn Bradfords juristische Analyse und die Aufmerksamkeit, die ihm seitens Bradfords Angestellter zuteil wurde. Er und Bradford hatten über die kartellrechtlichen Ermittlungen bei ihrem Erzfeind gelesen, aber nicht mit der Behörde über Novells Probleme gesprochen.

Bradford war mitten im Satz, als Noordas Sekretärin hereinstürzte. »Da ist ein Anruf«, rief sie. »Es ist die FTC.«

Noorda bat alle, das Zimmer zu verlassen.

Norris Washington war in der Leitung. Er erwartete, daß Noorda und sein Chefberater ihm bei seinen Ermittlungen halfen.

5 Mikrokosmos

Die weltweiten persönlichen und geschäftlichen Strategien von Bill Gates wurden in Deutschland quasi en miniature umgesetzt. Denn hier war der größte Computerhersteller Europas immer noch nicht unter Gates' Kontrolle. Und Gates schickte sich an, den Markt eines ganzen Landes auf den Kopf zu stellen. Um mit jener Firma eine Vereinbarung darüber zu treffen, daß sie nie mehr auch nur ein einziges Exemplar der Software eines Konkurrenten verkauft, würde er sich auf alles einlassen – sogar auf die Zahlung von ›Ablösesummen‹.

Das alte Schloß befand sich früher im Besitz des britischen Königshauses und war ein beliebter Aufenthaltsort von Mitgliedern des englischen Parlaments. Stefanie Reichel konnte es kaum glauben: Sie war hier, im Hotel Cliveden, kurz vor den Toren Londons, und sie war hier mit Bill Gates.

Cliveden, der frühere Landsitz von Lord Astor, wurde in den 60er Jahren als Schauplatz für Intrigen berühmt, als eine junge Frau namens Christine Keeler aus Versehen die konservative britische Regierung zu Fall brachte. Mitglieder des Parlaments und Angehörige der britischen Aristokratie feierten an diesem Ort wahre Orgien, bis Keeler nach einer Liebesaffäre mit dem Verteidigungsminister und einem Militär-Attache der russischen

Botschaft die Vorgänge ans Licht der Öffentlichkeit brachte: Sie wurden unter dem Namen Profumo-Affäre bekannt.

Das Anwesen von Cliveden war mit seinen weiten Jagdgründen und Gärten immer noch unglaublich schön. Die Speisesäle und die Konferenzräume vermittelten den Eindruck, man befinde sich in einem Märchenschloß. Microsoft hatte für die jährliche Vorstandssitzung im August 1992 das gesamte Hotel gemietet. Traditionellerweise fanden die Vorstandssitzungen im Sommer jeweils an einem anderen exotischen Ort statt. Auch die Eltern von Gates nahmen für gewöhnlich an diesen Meetings teil.

Stefanie Reichel, die damals ein auffälliges rotes Kostüm trug, hatte die Aufmerksamkeit von Bill Gates zum ersten Mal im April 1992 im Verlauf von Verhandlungen mit Computerherstellern in Monte Carlo erregt; seine Augen klebten förmlich an ihr. Er verschob seinen Rückflug in die Staaten, um genügend Zeit zu haben, diese wunderschöne, junge Frau kennenzulernen, die drei Sprachen fließend beherrschte und Mitarbeiterin von Microsoft Deutschland war.

Einen Tag vor dem Meeting in Cliveden waren Gates und Reichel in Heathrow gelandet, und sie trafen sich zu einem Rendezvous im Sheraton Heathrow Hotel. Von dort aus ging es weiter nach London, wo sie im Park Hyatt abstiegen. Für den gleichen Abend hatte man Karten für eine Aufführung von *Miss Saigon* besorgt. Das Dinner nahmen beide im indischen Restaurant des Schauspielers Michael Caine zu sich.

Gates betrat die reichhaltig ausgestattete Bibliothek des Hotels Cliveden, in dem sich alle zur Cocktailstunde vor dem Abendessen einfanden. An seinem Arm: Stefanie Reichel.

Allen erschien es ungewöhnlich, daß Gates, anders als der Rest seines Gefolges, der aus Seattle eingeflogen war, kein Zimmer im Cliveden bewohnte. Aber Mary Gates war glücklich darüber, daß ihr Sohn von einer derart attraktiven Blondine begleitet wurde. »Ohhh, hallo. Wer bist Du?«, fragte sie Reichel. Die beiden sprachen einige Zeit miteinander und Mary, die dafür bekannt war, Glanz in jede Hütte zu bringen, gab sich sehr viel Mühe, die junge Frau in das Geschehen einzubeziehen. »Oh, wir sollten Dich öfter zu diesen Treffen einladen, Stefanie«, sagte sie.

Gates machte die Aufmerksamkeit, die seine Mutter seiner neuen Freundin entgegenbrachte, ziemlich verlegen.

Die anderen Vorstandsmitglieder trudelten ein, und etliche der Herren steckten sich eine Zigarre an. Dabei waren CFO[1] Frank Gaudette sowie der Aufsichtsratsvorsitzende John Shirley nebst Gattin. Microsofts Mitgründer Paul Allen war nicht anwesend. Bill Neukom betrat den Raum und wanderte eher ziellos umher. Die Anwesenheit von Stefanie Reichel überraschte ihn. Er hatte zwar gehört, daß Gates eine heimliche Liebesaffäre mit einer Frau in Europa hatte, doch später gestand er Reichel gegenüber, daß es ihm schon einen ziemlichen Schlag versetzt habe, als ihm klar wurde, daß es sich dabei um sie handelte. Stefanie war ihm bereits vorher in der Firmenzentrale begegnet, und er war ihr durchaus nicht abgeneigt.

Am gleichen Tag hatten sich Gates und Reichel bereits zum Mittagessen mit Theo Lieven getroffen, dem Chef des größten europäischen Computerherstellers, Vobis Microcomputer. Einige Monate vorher hatte ein Vorstandsmitglied in einem geheimen Microsoft-Report darüber berichtet, was bei Vobis los sei. »Es sieht so aus, als ob DRI[2] sie dazu drängt, sich auf DR-DOS zu konzentrieren«, war da zu lesen. Ferner, daß »sich Lieven über die Pro-Prozessor-Lizenz beschwert – er will nicht 9 Dollar für jeden ausgelieferten Computer bezahlen und denkt darüber nach, sowohl DR-DOS als auch MS-DOS auszuliefern«.

Zum Mittagessen mit den Vobis-Leuten, das in einem der besten Londoner Restaurants, *Nico at Ninety*, stattfand, fuhren Reichel und Gates zusammen in einer Limousine. Reichel hatte ein detailliertes Briefing über den Vobis-Account vorbereitet und überreichte es ihrem Big Boss in einem ordentlichen Aktendeckel. Gates war ungeduldig. »Erzähle mir einfach, was drin steht«, sagte er zu ihr. Reichel lachte, ein wenig nervös. Gates

---

[1] CFO = chief financial officer, Finanzdirektor in amerikanischen Unternehmen

[2] DRI = Digital Research Inc., Hersteller des PC-Betriebssystems DR-DOS; bereits 1991 von der Firma Novell, Spezialist für Netzwerk-Software, übernommen

hatte ihr seit dem letzten Treffen im April regelmäßig E-Mails und Liebesbriefe geschickt.

Du.« Stefanie Reichel war von Anfang an erstaunt darüber, daß sie mit ›Du‹ angesprochen wurde.

Die Deutschen wußten seit ihrem ersten Arbeitstag bei Microsoft, daß in der amerikanischen Firma vieles anders lief. Microsoft Deutschland wurde ganz ähnlich geführt wie die Company in den Vereinigten Staaten, was bedeutete, daß die Präsenz und die Befindlichkeiten von Bill Gates auch über den großen Teich hinweg spürbar waren.

Ungeachtet des weltweiten Einflusses der westlichen Kultur sprechen sich die Mitarbeiter in deutschen Firmen mit dem formellen ›Sie‹ an. Das informelle ›Du‹ ist dagegen länger andauernden und persönlicheren Beziehungen vorbehalten. Eine interne Anweisung klärte die Mitarbeiter von Microsoft Deutschland darüber auf, daß »wir nicht die förmliche Art der Anrede verwenden«. Dies gehörte zu den ersten Dingen, die Reichel erfuhr, als sie im Jahre 1991 ihre Stelle bei Microsoft antrat.

Jetzt war sie daran beteiligt, im Mikrokosmos Deutschland etwas aufzubauen, was der globalen Microsoft-Strategie zur Übernahme des Marktes entsprach.

Reichel war zwar in Deutschland aufgewachsen, hatte aber viele Jahre in den Vereinigten Staaten gelebt, wo sie eine der Ivy League-Universitäten[3] besucht und auch einige Jahre im Silicon Valley gearbeitet hatte. Mit als erstes war ihr als Mitarbeiterin von Microsoft Deutschland aufgefallen, wie unangenehm den meisten der neuen Angestellten der ungezwungene Umgangston in der Firma war.

Reichel und ihre Kollegen verehrten Gates. Das Leben in Deutschland war sehr strukturiert und verlief in festen Bahnen. Es kam nicht jeden Tag vor, daß Leute die Universität hinwarfen und dann zum Milliardär wurden. Für jedes Ziel gab es ei-

---

[3] Ivy League ist der Name, unter dem die acht Universitäten Brown, Columbia, Cornell, Dartmouth, Harvard, Pennsylvania, Princeton und Yale zusammengefaßt werden.

nen klaren Weg. In Anbetracht dessen war Gates für die deutsche Kultur ein um so erstaunlicheres Phänomen. Im übrigen handelte es sich immer noch um eine ziemlich chauvinistische Gesellschaft. In der europäischen OEM[4]-Gruppe gab es keine anderen weiblichen Verkäufer oder Manager, und auch alle Kunden, mit denen Reichel zusammenarbeitete, waren Männer.

Die Einstellung von Reichel war ein Glücksgriff für die Abteilung und für Microsoft Deutschland. Ihr fiel es sehr leicht, die Männer zu verzaubern, die sie im Rahmen ihrer Arbeit traf – und das nicht, indem sie flirtete oder sich aufreizend verhielt, sondern einfach nur, weil sie eine Frau war. Dabei war es natürlich kein Schaden, daß sie auffallend hübsch war, dazu noch intelligent und mit fundiertem Wissen sowohl über die deutsche Kultur als auch die Computerindustrie brillierend.

Ihr Chef, Jürgen Hüls, betrachtete sie in der Tat als seine Geheimwaffe. Er würde sie hinaus in den Markt schicken, um bestimmte Sachen herauszufinden. Sie machte einfach das, was Männer vor ihr bereits lange Zeit gemacht hatten.

Die beiden hatten sich bei einer anderen Softwarefirma kennengelernt. Das Bewerbungsgespräch bei Microsoft führten dann Hüls, sein Vorgesetzter und der Vorgesetzte seines Vorgesetzten. Letztere waren skeptisch, weil sie eine Frau war. Doch Hüls' Ziel war es, eine Frau einzustellen, die den schwierigsten und strategisch wichtigsten Kunden betreuen sollte.

Bereits am ersten Arbeitstag bekam Reichel zu hören, daß es so etwas wie eine ›mission impossible‹ sei, Vobis an Land zu ziehen und dort die Weichen anders zu stellen. Vobis war der größte PC-Hersteller in Deutschland – und eigentlich sogar in ganz Europa – und Anfang 1991 wurden 100 Prozent aller verkauften PCs mit DR-DOS ausgeliefert.

Folgender Erlaß von Gates wurde an die unteren Ränge übermittelt: DR-DOS darf bei diesem Kunden keine Rolle mehr spielen. Ja, es wurde Reichel sogar ein Datum gesetzt, zu dem

---

[4] OEM = Original Equipment Manufacturer; Hersteller von Computerhardware, die dann zusammen mit ihren Geräten lizensierte Software von Drittherstellern an den Endkunden ausliefern.

das Ziel, daß Vobis »kein DR-DOS«, sondern nur noch Microsoft DOS und mindestens die Hälfte aller PCs mit Windows ausliefert, erreicht werden solle. »Dir wird das gelingen, und du machst uns damit beide zu Stars«, sagte Hüls zu Stefanie Reichel. Und dies bedeutete auch, mehr Microsoft-Aktien zugeteilt zu bekommen.

Ein paar Monate zuvor hatte Gates einen Laden der Vobis-Kette besucht und dort nur DR-DOS-Poster gesehen. Diese Beobachtung machte ihn ziemlich wütend.

Gates und sein Top-Manager waren sich der strategischen Bedeutung der sogenannten Pro-Prozessor-Lizenz bewußt. War das Abkommen einmal unterschrieben, mußte der PC-Hersteller an Microsoft für jeden verkauften Computer – der mit einen bestimmten Prozessor ausgestattet war – Lizenzgebühren zahlen, unabhängig davon, ob auf der Maschine überhaupt Software von Microsoft lief. In E-Mails an einen Reporter würde er später der eigentlichen Absicht dieser Art von Lizenzierung widersprechen. »Wenn jemand andere Software mit einem PC verkauft, dann bezahlt er an uns für dieses System kein Geld«, sagte er. »Die Kunden können sich entscheiden, welche Lizenzvariante für sie am effektivsten ist.«

Mittlerweile strebte Lieven, der sich früher über die Pro-Prozessor-Lizenz empört hatte, nur noch nach den bestmöglichen Preisen, die er erzielen konnte. Die Gewinnspannen im PC-Geschäft waren hauchdünn. Er erkannte zwar, daß DR-DOS das bessere Produkt war, doch ebenso sah er, daß er doppelt zur Kasse gebeten wurde, wenn er eine Alternative zur Software von Microsoft verwendete. In einer E-Mail an einen Journalisten würde Gates später auch dies bestreiten. Er schrieb: »Ich kann Ihrer Argumentation, daß unsere Kunden es sich nicht leisten können, ein anderes Betriebssystem anzubieten, nicht folgen. Sie bezahlen nicht DOPPELT – wer hat Ihnen diesen Eindruck vermittelt? Das ist völliger Unsinn. Die Leute lizenzieren unsere Produkte aufgrund ihrer eigenen Entscheidung, und zwar abhängig davon, welchen Bedarf sie sehen.«

Zur Frage, ›wer‹ diesen Einruck vermittelte: In Reports der nationalen Microsoft-Niederlassungen, die auch Gates erhielt, hatten die eigenen Geschäftsführer festgehalten, daß sie massiv versuchten, PC-Hersteller von der Auslieferung von DR-DOS abzubringen, und zwar besonders deswegen, weil sie wegen der Pro-Prozessor-Lizenz zur Zahlung an Microsoft verpflichtet waren. Ein Report, der in der Chefetage von Microsoft kursierte, stellte bezüglich eines anderen PC-Herstellers folgendes fest: »Er hat für einen PC, der mit DR-DOS ausgeliefert werden soll, Anzeigen geschaltet. Diese Situation war für uns mehr als unangenehm, da wir dies zum damaligen Zeitpunkt nicht wußten. Novell hat ihm ein gutes Geschäft angeboten. ... Das gleiche hören wir derzeit auch von anderen Kunden. Wir haben ihn [den CEO dieser Firma] darauf hingewiesen, daß es sich dabei um einen PC handelt, für den er auch an Microsoft Lizenzgebühren zu zahlen hat.«

In der Tat war DR-DOS solch ein attraktives Produkt, daß PC-Hersteller bereit waren, doppelt zu zahlen, nur um es ihren Kunden anbieten zu können; und dies auch angesichts der Tatsache, daß Microsoft sie daran erinnerte, es mache keinen Sinn andere Produkte anzubieten, da sie doch weiterhin die Lizenzgebühren an Microsoft zu zahlen hätten.

Aber Lieven, der im Oktober 1991 ein paar Auslieferungen mit MS-DOS 5.0 begonnen hatte, verkaufte weiterhin DR-DOS. Gates persönlich schickte sich nun an, Stefanie Reichel dabei zu unterstützen, Lieven ›umzudrehen‹.

Die E-Mail-Nachricht, die im April 1992 auf Reichels PC-Bildschirm auftauchte, stammte von Bill Gates. Sie hatte nie zuvor eine persönliche E-Mail von ihm erhalten.

Gates erklärte ihr, daß er mit dem Kopf voller Gedanken nach Monte Carlo gekommen sei, darunter die Gespräche mit Anwälten in den Vereinigten Staaten wegen verschiedener Gerichtsverfahren und die vielen Entscheidungen, die er gemeinsam mit Bernard Vergnes[5] zu fällen habe. (Er machte keine Angaben darüber, um welche Entscheidungen es sich handelte.) Die Begegnung mit Reichel habe ihm »neue Energie verliehen«, sagte er und fügte hinzu: »Ich hoffe, ich habe nicht zu sehr gestarrt oder so ...«.

Der Microsoft-Chef hatte keine Ahnung, ob Reichel Englisch sprach, ob sie verheiratet war oder ›interessant‹, wie er es nannte, und ergänzte, daß er ›ein wenig schüchtern sei‹ und sich ihr darum auch nicht genähert und sich selbst vorgestellt habe.

Dessen ungeachtet wurden die beiden einander durch Jeff Lum[6] vorgestellt, und nun bemerkte auch Gates, »daß es ein wichtiges Thema gibt, über das wir diskutieren müssen – unsere Freunde bei Vobis«.

Als Gates zusammen mit Vergnes das Hotel verließ, um sein Flugzeug zu erreichen, teilte er ihm mit, daß er doch noch eine weitere Nacht bleiben wolle, da so die Möglichkeit bestehe, ein wenig mehr mit Stefanie Reichel zu reden. Und in der Tat nahm Gates aus genau diesem Grund nicht die gebuchte Maschine, obwohl er weder ein anderes Hotel noch einen anderen Flug gebucht hatte um sicherzustellen, daß er rechtzeitig zum Meeting am folgenden Tag in London einträfe. »Ich machte mir darüber keine Gedanken«, schrieb er. »Und glaub mir, das ist kein normales Verhalten.«

Gates Mail war ziemlich lang. »Wenn Du wieder in die USA kommst, dann sag mir Bescheid«, schrieb er. »Ich würde Dich gerne treffen, wenn keiner von den Microsoft-Leuten um uns herum ist.« Er schlug ihr ein gemeinsames Abendessen vor und ergänzte, daß es mehrere Tage gedauert habe, ihre E-Mail-Adresse rauszukriegen.

---

[5] Mitarbeiter bei Microsoft Frankreich seit 1983, wo er als General Manager für Frankreich seine Karriere begann, ist Vergnes seit 1992 Präsident von Microsoft Europe. Die europäische Microsoft-Zentrale hat ihren Sitz in Paris.

[6] Jeff Lum, Director Business Development in der Microsoft Corporation

Gates hatte Reichel auf ein Date eingeladen. Sie konnte kaum glauben, worüber Gates mit ihr da korrespondierte und zog Hüls ins Vertrauen, der die E-Mail mit Vergnügen las.

Im Frühsommer erschien eine weitere E-Mail von Gates auf dem Bildschirm von Stefanie Reichel. Ein paar Wochen zuvor hatten sich die beiden während einer Geschäftsreise in San Francisco getroffen. Gates faßte ihr Treffen und seine Eindrücke von der Nacht, die sie gemeinsam verbracht hatten, in einer Liebeslitanei zusammen. Erwähnt wurde natürlich auch ihr erster Kuß. Er wurde zunehmend poetischer, ganz anders als in seinen Geschäfts-Mails, dachte Reichel.

Gates entschuldigte sich dafür, nicht eher eine Mail an Reichel geschickt zu haben. Er erwähnte, daß er ziemlich beschäftigt und in Washington gewesen sei, um sich dort mit Präsident Bush zu treffen. Er fuhr fort: »Wir haben uns gestern mit den OEM-Zahlen befaßt, und dabei kam selbstverständlich auch das Thema Vobis zur Sprache. Steve [Ballmer] fragte, ob der zuständige Manager ein Deutscher oder ein Amerikaner sei. Ich sagte daraufhin nichts, da man von mir noch nicht einmal erwartet zu wissen, wie Dein Name geschrieben wird. Es fiel mir sehr schwer, nicht zu lächeln.«

Reichel war überrascht, daß es da auch einen ziemlich romantischen Gates gab. Hüls, der all das mit ihr gemeinsam las, war begeistert.

Gates sollte Stefanie Reichel nun dabei helfen, den größten Geschäftsabschluß ihres Lebens unter Dach und Fach zu bringen. Sie konnte es noch immer nicht fassen, wie sehr sich Gates für sie interessierte. Gleichzeitig beängstigte es sie; sie fühlte sich von Gates' Intelligenz angezogen, war aber nicht sicher, ob sie eine romantische Beziehung zu ihm wollte. Ihre Herausforderung bestand eher darin, den größten Computerhersteller Europas zu umwerben.

Sie erinnerte sich an den Tag, an dem sie von Heinz Willi Dahmen, einem der Vobis-Manager, bei einem ihrer ersten Besuche in der Firma begrüßt wurde. Seine massive physische Erscheinung (er wog ungefähr 140 kg) und das Licht, das von seinem blanken Kopf zurückgespiegelt wurde, verliehen ihm die Aura eines nordischen Gottes.

Lieven weigerte sich anfangs, Reichel oder irgend jemand anderen von Microsoft zu treffen. Reichel stellte daraufhin ein paar Nachforschungen an, fand heraus, daß Lieven ein Weinkenner war und schickte ihm eine Flasche California Cabernet. Wenig später saß sie Lieven in seinem Büro gegenüber. Er beschwerte sich darüber, daß Microsoft damit gedroht habe, keinen technischen Support mehr zu bieten und Vobis vom Zugriff auf Informationen auszuschließen, wenn die Firma weiterhin DR-DOS verkaufe.

John Teagle aus Cleveland, Ohio, war keiner von den Leuten, die viel Wirbel machen oder viel riskieren. Am allerwenigsten wollte er in irgendwelche Auseinandersetzungen hineingezogen werden.

Ein Jahr zuvor hatte George Rice vor einem Untersuchungsausschuß des Kongresses ausgesagt. Rice erklärte, daß ein bestimmter Vertreter eines riesigen Konzerns seine Geschäfte bedroht habe, indem seine Kunden darauf hingewiesen wurden, daß sie für den Fall, daß sie bei ihm kaufen, von der anderen Firma nicht mehr beliefert würden.

Das war der Zeitpunkt, an dem John Teagle seine Stimme erhob: »Sie würden ihren lokalen Vertreter oder jemand anderen auf das Geschäft ansetzen und ihren Einfluß geltend machen und niedrigere Preise versprechen oder ihnen irgend etwas anderes anbieten, damit sie nicht unser Öl abnehmen, sondern, wie ich vermute, ihres kaufen.«

Man schrieb das Jahr 1898, und John D. Rockefeller hatte ein neues Zeitalter eingeleitet: Er glaubte, das ganze Ölgeschäft gehöre ihm. Gates hatte das Informationszeitalter eingeleitet und glaubte, daß es ihm auch in Zukunft gehören sollte.

Von Rockefeller wird behauptet, er sei ein ›Opfer der Geldgier, die ihn für alle anderen Themen im Leben blind gemacht habe‹, gewesen. Für Gates geht es beim Geldverdienen und dem Erreichen eines Marktanteils von 100 Prozent in den Bereichen, die er besetzen will, ums Gewinnen; und dabei gibt es für ihn nur Sekt oder Selters, entweder alles oder nichts. »Eure Aufgabe ist es, daß Software von Microsoft auf jedem PC läuft«, stand in einem geheimen ›OEM Business Manual‹, das unter den Account-Managern verteilt wurde.

Rockefeller stoppte Öllieferungen, indem er Telegramme an Händler schickte, die bereits Abschlüsse mit unabhängigen Öllieferanten gemacht hatten, und ihnen darin zusätzliche Rabatte einräumte. Eines seiner Telegramme las sich so: »Wenn Sie den Lieferwagen daran hindern können, nach X zu fahren, gewähren Sie Z [Name des Händlers] einen Rabatt in Höhe von ¾ Cent je Gallone.«

Im Falle von Microsoft bedeuten ein Dollar hier und ein Dollar da für die PC-Hersteller, die ohnehin schon mit knappen Margen zu kämpfen hatten, eine Menge Geld. Das galt besonders dann, wenn sie bereits Geld für Produkte von Microsoft-Konkurrenten ausgegeben haben und sie zehntausende Computer auslieferten.

Am Morgen des 19. August, also des Tages, an dem die Vorstandssitzung stattfinden sollte, flog Theo Lieven in seinem Privatjet von Belgien nach London. Lieven schmeichelte die Tatsache, daß der Microsoft-Chef ihn persönlich treffen wolle. Reichel hatte Lieven erklärt, daß Gates ihn gerne treffen wolle, bevor der Vertrag, der bereits seit einigen Wochen diskutiert worden war, unter Dach und Fach gebracht werde.

Gates, Lieven, Reichel und Hüls dinierten mehr als vier Stunden im *Nico at Ninety* in London.

Die deutsche OEM-Gruppe würde bald zu einer der profitabelsten der Welt gehören. Hüls und Reichel waren für diese Wende verantwortlich und hoben damit einen Goldesel aus der Taufe, der strategischen Einfluß auf das Geschehen im europäischen PC-Markt hatte. Der deutsche Markt war der Leithammel für den gesamten Kontinent und hinkte nur sechs bis acht Monate hinter dem US-Markt her.

Bereits zu Beginn ihrer Laufbahn stellte Reichel fest, daß das Tempo bei Microsoft viel höher war als bei anderen Softwarefirmen. Microsoft zielte auf den Markt der Endkunden, im Unterschied zum High-End-Markt, den sie von ihren früheren Jobs kannte. Die Umsatzzyklen waren vollkommen anders. Reichel war immer ein Mac-Fan gewesen, und sie benutzte zum ersten Mal einen PC nach ihrer Anstellung bei Microsoft. Hüls hatte sie eingehend auf die strategische Bedeutung des OEM-Geschäftes hingewiesen, von dem Gates und Kempin so viel verstanden.

Gates, Lieven, Hüls und Reichel diskutierten bei mehreren Flaschen Wein unter anderem auch eine Vereinbarung, mit der man »DRI/Novell bei Vobis verbannt«, eine strategische Allianz zwischen den beiden Firmen und eine Verpflichtungserklärung von Vobis, »Novell Netware Lite nicht zu verkaufen«, sondern statt dessen 25.000 Exemplare von Windows für Workgroups einzukaufen – ein neues Produkt im Marktsegment Computernetzwerke, in dem Microsoft bis dato keine Rolle spielte.

Diese Vereinbarungen, mit denen der Verkauf von Produkten der Microsoft-Konkurrenten unterbunden wurde, waren einige Wochen später, als Lieven nach Seattle flog, unterschriftsreif.

Reichel war über den Verlauf der zurückliegenden Verhandlungen begeistert. Die Vorstandsmitglieder von Microsoft wurden in ein riesiges Speisezimmer im Cliveden geführt; ein gigantischer Kronleuchter zierte die Decke. Das Fünf-Gänge-Menü wurde serviert. Reichel saß an der Seite von Gates. Ihr genau gegenüber saß Neukom. An ihrer anderen Seite saß CFO Gaudette, der sie gemeinsam mit Mary Gates darüber ausquetschte, woher sie denn komme und wie sie den Microsoft-Chef kennengelernt habe.

Mary Gates beugte sich ständig über den Tisch, um ihre neue Freundin zu beehren. Sie sagte zu Reichel: »Du erinnerst mich so sehr an Bills frühere Freundin Ann Winblad. Genauso klug und gescheit!«

Reichel fand, daß sie sich gut in den Gates-Clan einfügte. Sie würde bald nach Deutschland zurückkehren. Gates würde in Großbritannien bleiben, um an weiteren Meetings der Vorstandsetage teilzunehmen.

Reichel fiel auf, daß Neukom, der ihr gegenüber saß, ihr besondere Aufmerksamkeit schenkte. Gegen Ende des Dinners grinste er sie unablässig an; eine Zigarre klemmte lasziv in seinem Mundwinkel.

»In meinem Segelclub rauchen sowohl Männer als auch Frauen Zigarren«, sagte Reichel und stieg damit auf das neckische Spiel ein. »Ich selbst rauche auch gerne mal eine Zigarre.«

Neukoms Grinsen verstärkte sich. »Ich wette, daß Du Zigarren magst«, sagte er.

Einige Tage später, als Reichel in ihrem Münchner Büro saß, erhielt sie eine E-Mail von Neukom. Er sei in der nächsten Woche in München und lade sie zum Abendessen ein.

In den darauffolgenden Wochen flogen die E-Mails zwischen Kempin, Reichel, Vergnes und Gates hin und her. Thema waren die Details des Vobis-Deals, den Gates und Reichel mit Lieven angebahnt hatten. Kempin besuchte einmal pro Quartal die deutsche Niederlassung, um zu kontrollieren, ob alles nach Plan verlief. Er war früher der zuständige General Manager für Deutschland gewesen. Hüls wußte, daß Neukom und seine Rechtsabteilung jeden Deal prüften, den Kempin abschloß. Auf der anderen Seite machte innerhalb der Firma der Witz die Runde, daß sich Gates die Philosophie von Neukom zu eigen gemacht habe: Wenn ein Gesetz die Sachen nicht klar definiert, dann schreibe dein eigenes. An folgende Lebensweisheit von Neukom erinnern sich seine Kollegen: »Es ist besser, um Vergebung zu bitten, als um Erlaubnis zu fragen.«

Kempin, Lum und Hüls unterhielten sich informell über ihre Befürchtung, daß die Feds in ihren Computern ›spaßige‹ Dinge über ihre aktuellen Geschäfte finden könnten.

Kempin kannte die Sorgen, die man sich auf der Chefetage wegen DR-DOS machte. Damals im März 1991 war es sein Ziel gewesen, mit Vobis einen Pro-Prozessor-Vertrag abzuschließen, bevor MS-DOS 5.0 ausgeliefert wurde. (Im Oktober 1991 hatte Vobis tatsächlich einen Pro-Prozessor-Vertrag für das Produkt unterschrieben.)

Er begriff wie Gates und seine Top-Manager die strategischen Auswirkungen dieser Lizenzierungs-Praxis. Einem Memo vom Oktober 1990 konnte man entnehmen, wie Kempin Hersteller wie Hyundai zu solchen Verträgen drängte. »Das wird DR wirkungsvoll blockieren, wenn es unterschrieben ist,« besagte das Memo.

Im Dezember 1990 schickte Microsoft Vize-Präsident Brad Chase eine E-Mail an Jeff Lum, die auf die Sorgen Steve Ballmers einging, wie man Vobis gewinnen könnte. »Steve sagte mir, ich solle Vobis essen, trinken und beschlafen, also werde ich jedem auf die Nerven gehen, mir zu sagen, was es mit diesem Account auf sich hat,« schrieb Chase. Andere Memos bei Microsoft ließen ebenfalls erkennen, daß der Gewinn von Vobis für MS-DOS »andere OEMs bewegen kann«, ebenfalls das Produkt zu unterstützen. Vobis hatte einen enormen Einfluß in Europa, ähnlich wie IBM in Amerika.

In einem Memo vom Januar 1991 wies Lum Kempin an, es sei wichtig, DR bei Vobis »hinauszuwerfen«. Das einzige Problem sei »Lievens persönliche Loyalität zu DRI.« Lieven hatte 15.000 DR-DOS-Einheiten pro Monat verkauft, zu einem Einkaufspreis von 13 Dollar pro Stück.

Microsoft hatte darauf bestanden, daß Lieven einen Pro-Prozessor-Vertrag unterzeichnete, obwohl Lieven sagte, er wolle nur die Hälfte seiner Maschinen mit MS-DOS ausrüsten, weil er entschlossen sei, seinen Kunden die Wahl zu lassen.

Kempin bot an, DRIs Preis mit 9 Dollar pro Maschine zu unterbieten. Sollte Vobis nur die Hälfte seiner Maschinen mit MS-DOS ausrüsten, läge der Preis mit 18 Dollar doppelt so hoch.

Als Lieven protestierte, er wolle auch weiterhin DR-DOS zusammen mit Windows verkaufen, erwiderte Kempin, daß er für DOS allein einen höheren Preis zahlen müsse als für eine DOS-Windows-Kombination. Er drohte Lieven, wenn er nicht die Pro-Prozessor-Lizenz nehme, zu 9 Dollar für DOS und 15 Dollar für Windows, dann würde der Preis für Windows allein auf 35 Dollar klettern. (Unter Eid sagte Lieven später aus, daß diese Drohung ihn bewogen hatte, das Geschäft abzuschließen.) Microsoft wollte ihm diesen Preis zugestehen, wenn er sich zu einer Mindestabnahme von 200.000 Kopien verpflichtete. Das hieß, unabhängig davon, ob er überhaupt so viele Computer verkaufen würde, würde er Microsoft das Geld für 200.000 Einheiten schulden.

Im Oktober 1991 schickte Brad Chase eine E-Mail an andere Manager bei Microsoft, worin er die Firmenstrategie diskutierte, Konkurrenten »in die Tretmühle« zu schicken. Solche Abschlüsse wie der mit Vobis würden im Fall von DRI genau das tun.

Zum damaligen Zeitpunkt waren die amerikanischen Bundesbeamten seit mehr als eineinhalb Jahren mit ihren Untersuchungen beschäftigt, deren Schärfe und Zielrichtung sich im Laufe der Zeit verändert hatte. Auch die Europäische Kommission hatte inoffiziell Untersuchungen über die Geschäftspraktiken des Sofwareriesen eingeleitet.

Sowohl in den USA als auch in den verschiedenen nationalen Niederlassungen fing die Chefetage an, sich ernsthaft Sorgen zu machen. Die hohen Tiere von Microsoft Deutschland diskutierten die Lage in deutschen Biergärten. Auf der einen Seite waren sie davon überzeugt, daß Microsoft im Bereich Betriebssysteme durch legale Mittel eine Monopolstellung erreicht hatte. Jedoch war ihr Gewissen in der Frage getrübt, wie Microsoft diese Position behauptete und darüber, was sich derzeit im Bereich Applikationen abspielte. »Wir wollten die Kontrolle über den Betriebssystem-Markt übernehmen, um Lotus und Borland auch im Applikationen-Markt zu verdrängen«, sagte einer der Geschäftsführer mit nachdenklichem Unterton. Die E-Mails zwischen den Mitgliedern der Führungsriege konnten in diesem Punkt keine deutlichere Sprache sprechen. Bernard Vergnes, der sich regelmäßig mit Gates zu Briefings traf, schrieb in einer E-Mail: »Es ist wichtig, Lotus bei diesem Kunden [Vobis] rauszuhalten und dabei weiterhin vernünftige Renditen zu erzielen.«

Zwischen den leitenden Angestellten in Deutschland und den USA gab es zwar einige Diskussionen, doch die meisten waren durch die Tatsache ermutigt, daß die Untersuchungsbeamten auf der falschen Fährte waren.

Tatsache war, daß die Untersuchungsbeamten zu dumm waren, auch die Backup-Bänder zu beschlagnahmen und sie mögliche Beweismittel in Zweigniederlassungen von Microsoft komplett ignorierten. In Deutschland war es gängige Praxis, Daten zu löschen, wenn einzelne Computer am Rande ihrer Kapazität angelangt waren. Dies erinnert an das Ollie North-Szenario[7]. Die Wahrheit über die Aktivitäten von Ollie North kamen mit Hilfe von Backup-Dateien ans Tageslicht, die sich auf einem Computer befanden, der im Keller eines alten Verwaltungsgebäudes stand – anfänglich hatte niemand daran gedacht, auch dort nach Beweismaterial zu suchen. Desgleichen befand sich der vollständige Datenbestand auf archivierten Backups der Microsoft-Server, über die auch der gesamte E-Mail-Verkehr abgewickelt wurde.

In der Tat haben die Untersuchungsbeamten lange gebraucht, um zu verstehen, welchen Einfluß der PC auf die Art und Weise hat, wie Mitarbeiter innerhalb eines Unternehmens miteinander kommunizieren. Deswegen schienen nicht alle Beweise herausgegeben worden zu sein.

Am 24. September 1992 traf sich Theo Lieven mit Steve Ballmer, Bengt Akerlind (im Vorstand zuständig für das OEM-Geschäft in Europa) und Stefanie Reichel im Banners Restaurant des Sheraton in Seattle. Die Verhandlungen, die in London begonnen hatten, wurden am gleichen Tag bei einem Abendessen im Seattle Hunt Club des Sorento Hotels zum Abschluß gebracht. Teilnehmer des Dinners waren Lieven, Kempin, Akerlind, Hüls und Reichel.

---

[7] Als Abteilungsleiter des Nationalen Sicherheitsrates unter US-Präsident Ronald Reagan war der hochrangige Offizier Oliver North maßgeblich für die Vorgänge während der Iran-Contra-Affäre Anfang der 80er Jahre verantwortlich. Im Austausch gegen US-Geiseln im Libanon wurden an den Iran illegal Waffen verkauft. Mit den Geldern aus diesen Geschäften wurden Rebellengruppen finanziert, die damals versuchten, die linksgerichtete Regierung der Sandinisten in Nicaragua zu stürzen.

Lieven wurde ein bescheidenes Angebot unterbreitet. Kempin versprach ihm, daß er von Microsoft eine Art Gutschrift in Höhe von 50.000 Dollar erhalten würde, wenn Lieven darauf verzichte, weiterhin DR-DOS auszuliefern – auch wenn er bereits 50.000 Exemplare bestellt und bezahlt habe. Das Geld könne verständlicherweise nicht bar ausgezahlt werden, und das ganze Geschäft dürfe in den Büchern nicht auftauchen; Microsoft wisse, wie weit man mit dem Gesetz gehen könne. Doch man könne ja einfach behaupten, daß es sich bei den 50.000 Dollar um retournierte Waren handele. (1998, als das Justizministerium Microsoft in ähnlichen Vorfällen erwischte, in denen sie Firmen bezahlten, damit sie keine Geschäfte mit der Konkurrenz machten, bezeichneten die Beamten diese Zahlungen als ›rückwirkendes Kopfgeld‹.)

Das Verkaufsgenie im OEM-Bereich, Kempin, früherer Chef von Microsoft Deutschland, war ebenfalls anwesend und begrüßte Reichel herzlich. Weiterhin waren der Vorgesetzte von Reichel, Hüls sowie Akerlind, ein großer, ehrgeiziger Schwede, mit von der Partie.

Die Chemie zwischen den Männern hatte etwas faszinierendes: Hüls war ehrgeizig und unabhängig. Kempin konnte ihn leicht kontrollieren. Hüls war scharf auf Akerlinds Position, der sein Vorgesetzter war. Aber bis vor kurzem waren sie Gleichgestellte gewesen. Hüls und Kempin nun wieder kamen hervorragend miteinander aus.

Kempin sagte, daß der Deal nur mündlich vereinbart und daß es keinen geschriebenen Vertrag geben werde. Er wußte – da Gates und er von Neukom in anderen Fällen darauf aufmerksam gemacht worden waren – daß sich solche Deals am Rande der Legalität bewegen. »Wir sind nicht dumm. Wir wissen, wie wir die Gratwanderung zu machen haben«, sagte einer der Geschäftsführer zu einem anderen, als sie auf das Thema Legalität zu sprechen kamen.

Für OEM-Verträge war es gängige Praxis, daß diese sich nicht immer an die sonst bei Microsoft üblichen Richtlinien zur Preisgestaltung halten mußten. Einer der beteiligten Microsoft-Manager meinte dazu: »Die Geschäfte wurden immer abgeschlossen, wenn sich der Vertragspartner verpflichtete, auch die Applikationen zu nehmen.«

Neben dem beispiellosen Distributionsabkommen boten die Microsoft-Leute ein besonderes ›white box bundle‹ an (eine Kombination verschiedener Microsoft-Produkte wird in eine unbedruckte weiße Schachtel gesteckt und dann verkauft), mit dem mehrere Fliegen mit einer Klappe geschlagen werden konnten. Einerseits würde damit DR-DOS der Marktzugang verbaut; andererseits würde man damit Lotus und Borland, zusätzlich zu Novell, in die Quere kommen, da nun der größte PC-Hersteller in Deutschland mit seinen PCs kostenlos Anwendungsprogramme bündeln würde. Vobis wurde zugesagt, die Anwendungsprogramme kostenlos zu bekommen, wenn sowohl DR-DOS als auch NetWare Lite nicht weiter vertrieben würden. Der deutschen Firma wurde für DOS ein Preis von neun Dollar pro Rechner und von zwölf Dollar für Windows genannt. »Wenn Sie NetWare Lite nicht verkaufen, erhalten Sie Preise, die sich weit unterhalb dessen befinden, was unsere internen Richtlinien vorsehen«, erklärte man Lieven.

Auch Microsoft würde zwei Fliegen mit einer Klappe schlagen, indem sie Lotus und anderen Herstellern von Anwendungs-Software ein Bein stellten. Für Vobis wäre es selbstverständlich vorteilhafter, Microsoft-Applikationen anstelle der von Lotus zu verkaufen, da sie dadurch einen Rabatt auf die Preise für DOS und Windows erhalten würden. Auch vom Timing her paßte der Abschluß des Deals ganz gut, da das umkämpfte Weihnachtsgeschäft vor der Tür stand.

Borland und Lotus hatten schon länger Sonderpreise für ihre Applikationen gemacht, wenn Hardwarehersteller die Programme gemeinsam mit einem PC auslieferten. Doch dann trat Microsoft auf den Plan, unterbot die Preise und benutzte diejenigen für das Betriebssystem als Hebel. »Denkt nicht, wir hätten nicht auch darüber nachgedacht«, scherzten die Microsoft-Bereichsleiter für den Verkauf mit den Betreuern für die Großkunden. Doch das war ein Punkt, auf den Hüls und andere recht empfindlich reagierten. Sie hatten das Gefühl, daß Microsoft, ungeachtet seiner harten Lizenzpraktiken, den Markt für Betriebssysteme auf legitime Weise erobert hatte. Die Übernahme des Marktes für Anwendungen unter Zuhilfenahme der Dominanz im Betriebssystem-Segment war für sie ein Unterfangen, auf das die Kartellbehörden nicht unbegründet mit einem Aufschrei reagieren würden.

Im wesentlichen erhielt Vobis von Gates, was kein anderer in Europa bekam – ein Bundle aus Microsoft Word und Excel, zusammen mit Windows. Lieven mußte im Gegenzug dafür versprechen, daß er selbst dann, wenn die Kunden danach fragen, nicht einen einzigen PC mit DR-DOS ausliefern würde. Der Senior Vize-Präsident von Microsoft Ballmer hatte ebenfalls großen Einfluß auf Vobis in einer früheren Phase der Vertragsverhandlungen, keine Konkurrenzprodukte zu verkaufen. Im April 1991 hatten sich Lieven und Ballmer in Nizza getroffen. Ballmer hatte weitere ›Anreize‹ diskutiert, wie Lieven später aussagte, die eine Bündelung von Microsofts Anwendungs-Software mit einem Betriebssystem-Vertrag beinhalteten. Vorgeschlagen wurde eine Microsoft Word/Excel-Kombination als Teil eines DOS/Windows-Geschäftes.

Als Sahnehäubchen bot Kempin an, alle DR-DOS-Hologramme, die sich im Besitz von Vobis befinden, aufzukaufen. Die Hologramme waren so etwas wie Bargeld, da sie als Echtheitszertifikat benutzt wurden, wenn Vobis oder ein anderer OEM einen PC mit DR-DOS ausliefern. Er fügte hinzu: »Ich werde meine Wände damit tapezieren«, und lachte lauthals. »Auch wenn Sie einen Pro-Prozessor-Lizenzvertrag haben und auch wenn Sie für DR-DOS bereits bezahlt haben: Wir wollen nicht, daß Sie eine einzige Schachtel davon verkaufen«, erklärte man Lieven.

Das ›White-Box‹-Geschäft – in Verbindung mit dem Distributionsabkommen für die normalen ›Fertigprodukte‹, dazu einigen Marketing-Zuschüssen und Beihilfen für eine Reihe von Weihnachts-Werbeveranstaltungen in den Vobis-Läden – wurde arrangiert, um Lieven glücklich zu machen. Gates war bereit, fast alles anzubieten, vorausgesetzt, es würde dabei helfen, DR-DOS ins Jenseits zu befördern. Und Kempin würde immer behaupten, daß er sich weigere, ein Geschäft wegen des Preises platzen zu lassen.

Unter den E-Mails, die auf den Servern von Microsoft Deutschland lagen und die nicht als Beweismittel beigebracht wurden, befand sich eine, die Bernard Vergnes am 7. September 1992 an mehrere andere leitende Angestellte bei Microsoft verschickt hatte. Abgesehen davon, daß dort der Vobis-Deal dokumentiert wurde, zeigt die E-Mail Microsofts Absicht, mit Hilfe der DOS-Verträge die PC-Hersteller dazu zu drängen, Microsoft-Applikationen anstelle derjenigen von Lotus oder anderer Hersteller zu kaufen. Er schrieb:

> Meine Glückwünsche. [Microsoft] Deutschland verhandelt gerade mit Vobis einen Deal. Dabei ist von zentraler Bedeutung, Lotus bei diesem Kunden draußen zu halten und gleichzeitig einen vernünftigen Profit zu erwirtschaften. Seiner E-Mail fügte er eine E-Mail von Reichel und Haink[8] bei, die das Geschäft zusammenfaßte.

Nach Erwähnung des erfolgreichen Treffens zwischen Gates und Lieven und der hervorragenden Marktpräsenz von Vobis – der Nummer 1 bezogen auf Marktanteile, und damit vor IBM – fuhr das Memo fort:

> »Lieven ... hat sich bereit erklärt, in Zukunft weder DR-DOS noch Netware Lied[9] [sic] zum Verkauf anzubieten. ... Wie ihr wißt, haben sich Lotus und Borland aggressiv an unsere OEMs rangemacht, und Vobis ist dabei keine Ausnahme.«

---

[8] Jochen Haink war zum damaligen Zeitpunkt einer der Geschäftsführer von Microsoft Deutschland. Er ist heute als Unternehmensberater in München tätig.

[9] ›Lied‹ (gelogen) statt ›Lite‹ befindet sich auch im Original der E-Mail und ist eines der Beispiele für den › humorvollen‹ Umgang der Microsoft-Mitarbeiter mit Produkten konkurrierender Unternehmen.

Die Mail ging weiter mit dem Hinweis, daß Vobis ein Bundling der Betriebssysteme mit den Anwendungsprogrammen angeboten wurde und daß basierend darauf, »Lieven sich exklusiv an uns bindet, DR-DOS und Novell hinauswirft und zusätzlich 25K[10] WFW [Windows for Workgroups] abnimmt«.

Später sagte Lieven unter Eid, es wären Microsofts ›Anreize‹ gewesen, die den Handel perfekt gemacht hätten. »Schließlich hat DRI weder Word noch Excel noch Bill Gates,« gab er zu Protokoll.

Im weiteren Verlauf des Jahres 1992 bereitete sich Microsoft auf einen Besuch der Untersuchungsbeamten der Europäischen Gemeinschaft vor, die mit den amerikanischen Beamten zusammenarbeiteten. Microsoft traf Vorbereitungen für eine interne Prüfung, um festzustellen, welche Informationen in den eigenen Papieren vorhanden waren.

Reichel entdeckte wenig später, daß u.a. auch ihr Computer verschwunden war. Man sagte ihr, er würde aufgerüstet.

Der Ton von Microsofts normalem Geschäftsgebaren – von Bill Gates persönlichem Stil übernommen – glich der Atmosphäre des ›Wikinger-Mahls‹ anläßlich eines Treffens von Microsoft-Managern während der Zeit der Verhandlungen mit Vobis. Damals liefen die Anwesenden mit Hörnern auf dem Kopf herum und gefielen sich in der Rolle der legendären Kämpfer, die ihre Feinde überrannten und ausplünderten.

Das solch eine Einstellung bei Microsoft normal war, zeigte auch ein weit verbreitetes Memo, das einen bizarren Streich nach einem Autounfall beschrieb. Es beschrieb die Umstände, unter denen sich ein Microsoft Account Manager nach einem Vorfall auf dem Parkplatz der Computerfirma Amstrad mit Vollgas über die Autobahn davon machte.

Amstrad war wie Vobis ein weiterer europäischer Computerhersteller, der DR-DOS verkaufte. Das Memo erklärte, der Microsoft Manager habe beim Zurücksetzen den Mercedes von Alan Shivvers gerammt, einen Manager von Amstrad. Nachdem

---

[10] 25K = 25.000 (von ›K‹ für ›Kilo‹); damals waren noch KByte anstelle von MegaByte die Hauptrechnungseinheit der Branche.

er das Fahrzeug beschädigt hatte, klemmte der Microsoft Manager einen Zettel mit der Adresse von DRI unter dessen Scheibenwischer.

Im Laufe der nächsten Monate waren Reichel, Hüls und andere Großkundenbetreuer bei verschiedenen Meetings zugegen, in denen Neukom sowohl Kempin als auch anderen genaue Instruktionen gab, wie sie sich angesichts der Untersuchungen zu verhalten hätten. Hierzu gehörte auch die Notwendigkeit, Dokumente vorzuenthalten. Er forderte Kempin auf, die OEMs dazu zu bewegen, auszusagen, daß sie nicht von Microsoft »in die Mangel genommen wurden«. Kempin versicherte ihm: »Keine Sorge. Wir haben sie unter Kontrolle.«

In weniger als einem Jahr wurde Vobis, wo früher fast ausschließlich DR-DOS verkauft wurde, zu einem Kunden, der mehr als 90 Prozent seiner PCs mit MS-DOS auslieferte.

Microsoft hatte einen neuen Pro-Prozessor-Vertrag mit einer Laufzeit von 18 Monaten und mit der Verpflichtung abgeschlossen, MS-DOS und Windows auf mehr als 400.000 Vobis-PCs vorinstalliert auszuliefern – der Deal hatte ein Volumen von 18 Mio. Dollar. Gleichzeitig war dies die größte Abnahmemenge von seiten eines PC-Herstellers für die Microsoft-Applikationen Works für Windows und Works für DOS. Es war bis dahin der größte Einzelvertrag, der je mit einem Computerhersteller in Deutschland, ja sogar in Europa abgeschlossen wurde. Außerdem hatte sich Vobis bereit erklärt, 25.000 Exemplare von Windows für Workgroups mit seinen PCs zu bündeln, lange bevor das Produkt überhaupt auf dem Markt verfügbar war.

All dies läßt sich anhand von Reichels Zielvorgaben belegen, einem offiziellen Microsoft-Dokument. In einer Konferenz, die im November 1992 stattfand, wurde Reichel dafür gelobt, daß sie bei Vobis »den MS-DOS-Anteil bei neuen Maschinen auf über 90 Prozent angehoben und einen Vertrag mit einer Abnahmeverpflichtung für jährlich 400.000 Einheiten« abgeschlossen habe. Und sie habe Vobis dazu gebracht, »DR-DOS nun überhaupt nicht mehr anzubieten«. Weiterhin wurde sie dafür belohnt, daß 90 Prozent aller Vobis-Maschinen mit Windows bestückt wurden und daß Vobis bei allen europäischen Verkäufen exklusiv Word und Excel mit seinen PCs bündele. Also Produkten, die eine heftige Gefahr für Lotus, Borland und andere Hersteller von Applikationen darstellten, vor allem unter der Voraussetzung, daß Microsoft in seinen Deals die Marktmacht im Bereich der Betriebssysteme dazu nutzt, Computerhersteller zu bewegen, auch die firmeneigenen Anwendungsprogramme vorinstalliert auszuliefern.

Während Lieven sich wie ein Gauner vorkam, prahlte das Dokument, daß »der vereinbarte Preis der höchste Preis ist, der in Europa jemals für solch einen Deal erzielt wurde. Er bringt außerplanmäßige Einnahmen in Höhe von sechs Millionen Dollar und einen höheren Marktanteil für Deutschland«.

Mit Gates an ihrer Seite hatte Reichel in kürzester Zeit einige Meisterstücke vollbracht.

Um 1994 war DR-DOS ziemlich tot und Microsoft verdoppelte die Preise für DOS. Es gab keine Alternative auf dem Markt. Wie das bei klassischen Monopolisten eben geht: hat man die Konkurrenz erledigt, steigen die Preise in den Himmel.

6 Der Finger am Abzug

Langsam wurde deutlich, daß Gates den Markt für Betriebssysteme unwiderruflich unter seine Kontrolle gebracht hatte. Seine Konkurrenten versuchten, die Beamten der Federal Trade Commission (FTC) dahin zu bringen, zumindest den Wettbewerb im Bereich der Anwendungs-Software wiederherzustellen – so lange es dafür noch nicht zu spät war. Sowohl die Antitrust-Theorie der ›essential facilities‹[1] als auch Fälle, in denen versucht worden war, durch den Einsatz verschiedener Druckmittel eine Monopolstellung zu erlangen, waren zwar vor Gerichten schon einmal verhandelt worden. Es gab bisher jedoch noch keinen Fall, in dem diese Prinzipien auf den Handel in der digitalen Welt angewendet worden waren. Mittlerweile waren die Bundesbehörden damit beschäftigt, Beweise für einen wesentlich einfacheren Fall zu

---

[1] ›essential facilities‹ (wesentliche Ressourcen) sind in der amerikanischen Antitrust-Rechtsprechung dergestalt definiert, daß ein Mitbewerber sie weder durch Innovation noch durch Investition erlangen kann. Die Weigerung eines Monopolisten, einem Mitbewerber den Zugang zu diesen wesentlichen Ressourcen zu gewähren, wird als Verstoß gegen die Wettbewerbsgesetze angesehen, und zwar auch dann, wenn sich der Monopolist diese wesentliche Ressource nicht durch illegales Verhalten angeeignet hat.

sammeln: Gates' Würgegriff um den Betriebssystemmarkt mittels illegaler Verträge und von Sabotageaktionen gegen Konkurrenzprodukte. An Beweisen dafür herrschte kein Mangel.

Andy Berg hatte alle Hände voll zu tun. Als Rechtsbeistand und Antitrust-Experte von Lotus arbeitete er in der Kanzlei von Akin& Gump in Washington, D.C. Berg war von Jim Manzi angeheuert worden und war pikanterweise während seiner Zeit in Harvard ein Kommilitone von Gates und Ballmer, was ihm besonderen Antrieb bei der Bearbeitung des Falles verlieh.

Es gab etwas viel Größeres, das angesprochen werden mußte, aber er würde ziemlich schuften müssen, um die Truppe in der FTC auf seine Linie zu bringen. In der Geschichte der Antitrust-Gesetze hatte Berg seine bevorzugten Fälle. In seinem Lieblingsfall ging es um eine Gruppe von Eisenbahnlinien, die als ›Terminal Railways‹ bekannt waren.[2] Hierbei handelte es sich um das Monopol auf einen echten ›Flaschenhals‹. In der modernen Version des 21. Jahrhunderts bestand die ›Brücke in den Westen‹ natürlich aus Software. Das ganze bekam immer mehr den Anschein, als bewege man sich auf einer Art digitalem Ho-Chi-Minh-Pfad. Es ging darum, wer die Straßen kontrollierte, wem der Zugang gewährt wurde, wer fähig war, diese gefährliche Reise zu meistern und erfolgreich auf den Markt kam.

Die Argumentationskette der Kartellanwälte sah folgendermaßen aus: Microsoft kontrolliert sowohl den Preis für Betriebssystem-Software als auch, wer in der Entwicklergemeinde Zu-

---

[2] In diesem Fall aus dem Jahre 1912 kontrollierten die betreffenden Gesellschaften zwei Eisenbahnbrücken über den Mississippi, eine Fähre, die Eisenbahnwagen über den Fluß bringen konnte, sowie den einzigen Bahnhof in St. Louis auf dem Weg nach Westen. An der betreffenden Stelle war zudem kein Platz mehr für den Bau einer weiteren Brücke vorhanden. Gleichwohl verweigerten die kooperierenden Eisenbahngesellschaften anderen den Zugang zu ihren Anlagen und verhinderten dadurch den Wettbewerb. Das Oberste Bundesgericht der USA bewerte dies als einen Verstoß gegen Abschnitt 1 des Sherman Acts.

griff auf die zugrundeliegenden Technologien hat. Niemand konnte Software entwickeln, die mit den Betriebssystemen von Microsoft kompatibel war, wenn ihm Microsoft keinen Zugriff auf sein technologisches Know-how gewährte.

Berg beschäftigte sich noch einmal mit den historischen Fällen. Im Fall der Terminal Railway Association wurde die Firmengruppe nicht aufgesplittet, jedoch angewiesen, daß sie jedem, der es wünschte, den Zugang zu den Brücken und zu den Gleisanlagen gewähren müsse, und zwar zu fairen und gleichberechtigten Bedingungen. Gerechtigkeit!

Und es gab weitere Gründe für die Hoffnung, daß die Regierung weitere Schritte werde ergreifen müssen. In einem anderen Fall, in dem es um immaterielle Vermögenswerte und konkret um den Zugang zu Informationen ging, entschied das Oberste Bundesgericht der USA, daß Associated Press selbst direkten Wettbewerbern ihrer Mitglieder nicht die Mitgliedschaft im Verband verwehren dürfe.

Außerdem gab es noch diesen Präzedenzfall zwischen MCI und AT&T[3], der verhandelt wurde, als AT&T versuchte, die Benutzung des lokalen Telefonnetzes durch MCI einzuschränken, um damit MCI aus dem Markt für Ferngespräche herauszuhalten. In dem Urteil stellte das Gericht fest: »Die Antitrust-Gesetze verpflichten Firmen, die eine wesentliche Ressource kontrollieren, dazu, diesen Vorteil zu gleichberechtigten Bedingungen anderen verfügbar zu machen.«

---

[3] Im Urteil zu diesem Fall aus dem Jahre 1983 legte das Gericht vier Kriterien fest, damit die Verpflichtung gemäß der Doktrin der ›wesentlichen Ressource‹ greift:
1. Die Kontrolle der Ressource durch einen Monopolisten.
2. Die Unfähigkeit eines Mitbewerbers, die wesentliche Ressource aus praktischen Gründen zu duplizieren.
3. Die Weigerung des Monopolisten, Mitbewerbern den Zugriff zu der Ressource zu gewähren.
4. Der Zugriff auf die Ressource muß praktisch durchführbar sein, oder es darf kein legitimer Grund vorliegen, den Zugriff auf die Ressource zu verweigern.

Die Aktivitäten von Microsoft konnten nur als ein ›Monopolgebräu‹ bezeichnet werden – ein Begriff, der von Sturge Sobin geprägt wurde. Er saß in Washington, D.C., und gehörte zu jener Armee von Anwälten, die Ray Noorda[4] angeheuert hatte. Doch Sobin war nicht gewillt, jenen gigantischen Fall vor Gericht zu bringen, den die Monopolisierungsbestrebungen von Microsoft auch seiner Meinung nach darstellten.

Lotus und Novell verzettelten sich so in einer ziemlich unnötigen Auseinandersetzung, obwohl sie denselben Feind bekämpften. Novell wollte, gedrängt durch die Bemühungen ihrer Rechtsberater David Bradford und Sobin, den Fall auf den Betriebssystemmarkt konzentrieren. Lotus hingegen strebte den totalen Untergang von Microsoft an. Thema sollten hierbei die Methoden von Microsoft sein, seine Marktmacht im Bereich der Betriebssysteme als Hebel einzusetzen, um andere, nicht verwandte Märkte zu übernehmen – wie etwa den Bereich der Anwendungs-Software.

Lotus mußte sich nun, neben allen Sorgen über Microsoft, auch noch damit beschäftigen, wie Novell die FTC davon zu überzeugen suchte, einen Fall einzubringen, der nicht den Interessen der meisten Firmen entsprach, die mit Gates in Wettbewerb standen. Die Schlacht auf dem Betriebssystemmarkt war geschlagen. Im Bereich der Anwendungs-Software bestand dagegen noch ein wenig Hoffnung, obwohl es Anzeichen dafür gab, daß Gates nun auch in dieser Arena dabei war, jede Art von Wettbewerb im Keim zu ersticken.

Wenn Noorda und Bradford sich durchsetzten, würden die Sorgen von Lotus niemals angesprochen werden.

Berg schickte tonnenweise Dokumente und juristische Gutachten an Norris Washington, für den die gesamte Situation natürlich außerordentlich angenehm war. Dies bedeutete allerdings noch nicht, daß Washington und seine Mitarbeiter eine Auslegung des Antitrust-Rechts finden konnten, die all diese Fälle von wettbewerbsfeindlichem Verhalten abdeckte.

---

[4] Der CEO von Novell

Es war wirklich erstaunlich. Washington und Schildkraut studierten das geheime Memorandum, das in den Verkaufs- und OEM-Abteilungen von Microsoft kursierte. Man schrieb Ende 1992, und die Bundesanwälte brüteten – wie schon im Herbst des Jahres 1990 – immer noch über ›geheimen‹ E-Mails und Dokumenten, die zwischen Gates und seinen Verkaufsgenies Steve Ballmer und Joachim Kempin kursierten. In jenem Jahr hatte Microsoft weltweit Pro-Prozessor-Verträge mit Computerherstellern für ein Produkt abgeschlossen, das damals noch nicht mal existierte: MS-DOS 5.

In einer vertraulichen Mitteilung vom 10. Oktober 1990, die an Richard Fade gerichtet war und an leitende Angestellte in den Vertriebs- und OEM-Abteilungen von Microsoft weitergeleitet wurde, zeigte sich deutlich das Ausmaß, in dem die Computerindustrie unter der Fuchtel von Microsoft stand, ferner, wie Microsoft die Zukunft zu gestalten dachte. Jeff Lum, der damals unter Ballmers und Kempins Führung stand, analysierte die Firmenergebnisse für das erste Quartal des Steuerjahres 1991, das dem Herbst des Jahres 1990 entsprach, und präsentierte die Ziele für das kommende zweite Quartal. Lum stand kurz davor, vom Gruppenmanager in den Vereinigten Staaten zum Leiter der europäischen OEM-Verkaufsabteilung aufzusteigen.

Allein Lums Team lag 120 Prozent über dem Budget und brachte im ersten Quartal 9.085.218 Dollar ein. »DOS, das marktbeherrschende Produkt, brachte 66 Prozent der Produkteinkünfte ein (70 Prozent, wenn man die Shell mit hinzunimmt). Abschreibungen auf unbeglichene Zahlungsverpflichtungen machten neun Prozent der Einnahmen aus, wobei Compaq die Liste mit 1,3 Millionen Dollar an Abschreibungen anführte. NCR war der einzige andere Kunde, der unterhalb der Vorauszahlungen blieb. Alle andere übertrafen die Mindestzahlungen, zu denen sie verpflichtet waren.«

Die Umsatzzahlen für Windows und die Microsoft-Maus waren gut und trugen mit 13 Prozent zu den Einnahmen bei. In einem Kreisdiagramm zeigte Lum zu diesem frühen Zeitpunkt, daß acht Prozent der Einnahmen aus Windows-Lizenzen stammten, im Gegensatz zu vier Prozent aus OS/2-Verkäufen.

Windows würde kein vergleichbar großer Hit werden wie DOS, zumindest nicht bis 1992. Denn ab diesem Zeitpunkt wurden dann jeden Monat eine Million Exemplare verkauft, und zwar zum großen Teil deshalb, weil Microsoft Computerhersteller mit Freiexemplaren und Kampfpreisen dazu zwang, Windows zu lizensieren – und davon auch die Lizensierung von DOS abhängig machte.

Ebenso enthielt Lums Bericht Zahlen über die PC-Verkäufe der größten US-Computerhersteller für das vierte Quartal des Jahres 1990. Im Hinblick auf die Praxis von Microsoft, für jeden verkauften Computer Lizenzen zu verlangen, erklärte Lum: »Diese Verkäufe spiegeln sich direkt in den Einnahmen wider, wie sie bereits für das erste Quartal des Steuerjahres 1991 berichtet wurden.«

Lum erwähnte auch die »schwierigen Verhandlungen« mit Hewlett-Packard und erklärte, daß Microsoft beabsichtige, »die DOS-Lizenzgebühren von HP signifikant zu erhöhen (bei denen muß man hoch beginnen!).«

Eines seiner Gruppenziele sei, »alle verbleibenden DOS 5.0 Lizenzen zum 30.12.[1990] auslaufen zu lassen«.

Später entdeckten die Bundesanwälte in einer vertraulichen Mitteilung, daß Microsoft gegenüber einigen Computerherstellern offenkundig behauptete, sie könnten Windows nur dann kaufen, wenn sie auch DOS-Lizenzen erwerben würden. Mike Davis, ein Niederlassungsleiter der Firma Diamond Trading im Fernen Osten, erhielt dazu folgenden Brief:

Lieber Mike,
als Nachtrag zu unserem gestrigen Gespräch möchte ich Ihnen bestätigen, daß Microsoft nicht in der Lage ist, Windows als ein einzelnes Produkt zu liefern.

Microsoft wird Ihnen Windows nur in Kombination zusammen mit MS-DOS Version 5 verkaufen. (sic)

Mit freundlichen Grüßen
OEM Sales
Microsoft Ltd.

Hinter dieser Strategie stand Gates' Paranoia bezüglich DR-DOS 5.0. Er wollte, daß niemand Windows zusammen mit dem Konkurrenz-Betriebssystem betrieb; erst recht nicht im Fernen Osten, wo kleine Hersteller von PC-Klonen an einer günstigeren Alternative zu MS-DOS interessiert waren.

In zahlreichen Memos entdeckten Washington und seine Kollegen die klassische Strategie eines Monopolisten: zuerst den Marktanteil erhöhen, durch günstigere Preise den Mitbewerbern die Märkte abnehmen und dann wieder die Preise heraufsetzen. Microsoft hatte stets argumentiert, daß man nichts falsch gemacht haben könne, da ja die Preise für den Verbraucher stetig gefallen seien. Aber Washington wußte, daß die gegenwärtigen Verbraucherpreise nicht der einzige Maßstab für räuberisches Verhalten waren. Die Preise an anderer Stelle der ›Nahrungskette‹ – nämlich für die Computerhersteller – würden steigen, wenn Microsoft es erst geschafft hätte, die anderen Wettbewerber auszuschalten.

DRI ließ Gates' Stern sinken, als sie im April 1990 mit DR-DOS 5.0 herauskamen. Nun, nur wenige Monate später, versuchte das Verkaufsteam, Computerhersteller mit Verträgen für die Version 5 an Microsofts DOS zu binden, das offiziell ebenfalls im Jahre 1990 erscheinen sollte. (Die tatsächliche Markteinführung von MS-DOS 5 fand erst im Juni 1991 statt.)

Eine weitere Erkenntnis von Washington und seinen Kollegen war, daß Novell nach der Übernahme von DRI monatelang versucht hatte, Computerherstellern wie Compaq und IBM DR-DOS anzubieten. Sie mußten feststellen, daß es keine Chance auf Geschäfte gab, egal zu welchem Preis. Gleichzeitig beschwerte sich Gates bei Ballmer in zahlreichen E-Mails, daß DR-DOS es ihm unmöglich mache, die Preise hoch zu halten. Wie sollte er mit DR-DOS im Nacken weiter profitable Gewinne einfahren?

Novells Rechtsberater Bradford und sein Kettenhund Sobin nährten weiterhin den Informationsfluß. In den Eingangshallen des Bureau of Competition[5] stapelte sich das Beweismaterial. Microsoft senkte weiter die Preise, die Computerhersteller zu zahlen hatten, und bündelte DOS und Windows, verbunden mit dem Versprechen, daß diese das Nachfolgeprodukt, Windows für Workgroups, kostenlos erhalten würden.

Für steten Nachschub an Informationen war weiterhin gesorgt.

Berg von der Firma Lotus schickte einen Brief an die Ermittler und forderte die FTC auf, endlich Maßnahmen gegen Microsoft und seine wettbewerbsschädigenden Praktiken einzuleiten. Lotus verhalte sich völlig kooperativ, um zu zeigen, wie Microsoft die amerikanischen Wettbewerbsgesetze verletzt habe, »insbesondere den Abschnitt 2 des Sherman-Acts«.

Berg war besorgt, daß die Untersuchungen der FTC den Raubzug ignorieren würden, der im Bereich der Anwendungsprogramme ablief, wo Gates langsam, aber stetig seine Macht dazu benutzte, um sogar den Top-Produkten der Konkurrenten Marktanteile abzunehmen. Er schrieb: »Wir glauben, daß sämtliche Maßnahmen der Behörden ... sich auf das breite Spektrum von Microsofts wettbewerbsfeindlichen Praktiken im Markt der Anwendungs-Software und damit verwandten Bereichen (z.B. Tabellenkalkulation, Textverarbeitung und E-Mail) konzentrieren sollten, und nicht nur auf bestimmte beschränkte Praktiken im Betriebssystemmarkt (z.B. DOS). ... Diese wettbewerbsschädigenden Praktiken durchziehen alle Bereiche, und sie haben sowohl dem Wettbewerb als auch den Wettbewerbern auf den betreffenden Märkten beträchtlich geschadet. Wir glauben auch, daß der mögliche Schaden für den Verbraucher auf den Märkten für Anwendungs-Software und verwandte Produkte wesentlich größer ist als im Bereich der Betriebssysteme.«

Berg stellte heraus, daß die Herangehensweise über die Theorie der Marktbeherrschung mittels einer wesentlichen Ressource im Bereich der Betriebssysteme der Bundespolizei helfen würde, sich Microsofts Raubzügen auf anderen Märkten zu widmen. Er

---

[5] Abteilung der Federal Trade Commission, die sich mit Wettbewerbsfragen und -verstößen beschäftigt

schrieb: »Es ist unbedingt erforderlich, daß jede Zwangsmaßnahme, die sich gegen Microsofts Kontrolle über den Betriebssystemmarkt richtet – unserer Meinung nach stellt genau dies eine wesentliche Ressource dar – nicht nur den Markt für Betriebssysteme, sondern auch den für Applikationen und andere Software betrifft.«

Lotus versorgte die Behörden mit Informationen, mit juristischen Gutachten, die Microsofts Verhalten im Hinblick auf die amerikanischen Antritrust-Gesetze analysierten, und mit einem Strategiepapier, aus dem hervorging, daß Zwangsmaßnahmen gegen Microsoft die amerikanische Computer-Softwareindustrie hinsichtlich ihrer Wettbewerbsfähigkeit auf dem Weltmarkt nicht schädigen würden. Ebenso legten sie einen Report von Philip Nelson von der Firma Economists Inc. vor, der den wirtschaftlichen Einfluß von Microsofts wettbewerbsschädigenden Aktivitäten bewertete und geeignete Gesetzesvorschriften und Gegenmaßnahmen vorschlug. Gemäß dem Wunsch der Bundespolizei, dem Fall mit der geringsten Komplexität nachzugehen, schlug Nelson eingeschränkte Maßnahmen gegen Microsofts krasseste Verstöße vor. Dabei dürfe man die Firma nicht allzusehr maßregeln oder leistungshemmende Bedingungen schaffen, die sich in solchen Bereichen auswirkten, in denen Microsoft wettbewerbskonformes Verhalten zeige.

Jeder Tag schien für Washington neue Überraschungen bereitzuhalten. So erfuhr er zum Beispiel, daß einer von Microsofts Top-Programmierern nach dem Genuß einiger Biere ein paar »ziemlich wilde Ideen« hatte. Was ihm zu Ohren kam, beschrieb den Inhalt einer internen Brainstorm-Sitzung und war ungeheuerlich.

Die Beamten der FTC bekamen plötzlich einen Eindruck von der nichtöffentlichen Seite einer der erfolgreichsten Firmen der Welt. »Wir sollten das System zuverlässig zum Absturz bringen«, stand in der E-Mail. Deutlicher konnte die Sprache nun wirklich nicht sein.

Zu Beginn dieses Jahrhunderts hatte Senator Sherman, Schöpfer des nach ihm benannten Sherman-Acts, berechtigterweise unterschieden zwischen »dem Vorsatz zu monopolisieren« und dem Innehaben einer Monopolstellung wegen »überlegener Fähigkeiten«. Die Kommunikation bei Microsoft zeugte jedoch nicht von einer Firma, die den Markt durch ihre überragenden Fähigkeiten zu erobern beabsichtigt.

Eine E-Mail des stellvertretenden Vorstandsvorsitzenden Jim Allchin an Gates und andere erörterte, wie wichtig es sei, Novell im Betriebssystemmarkt keinesfalls Fuß fassen zu lassen. Sie lautete: »Nur ein einziger Fehler würde uns ein gutes Stück zurückwerfen. So etwas kann sehr schnell gehen. Wenn man jemanden umbringen will, gibt es keinen Grund, deswegen nervös oder aufgeregt zu sein. Man drückt einfach ab. Ärgerliche Diskussionen zuvor sind reine Zeitverschwendung. Wir müssen Novell anlächeln, während wir abdrücken.«

Das Ziel von Microsoft kam klar und deutlich heraus. Nun bestand das einzige Problem darin, alle Beweise in eine tragbare Prozeßstrategie einzubinden, die auch bei der Arbeitsweise der FTC noch funktionierte.

Die Dokumente, die Washington und seinen Kollegen vorlagen, deuteten auf ein mögliches illegales Verhalten in Bereichen hin, an die sie nicht mal im Traum gedacht hatten, als sie die Untersuchung vor über einem Jahr einleiteten. Sie bereiteten sich darauf vor, den Fall der Kommission so stichhaltig zu präsentieren, daß die Abstimmung zu einer Verfügung gegen Microsoft führen *mußte*.

Bis zu diesem Zeitpunkt war eine Reihe merkwürdiger Dinge passiert. Die Antitrust-Untersuchung gegen Microsoft wurde erst im Mai 1991 bekannt, nachdem der Wall-Street-Analytiker Rick Sherlund von einem leitenden Mitarbeiter von WordPerfect einen Tip bekommen hatte. Nachdem Sherlund das Thema in einem Gespräch mit Neukom diskutiert hatte, erwähnte er die Nachforschungen in einem Investment-Report von Goldman Sachs, und Mitte des Monats berichtete jede Zeitung des Landes über die Geschichte. Microsoft bestätigte zwar die Ermittlungen, bestand aber darauf, daß die Untersuchung sich ausschließlich auf die Ankündigungen mit IBM im Herbst 1989 bezöge.

Einen Monat später genehmigte ein Komitee des Bureau of Competition die Ausweitung des Falles zu einer Untersuchung wegen Monopolmißbrauchs. Im April 1990 erhielt Neukom einen von Kevin Arquit unterzeichneten Brief, der feststellte, daß Microsoft nun Gegenstand einer weitangelegten Untersuchung über die Monopolstellung der Firma in der Computerindustrie sei. Microsoft ließ ein paar Tage später die Nachricht durchsickern, der Fall sei nicht »wasserdicht«.

An jenem Morgen im April 1990 rief ein Reporter bei Marc Schildkraut an und bat ihn zu bestätigen, daß die Untersuchung auf alle Geschäftspraktiken von Microsoft ausgedehnt worden sei. Schildkraut erwiderte, daß er keinen Kommentar zu Untersuchungen der FTC abgeben könne. Der Reporter wies darauf hin, daß Microsoft doch selbst den Brief der FTC an verschiedene Presseleute gefaxt habe.

Später konfrontierten die FTC-Anwälte Neukom mit der Frage, warum Microsoft den Brief durchsickern ließ. Schließlich seien nichtöffentliche Untersuchungen so lange nicht maßgebend, wie sie nicht abgeschlossen seien. Und viele Ermittlungen würden schließlich aus Mangel an Beweisen nicht mehr fortgeführt. »Das geht euch überhaupt nichts an«, antwortete Neukom.

Washington und Schildkraut studierten noch einmal jene E-Mail, die im September 1991 zwischen den Microsoft-Geschäftsführern kursierte, also unmittelbar vor dem Zeitpunkt, zu dem die Firma die ›Weihnachts-Beta‹ von Windows 3.1 als Vorabversion veröffentlichte. Offensichtlich diskutierte man in der Chefetage intensiv darüber, wie man das Auftreten von Inkompatibilitäten mit Konkurrenzprodukten vorantreiben könne, deren Hersteller natürlich bestrebt waren, daß diese zusammen mit Windows 3.1 funktionierten.

So hielten sie etwa das folgende Memo aus der Feder des Microsoft-Vorstandsmitglieds David Cole in den Händen, von dem auch Microsofts Vizepräsident Brad Silverberg, ein Vertrauter von Gates, sowie Phil Baron, einer der Entwickler, eine Kopie erhalten hatten:

»Eins ist völlig klar: Wir müssen unbedingt sicherstellen, daß Windows 3.1 nur unter MS-DOS oder einer OEM-Version davon läuft«, schrieb Cole. Weiter führte er aus, daß er gegenwärtig von Microsofts Rechtsabteilung einen Text prüfen lasse, der angezeigt würde, sobald jemand versuche, Windows unter einem ›Alien‹-Betriebssystem zu installieren. Microsoft würde in diesem Fall dem Benutzer die Wahl lassen, nach der Warnung fortzufahren. Kurze Zeit danach jedoch »sollten wir das gesamte System komplett zum Absturz bringen«, schrieb Cole.

Anschließend warf er die Frage auf, wie Microsoft vorgehen solle um sicherzustellen, daß Windows 3.1 unbedingt auf MS-DOS angewiesen sei. Dazu brauche man »ein paar nette, phantasievolle interne Abfragen«, wie er feststellte. »Vielleicht gibt es einige sehr raffinierte Kontrollen, so daß Wettbewerber in eine Tretmühle geraten«, sagte Cole.

»Aaron R. hatte nach einigen Bieren ein paar ziemlich wilde Ideen«, fuhr er fort und bemerkte weiter: »Je weniger die Leute Bescheid wissen, was genau gemacht wird, desto besser.«

Brad Silverbergs Antwort brachte die Sache ziemlich genau auf den Punkt:

Von demjenigen, der die Meldung sieht, wird erwartet, daß er sich unwohl fühlt und sich einbildet, DR-DOS sei das Problem, wenn Fehlermeldungen auftreten. Und dann geht er los und kauft sich MS-DOS, oder er wird sich beim Ankauf neuer Maschinen fürs Büro nicht auf ein weiteres Risiko mit DR-DOS einlassen.

Am 10. Februar schickte Silverberg eine E-Mail an Steve Ballmer, in der er vorschlug, daß Microsoft jenen Anwendern, die wegen der Fehlermeldung anrufen und unter DR-DOS arbeiten, sagen solle, daß »wir nur MS-DOS unterstützen« und daß diese Leute sich an die Firma wenden sollten, die DR-DOS herstelle. Oder man »setzt eine kleine, freundliche Nachricht in das Setup, ... natürlich nicht jedes Mal, wenn der Kunde Windows startet«.

Er erklärte, daß eine solche »freundliche« Nachricht niemanden kränken und auch die Presse nicht auf den Plan rufen würde. Silverberg schlug weiter vor, dem zu erwartenden Ansturm von DR-DOS-Anrufern mit einer Nachricht im Telefonsystem von Microsoft zu begegnen. Diese könne beispielsweise lauten, »wenn Sie nicht MS-DOS oder eine OEM-Version von MS-DOS benutzen, drücken Sie bitte die Stern-Taste«. Im Anschluß daran würde der Anrufer dann die betreffende Nachricht hören.

Danach kam der entscheidende Schachzug. Zum Kern der Frage vordringend, wie man Kunden langfristig an MS-DOS binden solle, schrieb er: »Die vernünftigste Herangehensweise, vom Standpunkt der Softwareentwicklung aus betrachtet, ist es, in Windows weitere Abhängigkeiten von MS-DOS einzubauen.«

Für Washington und seine Kollegen war dieser letzte Satz ein Hammer: »... in Windows weitere Abhängigkeiten von MS-DOS einzubauen.«

Vielleicht hatte Andy Berg ja recht, die Theorie der ›wesentlichen Ressource‹ zu verfolgen. Microsoft stellte sicher, daß keine andere Firma in dem Maße Zugriff auf das Herzstück der Maschine – das Betriebssystem – hatte wie sie selbst. Microsoft kontrollierte den Industriestandard MS-DOS, und alle anderen Firmen mußten zusehen, daß sie ihre Produkte daran anpaßten. In der Zwischenzeit stellte Microsoft durch geheime Maßnahmen sicher, daß nur die eigenen Produkte wirklich gut funktionierten. Und sollte es einem Mitbewerber wirklich gelingen, eine gute Konkurrenzsoftware herzustellen, wie etwa DR-DOS, dann würde Microsoft den zugrundeliegenden Code frisieren und zumindest den Anschein erwecken, daß durch Probleme des Konkurrenten eine Fehlfunktion verursacht wird.

Gates, Silverberg und Ballmer stritten solche Behauptungen in der Presse lauthals ab. Aber interne Aufzeichnungen zeigten die nackte Wahrheit. Hier war alles aufgezeichnet, angefangen von Gates' Kampagnen zur ›Ideenfindung‹ bis hin zu den Anforderungen seiner Top-Manager, die von ihren Programmierern Lösungen verlangten, um Konkurrenzprodukte zu sabotieren.

Einige Monate zuvor hatte die Federal Trade Comission Microsoft in einem ersten Brief verboten, von nun an irgendwelche Aufzeichnungen oder Dokumente, elektronischer oder anderer Art, zu vernichten. Aus internen Memos, E-Mails und Briefen an und von leitenden Angestellten anderer Firmen entstand ein kollektives Tagebuch, das ziemlich stark nach dem Führungsstil von Bill Gates roch. Alles, bis zur unbedeutendsten Nachfrage an nachrangige Programmierer, wurde von Gates gelenkt. Es wurde deutlich, daß seine Personalstrategien und seine Philosophie des ›win-at-all-costs‹ (›gewinnen um jeden Preis‹) völlig von seinem nur aus Männern bestehenden inneren Führungszirkel, dem Allerheiligsten, aufgesogen wurden. Einige Bundesanwälte bemerkten, daß seine Mitarbeiter in Befragungen durch Untersuchungsbeamte sogar die Angewohnheit ihres Chefs imitierten, nach vorne und hinten zu schaukeln.

Washington brütete nun über einem einzelnen Blatt Papier, das vor ihm lag: eine handgeschriebene Notiz in Bill Gates kindlicher Krakelschrift, die beim Durchblättern aus einem Stapel Papier herausgefallen war. Er starrte sie für eine Weile an und drehte sie immer wieder in seinen Händen. »Säubert die E-Mails«, stand auf dem Zettel.

Washington hatte schon zuvor Gerüchte gehört, daß Microsoft irgendwelche Dokumente vernichte. Aber er konnte nicht glauben, daß ein Großunternehmen wirklich etwas Derartiges tun und für den Fall der Entdeckung strafrechtliche Untersuchungen riskieren würde. Der Dokumentenstapel, in dem diese Notiz versteckt war, umspannte den Zeitraum von Ende 1989 bis Ende 1992.

Er rief in Neukoms Büro an. »Was ist da los?«, fragte er. »Vernichtet Bill irgendwelche E-Mails?« »Ich ruf Sie gleich zurück«, sagte Neukom und hängte ein.

Erst Tage später rief er bei Washington an. Es handele sich hier um einen Fall anwaltlicher Schweigepflicht, sagte er ihm und hüllte sich daraufhin tatsächlich in Schweigen.

Der Finger am Abzug

Mitte Dezember 1992 schrieb Jürgen Hüls in Deutschland eine E-Mail, die zwar weite Kreise bei Microsoft zog, aber niemals den Bundesbehörden übergeben wurde. Sie befand sich unter den Dokumenten, die in Kopie an Bill Neukom sowie an mindestens elf andere Personen verschickt wurden.

Neukom hatte zu dieser Zeit Stefanie Reichel geholfen, sich von Gates andauernden Annäherungsversuchen zu befreien, und sie zog nun in die Vereinigten Staaten, teilweise auch deswegen, weil ihr Neukom den Hof machte. Hüls gratulierte Reichel und ihren Kollegen zu der guten Arbeit, die sie mit Hilfe von Bill Gates während ihrer Dienstzeit bei Microsoft Deutschland erledigt hatte.

»Stefanie arbeitete vierzehn Monate lang in der deutschen OEM-Gruppe und hat viel zu unserem Erfolg beigetragen. Sie übernahm Vobis, als sie bei uns anfing, und hat diesen Kunden komplett auf unsere Seite gebracht. Dieser Kunde liefert mittlerweile kein konkurrierendes Betriebssystem mehr aus.«

Ebenso stellt Hüls fest, daß Microsoft im Steuerjahr 1993 Lizenzeinnahmen in Höhe von 13 Millionen Dollar von Vobis erwarte.

Neukom gratulierte Reichel in einer E-Mail in seiner ganz eigenen Art. Er schrieb: »Wie sie in Australien sagen: Good on ya.«

7 Entdeckungen

Bill Gates sprang mit der kleinen Go Corporation nach dem gleichen Muster um, mit dem der Milliardär schon eine ganze Reihe von innovativen Firmen ausgenommen hatte. Die Bundesanwälte entdeckten bei der Durchsicht der geheimen Korrespondenz von Microsoft, daß Gates mehrfach legale Verträge gebrochen hatte, darunter auch Vertraulichkeitsvereinbarungen mit potentiellen Geschäftspartnern. Es gab genug Gründe für eine ganze Latte von Zivilklagen gegen Microsoft, aber die Feds durften ihre Informationen den betroffenen Firmen nicht zugänglich machen. Microsofts Verstöße konnten nachträglich nicht mehr individuell verfolgt werden. Die Feds mußten sich daher auf Verhaltensweisen konzentrieren, die weiterhin den gesamten Markt beeinflussen könnten. Aus diesem Grund konzentrierten sie sich auf Gates' Lizenzpraktiken in den Bereichen DOS und Windows.

Währenddessen hatten Novell-Programmierer und ein Berater der Federal Trade Comission in verstecktem Code mehrere Zeilen entdeckt, die offensichtlich DR-DOS sabotieren sollten. Darüber hinaus bewegte sich der Markt mit Volldampf voraus, und Microsoft rang mit den Computerherstellern um die Lizenzen für DOS 6. Wie ein klassischer Monopolist hatten sie die Preise erhöht, während sie sich das Produkt einer weiteren klei-

nen Firma – Stac Electronics – unter den Nagel rissen, um in DOS 6 Features zu integrieren, die es gegenüber DOS 5 attraktiver machen sollten.

Kein Wunder, daß CEOs ein Geschäft mit Bill Gates mit einem Rendezvous mit Mike Tyson verglichen: Man durfte damit rechnen, vergewaltigt zu werden.

Jetzt lag der Fall der Go Corp. auf dem Tisch, und die Feds hatten deren CEO Jerry Kaplan zu einer Befragung eingeladen. In der Presse hatte es einige Spekulationen darüber gegeben, daß Go von Gates über den Tisch gezogen worden sei. Gates und seine Manager dementierten diese Vorwürfe jedoch vehement, sobald Reporter danach fragten. Anhand der geheimen internen Dokumente, die nun in der Hand der Ermittler waren, lagen die Fakten jedoch klar auf dem Tisch.

Am 8. Juli 1988 hatte Bill Gates eine Vertraulichkeitsvereinbarung mit Go unterschrieben. »Ihr [Microsoft] werdet alle Informationen vertraulich behandeln und sie weder benutzen noch veröffentlichen (...) Ihr werdet (...) Go über jede unautorisierte Herausgabe von Informationen berichten«, konnte man in der Vereinbarung lesen.

Am 13. Februar 1989 unterzeichnete Jeff Raikes, Gates' Vizepräsident für den Bereich Software, ebenfalls eine Vereinbarung über ein gemeinsames Projekt und eine Vertraulichkeitserklärung. »Ohne die ausdrückliche Genehmigung der anderen Partei sollen keine schriftlichen Kopien erstellt werden«, besagte die Vereinbarung. Scheinbares Ziel: vertrauliche Geschäftsinformationen von Go bei Microsoft nicht einfach frei kursieren zu lassen.

Norris Washington knirschte mit den Zähnen.

Er sah Jerry Kaplan in die Augen, während dieser sprach. Die beiden hatten oft am Telefon miteinander gesprochen. Washingtons Blick wanderte von Kaplans Augen zu seinem Mund und verweilte einen Moment auf seinem Unterkiefer, der hoch und nieder zuckte, während Kaplan weiter seine nachdrückliche Rede hielt.

Washington durfte ihm nicht verraten, was er während der ersten nichtöffentlichen Prüfung in Microsofts geheimen Akten entdeckt hatte.

Im Jahre 1988 hatte Jerry Kaplan mit Bill Gates Gespräche darüber begonnen, ob Microsoft interessiert wäre, Software für ein neues Betriebssystem und eine neue Hardware-Technologie zu entwickeln, die Go für eine neue Art Maschine erfunden hatte, die unter der Bezeichnung ›Pen-Computer‹[1] lief.

Gates war zum Firmensitz von Go geflogen, um zu sehen, was Kaplan anzubieten hatte. Go schloß mit Microsoft eine Vereinbarung ab, die besagte, daß Microsoft vorbereitende Arbeiten für das System übernehmen solle. Microsoft schickte einen Softwareingenieur und weitere Mitarbeiter zu Go, um die Arbeit der Firma im Detail zu studieren. Ungefähr zwei Jahre später kamen sie mit ihrem eigenen stiftgesteuerten System auf den Markt, für das man alle nur erdenklichen Innovationen von Go kopiert hatte.

Kaplan und Washington besprachen eine lange Liste von geistigem Eigentum, von dem Kaplan sicher war, daß Gates es bei ihm gestohlen hatte. »Daran gibt es keinen Zweifel«, kommentierte er.

Zu dieser Zeit hatte Washington bereits die internen E-Mails von Microsoft zu diesem Thema ausgewertet und wußte, daß Kaplans Aussagen eher eine klare Untertreibung waren. Was er aus Microsofts internen Dokumenten erfahren hatte, hätte Kaplan vom Stuhl gehauen.

Und Kaplan kannte tatsächlich nicht die ganze Geschichte.

Washington konnte die Geschichte von Go, so wie Kaplan sie ihm vorgetragen hatte, anhand der Dokumente und E-Mails von Microsoft verfolgen, die ihm bereits vorlagen. Zum allerersten Treffen mit Go war Bill Gates zusammen mit seinem Mitarbei-

---

[1] Kleine tragbare Computer (sogenannte *handhelds*), für die man als Eingabegerät einen ›elektronischen‹ Stift benutzt und die deshalb auch in der Lage sein müssen, menschliche Handschrift zu erkennen.

ter Jeff Harbers angereist. Einige Manager von Go flogen daraufhin zu einem Besuch in die Microsoft-Zentrale nach Redmond, und die Gruppen reisten eine Weile hin und her. Regelmäßig fanden auch Treffen mit den Microsoft Managern John Lazarus und Mike Maples statt.

Es wurden Vereinbarungen in der Absicht unterzeichnet, Zweideutigkeiten zu vermeiden, und Gates hatte Go den Eindruck vermittelt, daß er ganz klar an einem Geschäft mit der Firma interessiert sei.

»Microsoft wird mindestens einen Teilzeitmitarbeiter freistellen, der mit Go daran arbeiten soll, potentiell interessante Projekte für Microsoft zu identifizieren«, besagte ein Abschnitt des Vertrags. Und weiter: »Microsoft ist daran interessiert, potentielle Geschäftsmöglichkeiten bezüglich des Notebook-Computers von Go zu untersuchen. Potentielle Projekte schließen eigene Anwendungen und Adaptionen von Microsofts PC-Anwendungsprogrammen ein. Außerdem soll ein reibungsloser Austausch von Daten zwischen Notebook und PC-Anwendungen gesichert werden. Go sucht nach strategischen Partnern, die Anwendungs-Software für das Go-Notebook entwickeln.« Es war eindeutig, daß Go für den Computer sein eigenes Betriebssystem entwickelt hatte und nur im Bereich der Anwendungen an einer Zusammenarbeit mit Microsoft interessiert war.

Die E-Mail-Aufzeichnungen erzählen jedoch eine ganz andere Geschichte.

Die Feds hatten herausgefunden, daß Gates in seinen E-Mails Aussagen machte, die das schiere Gegenteil von dem waren, was er mit der Vereinbarung unterzeichnet hatte. Gates ließ erkennen, daß Microsoft nicht im geringsten an einer Zusammenarbeit mit Go interessiert war. Er verlangte von seinem Softwareingenieur schlicht: Geh hin und finde heraus, was immer du kannst.

Und tatsächlich erhielt der Ingenieur, im Vertrauen auf die Vereinbarung, die Gates und er unterzeichnet hatten, von Go interne Informationen. Zurück in seiner Firma verteilte der Inge-

Entdeckungen

nieur jedoch diese vertraulichen Firmeninterna an Gates und andere Microsoft-Manager.

Monate später verlangte er per E-Mail an die betreffenden Microsoft Manager die Go-Materialien zurück. Er wußte, daß Microsoft die Vereinbarung gebrochen hatte und wollte die Spur dieser Tat verwischen.

Der Fall Go wäre am besten auf dem Wege einer zivilrechtlichen Klage zu lösen gewesen. Die beschränkten Ressourcen der Regierung und der nötige Arbeitsaufwand zur Sammlung von Beweisen für dieses wiederholt zu beobachtende Verhaltensmuster Microsofts war mehr, als die Feds bewältigen konnten.

Monopolisten dürfe nicht erlaubt werden, ihre dominante wirtschaftliche Position zu nutzen, um andere Firmen auszuhungern, argumentierte Kaplan.

Washington, Schildkraut und ihre Kollegen bissen sich weiter auf die Zunge, während sie die Industriemanager verhörten. Es war ihnen nicht erlaubt, Außenstehenden zu eröffnen, was sie in den Microsoft-Dokumenten gefunden hatten.

Kaplan verdroß es, daß nicht einmal die Regierung in der Lage war, etwas gegen Gates' Raubzüge zu unternehmen. Nachdem sie die Pläne von Go für eine neue Art von Betriebssystem eingeschätzt hatten, hatte sich Microsoft mit deren Entwicklungsplänen davongemacht. Nun kündigten sie in privaten Treffen mit Computerherstellern das Vorhaben an, ein neues System namens Pen Windows anzubieten.

Microsoft machte die Runde bei den Computerherstellern, die versuchten, das Go-System zu lizenzieren, und schüchterten sie mit zahlreichen Drohungen ein, davon Abstand zu nehmen. So wurde es Go unmöglich gemacht, einen Fuß in den Markt zu bekommen.

Kaplan erzählte den Feds, daß Go monatelang detaillierte Präsentationen und Marktstudien für Compaq gemacht habe und daß deren CEO bereit sei, das Betriebssystem zu verwenden und basierend auf der Technologie von Go ein System zu entwickeln. Aber Microsoft redete mit Compaq und stellte klar:

»Wenn Ihr gute Preise für das Zeug haben wollt, das Ihr von uns bezieht, dann arbeitet nicht mit Go.«

Go hatte es sogar geschafft, eine Firma – NCR – zu bewegen, ihre Technologie zu lizenzieren. Um so überraschter war Kaplan, als er auf der Preisliste von NCR entdeckte, daß sein Betriebssystem separat angeboten wurde, so daß Käufer zwischen den Produkten von Go und Microsoft wählen konnten. Und Go's System kostete das Doppelte.

Kaplan war verblüfft. »Warum tut ihr das, was läuft hier eigentlich ab?« fragte er die NCR-Manager. Es stellte sich heraus, daß NCR wie andere Hersteller an Microsofts Pro-Prozessor-Lizenz gebunden war und auch dann an Microsoft zahlen mußte, wenn sie ein Gerät mit dem Betriebssystem von Go ausliefern würden.

GridSystems, im Besitz der Tandy Corp. und ein früher Hersteller einer der wenigen Pen-Computer auf dem Markt, hatte sogar eine Lizenz erworben, lieferte aber nie ein marktreifes Produkt aus. Zu Grid hatte Microsoft gesagt: »Was für eine Schande wäre es doch, wenn ihr Eure Beziehung zu Microsoft abbrechen würdet.«

Kaplan schilderte dies gegenüber Washington so: »Sie hatten eine derart dominante Position, daß sie keinerlei Skrupel hatten, alle möglichen Drohungen einzusetzen, nur damit die Leute unser Zeug nicht benutzen.«

Die Bundesanwälte erkannten ein wiederkehrendes Muster. Dies waren exakt dieselben Methoden, mit denen Microsoft DR-DOS aus dem Markt gedrückt hatte. Die Firma hatte Vobis gedroht, keine weitere technische Unterstützung von Microsoft zu erhalten, wenn sie ein Konkurrenzprodukt verkauften. Gates wußte, daß die Hersteller nicht überleben konnten, ohne mit ihm Geschäfte zu machen: Ihre Computer waren ohne sein Betriebssystem wertlos. Er pflegte regelmäßig damit zu drohen, daß die zukünftigen Betriebssystemverträge mit Microsoft in Gefahr seien, wenn Hersteller von der Microsoft Produktpalette in andere Bereiche abwandern sollten. (Später sollte Gates dieselbe Taktik anwenden, um z.B. den Markterfolg der Produkte von Netscape und Sun Microsystems zu behindern. Und noch später wurde Compaq und anderen Herstellern gedroht, die Lizenzen für Windows 95 zurückzuziehen, wenn die Computerhersteller sich weigern sollten, Microsofts Internet Explorer im Paket mit Windows zu beziehen.)

Microsoft war selbst hinter den kleinsten Details der Technologie seines Konkurrenten her. Go hatte für die Notizbuch-Funktion seines Pen-Computers eine Symbolsprache entwickelt, die handschriftliche Zeichen verwendete, die das System zu erkennen in der Lage war. Microsoft war soweit gegangen, selbst diese Zeichen exakt so abzukupfern, wie sie von Go vorgegeben worden waren. »Sie sind bis an die Grenzen dessen gegangen, was sie für legal möglich hielten«, erläuterte Kaplan gegenüber Washington.

»Haben Sie jemals ein Gerichtsverfahren in Erwägung gezogen?« wollte Washington wissen.

»Ja, sehr ernsthaft sogar.« Kaplan lag sogar ein Angebot von Brown & Bain vor – jener bekannten Spezialkanzlei für Urheberrechtsfragen, die schon Apple Computer im Prozeß gegen Microsoft vertreten hatte –, den Fall auf eigenes Risiko zu übernehmen.

Washington verstand sehr gut, warum Go – wie schon Dutzende anderer kleiner Firmen – niemals eine Klage einreichte. Wenn es hart auf hart kam, dann war es teuer und zeitaufwendig, zu prozessieren. »Wir waren mehr daran interessiert, unsere begrenzte Zeit und Energie in die Auslieferung unseres Produktes zu investieren«, erklärte Kaplan.

»Euer Fall liegt sehr günstig«, bemerkte Washington, ohne näher auf die Funde in seiner Sammlung von Microsoft-Dokumenten einzugehen. »Aber ich bin mir nicht sicher, ob wir Euch helfen können. Es ist schwierig, andere Leute zu finden, die aussagen wollen. Wenn wir einen Prozeß anstreben wollen, müßten wir ein Muster von Mißbrauch aufdecken.« Zudem war Go in einer einzigartigen Position; denn im großen und ganzen gab es keine andere Firma mehr im Betriebssystemgeschäft, abgesehen von Gates. Er hatte jeden anderen verdrängt.

Die Regulierungsbehörden würden ein Antitrust-Verfahren nicht auf einem einzigen Fall aufbauen, der zudem in der Vergangenheit lag; denn es gab keine Möglichkeiten, um einmal entstandenen Schaden wieder zu beheben. Das Ziel der Regierungsbehörden bestand darin, das andauernde Verhaltensmuster zu beenden.

Gates schien mit anderen Unternehmen ähnlich verfahren zu sein, wenngleich mit wechselnden Methoden und in anderen Märkten. Wie bei Go hatte er 1988 eine Geheimhaltungsvereinbarung mit Micrografx gebrochen, in der er zugesagt hatte, keine Informationen über deren Entwicklungstool mit dem Namen ›Mirrors‹ zu verbreiten. Der FTC war vorgeschlagen worden, den Informationsaustausch zwischen Microsofts Abteilungen für Anwendungs-Software und für Betriebssysteme zu beschränken, weil dieser Informationsaustausch einen unfairen Vorteil gegenüber anderen Software-Entwicklern darstelle, da Microsoft nun einmal die alleinige Kontrolle über das Betriebssystem habe.

Die FTC hatte bereits Beweise für den Informationsmißbrauch zwischen den Abteilungen von Microsoft und für den Vertragsbruch gegenüber Micrografx gesammelt, als die kleine Firma kurz davorstand, ihr Entwicklerwerkzeug ›Mirrors‹, mit dem man Windows-Anwendungen zu OS/2 portieren konnte, öffentlich vorzustellen. Die Firma war von Microsofts Manager für die Beziehungen zu Fremdentwicklern, Cameron Myhrvold, auf einer Konferenz der Software Publishers Association angesprochen worden.

Der Präsident von Micrografx, Paul Grayson, vermutete, daß Microsoft an der Lizenzierung von ›Mirrors‹ interessiert sein könnte, scheute sich aber, sich in die Karten schauen zu lassen. In der Befürchtung, sie könnten es kopieren, wollte Micrografx verhindern, daß Microsofts Abteilung für Systemsoftware Einblicke in ›Mirrors‹ bekam. Gleichzeitig war Micrografx aber daran interessiert, daß Microsoft das Tool für die Anwendungsabteilung als Portierwerkzeug lizenziert.

Man erklärte Myhrvold ›Mirrors‹ in groben Zügen, der daraufhin Interesse an weiteren Gesprächen mit Micrografx über das Produkt bekundete. »Manager von Micrografx erklärten ihm ihre Bedenken und sagten, sie seien nicht daran interessiert, es für die Systemsoftwareabteilung von Microsoft zu lizenzieren«, erklärte Grayson.

Nachdem zugesichert worden war, daß Microsoft sein Interesse auf die Anwendungsabteilung beschränken werde, verlangten Myhrvold und andere Microsoft Manager weitere Treffen, um ein Lizenzabkommen auszuhandeln. In einem der ersten Treffen trafen Micrografx' CEO Paul Grayson und sein Betriebsleiter George Grayson mit Bill Gates zusammen, um ›Mirrors‹ zu demonstrieren und Fragen zu seiner Funktionsweise zu beantworten.

Gates war anfangs skeptisch und stellte viele Fragen. »Er hatte eine Liste ziemlich detaillierter Fragen, die ihm allesamt beantwortet wurden. Am Ende der Sitzung war Gates überzeugt, daß ›Mirrors‹ funktioniere, da er es nun verstanden hatte«, fuhr Grayson fort.

Microsoft blieb bei seinem Standpunkt, an dem Produkt nur für die Abteilung Anwendungs-Software interessiert zu sein. Eine Geheimhaltungsvereinbarung und eine Absichtserklärung wurden unterzeichnet, die den Zugang zu der Technologie auf die Abteilung Anwendungs-Software beschränkten.

Kurz darauf übergab Gates die Verantwortung für die Lizenzverhandlungen an Mike Maples, zum damaligen Zeitpunkt Vizepräsident der Abteilung Anwendungs-Software. Als auch Scott Ludwig, ein Mitarbeiter der Abteilung Betriebssysteme, Maples zugeteilt wurde, einzig um ›Mirrors‹ zu evaluieren, gingen bei Micrografx die Alarmsignale an.

Microsoft bestätigte, daß Ludwig tatsächlich aus der Abteilung Betriebssysteme zur Abteilung Anwendungs-Software versetzt worden sei, um an dem ›Mirrors‹-Projekt zu arbeiten. »Micrografx drückte diesbezüglich Besorgnis aus und erhielt daraufhin nochmalige Zusicherungen. Microsoft bestätigte, daß Ludwig permanent in die Abteilung Anwendungs-Software versetzt worden sei und Maples' Gruppe bei der Portierung von Anwendungs-Software unterstützen solle«, berichtete Grayson.

Also kooperierte Micrografx weiter mit Microsoft, legte ihnen gegenüber den Quellcode offen und erlaubte Tests von

›Mirrors‹. Einer Anzahl von Berichten zufolge schienen die Verhandlungen so lange glatt zu laufen, bis Ludwig Micrografx mit der Ankündigung überraschte, daß Microsoft entschieden habe, ›Mirrors‹ fallenzulassen, statt dessen selbst ein ähnliches Produkt zu entwickeln und es in sein Betriebssystem zu integrieren.

Grayson antwortete, seine Firma sei im Besitz einer Absichtserklärung, »auf deren Grundlage wir arbeiten und die wir als elementaren Vertrag ansehen, der klar besagt, daß dieses Produkt nur im Anwendungsbereich und nicht bei den Betriebssystemen eingesetzt werden darf.« Er bemerkte später: »Wir hatten einfach das Gefühl, daß hier ein Vertragsbruch vorlag, gegen den wir Klage erheben konnten.« Micrografx drohte Microsoft tatsächlich mit einer Klage, bekam aber wenig Resonanz. Microsoft stockte sogar das Personal auf, das mit Ludwig an jenem Portierwerkzeug arbeiten sollte, das später Teil von Microsofts Windows-Library für OS/2 wurde.

Einige Microsoft-Manager bestätigten seinerzeit, daß Ludwig nach zwei Monaten von der Anwendungsabteilung zur Betriebssystemabteilung zurückversetzt worden sei, wo er als Systementwickler eingesetzt wurde. Ludwig hatte also sowohl an der Evaluierung von ›Mirrors‹ teilgenommen als auch an der späteren Entwicklung von Microsofts eigener Version.

»Microsoft machte es dann zum Teil seiner Systemstrategie und entschied sich, direkt mit uns zu konkurrieren«, fuhr Grayson fort. »Was sie uns im Grunde sagten, war ›Tja, dumm gelaufen, Leute, wir können Euer Produkt nicht brauchen; es taugt einfach nichts‹.«

In den folgenden Wochen erklärte sich Microsoft bereit, die Situation mit Micrografx zu bereinigen, indem sie ihnen einen Lizenzaustausch anboten, der Micrografx Zugang zu bestimmten Microsoft-Technologien erlaubte. »Wir erbaten mehr Material, vereinbarten einen Technologieaustausch und bekamen einiges, von dem wir hofften, es könne wertvoll sein. Aber wir waren wirklich unglücklich darüber«, erinnerte sich Grayson. »Wären die Umstände anders gewesen, hätten wir sie verklagen können. Ein Gespräch mit unseren Anwälten überzeugte uns, daß wir hätten gewinnen können. Wir waren noch nicht an die

Börse gegangen, was wir aber in Erwägung zogen, weshalb wir ziemlich abhängig von ihrer Unterstützung waren.«

Ironischerweise schloß Micrografx wenige Monate später eine Entwicklungspartnerschaft mit IBM, wo man nachfolgende Versionen von ›Mirrors‹ dazu nutzte, daß Windows-Anwendungen unter OS/2 schneller liefen als unter Windows selbst.

Microsoft-Manager Myhrvold antwortete 1989 auf die Vorwürfe: »Ich war bei den Verhandlungen nicht dabei. Aber ich wußte von der Mirrors-Technologie, und es war sogar meine Gruppe, die die ersten Demos von Mirrors bei Microsoft vorführte. Wir unterhalten auch weiterhin enge technologische Beziehungen zu Micrografx.«

Myhrvold bestätigte, daß »Scott Ludwig eine Zeitlang bei der Anwendungsgruppe war.« Er gab auch zu, daß das Konzept, auf dem ›Mirrors‹ beruhte, eine zentrale Rolle bei ihrem WLO[2]-Produkt gespielt habe. »Es tut mir leid, daß Micrografx enttäuscht über den Verlauf der ganzen Sache ist«, sagte Myhrvold. »WLO ist wahrlich keine hochprofitable Angelegenheit für uns. Micrografx hätte damit wahrscheinlich auch nicht viel Geld gemacht.« Aus der Perspektive von Micrografx blieb dies jedoch ein Streitpunkt.

Ein Antitrust-Verfahren auf den Weg zu bringen, das die zahlreichen Beispiele von Gates' Umgang mit einzelnen Firmen aufgriff, würde sehr kompliziert werden. Die Bundesanwälte wußten, daß Zivilklagen weit effektiver gewesen wären, dieses Verhalten zu beenden als jeder Fall, den sie aufbauen konnten. Aber dieser Weg war den meisten kleinen Firmen versperrt.

Go war mittlerweile tot. Kaplan würde sich immer wieder fragen, ob dies auch passiert wäre, wenn Microsoft nicht die Möglichkeiten von Go, mit Computerherstellern Geschäfte zu machen, so frühzeitig behindert hätte. Kaplan pflegte seinen Freunden folgendes zu erzählen: »Das ist wie bei Leuten, die jahrelang

---

[2] WLO = Windows Library for OS/2; eine Sammlung von Microsoft-Systemdateien, mit deren Hilfe Windows-Anwendungen unter dem Betriebssystem OS/2 lauffähig sind.

Asbest ausgesetzt waren und nun Lungenkrebs haben. Wie beweist man, daß beides zusammenhängt?«

Es gab jede Menge anderer Faktoren, die im Laufe der Jahre zum Mißerfolg der Firma beitrugen. Und kein Pen-Computer wurde zu dem Renner, den die Analysten erwartet hatten.

In einem neu entstehenden Markt war eine Beeinflussung durch Microsoft jedoch ein großer Faktor. »Die Leute wollten sich nicht verpflichten, sie wollten nicht mit uns kooperieren, nicht unsere Lizenzen nehmen, obwohl jeder um uns herum sagte, wir hätten das einzige Stift-Betriebssystem weit und breit und es sei ein schönes Stück Technologie. Weit besser als jede Alternative, die lediglich auf Microsofts Reißbrettern existierte«, versicherte Kaplan.

Gates hatte ein merkwürdiges Telefonat mit Kaplan geführt, kurz bevor die Federal Trade Comission ihn kontaktierte. »Er hatte diesen kumpelhaften Ton. Es war eigentlich ziemlich lustig. Er redete darüber, wieviel Geld für diese blöde Gerichtsverhandlung mit Apple verschwendet würde und wie schwer es für eine kleine Firma sei, eine Klage gegen Microsoft anzustrengen«, erzählte Kaplan. Microsoft habe ihn sogar gebeten, ein Dokument zu unterzeichnen, daß er Microsoft, im Gegenzug für zukünftige technische Unterstützung, nie verklagen würde.

Kaplan hörte nur zu, den Mund vor Erstaunen weit offen.

Dann hatte Washington angerufen und gesagt: »Wir würden uns gerne mal mit Ihnen unterhalten. Wir haben gehört, daß bei Ihnen einiges los ist.« Zwei Wochen später bat Washington Kaplan, nach Washington, D.C. zu kommen und sich mit den FTC-Anwälten zu treffen. Aber es kam nichts dabei heraus.

Millionen von Dollar waren für den Versuch ausgegeben worden, mit Go einen neuen Markt hervorzubringen, und viele Menschen hatten ihr Leben in die Erschaffung eines Stücks Technologie gesteckt, daß nun tot war. Und so jammerte Kaplan zusammen mit seinen Kollegen: »In fünfzig Jahren verabschieden sie dann eine Reihe von Gesetzen, wie man sie damals für die Eisenbahnmonopolisten gemacht hat, wo man ihr wahres Gesicht entblößte und ihr Verhalten als illegal bewertete. Aber ich denke, die Regierung ist überfordert mit dem Job. Eine

Entdeckungen

Menge Themen können sie nicht verstehen oder sie wollen sie nicht verfolgen.«

1991 wurde EO, der Softwareteil des Unternehmens, der vornehmlich von AT&T finanziert worden war, vom Rest der Firma abgespalten. Im Herbst 1993 verkaufte Kaplan Go an AT&T, das wieder mit EO verschmolzen wurde, und verließ die Firma. Im Juni wurden die Überreste von Go endgültig dicht gemacht. Als Kaplan die Nachricht hörte, war ihm klar, daß sich sechs Jahre seines Lebens in Nichts aufgelöst hatten.

V ergiß das Mittagessen.

Andrew Schulman saß wie angenagelt vor seinem Computerbildschirm. Er traute seinen Augen nicht. In den Augen eines Programmierers konnte der merkwürdige verschlüsselte Code, den er im Build[3] 61 der Vorab-Version von Windows 3.1 gefunden hatte, nur als ›obszön‹ bezeichnet werden. Er war, ohne daß er es wußte, hinter eine vieldiskutierte Diffamierungskampagne von Microsoft gekommen, die in naher Zukunft Teil einer eidesstattlichen nichtöffentlichen Aussage von Novell gegen den Softwareriesen werden sollte.

Schulman war nur wenige Tage zuvor am Telefon von einem Ermittler der FTC über mögliche finstere Machenschaften von Microsoft im bezug auf die Probleme von IBM befragt worden, bestimmte Softwaretreiber unter OS/2 laufen zu lassen. Er war skeptisch gegenüber diesen Bedenken gewesen; nicht alle Probleme der Konkurrenz konnten ihre Ursache in finsteren Absichten von Microsoft haben. Er hatte Microsoft bei vielen Gelegenheiten verteidigt. War Microsoft trotz allem nicht eine tolle Firma? Waren ihre Produkte nicht brillant? Hatten sie nicht – praktisch im Alleingang – einen ganzen Industriezweig hervorgebracht? In einer sonst eher schlappen Wirtschaft war Microsoft ein Star von globalem Ausmaß! Microsoft war Apfelkuchen und Amerika in Reinkultur.

---

[3] Die zahlreichen Entwicklungsstufen einer Software werden intern, neben eventuellen Versionsnummern als »Builds« (Aufbau) durchgezählt.

Die Microsoft-Akte

Aber jetzt mußte er ein Phänomen erleben, daß er vorher für undenkbar gehalten hatte. Wie konnte Microsoft so tief sinken? Oder war dies das Werk eines Einzelgängers, eines Ollie North[4] unter den Programmierern? Ein digitaler Überläufer in einem heimlichen Akt von Heldentum? Oder hatten sie einfach Mist gebaut?

Letzteres war unwahrscheinlich, wenn man die Beweise sah, die sich jetzt präsentierten. Es konnte einfach nicht wahr sein. Aber da war es: Ein Codefragment, das versuchte, sich zu verstecken und den Debugger zu deaktivieren, den er benutzte, um im Herzen des Betriebssystems herumzustöbern.

Vor einigen Wochen hatte er von einer Journalistin den Hinweis erhalten, er solle doch mal im Programmcode einer Vorab-Version von Windows 3.1 herumwühlen. Sie hatte Informationen bekommen, daß Microsoft im letzten Moment in Windows 3.1 ein Codefragment eingebaut habe, um scheinbare Funktionsstörungen des Produkts unter DR-DOS hervorzurufen.

An diesem Nachmittag hatte seine Neugier gesiegt, und er hatte alte Vorab-Versionen von Windows 3.1 ausgegraben. Er fand nichts Ungewöhnliches, bis er zur endgültigen Betaversion vorstieß, datiert vom 20. Dezember 1991. Er entdeckte dasselbe Phänomen im ›Pre-Release Build‹, datiert vom 21. Januar 1992, kurz bevor die kommerzielle Version herauskam.

Ließ man diese Versionen von Windows 3.1 unter DR-DOS laufen, gab es Fehlermeldungen in fünf Windows-Komponenten: WIN.COM, HIMEM.SYS, SMARTDRV.EXE, MSD.EXE und SETUP.EXE. Die Meldungen, die dem Benutzer im wesentlichen mitteilten, daß ein Problem vorliege, empfahlen: »Kontaktieren Sie bitte den Windows 3.1 Beta-Support. Drücken Sie Enter zum Abbrechen oder C, um fortzufahren.« Merkwürdigerweise lief die Software trotz des ›Fehlers‹ weiter.

Schulman stellte darüber hinaus fest, daß der verräterische Code, der die Fehlermeldungen in den Betaversionen der Software verursachte, ebenfalls in der endgültigen, für den Verkauf

---

[4] Oliver North war in den Achtzigern als angeblich alleiniger Urheber der Iran-Contra-Affäre entlarvt worden.

freigegebenen Version vorhanden war. Aber Moment mal! Der Version für die Endverbraucher war ein einziges Byte hinzugefügt worden, das das Erscheinen der Meldungen auf dem Bildschirm verhinderte.

Dies schien ein brillanter Schachzug zu sein, mit dem man herausfinden wollte, wer von Microsofts Beta-Kunden DR-DOS verwendete. Im übrigen konnte es die Windows-Beta-Benutzer (von denen es Zehntausende gab) vor der Benutzung von DR-DOS zurückschrecken lassen. Wollten sie sich nicht dauernd mit irgendwelchen Fehlern herumschlagen, würden sie eben Microsoft DOS verwenden müssen.

Daß es sich nicht um eine schwerwiegende Fehlermeldung handelte – daß also die Software trotz der Fehlermeldung weiterlief –, bewies Schulman, daß der Code absichtlich Inkompatibilitäten vortäuschen sollte. Wenn die Software trotz ›Fehler‹ weiterlief, so schien der einzige Fehler darin zu bestehen, daß der Kunde Windows auf einer DOS-Version der Konkurrenz laufen ließ.

Die Tatsache, daß der Code in fünf voneinander unabhängigen Teilen von Windows 3.1 vorhanden war, wies auf eine konzertierte Aktion hin. Und die Art, wie sich der Code einnebeln wollte, war einfach empörend, obwohl die Methoden letztendlich nutzlos und sogar naiv waren. Schulman bewertete dies als einen vorsätzlichen Versuch, die Entdeckung zu vereiteln. So etwas würde man höchstens von einem Teenager erwarten, der ein Virusprogramm schreibt, aber nicht von einem Multimilliarden-Dollar-Unternehmen.

Als Schulman wieder an seinen Bildschirm zurückkehrte, entdeckte er noch eine erstaunliche Kleinigkeit. Er kannte die Angewohnheit der Microsoft-Programmierer, ihre Arbeit zu signieren. Er starrte auf den Bildschirm. Da waren sie: die Initialen AARD. War dies das Werk von Aaron Reynolds, einem der besten und anerkanntesten Programmierer bei Microsoft?

Im März 1993 machte sich Jack Frank mächtige Sorgen wegen der Auseinandersetzungen um DOS 6.

Frank war gerade aus dem Gebäude Nr. 8 auf Microsofts weitläufigem Campus in Redmond herausgetreten. Die leicht vibrierenden Äste der Riesenfichten gaben keinen Hinweis auf den Sturm, dem Frank, Vizepräsident für Betriebssysteme bei Zenith Data Systems, einer großen amerikanischen Computerfirma, gerade entronnen war. Frank hatte sich soeben aus einer der vielen lautstarken Streitereien verabschiedet, die im Zuge der fünfmonatigen Anstrengungen seiner Firma, DOS 6 von Microsoft zu lizenzieren, immer wieder ausgebrochen waren.

Microsoft sollte DOS 6, das neueste in Sachen Betriebssysteme, in wenigen Wochen veröffentlichen, und er hatte immer noch keinen Vertrag in der Hand. Eigentlich, so dachte er sich, war es praktisch unmöglich, diesen Vertrag »in der Hand zu haben«, da das Dokument zu diesem Zeitpunkt bereits über dreißig Zentimeter dick war. Seine Ingenieure daheim waren besorgt, daß sie die Ware nicht rechtzeitig genug bekommen würden, um sie pünktlich zum Veröffentlichungsdatum gemeinsam mit ihren Computern ausliefern zu können.

Frank ging eine Weile rauchend auf dem kleinen Stück Rasen auf und ab. Es war ein ungewöhnlich sonniger Tag für diese Jahreszeit im Nordwesten. Frank tröstete sich mit dem Gedanken, daß sein Plan, sich von Microsoft unabhängig zu machen, den er vor Wochen mit seinen Produktstrategen ausgearbeitet hatte, daheim im Osten bereits in die Tat umgesetzt wurde. Eine sanfte Brise kitzelte seinen Nacken. Er fühlte, wie sich sein Kreislauf beruhigte, und er lächelte, als er das Gebäude wieder betrat.

Als er den Flur hinunterging, bemerkte er Aufkleber an den Bürofenstern der Betriebssystem-Vertreter. Er fragte einen seiner eigenen Verkäufer, was diese Aufkleber bedeuteten, und der erzählte ihm, daß sie die Verkaufszahlen jedes Vertriebsmitarbeiters für DOS 6 anzeigen würden. Microsofts Angestellte veranstalteten oft Wettbewerbe untereinander.

Frank dachte an die letzten Jahre. Er hielt die Lizenzverträge von Microsoft für rücksichtslos. Wenn die Industrie am Boden lag, dann hob Microsoft richtig ab. Die Firma war der einzige

Entdeckungen

Zulieferer, der Jahr für Jahr die Preise erhöhte und auch Zenith damit einem unmöglichen Preisdruck aussetzte.

Vor Monaten war Frank auf Verlangen der FTC nach Washington geflogen, um seine Ansichten über den Umgang mit dem Software-Rüpel darzulegen. Die Kommission prüfte zum damaligen Zeitpunkt unfaire Geschäftspraktiken, die den Konsumenten wirtschaftlichen Schaden zufügten. Was sie aber nicht in Betracht zu ziehen schien, war die Manipulation von Computerherstellern durch den marktbeherrschenden Spieler der Industrie. Frank kam es vor, als ob Firmen durch Microsofts verwickelte Lizenzpolitik für Betriebssysteme als Geiseln genommen wurden.

Unter Franks Leidensgenossen kursierte ein bitterer Witz: »Was ist die peinlichste Frage, die Du Deinem Microsoft-Vertreter stellen kannst?« Antwort: »Darf ich bitte mal die Standardpreisliste sehen?«

Damals wie heute hatte Microsoft sie fest am Haken. Sie waren die einzigen Zulieferer für das Standardbetriebssystem der Industrie, das weltweit auf Millionen von Computern benutzt wurde. Und Microsoft hatte offensichtlich auch die Zukunft des Computers unter Kontrolle. Ein Computer ohne Betriebssystem in seinem Herzen war lediglich ein Haufen Blech und Kabel.

Frank war entschlossen, am Ende dieses Treffens einen fertigen Vertrag in der Tasche zu haben, aber insgeheim hoffte er, daß DOS 6 das letzte Betriebssystem sei, das er bei Microsoft lizenzieren mußte. Viele Leute außerhalb seines Stabes von Produktstrategen hätten ihm erklärt, daß dies nur ein Hirngespinst sein könne.

Alle schauten auf, als Frank in den Raum zurückkehrte. Diesmal verhandelte er mit einem neuen Lizenzvertreter, in dessen Fenster erst ein einziger Aufkleber prangte. Doch auch der Boß des Neuen war bei dem Treffen anwesend. Und wenn die Sache heiß wurde, schritt Microsofts Verkaufsgenie Joachim Kempin ein.

Es war ein besonders langwieriger Prozeß. Wenigstens zwanzig Treffen waren in den letzten fünf Monaten verteilt über das ganze Land abgehalten worden. Und immer hatte Microsoft darauf bestanden: »Dies ist unser Standardvertrag.« Tatsächlich gab es so etwas wie einen Standardvertrag für Microsoft-Betriebssysteme überhaupt nicht. Außer für kleine fernöstliche Hersteller vielleicht. Diese waren bekannt dafür, alles zu unterschreiben, was Microsoft ihnen in die Hand drückte, und sie zahlten Lizenzgebühren von 70 bis 80 Dollar pro Einheit – lokker zehn Prozent der Kosten für einen Billig-Klon.

Dieses Treffen war vielleicht die längste Lizenzverhandlungskonferenz mit Microsoft in der Firmengeschichte von Zenith. Sechs oder sieben wichtige Punkte blieben ungelöst. So hatte Microsoft für DOS 6 eine neue Upgrade-Politik eingeführt: Den Computerverkäufern war es zukünftig nicht mehr erlaubt, ihre Kunden selbst mit Upgrades zu beliefern. Diese Veränderung war ein besonders dreister Schritt, um den Herstellern die Kontrolle über ihre Kunden zu entreißen. Als Begründung diente folgende Behauptung: Die OEMs »machen einen lausigen Job« beim Upgrade-Geschäft mit ihren Kunden.

Konsequenz: Microsoft bekam Namen und Anschriften aller Kunden, während diese vorher nur bei der Firma registriert wurden, bei der sie ihr System gekauft hatten. In Franks Tagträumen spielte Kempin in seinem Büro Gott, wenn er die vierteljährlich eintreffenden Berichte über Lizenzverkäufe studierte, die Microsoft einen perfekten Überblick über das Geschäft jedes Computerherstellers gaben. Dank dieser Berichte hatte Microsoft seine Finger erst richtig am Puls der Industrie. Sie schlüsselten exakt die Zahlen praktisch jedes Computerherstellers der Welt auf, gegliedert nach Prozessortyp und Betriebssystem – und zwar unabhängig davon, ob Software von Microsoft auf dem Computer lief oder nicht.

Irgendwann im Verlauf der Verhandlungen, als Frank den dicken Dokumentenhaufen durchsah, fiel ihm ein neuer Paragraph ins Auge. In unzweideutigem Klartext verlangte Microsoft unverschämterweise, daß allen mit DOS ausgelieferten Rechnern eine Microsoft-Registrierkarte beizulegen sei. Dies war neu bei Microsoft, und diese Geschäftspolitik wurde mit DOS 6.0 eingeführt. Zusätzlich mußten die Hersteller ihre Maschinen mit einem Microsoft-Handbuch, hergestellt in deren hauseigener

Druckerei, ausliefern. Um Geld zu sparen, steckte Microsoft seine Registrierkarte einfach in das Handbuch.

Franks Firma umschiffte dies, indem sie erklärten, daß sie den meisten Maschinen kein Handbuch beizulegen gedachten, da sie mit einer Online-Hilfe ausgestattet wären. Die Spannungen waren schließlich so extrem, daß die Drei sich für eine Mittagspause entschieden. Sie gingen in Richtung des Gebäudes 24, in dem sich eine ›multi-ethnische‹ Cafeteria befand.

Während Frank nach Washington geflogen war, um von der FTC vereidigt zu werden, hatten seine Mitarbeiter kartonweise angeforderte Dokumente an die Behörde geschickt. Im Büro der FTC hatte er jedoch das Gefühl, daß er seine Ansicht nicht nachdrücklich genug darstelle. Die Ermittler schienen auf bestimmte irrelevante Dinge fixiert – etwa, was Microsoft über OS/2 sagte – und ließen alles unter den Tisch fallen, was er für die Schlüsselprobleme hielt. Frank verlor die Hoffnung. Jeder Verkäufer in der Branche hatte sich allmählich von Microsoft unterbuttern lassen. Alle wußten, daß die immense Marketingmaschine des Riesen aus Redmond nicht zu schlagen war.

Mit DOS 6 landete Microsoft einen der größten Coups in bezug auf die von ihnen entwickelten raffinierten Methoden, noch mehr Geld aus den Lizenznehmern herauszupressen. Der aktuell gültige DOS-Lizenzvertrag von Franks Firma enthielt – wie bei den meisten Computerunternehmen – eine Klausel, daß Microsoft die Lizenzgelder nur um einen bestimmten Prozentsatz pro Jahr anheben könne. Bei DOS 6 hatte Microsoft die Lizenzierung auf zwei Komponenten verteilt. Die meisten Weiterentwicklungen des Betriebssystems – wie etwa die Festplattenkompression – hatte man in ein Modul namens ›Microsoft Enhanced Tools‹ gesteckt. DOS 6 selbst, so wie es von Computerherstellern lizenziert werden konnte, war nicht mehr als eine Schale. In Wahrheit gab es praktisch keine Vorteile gegenüber DOS 5. Wenn Computerhersteller die volle Version von DOS 6 haben wollten – mit all den großartigen Weiterentwicklungen, für die Microsoft seit Monaten Werbung machte –, mußten sie zwei Lizenzverträge abschließen: einen für DOS 6 und einen für die ›Microsoft Enhanced Tools‹.

Interessanterweise galt die Version 6 von DOS, die Endkunden im Einzelhandel oder direkt bei Microsoft kauften, als ein einziges Produkt. Nur PC-Herstellern wurde DOS 6 in Form zweier Produkte angeboten, die getrennte Lizenzen erforderten.

Frank war außer sich. Microsoft hatte den festen Vorsatz seiner Firma beiseite gefegt, nur einen bestimmten Prozentsatz der Systemkosten als Lizenzgebühren an Microsoft zu zahlen. Sein einziger Trost war, daß seine Firma in sechs Monaten mit einem Geheimprojekt auf dem besten Weg sein würde: eine neue Produktlinie, die nicht ein Byte von Microsofts Software benötigen würde. Bei einem Treffen in einem Walderholungsgebiet vor wenigen Wochen war er endgültig mit seinen Kollegen übereingekommen, etwas zu tun, was kein großer Computerhersteller bisher wagen wollte: einen Weg zur Unabhängigkeit vom Software-Magnaten zu ebnen.

Das würde neue Beziehungen zu kleinen Firmen verlangen. Aber es wäre die Mühe und die Investitionen wert. Frank war ebenfalls fest entschlossen, daß die neuen Produkte seiner Firma trotzdem voll kompatibel mit existierenden DOS-Grundlagen und Windows-Anwendungen sein würden. Er war sicher, daß er es schaffen konnte.

Im Herbst des Jahres 1993 war Zenith Data Systems soweit, daß sie die ersten Computer, die sie ›Personal Server‹ nannten, herausbringen konnten. Während es auf Computern in einem internen Netzwerk möglich war, eigene Software laufen zu lassen, würde der Server, der das Netzwerk kontrollierte, mit Novell DOS betrieben, das sie von DRI erworben hatten. PC-Benutzern im Netzwerk konnte es egal sein, welches Betriebssystem auf dem Server lief. Zenith hatte DR-DOS von Novell lizenziert, um die restriktiven Bedingungen der DOS- und Windows-Verträge mit Microsoft zu umgehen. Zugleich wären Computerbenutzer in der Lage, jede beliebige Software auf ihren Terminals laufen zu lassen. (Eine Auflage im Rahmen der Pro-Prozessor-Verträge mit Microsoft lautete, daß der Hersteller für jeden verkauften Computer, der auf einem Intel-Prozessor basierte, Lizenzgebühren an Microsoft zahlen mußte. Dies galt jedoch nicht für Maschinen, die bauartbedingt nicht für den Betrieb unter MS-DOS geeignet waren. Zenith hatte das Schlupfloch gefunden, nach dem sie monatelang gesucht hatten.)

Als Reaktion auf Zeniths Pläne erklärte Novells Chef Ray Noorda gegenüber der *Financial Times:* »Diese Hersteller betreiben Geschäfte mit minimalen Gewinnspannen. Sie wollen Computer verkaufen und an jedem wenigstens ein paar Pfennige verdienen. Sie können es sich nicht leisten, mit großen und teuren Veränderungen ihrer Produkte herumzuspielen. Und Lizenzzahlungen an Microsoft machen einen großen Teil der Herstellkosten aus«.

Als Microsoft von Zeniths Plänen Wind bekam, drohten sie der Firma, daß ihre zukünftigen Windows-Verträge in Gefahr wären – wegen ihrer Pläne, ein Betriebssystem zu verwenden, das nicht von Microsoft stammte. (Später würden sie PC-Herstellern auf ähnliche Weise drohen, die sich weigerten, den Internet Explorer gemeinsam mit Windows vorzuinstallieren.)

8 Der Drehtür-Effekt

Im Februar 1993 stimmte die Federal Trade Commission (FTC) erstmals darüber ab, gegen Microsoft ein Verfahren anzustreben, und landete dabei durch ein Pattergebnis in einer Sackgasse. Im Verlauf des Frühlings und Sommers bemühte man sich dann, mindestens ein weiteres Kommissionsmitglied zu einer positiven Stimmabgabe zu bewegen. Innerhalb der Behörde strampelten sich deren Rechtsvertreter ab, um zu retten, was zu retten war. Microsoft versuchte, seinerseits druckvoll Einfluß auf das Verfahren zu nehmen. Inzwischen deckte eine E-Mail auf, wie die leitenden Manager von Gates die wahre Absicht ihres hinterhältigen ›Spezialcodes‹ verschleiern wollten, falls er jemals von Außenstehenden entdeckt würde.

Am Mittag des 27. Mai 1993 hatte sich vor dem Pult des Maître im ›701‹, einem der Nouvelle Cuisine verpflichteten polnischen Restaurant in der Pennsylvania Avenue, bereits eine ansehnliche Warteschlange gebildet. Abseits vom Verkehrstrubel der Siebten Straße, lag es nur einen Steinwurf vom Gebäude der FTC entfernt.

An diesem frischen Frühlingsmorgen schien es dem eleganten Speisetempel gelungen zu sein, eine illustre Gesellschaft einflußreicher Vertreter der Kartellbehörde zum mittäglichen Lunch zu

Die Microsoft-Akte

versammeln. Unter ihnen: das FTC-Kommissionsmitglied Dennis Yao; Anne Bingaman, Bill Clintons soeben ernannte stellvertretende Generalstaatsanwältin für Kartellrecht im Justizministerium; die schillernde Deborah Owen, ebenfalls Kommissionsmitglied; und das ehemalige Kommissionsmitglied Pat Bailey, der kürzlich von Bill Clinton zum Berater berufen worden war, um ihm und seiner Mannschaft dabei auf die Sprünge zu helfen, die rätselhafte Kartellbehörde besser zu verstehen.

Kaum vier Monate waren seit dem Abstimmungspatt über die Einleitung eines Verfahrens der Bundesbehörden gegen Microsoft vergangen. Und in weniger als sieben Wochen wollten die vier Kommissionsmitglieder, die für die Einleitung eines Kartellverfahrens waren, eine erneute Abstimmung wagen. Sie hatten sich geeinigt, die Sitzung auf den 19. Juli zu legen.

Herbst und Winter des vergangenen Jahres waren von unvorhersehbaren Ereignissen geprägt. Eine Woche vor der Abstimmung der Kommission, ob gegen Microsoft Klage erhoben werden solle, wurde Bill Gates beobachtet, wie er zusammen mit Bill Neukom siegessicher das Büro von Kommissionsmitglied Owen verließ, die zu den Gegnern eines Kartellverfahrens zählte. Mary Azcunga hatte ebenfalls dagegen gestimmt, ohne dies jedoch näher zu begründen.

Die Kommission war letztendlich in der Sackgasse gelandet, weil ›Onkel Dandy‹ Starek sich selbst für befangen erklärt hatte. Offiziell war der Grund dafür unbekannt. Inoffiziell wußte man, daß das wohlbeleibte Kommissionsmitglied zusammen mit seinem Bruder circa 100 IBM-Aktien besaß, die sie nicht verkaufen konnten. Die Mitarbeiter wunderten sich nur noch über die Absurdität und Belanglosigkeit dieses Umstands.

Aber jetzt war es Zeit für das Mittagessen.

Kommissionsmitglied Yao, groß, jugendlich und in einen sandfarbenen Anzug gekleidet, stand neben der Gruppe, die jetzt das Reservierungs-Pult stürmte. Er unterstütze die erneute Anklage gegen Microsoft, die von den Juristen des Kartellamtes vorbereitet wurde, so wie er auch schon den ersten, fehlgeschlagenen Versuch einer Klage unterstützt hatte. Aber es sah so aus, daß nur ein grundsätzlicher Kurswechsel das Verfahren – das, bildlich gesprochen, schon auf dem Totenbett dahinsiechte – wieder zum Leben erwecken könne.

Das Büro für Wettbewerbsrecht der FTC, in dessen Händen die Federführung des Falls Microsoft von Anfang an lag, zeigte sich über die jüngste Entwicklung hocherfreut: Man hatte ihm neue Beweise zugänglich gemacht und seine Aufmerksamkeit darauf gelenkt, daß Microsoft wahrscheinlich gegen den Magnuson-Moss Act[1] verstoßen habe, der sich mit Gesetzesverstößen bei Produktgarantien befaßt. Das stieß Bill Neukom natürlich sauer auf.

Während die Grundlagen des Verfahrens in den letzten Wochen durcheinander gewirbelt wurden, fragte sich Yao, wie man im Umfeld der FTC wohl reagieren würde, wenn man erführe, daß Anne Bingaman das Justizministerium ins Spiel bringen wolle. Er hatte rechtzeitig eine gute Idee: Er würde ein Gespräch unter vier Augen mit ihr suchen.

Der Maître musterte den Haufen, dem er sich gegenüber sah, und erhob – gleich einem Geistlichen, der die Menge segnen will – seine Hände über dem babylonischen Durcheinander, um einen seiner Untergebenen herbeizuwinken, der die wohlbetuchte Gesellschaft an ihre Tische geleitete.

Plötzlich schoß eine Hand hervor, um Yao zu begrüßen. Die unkonventionelle Art und Weise, wie diese Hand aus einem Poncho hervorsprang, paßte zu Art Amolsch, dem gerissenen Herausgeber des *FTC Watch* (einem 14tägig erscheinenden Newsletter), der argwöhnisch die Aktivitäten der Behörde verfolgte. Amolsch schüttelte heftig Yaos Hand und wurde dabei abrupt durch eine andere Gruppe von Gästen beiseite geschoben, die ihrem Tisch zustrebten.

Yao wurde zu seinem Tisch geführt. Nur einen Augenblick später stieß Bingaman dazu, die in einigen Tagen zur Leiterin der Kartellabteilung des Justizministeriums unter Janet Reno berufen werden sollte. Da Bingaman keine unmittelbare Kontrolle über die FTC ausüben würde – sie ist gegenüber der Regierung

---

[1] 1975 vom amerikanischen Kongreß erlassenes Gesetz, das Fragen der Produkthaftung regelt.

unabhängig – würde sie ihre Hauptrolle darin sehen, die Richtlinien der Kartellpolitik zu bestimmen. Es wäre ungewöhnlich für das Kartellamt, sich gegen die Politik des Chefs der Kartellabteilung des Justizministeriums zu stellen. Viele in der Kommission hofften, daß sich die Dinge mit Bingamans Ernennung zum Besseren wenden würden.

Amolsch, immer noch in seinem Poncho herumstehend, hatte noch keinen Platz zugewiesen bekommen. Er sah ständig so aus, als sei er einer Detektivgeschichte entsprungen. Sein zunehmend angrautes Haar war ein wenig zerzaust, und sein Gesicht umspielte ein immerwährender Zug von Mißtrauen. Er hatte zwei Stunden Fahrt vom Shenandoah-Tal für diese Einladung zum Lunch auf sich genommen. Aber dem Lachs im ›701‹ konnte man eben nicht widerstehen.

Der Mann hatte die erfrischende Ausstrahlung eines Arbeiters. Jetzt glitt er glücklich zu seinem Tisch hinüber und erheiterte sich darüber, daß alle im Raum von sich glaubten, sie würden hier *arbeiten* – während sie über solch opulenten Gerichten wie Caesar-Salat mit Ziegenkäse und Küstenkrebsen saßen. »Deutlich besser als die Warteschlange vor einer Fabrik, nicht wahr!« bemerkte er zwischen zwei Happen Lachs. Amolsch, der sich selbst als Populist bezeichnete, war ein Parteigänger der Republikaner, der früher Reagan unterstützt hatte.

Plötzlich klappte Amolsch für einen Augenblick die Kinnlade runter. Sein Tischnachbar hatte ihn leicht angestoßen, als sich das Kommissionsmitglied Deborah Owen mit ihrem platinblonden Haar wippend durch den Raum zu ihrem Tisch bewegte und sofort hinter einer günstig plazierten Säule verschwand.

Owen wirkte so schillernd wie eh und je. Im Herbst 1992 wurde für Kevin Arquit eine Abschiedsparty, den Leiter der Wettbewerbsabteilung, gegeben, der die Behörde verließ. Alle trafen sich in der ›Chefetage des Handels‹ – so der Spitzname für die Cafeteria der FTC. Arquits Kollegen sangen zu seinen Ehren Lobeshymnen. Als Owen an der Reihe war, um einige Worte an die etwa 150 Gäste der Party zu richten, gestand sie, nur einen Rat für das Leben in der Privatwirtschaft zu haben: »Schließ die Tür ab, wenn Du es auf Deinem Schreibtisch treibst!«

Das Restaurant nahm allmählich die Züge eines kartellrechtlichen Schachbretts an. Und die Rolle des Königs, dem sich Amolsch und sein Freund gegenüber sahen, wurde von Pat Bailey gespielt, die einerseits Juristin bei der FTC und andererseits Beraterin von Bill Gates war. Sie hatte ihm geholfen, die Kommission auf die Couch zu legen und zu ›psychoanalysieren‹. Baily lächelte freundlich, als sie Amolsch einen leichten Klaps auf den Arm gab, und schenkte seinem Tischnachbarn ein Kopfnicken. Sie strebte einem Tisch auf der anderen Seite des Gangs zu.

Die Konstellation der Personen im ›701‹ war inzwischen im großen und ganzen ein Spiegelbild des Verfahrens gegen Microsoft. Auf der einen Seite stand Owen, undurchsichtig, aber entschlossen, ihr Terrain als eine der wenigen verbliebenen Gefolgsleute von Reagan in der Behörde zu verteidigen. Auf der anderen Seite des Raums befand sich Yao, der gerade die Gabel zum Mund führte und auf Bingaman einredete. Das Paar repräsentierte jene Kartellpolitik, die den Fall Microsoft lieber heute als morgen vor ein Bundesgericht gebracht hätte. Und an jenem Punkt des Restaurants, der die drei Cliquen zu einem gleichseitigen Dreieck verband, saß Baily, ihres Zeichens starke Befürworterin einer antimonopolistischen Wirtschaftspolitik, aber als Beraterin von Microsoft in der peinlichen Situation, beide Seiten vertreten zu müssen.

Über ein Vierteljahr nach dem Abstimmungspatt hatten sich zwei Drittel des Microsoft-Falls erledigt – nicht zuletzt aus Zeitgründen.

Der Fall war nach intensiven Bemühungen von Juristen und Untersuchungsbeamten, die häufig zwölf oder mehr Stunden am Tag schufteten, nach mehr als drei Jahren nur noch schwer zu handhaben und inzwischen extrem komplex geworden.

Hinzu kam, daß das Verfahren, so wie es den Kommissionsmitgliedern am 5. Februar präsentiert worden war, ursprünglich eher eine Präferenz für ›strukturelle‹ Lösungen zu haben schien. Solche Lösungen waren jedoch faktisch und politisch ein Minenfeld. Jahrelang hatte die Kartellbehörde strukturorientierte Fälle

Die Microsoft-Akte

wie die Pest gemieden, da sie dazu führen konnten, daß Monopolunternehmen zerschlagen werden mußten. Solche Verfahren standen in dem Ruf, bis zu einem Jahrzehnt zu dauern und an die Substanz zu gehen. Eine Reihe der ursprünglichen Verdachtsmomente im Fall Microsoft waren aus diesem Grund sehr problematisch.

Einer der Ausgangspunkte der Untersuchungen war das Täuschungsmanöver von IBM und Microsoft gewesen, bei dem sich die beiden Unternehmen scheinbar verbündet hatten, um einerseits die Entwickler von Anwendungs-Software und andererseits ihre Kunden dazu zu bewegen, von DOS zu OS/2 zu wechseln. Es hatte sich jedoch herausgestellt, daß Microsoft auf eigene Faust einen ganz anderen Schwindel arrangiert hatte, indem es seine Investitionen in die Entwicklung von Windows pumpte und sich so gegenüber der übrigen Softwareindustrie einen Vorsprung verschaffte. Aber es war schwierig, darin eine alleinige Verschwörung von Microsoft zu sehen. Es gab Beweise, daß zumindest Teile der Microsoft-Belegschaft tatsächlich glaubten, was offiziell über OS/2 verbreitet wurde, obwohl Gates und seine engsten Vertrauten offensichtlich längst eine radikale Kehrtwende vollzogen hatten.

Die Hauptaufgabe der FTC – nämlich die Demontage des Monopols, mit dem Microsoft angeblich seine beherrschende Markstellung für Betriebssysteme ausnutzte, um sich in die Märkte für Anwendersoftware zu drängen – erwies sich ebenfalls als problematisch. Beide Ansätze, entweder das Täuschungsmanöver zu verfolgen oder das Monopol auszuhebeln, mündeten in einen Weg, den das Kartellamt nicht weiter beschreiten wollte.

Die Federal Trade Commission ist eine ergebnisorientiert arbeitende Organisation. Sie würde einen Fall nur dann vor Gericht bringen, wenn sich dessen Ergebnisse auch unproblematisch umsetzen ließen.

Die Untersuchung gegen Microsoft lief auf Rechtsmittel hinaus, die die Möglichkeiten der Firma zur Ausnutzung ihrer Vormachtstellung bei Betriebssystemen auf davon unabhängigen Märkten beschneiden würden. Die meisten in der Kartellbehörde wollten ein ›strukturelles‹ Vorgehen – wie die Zerschlagung von Monopolen – vermeiden. Denn dies hätte dazu führen können, Microsofts Abteilungen für die Entwicklung von Betriebssystemen und für Anwendungs-Software drastisch voneinander zu trennen oder sogar das ganze Unternehmen zu zerlegen. Selbst wenn die Juristen der FTC die gesetzlichen Voraussetzungen für ein solches Verfahren als gegeben sahen – die Kommission wollte dieses Szenario auf jeden Fall vermeiden.

Hauptgegenstand der Untersuchung wurden dagegen die Methoden, mit denen Microsoft andere Anbieter vom DOS-Markt fernhielt. Praktischerweise hatte Ray Noorda damit gedroht, er würde DR-DOS vom Markt nehmen, falls die Behördenvertreter nicht rasch handelten. Die Untersuchung stützte sich weitgehend auf eidesstattliche Versicherungen, die in Hearings abgegeben worden waren, und auf Berge von Dokumenten, die Novell zur Verfügung gestellt hatte. Dieses Material illustrierte Microsofts Versuche, DR-DOS aus dem Markt zu drängen, und erstreckte sich von der Gegenwart bis in die Zeit vor 1991, als Digital Research International (DRI), das DR-DOS entwickelt hatte, von Novell geschluckt worden war.

Unmittelbar vor der Sitzung am 5. Februar teilte die Kommission Novell mit, daß man sich auf die Vorgänge um DOS konzentrieren würde. Novell wurde darüber informiert, die Kommission habe Grund zu der Annahme, in diesem Fall seien Bestimmungen des Kartellrechts verletzt worden. Die ursprüngliche Anschuldigung, Microsoft würde Dritte vom DOS-Markt ausschließen, bezog sich auch auf den ›exklusiven Handel‹, mit dem Microsoft DOS und Windows nach dem Motto ›Alles oder Nichts‹ lizenzierte. Die Computerhersteller wurden dabei gezwungen, für jeden Computer, den sie verkauften, Lizenzgebühren an Microsoft zu zahlen. Für viele Unternehmen stand das Angebot Microsofts, wahlweise auch Lizenzen pro kopiertem Betriebssystems zu vergeben, nicht zur Diskussion – die Preise dafür waren gewaltig. Lizenzen wurden nur dann lukrativ rabattiert, wenn die Hersteller sich darauf einließen, ihre sämtlichen Computer mit DOS auszuliefern.

Der nächste Schritt bestand darin, Lizenzen für Windows unmittelbar und ausschließlich an den Erwerb von Lizenzen für DOS zu koppeln. Vermutlich benutzte Microsoft Windows, um die Hersteller dazu zu drängen, weiterhin ausschließlich MS-DOS zu verbreiten. Den Computerhändlern wurde mitgeteilt, wer Windows wolle, müsse auch DOS mit ins Boot nehmen.

Der Trick, DOS und Windows technologisch miteinander zu verflechten, fügte Novell und DR-DOS vermutlich den größten Schaden zu. Dies betraf vor allem jenen in der Betaversion von Windows 3.1 implementierten Code, der den Anschein erwekken sollte, daß DR-DOS und Windows 3.1 nicht miteinander kompatibel seien.

Außerdem war von einer ›Informationsblockade‹ die Rede. Es gab Grund zu der Annahme, daß Microsoft Unternehmen von der Liste für seinen technischen Support strich, solange diese sich nicht auf die Praxis der Pro-Prozessor-Lizenzen für DOS und Windows eingelassen hatten.

Und es existierte der Vorwurf falscher und irreführender Vorankündigungen. In eidesstattlichen Erklärungen hatten Novell-Manager behauptet, daß Microsoft just in der Woche, in der Novell die neue Version 5 von DR-DOS ausgeliefert hatte, einen direkten Produktvergleich mit MS-DOS 5 veröffentlicht habe, das zu diesem Zeitpunkt noch in keiner Form existierte. Als MS-DOS 5 dann ein Jahr später auf den Markt kam, fehlte eine Reihe jener angekündigten Features, die die Kunden veranlaßt hatten, den Kauf von DR-DOS 5 zurückzustellen oder ganz davon Abstand zu nehmen.

In den Wochen vor dem 5. Februar hatte das Team der FTC umfassende Unterstützung von Novell erhalten. Eine gemeinsame Arbeitsgruppe des Kartellamts und von Novell arbeitete gemeinsam 18 bis 20 Stunden am Tag an dem Fall. Man hatte jederzeit damit rechnen müssen, daß der Fall schnell vor Gericht käme.

Eine Woche vor der erneuten Abstimmung besuchten sieben Repräsentanten von Novell das Kartellamt, um ihre Ergebnisse vor Anwälten, Wirtschaftswissenschaftlern und den Kommissionsmitgliedern zu präsentieren. Mitglieder des Novell-Teams trafen dort oft auf Vertreter von Microsoft und Lotus (die Firma gehörte damals schon zu IBM), die ebenfalls vor der Behörde referierten. Insider im Kartellamt spotteten, Bill Gates habe in jener Woche praktisch in der Eingangshalle geschlafen. Eine Woche zuvor waren Vertreter von Borland Gäste der FTC.

Der Tag von D'Artagnan war gekommen.

Am 22. April hatte ihn Mary Lou Steptoe, die Nachfolgerin von Kevin Arquit als Leiterin der Wettbewerbsabteilung, bevollmächtigt, die Microsoft-Anklage so umzuformulieren, daß sie eine letzte Chance haben würde, vor den Kommissionsmitgliedern Bestand zu haben.

Norris Washington hatte noch nicht resigniert. Vor der zweiten Abstimmung mußten weitere eidesstattliche Aussagen aufgenommen werden. Und D'Artagnan und Steptoe wollten in jedem Fall verhindern, daß der Kommission in diesem Fall die Felle wegschwimmen würden.

Nach dem Debakel des 5. Februar hatten die Juristen des Kartellamts nun das Gefühl, daß sie – wie schon bei vielen anderen Gelegenheiten zuvor – gute Arbeit abgeliefert hatten. Sie hatten ihre Hausaufgaben wirklich erschöpfend und gründlich erledigt; vielleicht zu gründlich. Von Seiten der Industrie waren ihnen mehrere Millionen Seiten an Beweismaterial zur Verfügung gestellt worden, und die eidesstattlichen Erklärungen füllten ganze Räume. Das komplette Material war bis zum letzten i-Tüpfelchen aufbereitet, aber der Fall kam einfach nicht richtig vorwärts. Keiner wußte genau warum, doch schien es niemanden zu überraschen: All das hatte man vor der Kommission schon einmal erlebt.

D'Artagnan gehörte zu den Veteranen der Behörde. Er arbeitete dort schon seit 19 Jahren und war für seine einzigartige Begabung bekannt, Sachverhalte einfach und einleuchtend darzustellen. Er besaß die Fähigkeit, höchst komplexe Fälle so zusammenzufassen, daß sowohl Richter als auch juristische Laien ihren gesamten Gehalt verstehen konnten. Schenkt man seinen Kollegen in den Anwaltskanzleien von Washington Glauben, war er bei der Erwirkung von Einstweiligen Verfügungen sogar in jenen Zeiten erfolgreich, als die Bundesbehörden kaum einen Fall für sich entscheiden konnten – einschließlich der Fälle, die sich um die Rüstungs- und Luftfahrtindustrie drehten. D'Artagnan war dafür berüchtigt, während der Regierungszeit von Ronald Reagan Dutzende von Fusionsplänen verhindert zu haben, obwohl in dieser Zeit Firmenzusammenschlüsse nur selten abgelehnt wurden.

Mitte Mai wurden die letzten Vorbereitungen getroffen, und die Microsoft-Untersuchung strebte ihrem Höhepunkt zu. Die Beweise für die Existenz des AARD[2]-Geheimcodes von Aaron Reynolds – der inzwischen seinen Posten verloren hatte – verdichteten sich. Steve Ballmer wurde mit dem rätselhaften Code konfrontiert, den Microsoft offensichtlich entwickelt hatte, um die Marktchancen von DR-DOS auf Null zu bringen.

Einige Wochen zuvor waren Washington und seine Kollegen aufgrund einer internen E-Mail hellhörig geworden. Diese brachte an den Tag, daß sich leitende Manager von Microsoft sehr wohl mit dem Problem beschäftigten, wie dieser Sachverhalt der Presse erklärt werden konnte, falls er je ans Licht kommen sollte. Die E-Mail sprach offen aus, wie Microsoft solche Fragen offiziell beantworten würde.

Ein Programmierer hatte seinen Vorgesetzten, Microsofts Vizepräsident Brad Silverberg, gefragt, wie man Stellung beziehen wolle, falls der Code aufgedeckt würde.

> Von: darbyw an silverberg
> Betrifft: DOS-Praktiken
> Danke Brad. Ich glaube, das deckt nicht den
> Punkt ab, daß wir unseren Code verschlüsseln.
> Wie soll ich das erklären?

---

[2] Abk. für Analysis and Applied Recover Division (nach einer bei Microsoft nicht existierenden Abteilung) bzw. für die Initialen des Programmierers Aaron Reynolds.

Der Drehtür-Effekt

Silverberg hatte in seiner Antwort erklärt, wie die Firma in dieser Angelegenheit ihre Hände in Unschuld waschen könnte. Die Auskunft auf jede Nachfrage zum Thema ›Fehlermeldungen‹ unter Windows sollte ihm zufolge sein, daß Microsoft keines seiner Produkte mit fremden Produkten absichtlich inkompatibel gemacht habe und daß Windows speziell für MS-DOS »entworfen und entwickelt« worden sei. Microsoft habe dabei andere Systeme nicht getestet. Man übernehme daher für die stabile Zusammenarbeit von Windows mit anderen Betriebssystemen keine Garantie. Falls DR-DOS tatsächlich mit MS-DOS kompatibel sei – wie dessen Hersteller behaupte – »sollte es ohne Probleme unter Windows laufen«, betonte er.

Washington und Schildkraut wußten jetzt, daß der einzige Grund, warum DR-DOS zu Windows nicht kompatibel schien, darin zu suchen war, daß Microsoft dies glauben machen wollte. Es lag nicht an Fehlern von DR-DOS, sondern an Microsofts vorsätzlicher Sabotage, was firmenintern auch offen ausgesprochen wurde.

In der Tat: Im Mai gab Silverberg in einem Interview einige bezeichnende öffentliche Erklärungen ab: Der neunzigprozentige Marktanteil von MS-DOS sei nicht gefährdet, denn bevor jemand DR-DOS kaufe, müsse er sich fragen: »Warum soll ich das Risiko von DR-DOS mit seinen Kompatibilitätsproblemen in Kauf nehmen?« Er unterstrich dies dadurch, daß er von seinem neuen Laptop erzählte, auf dem Windows 3.1 vorinstalliert gewesen sei. Bei diesem Gerät zeigte Windows die ominöse Meldung an, der zufolge die Benutzung eines anderen Betriebssystems als MS-DOS unvorhersehbare Folgen oder eine Verschlechterung der Rechnerleistung nach sich ziehen könnte.

Etwa zur gleichen Zeit antwortete Brad Silverberg auf sehr konkrete Nachfragen eines Reporters nach dem Fehlercode, den Microsoft in die Betaversion von Windows 3.1 eingepflanzt hatte: »So etwas gibt es nicht. Sie erzählen Unfug. Sind Sie sich da ganz sicher?« Ihm wurde vorgehalten, der Code existiere in fünf verschiedenen Programmbestandteilen von Windows 3.1. Erneut befragt, ob er wisse, was es mit diesem Code auf sich habe, antwortete er: »Nein, ich weiß nichts.«

Die Microsoft-Akte

Silverberg wurde schließlich mit der Information konfrontiert, daß Aaron Reynolds der Autor jenes Codes sei. »Na und? Worauf wollen Sie hinaus?« war seine Gegenfrage.

Schließlich gab Silverberg zu, daß in der Betaversion von Windows 3.1 tatsächlich Programmcode existiert habe, der »die Verfügbarkeit von MS-DOS abfragt«. Und er fügte hinzu: »Windows wurde für MS-DOS entwickelt. Wenn DR-DOS wirklich einhundertprozentig kompatibel mit MS-DOS wäre, wie sie es für sich beanspruchen, würde diese Meldung nie auftauchen.«

Wie Silverbergs eigene E-Mail an Programmierer und Manager von Microsoft zeigte, erschien die Fehlermeldung nur, weil Microsoft sie in Windows eingebaut hatte. Es war derselbe Silverberg, der zu einem früheren Zeitpunkt, als der Fehlercode noch in der Entwicklung steckte, privat an andere Microsoft-Manager schrieb: »Der Bursche [der den Computer benutzt] soll sich unwohl fühlen und bei einem Programmfehler vermuten, daß die Ursache bei DR-DOS liegt; anschließend geht er los, um sich MS-DOS zu kaufen, oder er entscheidet sich dafür, kein Risiko einzugehen ...«

Im Hochsommer nahmen Norris Washington und Marc Schildkraut Reynolds, den Urheber des Codes, in die Mangel. Sie mußten feststellen, daß er durch und durch loyal war. Selbst unter Eid hatte er Skrupel, seine Chefs zu verpfeifen. »Sie müssen mit meinen Vorgesetzten sprechen«, erklärte er den Untersuchungsbeamten.

Es waren nur noch wenige Wochen, bis den Kommissionsmitglieder eine aufgemöbelte Anklage präsentiert werden sollte und die letzte Abstimmung auf der Tagesordnung stand. Einige Vertreter der Softwarehersteller aus dem nahen Umfeld des Falls zeigten sich verdrossen. Sie befürchteten, die Kartellbehörde habe einen der wichtigsten Punkte links liegengelassen. Der Fall war auf den kleinsten gemeinsamen Nenner reduziert worden, um wenigstens drei der vier Ausschußmitglieder dazu zu bringen, dem grundlegenden Verdachtsmoment zuzustimmen, daß

Microsoft seine Monopolstellung mißbrauche, um Wettbewerbern den Marktzugang zu versperren. Die Anklage würde weiter feststellen, daß Microsoft offensichtlich durch Einschränkung gesetzlich vorgesehener Garantieleistungen gegen den Magnuson-Moss Act verstoßen habe. Der Beweis dafür: Microsoft drohe Kunden, Produktgarantien für nichtig zu erklären, falls Software von Mitbewerbern zusammen mit Microsoft-Produkten wie Windows benutzt würde. Bestandteil der Klage würde die Erwirkung einer Unterlassungserklärung sein, die wirksam verhindern könnte, daß Microsoft sich erneut ungesetzlich verhält. Weitere nachrangige Unterlassungserklärungen wurden ebenfalls aufgeführt, so z.B. die Verpflichtung, allen Unternehmen gleichermaßen den Zugriff auf aktuelle technische Informationen zu gewähren. Bußgelder sollten jedoch nicht verhängt werden.

Die Kommission hatte sich so gut wie entschieden, am 21. Juli zur abschließenden Abstimmung zusammenzutreten. Kommissionsmitglied Owen war angeblich über den 21. Juli als Sitzungstermin verärgert, da sie darauf drängte, so früh wie möglich abzustimmen. Allerdings machte die Ferienzeit eine frühere Abstimmung unmöglich.

In der Zwischenzeit konkurrierte Owen mit Janet Steiger und Dennis Yao um die Stimme von Mary Azcuenaga. Sie war so etwas wie ein Hoffnungsschimmer für alle, die von der bisherigen Pattsituation frustriert waren. Und Owen befürchtete, Yao und Steiger könnten Azcuenaga dahingehend umstimmen, daß sie die offensichtlich fundamentalen Verletzungen der Kartellgesetze durch Microsoft erkennt und verurteilt.

9 Anti-Monopoly

Im Juni 1993 war Anne Bingaman zur Leiterin der Antitrust-Abteilung des Justizministeriums unter Janet Reno ernannt worden. Im Juli hatte Bill Gates in einer E-Mail an seine Spitzenmanager enthüllt, wie er sich an Ray Noorda, dem Chef von Novell, rächen wollte, denn er machte ihn dafür verantwortlich, daß die Bundesbehörden Microsoft unter die Lupe nahmen. Es war ein klassisches Beispiel für den zwanghaften Drang von Gates, seine Rivalen zu schädigen. Stets trieb es ihn, illegale Praktiken anzuwenden, um sich auf neuen Märkten Wettbewerbsvorteile zu verschaffen. Der Verlauf des Verfahrens der FTC im Anschluß an ein zweites Abstimmungspatt stellte alle Erwartungen in den Schatten. Gates war jetzt kampfbereit: Er glaubte, Ziel einer Doppelstrategie zu sein und zweimal zur Rechenschaft gezogen zu werden.

Monotonie. Monopoly. Monopol.
Monopol! Es grenzte an ein Wunder, daß die Welt die Tragweite dieses Begriffs noch ermessen konnte. Einige liberale Kongressmitglieder beobachteten mit Argwohn das Senatsritual rund um die Amtseinführung der ersten demokratischen Chefin der Antitrust-Abteilung im Justizministerium seit zwölf Jahren.

Es war jetzt dreißig Jahre her, daß Anne Bingaman ihren ersten Job in Washington angetreten hatte. Am 9. Juni 1993 saß die Neunundvierzigjährige vor dem Justizausschuß des Senats - nur wenige Schritte von jenem Gebäude entfernt, in dem sie ihre Karriere begonnen hatte. An diesem Tag fand ihre Ernennungs-Anhörung statt.

Anwesend waren die Senatoren Jospeh Biden, Paul Simon, Pete Domenici, Dianne Feinstein, Coral Moseley-Braun, Orrin Hatch, Alan Simpson und Charles Grasseley; den Vorsitz hatte Senator Howard Metzenbaum.

»Mrs. Bingaman, um es geradeheraus zu sagen: Um die Durchsetzung des Kartellrechts war es noch nie schlechter bestellt als gegenwärtig«, erklärte Metzenbaum. Er ließ sich lang und breit vor seinen Kollegen aus, stets bemüht, den Republikanern, die er für das augenblickliche Desaster verantwortlich machte, gezielte Nadelstiche zu versetzen.

Die Anwesenden, darunter eine Reihe Veteranen der Hauptstadt, die es gewohnt waren, daß der Wind mit jeder neuen Regierung aus einer anderen Richtung blies, sollten nun Zeugen einer erneuten Wende werden.

Der Charme jener Institution, die als Kongress bekannt ist, ließ sich während jener Sitzung in einer Minimalversion studieren: das Stimmengewirr, die Untertreibungen, die Übertreibungen, die wechselseitigen Komplimente, die unterschwelligen Anspielungen, dazu ein ganzes Arsenal von Verhaltensweisen der Kongreßmitglieder, die murmelten, in sich hineinlachten, husteten und sich mit den Ellenbogen anstießen.

(In den Bundesbehörden pflegten Mitglieder von Kommissionen und ihre Mitarbeiter ähnliche Rituale. Individuen schienen mit ihren Tagesordnungen zu einem einzigen Organismus zu verschmelzen. Irgendwie brachte es dieser dann gleichwohl fertig, sich langsam vorwärts zu bewegen: Das war die Regierung mit ihren unzähligen und unförmigen ›Organen‹ – ein irgendwie zusammengewachsener Körper, trotz seiner vielen Beine und der damit verbundenen Gefahr, jeden Augenblick in alle vier Himmelsrichtungen auseinanderzulaufen.)

Senator Pete Domenici, Republikaner aus New Mexico, erhob seine Stimme. »Lassen Sie mich zuerst auf eines hinweisen. Es ist mittlerweile bekannt, daß ich nicht mit allem einverstanden bin, was die Clinton-Regierung vorschlägt oder tut. Aber ich bin heute hier, weil ich dieser Nominierung aus vollem Herzen zustimme, einer guten und soliden, wenn nicht gar außerordentlich bemerkenswerten Ernennung.«

Die Senatoren trieben weiter ihre Späßchen. Im Anschluß an die wenigen Worte, mit denen er die Kandidatin unterstützt hatte, schoß Domenici zum Vergnügen seiner Kollegen einen kleinen rhetorischen Pfeil ab: »Herr Vorsitzender, ich stimme mit Ihnen nicht in jedem Punkt überein.«

»Das ist aber eine Überraschung. Ich dachte, Sie tun es«, lautete Metzenbaums spitze Replik. Gelächter erfüllte den Raum. Bald darauf sollte Jeff Bingaman, demokratischer Senator aus New Mexiko, der seinen zwölfjährigen Sohn im Schlepptau hatte, seiner Frau Anerkennung zollen.

Metzenbaum hatte den Aktivismus der Kandidatin der systematischen Demontage antimonopolistischer Bestrebungen gegenübergestellt, die unter Reagan begonnen hatte. »Um es milde auszudrücken, siechten die Möglichkeiten des Kartellamts, etwas zu bewirken, in den letzten zwölf Jahren unter der Regierung der Republikaner dahin«, meinte er, und wieder sträubten sich bei einigen seiner republikanischen Kollegen die Nackenhaare. »Die Mitarbeiter der Kartellbehörde stellten besonders während der Regierungszeit Reagans öffentlich die zentralen Werte unseres Wettbewerbsrechts in Frage und weigerten sich in den meisten Fällen, sie durchzusetzen.« Er liebe es, Salz in die Wunden zu reiben, sinnierten einige seiner Kollegen.

Abschließend war es an der Kandidatin, das Wort zu ergreifen. »Die Kartellgesetze sind die Basis unseres Wirtschaftssystems«, sagte sie, »und sie haben uns den gesunden Wettbewerb geschenkt, der Innovationen fördert, der uns als Amerikaner auszeichnet, der uns zu dem macht, was wir sind.«

Bingamans Bestätigung kam ohne Probleme durch: Niemand konnte ihre Qualifikation für die neue Aufgabe in Frage stellen. Durch ihre Heirat mit Jeff Bingaman und ihre Tätigkeit in der Washingtoner Anwaltskanzlei Powell, Goldstein, Frazer & Murphy hatte sie zudem einen guten Einblick in die politischen Funktionsabläufe der Hauptstadt bekommen. Und ihre Berufung paßte in eine Zeit, in der sich die Clinton-Regierung neben den Problemen des Gesundheitssystems auf wirtschaftspolitische Themen und eben auch auf das Internet konzentrierte, den Information Highway, auf dem künftig Milliarden von Dollars umgesetzt werden sollten.

Im Juli legte das Kartellamt einen flotteren Gang für die abschließende Abstimmung darüber ein, ob ein Verfahren gegen Microsoft eröffnet werden solle. Bill Gates war außer sich vor Wut. Er war besessen von der Frage, welche Rolle Ray Noorda bei den Voruntersuchungen der Bundesbehörden spielte. In einem Schreiben vertraute er Paul Maritz, dem dienstältesten Vizepräsidenten von Microsoft, an, wie sehr Novell ihn beschäftige. Daß Gates persönlich Abweichungen von Microsofts üblichen Geschäftspraktiken anordnete, um die Konkurrenz auszuschalten, war dafür der eindeutige Beweis.

Gates schrieb an Maritz: »Wer bei Microsoft steht schon morgens auf und überlegt, wie man mit diesen Kerlen [Novell] konkurrieren und kurzfristig ihren Umsatz schmälern kann. Vielleicht sollten wir uns mehr darauf konzentrieren.«

Gates fuhr fort, seinen Wahnvorstellungen und Rachegelüsten gegenüber Noorda und Novell Ausdruck zu verleihen. »Nach ihrem [Novells] Verhalten im Zusammenhang mit den Ermittlungen der FTC bin ich richtig scharf darauf [ihren Umsatz zu schmälern].« Er zeigte vier Möglichkeiten auf, dieses Ziel zu verwirklichen. Novell-Produkte sollten mit Niedrigpreisen bei eigenen Produkten unterboten werden, die sowohl Novells als auch Microsofts Technologie verwendeten.

Gates führte aus, wie Microsoft seine vorherrschende Stellung bei Betriebssystemen als Brechstange für den von Novell dominierten Netzwerk-Markt nutzen könne, indem sie den Kunden DOS zusammen mit billiger Netzwerk-Software im Paket verkaufen würden. Seine Triebfeder für die Billigpreispolitik war es, möglichst schnell ein Stück vom Kuchen jenes Marktes zu ergattern, den Novell besetzt hatte. Ebenso deutete er an, daß er den Kunden gegenüber seine Überzeugung kundtun wolle, daß Novell Microsofts NT nicht unterstütze. Das würde die System-

Manager in den Unternehmen verärgern. »Dieses Vorgehen mag hohe Marketing-Kosten verursachen. Aber ich wäre über einen Vorschlag mit durchschlagender Wirkung froh.« Zum gleichen Zeitpunkt erhoben Gates und seine Manager in der Presse Beschuldigungen, daß Novell selbst ein Monopolunternehmen sei.

Mitte Juli näherte sich D'Artagnan dem FTC-Gebäude mit seinen ionischen Säulen, das an der Spitze des dreieckigen Regierungsviertels lag. Seit knapp zwanzig Jahren war dies seine Heimat. Er hielt einen Augenblick inne und blickte auf die Skulptur des riesigen Pferdes, das ein muskulöser Mann zu bändigen versuchte – eine heroische Darstellung des Versuches der Menschen, den wirtschaftlichen Wildwuchs im Zaum zu halten. Sein Blick fiel auf das zum Sprung ansetzende Tier, dessen Nüstern zu beben schienen.

D'Artagnan blinzelte.

Das Pferd schien eine Brille zu tragen und einen rotblonden Schopf zu haben. Er setzte seine Sporttasche ab und fing an, glucksend in sich hineinzulachen. Das Vieh war Gates und der Muskelprotz natürlich er selbst, D'Artagnan.

Er hatte eine Idee, wie er sein Kartellverfahren retten könnte.

Und er hatte nicht die Absicht, weiter tatenlos herumzusitzen und auf das Unvermeidliche zu warten. Zurück in seinem Büro entwarf er sofort einen Brief, den er an Mindy Hattan schickte, eine Mitarbeiterin von Howard Metzenbaum.

Hattan würde ihm bestimmt helfen, das Schreiben rund zu machen, und der Senator würde seinen ›Friedrich Wilhelm‹ darunter setzen. Die Unfähigkeit der FTC, in Aktion zu treten, war grotesk. D'Artagnan wußte, daß die Behörde den heißesten Fall von Monopolbildung vor der Flinte hatte. Mary Lou Steptoe wußte es. Janet Steiger wußte es. Er war sicher, daß sie ihn bei seinem Vorhaben unterstützen würden; gleichgültig, wie schlecht die Behörde später dastehen sollte, die internen Akten würden zeigen, wer die Fahne hochgehalten hatte. Er jedenfalls wollte ein weiteres Patt nicht abwarten. Der Termin für die endgültige Abstimmung war für Ende des Monats angesetzt.

Der auf den 13. Juli datierte Brief ging an Janet Steiger, die Kommissionsvorsitzende, und enthielt den Hinweis, daß die anderen vier Kommissionsmitglieder Kopien erhalten würden. Doch am Ende dieser Liste war noch ein fünfter Name zu finden: Anne K. Bingaman.

Einen Tag später bezog sie ihr neues Büro im Justizministerium. Bingaman las Metzenbaums Brief, der schon kurz darauf durch die Presse ging. Ein Absatz fiel besonders ins Auge: »Mir ist mitgeteilt worden, die Kommission plane, gegen Ende des Monats den Fall erneut zu überprüfen. Ich hoffe, sie kann sich dann über das weitere Vorgehen einigen. Wie dem auch sei, falls die Kommission wieder in einer Sackgasse landet, würde ich mit Macht darauf drängen, den Fall der Kartellabteilung des Justizministeriums zum Zwecke einer unabhängigen Begutachtung zu übergeben.«

Tatsächlich geisterte die Idee der Übernahme des Falls für den Fall eines weiteren Patts in der Kommission seit einigen Monaten durch Bingamans Überlegungen. Unter ihrem kastanienroten Haar summte und brummte es seit jenem Essen im ›701‹.

Anfang der Woche wurden Microsofts schärfste Konkurrenten – Novell, Lotus, Borland, Sun und Taligent – bei der Kartellbehörde vorstellig. Bill Gates seinerseits traf am 15. Juli das Kommissionsmitglied Yao, der seine Ansichten darüber vortrug, welche Schritte Microsoft zur Beendigung seiner räuberischen Praktiken unternehmen müsse. Das Team des Kartellamts hatte zunächst angenommen, Bill Gates würde die ganze Woche nur herumhängen, um sich im Falle einer sofortigen Anklage mit der Kommission zusammensetzen zu können. Statt dessen schrie er Yao an und bezeichnete dessen Vorschläge als »kommunistisch«.

Am nächsten Tag traf Gates Steiger und Steptoe. Als Steptoe nach den Beta-Versionen und jenem geheimen Code fragte, der andere Programme als fehlerträchtig auswies, ging Gates in die Luft und nannte sie »dumm«. Bill Neukom blieb regungslos, als Gates drohend seine Fäuste erhob. Dann nahmen er und ein anderer Microsoft-Justitiar ihn beiseite, um ihn zur Vernunft zu bringen. Deborah Owen kam – wie schon früher – mit Gates prima klar. Sie bewunderte ihn: Er war erst siebenunddreißig und schon der reichste Mann der USA.

Am 22. Juli herrschte bei der FTC Totengräberstimmung. Die Kommissionsmitglieder fanden sich durch ihr erneutes Votum wieder ausweglos in einer Sackgasse gefangen. Die Mitarbeiter der Behörde standen vor einem Rätsel. Hatten sich Überzeugungen und Tatsachen in Luft aufgelöst? Brauchten sie mehr Beweise für die Absichten? Mehr Beweise für die Auswirkungen? Vor der Einladung zur abschließenden Sitzung wollten Deborah Owen und Mary Azcuenaga den Fall auf der Stelle zu den Akten legen. Aber dafür war eine absolute Mehrheit erforderlich, und Yao und Steiger waren dagegen.

Steiger und Steptoe fühlten sich von dem ›Metzenbaum-Brief‹, den sie kürzlich in Kopie erhalten hatten, überrumpelt, und es fiel ihnen sofort auf, daß in den Vorschriften der Behörde für diesen Vorgang keine Grundlage existierte.

Hinter den Kulissen wurde gleichzeitig alles in Bewegung gesetzt, um den elegantesten noch möglichen Weg zu finden, die Angelegenheit in die Hände des Justizministeriums zu legen.

Owen war inzwischen fuchsteufelswild. Sie hatte das Gefühl, es seien für die FTC bindende »parlamentarische Regeln« verletzt worden. »Ein zwei-zu-zwei Abstimmungsergebnis ist kein Patt. Es bedeutet nichts anderes, als daß die Mehrheit keine ausreichenden Gründe für die Einleitung eines Verfahrens sieht«, merkte sie an. Da der Fall anscheinend nicht zu den Akten gelegt werden würde, verlangte Owen von der Vorsitzenden, darüber informiert zu werden, wann diese den Fall zu schließen gedenke. Steiger versicherte, der Fall werde innerhalb von dreißig Tagen geschlossen.

Jetzt war es an Bingaman, den nächsten Zug zu machen. »Wir bewegten uns auf dünnem Eis und warteten ab, ob sie in den nächsten 30 Tagen handelt«, sagte ein Mitarbeiter.

Das dreieinhalb Jahre dauernde Untersuchungsverfahren war paralysiert und Microsoft war außer sich vor Freude. Sie gaben an diesem Tag eine Pressemitteilung heraus, die das Patt in der Kommission zum Sieg von Bill Gates ummünzte.

Die Microsoft-Akte

Während Bill Gates und Neukom am 30. Juli in Seattle eine schnatternde Schar von Bankern und Analysten begrüßten, konnte man in Washington, D.C. eine Figur in einem grauen Regenmantel beobachten, die Karton um Karton über die Straße trug – von der FTC hinüber zum Justizministerium. Es war D'Artagnan.

Der Fall Microsoft wurde tatsächlich der Verantwortung einer anderen Behörde unterstellt. Ein Szenario, das Art Amolsch, professioneller Beobachter der Kartellbehörde, vorher gegenüber der Presse als ebenso wahrscheinlich bezeichnet hatte wie die Möglichkeit, »daß ein Asteroid die Erde trifft«.

Die Neuigkeiten wurden durch einen Bericht in der *Chicago Tribune* verbreitet und kamen Gates und Neukom noch am gleichen Tag im Verlauf der Analystenrunde zu Ohren. »Stimmt es, daß das Justizministerium Ihre Firma unter die Lupe nimmt, wie die *Chicago Tribune* heute behauptet?«, fragte ein Analyst.

Gates und Neukom blickten sich ungläubig an, auf diese Neuigkeit waren sie nicht gefaßt. Sie dementierten, aber am nächsten Morgen hatten die *New York Times* und die *Washington Post* die Story aufgegriffen.

Neukom ließ ein Trommelfeuer von Statements auf die Presse los. In der Zwischenzeit holten Gates und Ballmer zum Schlag gegen Novell aus. Sie beschuldigten das Unternehmen und seinen Chef Ray Noorda, hinter den Untersuchungen der Kartellbehörde und des Justizministeriums zu stecken.

Gates erklärte, die Ergebnisse der Voruntersuchung seien für Novell saure Trauben, weil aus den gemeinsamen Fusionsplänen, die Microsoft damals initiiert habe, nichts geworden sei. Noorda fand es merkwürdig, daß Gates gerade zu diesem Zeitpunkt jenes Stück Vergangenheit ausgraben mußte. Hatte er ein schlechtes Gewissen?

Währenddessen rauchte Owen vor Wut. Sie protestierte gegen die Übergabe des Falls an das Justizministerium und verdeutlichte dies in einem Telefonat mit Bingaman in unmißverständlichen Worten. Steptoe und andere begannen, Bingaman als »die fünfte Stimme« zu bezeichnen, die den Platz des sich selbst für befangen erklärenden Starek eingenommen hatte.

Bevor der Vorgang förmlich dem Justizministerium übergeben wurde, gab es noch eine Auseinandersetzung darüber, ob der Fall zunächst in der FTC abgeschlossen und dann übergeben, oder erst übergeben und dann abgeschlossen werden solle. Yao beharrte darauf, er solle erst übergeben werden, so daß unmißverständlich klar war, daß der Fall nur wegen seiner Übernahme von einer anderen Behörde geschlossen würde.

Am 20. August schließlich waren alle Unterlagen in den Händen von Bingaman. Sie rief die Mitglieder der Kartellkommission persönlich an, um ihnen für die Zusammenarbeit zu danken und befragte sie, aus welchen Beweggründen sie ihre Stimme für oder gegen die Eröffnung des Verfahrens abgegeben hätten.

»Das schien mir selbstverständlich zu sein«, sagte Yao. »Es war eine Frage des Anstands und vielleicht diente es auch dazu, den Standpunkt einiger Personen kennenzulernen.« Er hob hervor, die FTC habe keineswegs vorgehabt, den Fall zu schließen, wenn nicht das Justizministerium mit ihm befaßt worden wäre.

»Obwohl ich mir gewünscht hätte, die FTC wäre in der Lage gewesen, den Fall weiterzuführen, war es sinnvoll, ihn zu schließen, als das Justizministerium ihn aufgriff. Allein aus Fairneß gegenüber Microsoft, damit sie es nicht mit zwei Behörden zu tun haben.«

Gates und Neukom beklagten sich immer noch darüber, zweimal für dasselbe Vergehen angeklagt zu werden. Doch eine rechtliche Möglichkeit, dagegen vorzugehen, gab es für sie nicht.

10 Gegen den Strom

Im Spätherbst 1993, als das Justizministerium begann, die Akten des Falls durchzuarbeiten, hatte der Marktwert von Microsoft 24 Milliarden Dollar erreicht, bei einem jährlichen Umsatz von 4,5 Milliarden Dollar, davon die Hälfte im Export. Inzwischen waren noch offene Planstellen in der Kartellabteilung des Justizministeriums besetzt worden. Zur Leitung des Verfahrens, das die Feds gegen Gates anstrengen wollten, wurde ein Prozeßanwalt eingestellt. Ein umfassender, von Lotus Development skizzierter Fall, wurde geprüft. Anne Bingaman und ihre Stellvertreter schafften die Grundlage für ein koordiniertes Vorgehen zusammen mit der Europäischen Kommission. Und Ray Noorda und seine Juristen gaben nicht auf. Die Beschwerde, die sie in Europa eingereicht hatten, trug nun Früchte.

Bob Litan kämpfte gegen den Strom an, wie er es jeden Morgen um sechs tat, wenn er in seinen Swimmingpool stieg. Dies hier glich dem Alltag in seinem neuen Job im Justizministerium. Zug um Zug schaufelte er Wasser aus dem Weg. Zu lange schon war die Strömung gegen die Möchtegern-Kartellwächter gerichtet.

Litan war es zur Gewohnheit geworden, nach den Runden im Pool zu Fuß zur Arbeit zu gehen. Er näherte sich der zur Pennsylvania Avenue gelegenen Seite des Gebäudes im ›Behörden-

Dreieck‹ zwischen der Neunten und Zehnten Straße. Er passierte die Säulengänge und beleuchteten Pilaster und betrat das Innere des Gebäudes, in dessen Treppenhäusern Wandgemälde aus der Zeit des New Deal die Rolle von Recht und Ordnung in den Vereinigten Staaten illustrierten.

Es war November 1993. Der polierte Steinboden des Justizministeriums war glatt. Vom Kongreß und der amerikanischen Öffentlichkeit stets wachsam beobachtet, konnte das Justizministerium ein gefährlicher Ort sein. Anne Bingaman, Litans Weggefährtin seit zehn Jahren, war dabei, die Abteilung in den Griff zu bekommen: Ihre Vertreter, einschließlich Litan, waren erst jetzt an Bord gekommen.

Die Flure des dritten Geschosses der Abteilung für das Kartellwesen lagen im Halbdunkeln. Der Komplex aus den frühen dreißiger Jahren hatte diesen staubigen Geruch, der allen Gebäuden aus jener Zeit anzuhaften schien. Litan, Jurist und Ökonom, war vom Brookings Institute[1] ins Justizministerium gewechselt. Vor der Zeit beim Brookings Institute war er Partner von Powell, Goldstein et col. gewesen, der Kanzlei, die Anne verlassen hatte, um den Posten im Justizministerium anzutreten.

Litan und Bingaman waren es gewöhnt, in durchgestylten, technisch optimal ausgerüsteten Büros zu residieren. Das hier war wirklich ein Kontrastprogramm. Gerade hatte Reno aus ihrem Topf eine Million Dollar locker gemacht, um die völlig rückständige Abteilung mit Computern auszustatten.

In diesen Tagen machten alle Überstunden. Das Büro schien sich in Litans Wohnzimmer zu verwandeln. Bei Besprechungen gaben sich seine Chefin und er locker. Litan trug so gut wie nie ein Jackett, und Bingaman zog nachmittags dann und wann ihre Pantoffeln an. Man konnte sie noch einen Kilometer entfernt über die rosa-grauen Bodenfliesen schlurfen hören.

Noch nie in seinem Leben war Litan so beschäftigt gewesen. Als Bürochef und Vertreter der Behördenchefin hatte er die Aufsicht über alle zivilrechtlichen Kartellverfahren – ein Feld, in dem Bingaman hart durchgreifen wollte.

---

[1] Einer der führenden politischen ›think tanks‹ der USA.

Allein in den letzten Wochen wurden dreißig neue Verfahren eingeleitet.»Anne ist weniger als sechs Monate im Amt. Und schon rücken erste Erfolge in greifbare Nähe«, sagte Litan. Er war sich dessen ganz sicher.

Vor einiger Zeit waren Microsofts Chefberater William Neukom und einige seiner Kollegen mit der Kartellabteilung zusammengetroffen, wo man ihnen die Ernsthaftigkeit, mit der die Untersuchungen diesmal geführt wurden, deutlich machte. Der Marktwert von Microsoft betrug jetzt 24 Milliarden Dollar. Microsoft konnte höchst zufrieden auf 4,5 Milliarden Dollar Jahresumsatz blicken. Die Hälfte davon wurde im Export erzielt, was das Unternehmen zu einem wichtigen Faktor in der Weltwirtschaft machte.

Litan und seinem Stab war sehr wohl bewußt, daß die Bildung von Monopolen an sich nichts Unrechtes war. Weiter war ihm bekannt, wie kontrovers der vorliegende Fall beurteilt wurde. Die Befürworter von Microsoft protestierten, die Regierung würde eine wilde Ballerei in Richtung eines Weltunternehmens veranstalten, ohne einen Treffer zu landen.

Ein Monopolunternehmen mußte nicht unbedingt gegen Recht und Gesetz verstoßen – wenn es seine Marktmacht durch legitime Mittel wie überragendes Know-how, Weitsichtigkeit der Entscheidungen und zwischen Industrieunternehmen gängige Wettbewerbspraktiken erreichte. Ein Monopol zu errichten ist nur dann gesetzeswidrig, wenn nachgewiesen werden kann, daß der Vorsatz der Monopolbildung besteht, Wettbewerbsrecht verletzt wird, unlautere Mittel zu diesem Zweck eingesetzt werden und die ›gefährliche Wahrscheinlichkeit‹ eines Erfolgs dieser Anstrengungen besteht.

Der Sachgebietsleiter Rich Rosen – ein ehemaliger Zimmergenosse von D'Artagnan auf dem College, beschäftigte sich in erster Linie mit der Computerindustrie und Telekommunikation. Er und seine Juristen waren seit August dabei, die Fleißarbeit für die Untersuchung zu erledigen. In Besprechungen mit ihm fanden Litan und Bingaman heraus, daß die prozeßführenden Juristen der Behörde nicht weit ausholen oder innovative Theorien aufstellen müßten, um den Fall vor Gericht zu bringen.

Die Juristen von der FTC hatten auf Bingaman einen ähnlichen Eindruck gemacht, denn deren Analyse hatte sie dazu bewegt, für die Übernahme des Falls ihren Kopf hinzuhalten.

Während Bill Gates in Las Vegas mit Geschäftsfreunden tafelte, sich dort anschließend auf den Tanzflächen des Paladiums und des Shark Clubs vergnügte und seine jährliche Rede vor Tausenden von Bewunderern hielt, jubelten Litan, Bingaman und das Team der Kartellabteilung. Man hatte ihnen 4,7 Millionen Dollar bewilligt, um mehr Personal einstellen zu können. Dies bedeutete einen Mittelzuwachs von rund sieben Prozent – beispiellos in einer Zeit, in der die Regierung an allen Ecken und Enden sparte. Die Monopolknacker waren wieder im Geschäft.

Der Kongreß hatte die zusätzlichen Mittel dank des Einsatzes von Bingaman bewilligt. Unmittelbar nachdem sie ihre neue Aufgabe übernommen hatte, unternahm sie einerseits Blitzbesuche auf dem Capitol Hill, andererseits machte sie ihre Runde im Amt für Management und Haushaltsplanung, wo sie ihre Ausführungen mit Schaubildern untermauerte. Sie machte ihre Sache gut. Die amerikanische Wirtschaft war um mehr als das vierfache gewachsen, die Größe der Kartellabteilung verharrte aber seit über 40 Jahren auf dem Stand des 2. Weltkrieges.

Es kommt Schwung in die Sache, stellte Litan fest. Bingaman, der es anfangs schwerfiel, sich von ihrer Heimat New Mexiko zu trennen, konnte allmählich Resultate vorweisen. Die Señora aus Santa Fe zeigte der Welt, woher sie stammte: aus der Heimat der scharfen und pikanten Saucen, der Tex-Mex Salsa. (Ihr Büro, dessen Stil man nur als ›Bundesgrau‹ beschreiben konnte, hatte sie mit ihren Lieblingssachen dekoriert, die sie an ihre Heimat erinnerten.)

Auf der Ebene der Abteilungsleitung gab es drei Neueinstellungen: Rich Gilbert wurde Stellvertreter für den Bereich Ökonomie, Diane Wood für internationale Fragen und Steve Sunshine für die Abteilung Fusionen. Nach seinem Wechsel vom Brookings Institute war Litan davon ausgegangen, daß die Arbeitsatmosphäre in seinem künftigen Kollegium nicht gerade anregend sein würde. Wie sich jetzt allerdings herausstellte, war die neue Garde sowohl gut ausgebildet als auch praxiserfahren.

Gegen den Strom

Kurz nachdem sie ihre Tätigkeit aufgenommen hatte, begann Bingaman mit einer gründlichen Umstrukturierung der Abteilung. Als der Mitarbeiterstab ihr das bisherige Organisationsschema und eine Graphik der Entscheidungswege vorlegte, war sie entsetzt. Die Anzahl der Instanzen, die ein Fall zu durchlaufen hatte, bevor eine Entscheidung gefällt werden konnte, haute sie um. Sie beschloß, die vertikale Berichtsstruktur auf der Stelle zu kippen. Diese hatte in der Vergangenheit dazu geführt, daß die Spitze der Behörde zu spät die zentralen Informationen über laufende Verfahren erhielt.

Mehr als ein Jahrzehnt lang war die Aktenlage des Justizministeriums – abgesehen von Kriminalfällen – miserabel gewesen. Die FTC hatte sie zumindest im Hinblick auf die Fusionskontrolle übertroffen. Bingaman nahm sich fest vor, die Kartellabteilung des Ministeriums wieder auf Vordermann zu bringen.

Ihre Stellvertreter würden bestimmte inhaltliche Verantwortungen übernehmen: Zivilrecht, Strafrecht und Fusionen. Sie erwartete, daß auf diese Weise wichtige Zivilfälle, wie die Monopoluntersuchung gegen Microsoft, nicht mehr durch Elefantenhochzeiten von Branchenriesen der Telekommunikation und den Kabelnetzbetreibern in den Hintergrund gedrängt würden. (Es gehörte auch zu den Aufgaben der Abteilung, Fusionen und Firmenübernahmen zu überwachen.)

Litan und Bingaman waren mit Arbeit eingedeckt. Zusätzlich zu ihren Aufgaben im Ministerium gehörten sie einer interministeriellen Arbeitsgruppe an, die von Vizepräsident Al Gore geleitet wurde. Zu ihr gehörten das Justizministerium, die Verantwortlichen für Telekommunikation und Information des Wirtschaftsministeriums, das Finanzministerium, das Bundesamt für Kommunikation und die Beauftragten für Informationsfragen des Handelsministeriums. Aufgabe der Arbeitsgruppe war es, die Position der Regierung in Fragen der Telekommunikation zu formulieren. Manchmal trafen sie zwei- oder dreimal wöchentlich zusammen.

Washingtons Kartellgurus, die den Fall Microsoft verfolgten, befürchteten, er würde im Gedränge mit den größeren Verfahren der Telekommunikationsbranche untergehen. Die Umorganisation würde sowohl dieses Problem lösen als auch die Aufmerksamkeit stärker auf die Fusionen richten, bei denen man die Zuständigkeit mit der FTC teilte.

»Die neue Organisationsstruktur wird nutzlosen Arbeitsaufwand zurechtstutzen,« erklärte Bingaman ihren Kollegen. »Wenn es Entwicklungen gibt, aufgrund derer ihr einen Fall nicht weiter verfolgen möchtet, dann stellt ihr ihn sofort ein.« Was Microsoft anging, wollte man die Vorwürfe um Verstöße erweitern, die das Kartellamt nicht ernsthaft untersucht hatte.

Litan wußte, daß Bingaman, die sich selbst als »verrückte Kroatin« beschrieb, die Einstellung des Falles Microsoft nicht dulden würde. Auf dem Spiel stand Gates Fähigkeit, immer mehr Kontrolle über das zentrale Nervensystem der digitalen Zukunft auszuüben. Litans Mitarbeiter wußten, daß sich Microsoft große Verdienste bei den Fortschritten der Softwareindustrie erworben hatte, aber sie hatten auch ausreichende Beweise dafür, daß Microsoft nur durch illegale Praktiken seine Monopolstellung behaupten konnte.

Bingaman hatte soeben Sam ›Ziggy‹ Miller, einen Prozeßanwalt, als Hauptankläger für den Fall angeheuert. Er sollte am 1. Januar loslegen – dem Tag, an dem Gates auf der Hawaii-Insel Lanai heiraten würde.

Miller behielt sein Büro in der Niederlassung des Ministeriums in San Francisco, kam aber regelmäßig nach Washington. Litan fand in Miller einen großartigen Diskussionspartner. Er hatte mit ihm freundschaftlich darüber gestritten, ob es in diesem Fall besser sei, weit auszuholen oder die Vorwürfe auf bestimmte Sachverhalte zu konzentrieren, um damit schneller voranzukommen. Miller wäre mit jeder Anklage, die die Abteilung vorschlagen sollte, einverstanden – und er hatte sich fest vorgenommen, das Verfahren zu gewinnen.

Litan erschien es merkwürdig, wie sehr das Unternehmen Microsoft von der Person Bill Gates bestimmt wurde. Alle Geschichten, die durch Industriekreise geisterten, hatten den Aufhänger »Gates nimmt das persönlich in die Hand«, »ein Erlaß von Gates« und »Gates hatte es darauf abgesehen, uns zu Grunde zu richten«. Die Juristen des Ministeriums hatten Gates selbst bisher nicht persönlich getroffen, aber durch ihre Kollegen bei der FTC von seinem arroganten Auftreten und beleidigenden Verhalten gehört. »Ich hoffe, Gates bald in meinem Büro begrüßen zu dürfen«, sagte Litan mit gespielter Furcht während eines zwanglosen Telefonats im Dezember.

Am 11. August 1993, in der Zeit zwischen der Freigabe der Akten und der Genehmigung des Verfahrens, schrieb Andrew Berg, der Rechtsberater von Lotus, einen Brief an Anne Bingaman, der eine Auflistung von Microsofts Vorgehensweisen und mehrere schriftliche eidesstattliche Erklärungen enthielt. Material, das weitere Aspekte des Falls schilderte und – so hoffte er – in der Untersuchung berücksichtigt werden würde. Gleichzeitig betonte er: »Wir vermuten aber, daß man diese Liste noch um einiges ergänzen kann.«

Berg entwarf ein langes Register von Verstößen Microsofts gegen das Kartellrecht. Dies schloß den Vorwurf ein, Microsoft mißbrauche seine Kontrolle über die Betriebssysteme, um sich Vorteile auf dem Markt für Anwendersoftware zu verschaffen. Er belegte, wie Microsoft die Softwareentwickler an der Nase herumgeführt hatte, bezüglich der Frage, welches Betriebssystem – Windows oder OS/2 – tatsächlich im Mittelpunkt ihrer Entwicklungsaktivitäten stand und welches damit zum Industriestandard für grafische Benutzeroberflächen werden würde.

Er brachte damit wieder ins Gespräch, worüber das Kartellamt schon Jahre gebrütet hatte.

Microsoft trieb andere Unternehmen dazu, ungeheure Summen in sinnlose Entwicklungen zu stecken. Dadurch konnte die Firma wertvolle Zeit schinden, in der sie sich Marktvorteile für Windows-Anwendungen sichern konnte, während andere Firmen sich im Markt für Windows-Software nur verspätet plazieren konnten, stellte Berg fest.

Er führte aus, daß die spätere Dominanz von Microsoft auf den Märkten für Anwendersoftware daher rührte, daß sie das einzige Unternehmen waren, das eine kommerzielle Tabellenkalkulation und eine kommerzielle Textverarbeitung unter Windows anbieten konnte.

Weiter hätte Microsoft die Dominanz seines Betriebssystems benutzt, technologische Standards zum Vorteil seiner eigenen Anwendungsprogramme zu diktieren.

Microsofts Programmierer könnten unfairerweise direkt auf Informationen des Betriebssystems zugreifen, führte Berg aus. Sie könnten sich selbst neue, noch nicht auf den Markt gebrachte Versionen des Betriebssystems unverschlüsselt ansehen und im Unternehmen dazu Fragen stellen. Gleichzeitig beantwortete Microsoft Anfragen von anderen Unternehmen, wie für das kommende Betriebssystem Anwendersoftware optimal entwikkelt werden könne, auf Sparflamme. Die Firma benutzte zudem geheime Programmteile, um eigenen Produkten Vorteile zu verschaffen und anderen zu schaden.

Microsoft verkaufte Programme im Paket an Computerhersteller. Die Preisgestaltung für das Betriebssystem sah so aus, daß die Anwendersoftware so gut wie nichts kostete, wenn sie zusammen mit dem Betriebssystem erworben wurde. Dasselbe Verfahren wurde angewendet, um Systemverwalter dazu zu bewegen, bei der Auftragsvergabe für das Projekt Desktop IV der US-Luftwaffe Konkurrenzprodukte auszuschließen, die ebenfalls auf Windows basierten.

Überdies räumte Microsoft Großkunden in Form von rückwirkenden Gutschriften unverantwortlich niedrige Preise und ein lebenslanges, kostenloses Update-Recht im Gegenzug dafür ein, daß sie die Software der Konkurrenz ausmusterten. Rückwirkende Gutschriften waren an Großabnahmen von Microsofts Anwenderprogrammen, eine große Zahl kostenloser Programmkopien und die Ausmusterung von konkurrierenden Produkten ohne Zahlung einer Ausgleichsleistung gebunden.

Seine Blockadepolitik vertrat Microsoft in marktschreierischer Manier. »Weil wir über das Betriebssystem verfügen, haben wir sechs bis neun Monate Vorsprung« gegenüber gewissen Konkurrenten, hieß es in einer Presseerklärung. In einem Fall konnte Microsoft einem Hauptkonkurrenten einen großen Unternehmensauftrag abjagen, indem man geltend machte, im Besitz des Betriebssystems zu sein, was Vorteile für die Funktionalität und Kompatibilität der Anwendungen mit sich bringen würde, obwohl andere konkurrierende Produkte ähnlich bewertet wurden.

Bergs Liste ging weiter: Microsoft hatte Firmen, die Software von Konkurrenten im Angebot führten, von seinen Werbekampagnen ausgeschlossen. Es versagte Softwareunternehmen die versprochene Unterstützung für Produktpromotion und Marketingmaßnahmen und zwang Groß- und Einzelhändler dazu, diese Konkurrenten von ihren Werbemaßnahmen auszuschließen. Weiter verweigerte Microsoft konkurrierenden Unternehmen den versprochenen Zugriff auf die Adressen von Windows-Benutzern und kündigte sogar die Markteinführung nicht existierender Produkte an, um die Verkaufszahlen der Software seiner Gegner in den Keller zu treiben.

Im Herbst und Winter 1993 verwandte Berg viel Zeit auf den verzweifelten Versuch, Bingamans neue Mannschaft davon zu überzeugen, daß nicht allein der Markt für Novells Betriebssysteme zerstört worden war. Weitaus mehr Unternehmen saßen durch Microsofts Belagerung des Marktes für Anwendersoftware langsam aber sicher auf dem Trockenen. Und dieser Markt wäre bald ganz verloren, wenn die Kartellabteilung nicht schnell handeln würde.

Aber einen Kartellrechtsfall im großen Stil anstelle eines kleinen, aber feinen ›chirurgischen Eingriffs‹ scheuten Litan, Bingaman und ihre Kollegen wie der Teufel das Weihwasser. Nichtsdestoweniger war es ihr fester Wille, eine Anklage aufzubauen, die es möglich machte, den Fall Microsoft zu knacken. Selbst wenn man sich nur auf einige wenige Anklagepunkte einigen könnte, würden Gates' Praktiken zunächst für einige Zeit genau überprüft werden. Sie konnten den Fall immer noch ganz groß aufrollen, falls Gates die Zeichen nicht verstand.

Bingaman hatte die Aufgaben ihrer Stellvertreter im Zuge der Umorganisation neu definiert, um Litan mehr Bewegungsfreiheit zu geben. In der Vergangenheit hatte der stellvertretende Leiter der Kartellabteilung stets die Mehrzahl der Sachgebiete kontrolliert, sofern diese Fragen der Regulierung berührten.

Seine Zuständigkeit umfaßte die Kontrolle von Fusionen sowie alle kartellrechtlich relevanten Zivil- und Strafverfahren. Daß Bingaman die Position eines Stellvertreters im Bereich Fusionen einrichtete, die vom früheren Sachgebietsleiter Steve Sunshine übernommen werden sollte, machte es Litan möglich, einen großen Teil seiner Arbeitskraft Microsoft und anderen Fällen zu widmen, die nicht unmittelbar Fusionstendenzen zum Gegenstand hatten. Rich Gilbert und Diane Wood würden ihn dabei unterstützen, die ökonomischen und globalen Auswirkungen kritisch zu untersuchen, die eine Klage gegen Microsoft auf Bundesebene nach sich ziehen würde.

Gilbert war ein Technologiefreak und Experte für Industrieökonomik sowie für Nutzungs- und Urheberrecht. Seine Karriere begann er als Ingenieur für Elektrotechnik im Forschungszentrum der Marine. Dort arbeitete er vier Jahre lang und beschäftigte sich mit integrierten elektronischen Bauteilen. Die Stanford-Universität verließ er später mit einem akademischen Grad in Wirtschaftswissenschaften. Erst vor kurzem hatte er an der Universität von Kalifornien in Berkeley sowohl am Seminar für Management als auch an der Fakultät für Ökonomie die Themenkomplexe Regulierung und Kartellrecht unterrichtet.

Bingaman war er persönlich vorher unbekannt. Aber Gilberts guter Ruf als Experte für Technologie, High-Tech-Märkte und industrielle Innovationen eilte ihm voraus. Er würde wichtige Einblicke geben können, wie Microsofts Verhalten den Markt beeinflußte und mit welchen Auswirkungen man zu rechnen hätte, zwänge man die Firma zu einer Verhaltensänderung. Außerdem würde er die ökonomische Basis der Computerindustrie in Zusammenhang mit Microsofts Lizenzpolitik und einer Reihe anderer Praktiken des Unternehmens analysieren.

Im Gegensatz zu jenen Beamten im Büro für ökonomische Fragen der FTC, die dafür berüchtigt waren, sich gegenüber allen Bestrebungen des Wettbewerbsbüros der gleichen Behörde quer zu legen, arbeiteten die Ökonomen des Ministeriums eng mit den Juristen zusammen. Sie ließen einen Fall erst dann fallen, wenn sie ihn gemeinsam als gegenstandslos betrachteten.

Diane Wood, eine Juraprofessorin an der Universität von Chicago, hatte sich im Juni mit Bingaman über den Posten des Stellvertreters für internationale Fragen unterhalten. Anfang August nahm sie ihre Arbeit auf. Grundlage war zunächst ein Zeitvertrag, aber schon im September wurde sie offiziell ernannt.

Sehr früh hatten sich Janet Reno, die Clinton-Regierung und der Kongreß dafür ausgesprochen, einen weiteren Stellvertreter für die Abteilungsleitung einzustellen, der seine ganze Aufmerksamkeit dem internationalen Markt widmen sollte.

Wood, die erste in dieser Position, hoffte, zwischen der Europäischen Kommission und dem Justizministerium ein historisches Abkommen über den Fall Microsoft zustandebringen zu können. Während Wood sehr eng mit Litan und Gilbert zusammenarbeiten würde, um die globalen Auswirkungen der Microsoft-Praktiken untersuchen zu können, untersagte das geltende Recht, mit der Europäischen Kommission, die mit ihrer eigenen Untersuchung des Microsoft-Monopols beschäftigt war, gemeinsame Sache zu machen.

Wood und Bingaman bereiteten eine Gesetzesinitiative vor, die eine Zusammenarbeit ermöglichen sollte.

Die Comdex, eine monströse Handelsmesse für Computer, sowie der alljährliche Chili-con-Carne-Wettbewerb standen am 16. November 1993 gegen 21.30 Uhr im *Thomas and Mack Center* der Universität von Nevada in Las Vegas kurz vor der Eröffnung. Das Stadion war voll von Branchengurus, Managern, geschniegelten Typen und Groupies.

In der Mitte der großen Arena bejubelte eine Horde von Managern der Computerindustrie ein Gürteltier-Rennen – ja, die geschniegelten Typen bellten und quietschten, feuerten lebende Gürteltiere an, in Panik so weit zu rennen, wie es ihre kurzen Beinchen erlaubten.

Etwas abseits standen einige schweigende Gestalten. Ein paar Schritte von ihnen entfernt schoben sich Trauben von Menschen vorbei. Einige unter ihnen drängelten, um ihre Becher mit Bier oder Chili zu füllen, während andere sich in die Nähe der Bühne vorarbeiteten, wo einige smarte Burschen der Branche sich als Musiker versuchten.

Kaum jemand bemerkte ein schmales, bleiches, gespenstisches Gesicht am Rande der Menge, vor neugierigen Blicken durch einen gigantischen Cowboyhut geschützt. Das Gesicht unter der riesigen Hutkrempe war leicht aufgedunsen, die Züge kindlich. Die Gestalt, umringt von drei Männern, schwieg vor sich hin und verharrte regungslos. Eine seltsame Stille lag über dieser kleinen, isolierten Gruppe. Bill Gates sah müde aus. Er trug hellblau getönte Brillengläser, wie sie Mütter immer für ihre Söhne auszusuchen pflegen.

Gates war verwundbar. Weder seine Maskerade noch der Rummel hier in Las Vegas konnten das verbergen. David House, Intels ›Meister des Mikroprozessors‹, begrüßte ihn flüchtig, irgend etwas wie »wir sehen uns ja in einigen Wochen« murmelnd. Gates schenkte ihm nur ein gelangweiltes Nicken. Er blinzelte aus schmalen, blassen und scheinbar wimpernlosen Augen.

Zusammengesunken wie ein Verlierer stand Gates an diesem Abend da. Keine Tiraden wie im vergangenen Jahr. Damals hatte er Sheldon Laube angeschrien. Gates war mehr als ungehalten gewesen, daß Laubes Firma Price Waterhouse praktisch kein Produkt von Microsoft kaufte und sich statt dessen mit einer enormen Menge des Betriebssystems OS/2 eindeckte. Laube hatte nur teilnahmslos mit den Schultern gezuckt und gegrinst, als wolle er sagen: »Das geht Dich einen Dreck an.«

Als Laube jetzt zu der kleinen Gruppe um Gates stieß, wurde seine Anwesenheit kaum zur Kenntnis genommen. Eine Handvoll Partygäste, die versuchten, Gates zu begrüßen, ernteten kaum mehr als ein angedeutetes Nicken oder ein bis zwei Worte.

Gates wirkte geistesabwesend, ohne Halt, wie ein Träumer, in sich versunken, kraftlos.

Einige Tage vorher, bei der Vergabe einer Auszeichnung der Industrie, scherzte der Moderator: »Wir haben das Publikum gefragt, mit welchem Kunststück der beiden Magier Penn & Teller es heute abend verblüfft werden möchte. Es gab nur eine einzige Bitte: Lassen Sie Bill Gates verschwinden!«

Im Dezember erwartete indes das Justizministerium das Erscheinen von Bill Gates.

Anne Bingaman umrundete den Schreibtisch von Janet Reno, umarmte und drückte sie. Sie hielt ihre Chefin fest in einer ihrer berühmt-berüchtigten ›Bären-Umarmungen‹. Die übrigen Mitarbeiter hielten ehrfürchtig und höflich Distanz zu der Szene. Dies hier waren wahrlich überragende Figuren, Riesinnen der Justiz: Reno war 1,89 Meter groß, aber einigen fiel auf, daß Bingaman sie ohne weiteres in die Tasche stecken konnte.

Die Dienstbesprechung hatte, wie an jedem Dienstag, pünktlich um acht Uhr morgens begonnen. Alle Häuptlinge waren anwesend, Reno und ihre Stellvertreter eingeschlossen.

Anne hatte ihren angestammten Platz im dritten Stock verlassen, um über die Flure des fünften Stocks das Büro von Reno anzusteuern. Reno hatte anfangs gegenüber der bis dahin praktisch Unbekannten, die von Clinton berufen worden war, eine gehörige Portion Skepsis an den Tag gelegt. Um so mehr zeigte sie sich freudig überrascht, in Bingaman eine mutige Juristin mit einem feinen Gespür für die Funktionsweisen Washingtons zu finden. Tatsächlich hatten Reno und Bingaman in den vergangenen Monaten eine Vertrauensbasis aufbauen können. Die Party, die Bingaman am 17. Oktober in ihrem Haus in Spring Valley für ihre Chefin und deren unmittelbaren Stellvertreter Webster Hubbell gegeben hatte, festigte diese Freundschaft. Das Ereignis war nach Meinung der Gäste ein großer Erfolg. Es hatte den Mitarbeitern die Gelegenheit geboten, die Menschen an der Spitze einmal persönlich kennenzulernen.

An diesem Morgen schien also niemand übermäßig überrascht, daß Bingaman – mit ihrer direkten, angriffslustigen und überzeugenden Art – auf so gutem Fuß mit der Behördenleiterin stand. Aber das bedeutete nicht, daß sie in allem übereinstimmten. An diesem Tag verwickelte Bingaman ihre Mentorin in eine hitzige Auseinandersetzung über einen bestimmten zweideutigen ethischen Grundsatz, der den Kontakt mit Parteien betraf, die an einem Verfahren beteiligt sind. »Janet erwartete von niemandem außer von Anne Widerspruch«, bemerkte einer der anwesenden Mitarbeiter.

Bingaman wollte es ihren Mitarbeitern ermöglichen, bürokratische Hemmnisse hinter sich zu lassen. Die Presse orakelte, es würde Jahre dauern, bevor das Justizministerium mit seinen Untersuchungen über Microsoft irgend etwas in Bewegung setzen konnte. Bingaman dagegen hoffte, schon im kommenden Frühling die Klage gegen den Softwaregiganten erheben zu können. An diesem Dezembermorgen wurde in Kanzleien und Wohnzimmern, in Hotelzimmern und Vorstandsetagen von Georgetown bis Spring Valley und zurück, der Grundstein dafür gelegt.

Bill Gates würde bald in den Genuß einer der berühmt-berüchtigten Bärenumarmungen von Bingaman kommen – in Gestalt einer Anklage wegen Verstößen gegen die Kartellgesetzgebung. So sahen es zumindest ihre Mitarbeiter voraus.

Während die Regierungsbeamten in dieser Angelegenheit einen Gang zulegten, entspannte sich Novells Chef Ray Noorda in Orem im Staate Utah.

»Kommst Du klar, Liebes?« fragte er seine Frau augenzwinkernd. Taylor Noorda – kurz ›Ty‹ gerufen – werkelte in ihrer frisch renovierten Küche herum. Noorda versuchte seine ›Memoiren‹ zu schreiben. Er hatte nie gelernt, richtig mit einer Schreibmaschine umzugehen. Als er jetzt seine Unterlagen durchblätterte, fiel ihm ein Gedicht in die Hände, das er unmittelbar nach einer seiner beschämenden Besprechungen mit Gates niedergeschrieben hatte. Er las es laut vor:

Wir saßen hier
das fünfte Mal.
Mit Dir kamen vier,
und so wart Ihr
schon mehr als wir.
Zwei hatte ich dabei.
Und es war klar,
Du willst immer mehr
als abgemacht, nicht wahr?

Das immer gleiche Spiel,
Pearly; es ist zuviel.
Und wir, Du und ich,
können uns nicht wiedersehen.
Du mußt jetzt gehen!
Das nächste Spiel.
Bringt es uns viel?
Dein oder mein?
ODI oder kein ODI?

Mein Gott! Ja klar!
Du willst immer mehr
als abgemacht, nicht wahr?

Moe, Larry, Curly, Pearly
und der ehrenwerte Mann
in ihrer Mitten.

Die letzten Zeilen bezogen sich auf Gates und die ihn begleitenden Manager. Gegenstand des Gespräches war damals ODI gewesen, Novells Open Data-link Interface Protocol für Computer-Netzwerke, das in Konkurrenz zu Microsofts NDIS – Network Device Interface Specifikation – stand. Noorda und Gates hatten sich heftig über die beiden Standards gestritten.

Mittlerweile hatte Noorda begonnen, Pläne für die Zeit nach seiner Pensionierung zu schmieden. Er dachte nicht daran, Bill Gates das Feld zu überlassen.

Bradford hatte soeben der Europäischen Kommission Novells weitergehende Beschuldigungen gegen Microsoft zur Verfügung gestellt. Er fragte sich, ob dieser andauernde Kampf dem neunundsechzigjährigen Präsidenten von Novell nicht lästig sei.

»Überhaupt nicht, ich liebe die Aufregung«, würde Noorda sicherlich antworten. »Sie ist der Motor meines Herzschrittmachers.«

11 Ein Fall löst sich in Luft auf

Dies ist die unglaubliche Geschichte, wie sich der größte Teil der Anklage des Justizministeriums erneut in Luft auflöst. Die Bundesanwälte waren damit beschäftigt, den Markt für Anwendungs-Software zu analysieren, auf dem Microsoft seine Macht ausspielte und auf dem es führende Unternehmen ausgestochen hatte. Aber den Beweis dafür zu führen, daß der Software-Riese eine Gefahr für die freie Wirtschaft sei, würde sehr schwierig sein. Microsoft besaß in diesem Marktsegment offensichtlich noch kein Monopol. (Zum Zeitpunkt der Anklageerhebung war es dann allerdings soweit.) Langsam, aber sicher wurde der Fall Microsoft auf ein Maß zurechtgestutzt, das fast nichts von ihm übrig ließ. Und in neuen Märkten wuchs die Macht des Bill Gates stetig.

David Bradford war mehr mit Rechtstheorie durchtränkt als in Rum eingelegte Früchte mit Alkohol. Verglichen mit den endlosen Satzkaskaden seiner juristischen Instruktionen wirkte selbst Marcel Prousts zwölfbändiges Monumentalwerk *Auf der Suche nach der verlorenen Zeit* wie eine Kurzgeschichte.

Novells Chefberater war sich der Tatsache bewußt, daß die Europäische Kommission in der Vergangenheit Praktiken verurteilt hatte, derer sich Microsoft sowohl in Europa als auch in Amerika bediente. Bill Neukom stand das Wasser bis zum Hals.

Nun hatte er es mit der EU zu tun. Im Juli hatte Novell in Europa Vorwürfe erhoben, vergleichbar denen, die sie in den Vereinigten Staaten vorbrachten.

Die Wirklichkeit war manchmal wirklich seltsamer als die Dichtung. Während die Untersuchung durch die FTC ihm wie Wasser durch die Finger rann und in den Händen des Justizministeriums landete, hatte Stefanie Reichel sich mit Neukoms Hilfe den Avancen von Bill Gates entzogen. Währenddessen schickte sich Gates an, Noorda ein für allemal abzuhängen, indem er durch die Einführung von ›Chicago‹, das später Windows 95 heißen sollte, das Betriebssystem DOS praktisch obsolet machen würde.

Am 24. März hatte Gates sich bei Reichel per E-Mail dafür entschuldigt, ihr das Geld nicht zurückgegeben zu haben, das sie während eines Trips nach Amsterdam vorgestreckt hatte. Er versicherte ihr seine Freundschaft, obwohl sie seine Avancen bereits endgültig zurückgewiesen hatte – um sich Neukom zuzuwenden. Gates setzte sie auch über seine bevorstehende Hochzeit ins Bild.

Der Microsoft-Chef hatte Reichel zusammen mit einem Mitarbeiter auf dem Firmengelände in einem Porsche herumfahren gesehen, und immer noch empfand er Eifersucht.

Etwa zur gleichen Zeit beklagte sich Neukom bei seinen Vertrauten, Gates zeige sich ihm gegenüber undankbar. Er hatte geglaubt, ihm stünde jetzt eine Beförderung zu, nachdem er für Microsoft durch das Fegefeuer der FTC gegangen war. Aber Gates schenkte ihm keinerlei Beachtung. Monate später stellte er Gates zur Rede und bekam seinen Willen. Mehr oder weniger. Neukom blieb daraufhin die ganze Nacht auf, um höchstpersönlich eine Pressemitteilung zur Ankündigung seiner Beförderung zu schreiben. Allerdings war ihm keine Gehaltserhöhung gewährt worden.

Neukoms Versuche, die Vorstöße der FTC abzuwenden, hatten zu nichts geführt. Vor dem Abstimmungspatt im Juli waren seine Verbindungsleute an Senator Slade Gorton in Washington mit der Bitte herangetreten, bei den anstehenden Haushaltsdebatten die Bewilligung des Budgets der FTC von der Bedingung

abhängig zu machen, keine weiteren Gelder auf Nachforschungen über Microsoft zu verwenden.
Die Dinge änderten sich zu schnell, um über die Vergeblichkeit früherer Anstrengungen zu grübeln.
Er wußte, daß Gates und sein Betriebssystem-Team bis Weihnachten mit Vorbereitungen für eine von Microsoft ausgerichtete industrieweite Konferenz für Entwickler von Windows-Software beansprucht sein würden. Neukom und sein Team hatten die neuen Vertraulichkeitsvereinbarungen ausgearbeitet. Noorda sollte bereuen, sich je mit Gates angelegt zu haben. Und so würde es allen Konkurrenten ergehen, die alternative Standards unterstützt hatten, wie z.B. Wabi und OpenDoc, jene Firmen, von denen Microsoft wußte, daß sie gegenüber der FTC ausgesagt hatten und jetzt mit dem Justizministerium zusammenarbeiteten. Wabi und OpenDoc waren offene Standards, die jedem Software-Entwickler die Möglichkeit boten, Anwendungen für Windows zu schreiben, ohne dabei dem Diktat Microsofts unterworfen zu sein. All diese Firmen würden ›spezielle‹ Versionen der Beta-Software sowie Vertraulichkeitsvereinbarungen erhalten, die sie aus der Bahn werfen würden.

Im Winter des Jahres 1994 schöpfte Sam Miller, Anklagevertreter des Justizministeriums, den Verdacht, daß etwas fehle. Kurz nachdem er in die Dienste der Behörde getreten war, hatte er entdeckt, daß die Akten nicht vollständig waren. Es fanden sich große Lücken in den neuen Unterlagen, die Microsoft nach der Vorladung durch das Justizministerium herausgerückt hatte.
Janet Reno erschien am 10. Januar auf der Feier anläßlich des 60. Jahrestages der Gründung der Kartellabteilung und hielt eine Rede über die Notwendigkeit einer Forcierung der Kartellgesetzgebung. Zwei Tage später wohnte Reno einer Chef-Besprechung der Abteilung bei, in der Verwaltungsfragen diskutiert wurden. »Sie unterstützt uns auf vielfache Weise und dafür sind wir ihr sehr dankbar«, erklärte Bingaman später ihren Mitarbeitern. Miller erstattete Bingaman Bericht, die ihrerseits regelmäßig Reno und ihrem direkten Stellvertreter Webb Hubbel berich-

tete, bis dieser selbst Probleme rechtlicher und politischer Natur bekam und vor die Tür gesetzt wurde.

In den vergangenen Wochen hatte Miller einige Telefonate mit Norris Washington geführt, der das Gefühl hatte, während der gesamten Zeit, in der er sich mit Microsoft beschäftigte, seien Beweise zurückgehalten worden. Miller verglich das Datum der letzten Zeugenvorladung der FTC mit dem der ersten Zeugenvorladung des Justizministeriums. Beide wußten jedoch, daß man in Zivilprozessen nur wenig erreichen konnte, selbst wenn Beweise vorsätzlich zurückgehalten worden waren. Es war schwer zu belegen, daß gemauert wurde, wenn es nicht ein ›Vögelchen‹ innerhalb der Firma gab. In einem Kriminalfall hätte das Verschweigen von Beweisen weitaus ernsthaftere Konsequenzen. Nichtsdestotrotz war die Behinderung von Ermittlungen der Bundesbehörden eine Straftat. Und beide – Washington und Miller – waren in Alarmzustand versetzt. Auch Anne Bingaman hatte einige schlaflose Nächte.

Es war in der Woche um den 7. Dezember, als eine Gruppe von Juristen des Ministeriums sich auf den Weg ins Lotus-Land – also nach Cambridge, Massachusetts – machte, um die ›beweiskräftigen Akten‹ in die Hände zu bekommen. Sachgebietsleiter Rosen hielt Bob Litan auf dem laufenden, was die Entwicklungen in Sachen Microsoft anging. Der Gruppe um Miller gehörte auch Don Russel an, ein Bursche, der keinen Spaß verstand. Miller wurde allmählich mit dem Fall vertraut.

Andy Berg und Tom Lemberg, die Vertreter von Lotus, hatten zusammen mit Repräsentanten anderer Unternehmen verzweifelt versucht, Russel, Miller und den Rest der Truppe dazu zu bewegen, ihre Untersuchungen weiter auszudehnen. Es war ihre letzte Chance, dafür zu sorgen, daß der Teil der Untersuchung, der sich mit Anwendungs-Software beschäftigte, nicht sang- und klanglos untergehen würde. Die Ermittlungen erwiesen sich in diesem Fall jedoch als wesentlich komplizierter und zeitaufwendiger als in dem ›klassischen‹ Fall des exklusiven Handels und der Produktbindung, der sich auf Microsofts Praktiken auf dem Markt für Betriebssysteme konzentrierte.

Bergs Hoffnung wuchs, als Lotus eine Anfrage des Justizministeriums erhielt, die unter anderem Auskunft über die Marktanteile für Anwendungs-Software verlangte, sowohl über die von Lotus wie auch die seiner Rivalen. Die Kartellabteilung erbat auch Vorschläge, wen man von Microsoft vorladen solle. Auch bei Lotus sollten Zeugen vernommen werden.

Der technische Experte Andrew Schulman wurde in einem Hotelzimmer zweieinhalb Stunden von Justizbeamten verhört. Unter anderem versuchte er, den Anwesenden klar zu machen, wie Microsoft seine Monopolstellung bei Betriebssystemen dazu benutzte, sich Vorteile im Markt der Anwendungs-Software zu verschaffen. Es gab keine Möglichkeit nachzuweisen, wie viele Zeilen geheimen Codes – wie der AARD-Code – in den Millionen Codezeilen des Betriebssystems von Microsoft versteckt waren. Microsoft hatte über alles einen technologischen Schleier gelegt, den niemand – weder die Feds noch sonst jemand – lüften konnte.

Die Justizvertreter quetschten Schulman über Themen wie Schnittstellen-Management, Standards, Kompatibilität, nicht dokumentierte Schnittstellen und mögliche Gegenmaßnahmen aus. Der Mund des Mannes wurde immer trockener. Aber die Beamten boten ihm nach wie vor kein Wasser an, und der Raum begann mit dem Schwinden des Tageslichts im Halbdunkel zu versinken.

Schulman redete weiter. Die Bundesbeamten machten ausgiebig Notizen. Schließlich streckte er den Arm aus und schaltete das Licht an. Die Burschen hatten keine Umgangsformen. Sie waren in dieser Beziehung ein wenig wie Bill Gates, dachte er. Elende Rechtsverdreher.

Als sich Gates im Januar 1994 darauf vorbereitete, in einer anderen Sache in den Zeugenstand zu treten, ging im Justizministerium das Gerücht um, Bingaman wäre Anfang April – kurz vor der Frühjahrstagung der Kartell-Sektion der Vereinigung Amerikanischer Anwälte in Washington – zu einer Klageerhebung gegen Microsoft bereit.

Bingaman sprach mit Mary Lou Steptoe, der Leiterin des Büros für Wettbewerbsrecht bei der FTC. Sie hatte ihr zugesagt, sie über die erzielten Fortschritte auf dem laufenden zu halten. »Du wirst weiter von mir informiert. Schließlich bist Du die Mutter des Ganzen«, sagte Bingaman. Ihr ursprünglicher Plan war gewesen, die Anklage im Februar zu erheben. Aber die Juristen hatten noch heftig über deren Umfang debattiert.

Einige Vertreter des Justizministeriums waren der Ansicht, die FTC habe ihnen einen voll ausgearbeiteten Fall auf dem Silbertablett serviert. Aber der Fall der Kommission hatte sich auf wenige Aspekte der Geschäftspraktiken Microsofts beschränkt.

Miller würde die Überlebenschance einer erweiterten Anklage in einer Scheinverhandlung innerhalb des Justizministeriums prüfen. Die Juristen Washingtons kramten ihre alten Bücher mit Präzedenzfällen hervor. Das Justizministerium kämpfte jetzt mit derselben verzwickten Fragestellung, die zuvor das Kartellamt beschäftigt hatte: die Reichweite der Anklage zu erweitern oder zu begrenzen.

Nachdem Bob Litan, der stellvertretende Leiter des Sachgebiets Regulierung, mit Miller wochenlang die unterschiedlichsten Theorien bezüglich der Anklage erörtert hatte, fiel die Entscheidung, eine erweiterte Anklage zunächst in den eigenen Reihen zu überprüfen. Hierbei sollte die Kartellrechts-Theorie der *essential facility* als Basis dienen, welche in den vergangenen zehn Jahren beinahe in Vergessenheit geraten war.

Diese Idee der ›wesentlichen Ressource‹ war schon Kern eines staatlichen Kartellverfahrens gegen den Telekommunikationsriesen AT&T sowie der privatrechtlichen Klage von MCI gegen AT&T gewesen. Obwohl eine Übertragung dieses Ansatzes auf die Softwareindustrie nicht unumstritten war, erschien Litan und Miller dieser Weg vielversprechend. Auf ihm könnte man die Lizenzierungspraktiken von Microsoft in den Griff bekommen, die – so die Argumentation – in der Monopolisierung des Handels und einer Reihe von illegalen Produktbindungen resultierten.

Außerdem untersagen die Kartellgesetze den Unternehmen, ihre Macht in einem Marktsegment dazu zu benutzen, sich Vorteile in einem anderen Segment zu verschaffen, was allerdings noch umstrittener war als die Theorie der *essential facility*. Das höchste Bundesgericht hatte bestätigt, daß diese Theorie als mögliche Basis für Kartellverfahren dienen könne, obwohl während der Reagan-Regierung die Definition, was eine solche ›wesentliche Ressource‹ sei, von nachrangigen Gerichten weitgehend eingeengt wurde.

»Natürlich hat die Regierung unter Reagan und Bush nie solche Verfahren initiiert«, bemerkte Robert Pitofsky, ein Kartellexperte, der zu der Übergangsmannschaft von Bill Clinton im Justizministerium gehört hatte und später Vorsitzender der FTC wurde. »Ich wäre nicht überrascht, wenn eine Demokratische Administration versuchte, den Weg dafür wieder frei zu machen.« (Pitofsky sollte später genau dies tun, als er 1998 einen entsprechenden Fall gegen den Halbleiter-Riesen Intel aufbaute.) Pitofsky und sein Kollege Michael Sohn wurden unmittelbar vor dem zweiten Microsoft-Patt der FTC von Novell angeheuert, um die Beschwerden Novells über Microsoft dem Justizministerium gegenüber zu vertreten; damit lösten sie Sturge Sobin ab. Die beiden waren überzeugt von der juristischen Fundierung der Argumentation, daß, wenn ein Unternehmen eine *essential facility* kontrolliere, es sich gegenüber seinen Kunden und Lieferanten fair und gerecht zu verhalten habe.

Microsofts Konkurrenten lieferten bei der Beweisaufnahme den Justizbehörden die Fakten dafür, daß das Unternehmen die Kontrolle über einen technologischen Flaschenhals besaß, durch den die gesamte Computerindustrie hindurch mußte. Microsoft enthielt der Industrie wichtige technische Informationen vor, die es seinen eigenen Entwicklern für hauseigene Anwendungs-Software ohne weiteres zur Verfügung stellte.

In der letzten Vorladungsrunde wollte das Justizministerium endgültig nachweisen, daß Microsofts beherrschende Betriebssysteme DOS und Windows solche *essential facilities* darstellten. Laut Gesetz mußte anhand der folgenden vier Kriterien geprüft werden, ob ein solcher Fall vorliegt: 1. Kontrolle einer Technologie durch ein Monopolunternehmen, 2. die Unfähigkeit der Konkurrenten, einen vollwertigen annehmbaren Ersatz für diese

Technologie zu entwickeln, 3. Zugangsverweigerung gegenüber Konkurrenten zu dieser Technologie, obwohl 4. die Möglichkeit besteht, dem Konkurrenten diese Technologie zur Verfügung zu stellen.

Einer der Vertreter des Justizministeriums behauptete: »Es kann bewiesen werden, daß Windows eine solche *essential facility* darstellt. Ich denke, es handelt sich hier um etwas, das weniger mächtigen Konkurrenten unbedingt in geeigneter Weise zugänglich gemacht werden muß, damit sie auf dem Markt der Anwendersoftware überhaupt wettbewerbsfähig bleiben.«

Andrew Berg von Lotus war mehr als erfreut bei dem Gedanken, das Justizministerium könne Microsofts unfaire Methoden gegenüber Verkäufern von konkurrierender Anwendersoftware zur Sprache bringen. Aber eine Ausweitung der Vorwürfe würde eine große Zeitverzögerung bedeuten, Bingaman wünschte schnelle Ergebnisse.

Litan und Miller wußten, daß ein Vergleich möglich wäre, aber sie mußten weiterhin auf ein Gerichtsverfahren vorbereitet sein, falls Gates nicht nachgeben würde.

Sie würden Microsoft die Gelegenheit geben, eine Einwilligungserklärung zu unterschreiben, die eine Gerichtsverhandlung überflüssig machen konnte.

Auf lange Sicht wäre es aber Aufgabe eines Bundesrichters zu urteilen, ob Microsoft gegen das Gesetz verstoßen hatte.

Microsoft für seinen Teil schien eine Show abzuziehen, indem man sich unschuldig wie ein neugeborenes Kind gebärdete. Auf die Frage eines Pressevertreters, ob seine Unternehmenspolitik, Software-Lizenzen pro Prozessor zu vergeben, nicht wettbewerbswidrig sei, antwortete Bill Gates in einer E-Mail: »Unsere [Kunden] beschreiben [sic; Bill Gates meint wahrscheinlich: bestimmen] den Verhandlungs- und Entscheidungsprozeß, indem sie den Umfang und die Art der Lizenzierung selbst wählen. Nur eine Minderheit wählt die Pro-Prozessor-Lizenz.«

Gates wußte, daß eine kleine Minderheit von Herstellern und Händlern den Löwenanteil des weltweiten Computerhandels unter sich aufteilte. Es gab kleinere Unternehmen auf der ganzen Welt, die eine geringe Anzahl von Lizenzen für Betriebssysteme erwarben. Die größten und mächtigsten waren aber an Lizenzen pro hergestelltem oder verkauftem Computer gebunden. Zur damaligen Zeit betraf dies mehr als 60 Prozent des Weltmarktes.

Gates fuhr fort: »Natürlich haben wir unser Verhalten in der Vergangenheit sehr, sehr sorgfältig geprüft, nachdem die Regierung uns darauf angesprochen hatte. Keine der Anwaltskanzleien, die wir mit der Prüfung beauftragt hatten, konnte etwas finden, was sie zu beanstanden gehabt hätte. Wir brauchten nichts zu ändern, weil es keinerlei Probleme gab.«

Wenn das Justizministerium versuchen sollte, einen Fall aufgrund der Theorie der *essential facility* ins Rollen zu bringen, so würde man Neuland betreten. *Essential facilities* zeichneten sich bisher so gut wie immer durch ihren materiellen Charakter aus, wie z.B. das Schienennetz oder Telefonleitungen. Im Gegensatz dazu stand der immaterielle Charakter von Software.

Wenn diese Theorie dazu benützt würde, auch den Wettbewerb innerhalb der Softwareindustrie zu betrachten, konnte dies dramatische Veränderungen für die Bewertung des Wettbewerbsverhaltens in sich entwickelnden Zukunftsmärkten nach sich ziehen. Es gab bereits einen erfolgversprechenden, wenn auch umstrittenen Präzedenzfall. Die Gerichte hatten eine *essential facility*, die keinen materiellen Charakter besaß, gemäß des Abschnitts II des Sherman Act für schützenswert erachtet.

Es handelte sich hierbei um den Fall BellSouth Advertising vs. Donelly, über den 1988 im südlichen Teil Floridas verhandelt wurde. »Informationen« wurde damals der Rang von wesentlichen Ressourcen zugesprochen. Donnelly wollte von BellSouth eine Liste der Inhaber von Telefonanschlüssen für deren Vertriebsgebiet erhalten, um auf diese Weise ein wettbewerbsfähiges Telefonverzeichnis drucken zu können. Donnelly behauptete, die Liste stelle im Sinne der Kartellgesetze eine *essential facility* dar. BellSouth beantragte ein beschleunigtes Verfahren und behauptete das Gegenteil. Das Gericht lehnte den Antrag ab und unterstrich, daß immaterielle Güter durchaus den Charakter einer *essential facility* haben können. Das Urteil wurde im Jahre 1991 vom elften Bezirksgericht für Revisionsverfahren bestätigt.

Hier könnte man nun eine Parallele zu den Informationen ziehen, die Software-Entwickler über ein Betriebssystem benötigen, um Anwendungs-Software schreiben zu können.

Ad Rietveld von WordPerfect war Anfang Januar an Ray Noorda wegen einer möglichen Fusion von WordPerfect und Novell herangetreten.

Unbemerkt von Noorda hatte er auch bei Jim Manzi, dem Chef von Lotus, angeklopft. Rietveld war mit der Suche nach möglichen Partnern von den WordPerfect-Gründern Alan Ashton und Bruce Bastian betraut worden.

Rietveld machte daraus eine große Show. Aber sie war nichts gegen die Show, die Gates vor dem Bundesgericht in Los Angeles abzog.

Der arme kleine Bill hockte am 27. Januar 1994 um 10.30 Uhr vormittags auf der harten unbequemen Holzbank des Bundesgerichts von Los Angeles. Er wirkte gleichzeitig angreifbar und trotzig, wie ein unartiger Schulbube. Aber statt einer Steinschleuder hatte er eine Ausgabe der Zeitschrift *Fortune* auf den Knien, die er zusammenpressen mußte, damit das Hochglanz-Magazin nicht von seinem dunklen blaugrauen Anzug auf den Boden rutschte. Gates wirkte abwesend.

Im Raum herrschte ein einziges Chaos. Längs einer schmuddeligen Wand waren Kartons mit Unterlagen gestapelt, fünf in der Höhe, vier in der Tiefe. Telefon- und Computerkabel, die sich quer durch den Gerichtssaal schlängelten, waren zu einem wirren Strang zusammengedreht und achtlos mit silbernem Klebeband befestigt worden.

Gates war von Stac Electronics wegen der Verletzung von Patentrechten verklagt worden. Gary Clow, Präsident von Stac, bezichtigte ihn, Stacs Technik der Datenkomprimierung – ›Stacker‹ genannt – im eigenen Komprimierungsverfahren, das ›DoubleSpace‹ hieß und Teil von DOS 6 war, verwendet zu haben. Stac hatte Microsofts Angebot, die Stacker-Technologie durch Lizenz zu erwerben, rundweg abgelehnt. Nach Aussage von Clow wollte Microsoft praktisch nichts dafür zahlen, außer daß sich Stac im Angesicht Microsofts sonnen durfte.

Clow sagte aus, Microsoft habe Stac gedroht, falls man sich weigere, würde Microsoft das Verfahren trotzdem verwenden und Stac aus dem Geschäft drängen.

Neben Gates saß Bill Neukom, mit ihm scherzend und flüsternd. Dann und wann blickte Gates verstohlen auf das Titelblatt von Fortune, als ob er Selbstbestätigung brauchte.

Er war jetzt beinahe sieben Milliarden Dollar schwer und damit der zweitreichste Mann in den Staaten. Den ersten Platz hatte er wenige Monate zuvor an seinen Freund Warren Buffett abgegeben. Gates hatte ihn angerufen und ihm gratuliert. Gates Vermögen durfte in den vier Wänden des Gerichtssaals, in dem die Anklage von Stac gegen Microsoft erörtert werden sollte, auf ausdrücklichen Wunsch von Microsoft nicht erwähnt werden. Edward Rafeedie, der Vorsitzende Richter, glatzköpfig und um die sechzig, vertrat die Marschrichtung, Gates persönlicher Wohlstand tue nichts zur Sache.

Die Geschichte wurde ausgebreitet. Stac begann 1991 Gespräche mit Microsoft über die Lizenzierung seiner Datenkomprimierungstechnik für das angekündigte DOS 6. Aber als die Lizenzbedingungen erörtert werden sollten, dämmerte es Stac, daß Microsoft für diese Technologie ein völlig unangemessener Betrag vorschwebte. Als Stac gegen Ende 1992 die Verbindungen mit Microsoft abbrach, implementierte Microsoft in Zusammenarbeit mit einem anderen Unternehmen die Datenkomprimierungstechnik – wie angekündigt – in die Version 6 des Betriebssystems DOS.

Stac erhob seine Klage gegen Microsoft im Januar 1993. Microsoft schlug mit einer Klage gegen Stac zurück, nachdem es ein sechzehn Jahre altes Patent aufgespürt und gekauft hatte, das als Basis für die Klage dienen sollte.

Ein wenig bekannter Aspekt dieses Falls bestand in Microsofts Anschuldigung, Stac habe Geschäftsgeheimnisse ausgespäht und undokumentierte Techniken zur Datenkomprimierung in DOS 6 gestohlen. Stac enthüllte, daß Microsoft eine Kompression eines Drittanbieters im innersten Kern seines Betriebssystems benutzte. Alle Computer enthalten in einer Datei, die CONFIG.SYS heißt, die Anweisungen, welche Gerätetreiber[1] sie laden sollen. Zum ›Betriebsgeheimnis‹ von Microsoft gehörte es, das Betriebssystem zu veranlassen, die Programmteile für die Datenkomprimierung vor der Abarbeitung der Datei CONFIG.SYS zu laden. Stac versuchte, den Schaden, den Microsoft durch die Patentverletzung und den Verkauf des Kompressionsverfahrens mit DOS 6 angerichtet hatte, dadurch zu begrenzen, daß man den Programmcode von DOS 6 ›rückübersetzte‹, der dieses irreguläre Verhalten des Betriebssystems möglich machte.

Stac monierte, daß Microsoft sich selbst als Urheber des Betriebssystems durch den Gebrauch undokumentierter Funktionen einen unfairen Vorteil gegenüber anderen Unternehmen verschafft habe, die ebenfalls Hilfsprogramme entwickelten und anboten. »Sie können ihre Datenkompression zuerst laden, wir können das aber nicht«, erklärte Stac später den Anwälten der Bundesregierung. Das brachte Microsoft in die Situation, seinen Gebrauch undokumentierter Programmtechniken verteidigen zu müssen – eine Praxis, die es vorher gegenüber dem Justizministerium geleugnet hatte.

Ein Raunen ging durch die Computerindustrie. Ein Raunen ging durch Washington. Und im Heer der Microsoft-Juristen ging es zu wie in einem Ameisenhaufen. Während der Prozeß wegen Patentverletzung seinen Fortgang nahm und der David Stac gegen den Goliath Microsoft mit seinen Milliarden antrat, war das Justizministerium auf der Hut. Man hielt Gates für einen Gesetzesverächter, der im Zaum gehalten werden mußte.

Bill Gates war in der Tat dafür berüchtigt, daß er sich ein Vergnügen daraus machte, sich einfach alles zu erlauben. Polizisten brachte er dazu, über seine Verkehrsvergehen hinwegzusehen, er hielt sich zwei Vorbestrafte, die seine finanziellen Angelegenheiten regelten, und riß sich wiederholt die Arbeit kleinerer Unternehmen unter den Nagel.

---

[1] Das sind kleine Programme, die die Zusammenarbeit zwischen der »Zentrale« des Computers und seiner Peripherie möglich machen und regeln.

Gates war ein Gauner, eine Inkarnation des Hermes, des Gottes der Diebe. Bill liebe es, Ideen zu stehlen, und kenne dabei keine Grenzen, sagten ihm seine Gegner nach. Er sei wie ein Raubtier, das alles verschlinge, so die Meinung der Chefmanager von Konkurrenzunternehmen: ein ungekämmter, asozialer, dürrer, haltloser, unbeholfener Lex Luthor[2].

Die sind ja nur grün vor Neid, argumentierten die Anhänger von Microsoft. Undankbare Kleingeister, die es nur Gates verdankten, daß sie Arbeit hatten. Wäre er nicht gewesen, würden sie immer noch in der Steinzeit leben. Hatte er nicht eigenständig die Software-Industrie erfunden? Sie war sein Werk! War es seine Schuld, wenn Konkurrenten ihm die Geheimnisse ihrer Produkte offenbarten? Welches Recht hatten sie, ihm Vorschriften zu machen?

Oh Bill! Armer Bill! Es war nicht deine Schuld, daß wenige Wochen zuvor, an deinem Hochzeitstag, deine Sicherheitskräfte Menschen aus öffentlichen Parks und von den Stränden der Hawaii-Insel Lanai vertrieben hatten. Die Staatsanwaltschaft in Honolulu hatte deswegen eine Ermittlung eingeleitet. An seinem Hochzeitstag! Glücklicherweise würden die auf Lanai den meisten Ärger abbekommen. Man konnte von einem Besucher der Insel doch nicht erwarten zu wissen, daß alle Parks und Strände öffentlich zugänglich sind.

Als sein Name als erster Zeuge aufgerufen wurde, fielen seine Gesichtszüge in sich zusammen. Bleichgesichtig erhob er sich, steif und unbeholfen stolperte er zum Richtertisch, wo er verlegen herumstand, als die sechs Geschworenen und ihre zwei Vertreter den Saal betraten. Keiner von ihnen hatte viel mehr als einen Highschool-Abschluß vorzuweisen. Alle im Gerichtssaal standen erwartungsvoll und harrten der Dinge, die da kommen sollten. Der Raum roch muffig. Und es schien eine Ewigkeit zu dauern, bis der Richter seinen Platz erreichte.

Neukom fixierte Gates mit seinen Blicken. Stacs Anwalt Morgan Chu, ein kleiner energiegeladener Mann mit tief-

---

[2] Der böse superreiche Gegenspieler von Superman

Die Microsoft-Akte

schwarzen Haaren, nahm ihn in die Zange und erwischte ihn ständig bei Widersprüchen und Falschaussagen.

Auch die Jury sollte sich nun an einer E-Mail von Bill erfreuen. (Deren Inhalt sollte nun nichts mit dem Bild des herzigen und kuscheligen Bill gemein haben, wie er es selbst in seiner E-Mail an die Zeitschrift *The New Yorker* entworfen hatte!)

In einer E-Mail vom 6. März 1992, die an Brad Silverberg gerichtet war (Kopien gingen an Paul Maritz, Vizepräsident von Microsoft und verantwortlich für Betriebssysteme sowie an Mac MacCauley, einen weiteren Mitarbeiter), führte Gates aus: »Ich will den vollen Funktionsumfang von QEMM und den vollen Funktionsumfang von Stacker, damit es [DOS 6] ein aufregendes Produkt wird.« QEMM war von einem Konkurrenten entwickelt worden. Ein Grund, so Gates, warum er den Funktionsumfang von Stacker in Microsofts DOS implementieren wolle, sei, »etwas besseres als den Mist von DR-DOS zu bekommen.«

Datenkompression war ein Feature, das in DR-DOS eingebaut war, nicht aber in MS-DOS. Gates war entschlossen, dieses Feature in sein nächstes DOS (Version 6) zu integrieren, so daß er unter anderem die Einkaufspreise des Betriebssystems für die Computerhersteller erhöhen konnte.

In der E-Mail hieß es weiter: »Ich weiß nicht, wie die Spezifikation von Astro [der Microsoft-interne Codename für DOS 6] derartige Ansprüche erfüllen kann. Vielleicht sollten wir unsere grauen Zellen ein wenig anstrengen. Da wir das meiste davon einkaufen, ist es schwer abzuschätzen, ob es billig wird: Wir sollten einen PLN machen.« (PLN bedeute Plan, erklärte Gates dem Gericht.)

Der Kern von Gates Aussage war, daß er sicherstellen wollte, daß die Fähigkeiten von DOS 6 mit denen der Konkurrenzprodukte mithalten konnten. Er wußte, daß die einzigen Möglichkeiten in diesem Fall darin bestanden, das Know-how zu kaufen oder es zu stehlen. Das Ganze sollte »billig« sein, weil er vorhatte, die Preise zu erhöhen, die die Computerhersteller zahlen mußten, um dann einen gewaltigen Schnitt bei den Lizenzgebühren zu machen.

Schließlich sollte Stac diesen Prozeß gewinnen. Das Gericht würde Microsoft dazu verurteilen, einen Schadensersatz in Höhe von 120 Millionen Dollar an Stac zu zahlen. Stac gehörte zu den wenigen kleinen Unternehmen, die sich ihre selbst entwickelte Technologie hatten patentieren lassen. Das war die Grundlage, um den Prozeß gegen Microsoft zu gewinnen. Stac war der klare Sieger, obwohl das Gericht Microsoft für seine Gegenklage wegen der Rückübersetzung des Codes von Microsofts Betriebssystem seinerseits einen Schadensersatz von 13,6 Millionen Dollar zusprach. Rückübersetzung von Programmcode war lange Zeit in der Computerindustrie gang und gäbe, aber die Jury gestand Microsoft den kleinen Trost trotzdem zu. Der Richter ordnete eine weltweite Rückrufaktion für DOS 6 an.

Sam Miller und Bob Litan folgten fasziniert der Auseinandersetzung zwischen Microsoft und Stac Electronics. Sie konnte möglicherweise genug Licht auf den Sachverhalt werfen, um dem Justizministerium zu ermöglichen, von Microsofts Raubzügen auf dem Computermarkt ein zutreffendes Bild zu zeichnen. Auf der anderen Seite könnte man einwenden, das Verfahren gäbe nur den Blick auf die Naivität kleinerer Unternehmen frei, die ihren Besitzstand verteidigen wollen, wenn sie sich mit den vorgeblichen Schikanen Microsofts konfrontiert sehen. Die Juristen des Ministeriums meinten, Microsoft sei mit dem Teil des Prozesses, bei dem es darum ging, daß Stac angeblich Geschäftsgeheimnisse gebrochen habe, ins Fettnäpfchen getreten.

Miller und Litan waren wachsam. Schließlich waren die Sachverhalte, um die es hier ging, außerordentlich kompliziert. Die Juristen des Ministeriums gelangten zu der Auffassung, daß es zu schwierig sein würde, Microsofts Programmiertechniken zu überwachen. Dies war bei der zur Verfügung stehenden Zeit nur möglich, wenn sich jemand fände, der den Mut und auch die notwendigen finanziellen Mittel besaß, um den Weg einer Zivilklage zu gehen.

Inzwischen rüstete sich das Team für folgendes Szenario: Litan würde Bill Gates und Neukom in sein Büro bitten und ihnen eröffnen, daß die Kartellabteilung bereit sei, zu prozessieren. Ihnen würde eine schriftliche Einwilligungserklärung unterbreitet. Falls sie diese nicht unterschrieben, würde das Justizministerium innerhalb von drei Wochen Klage beim höchsten Gericht einreichen. Es konnte bis zu einem Jahr dauern, bis der Fall zur Verhandlung käme. Falls ein Vergleich zustande käme, rechnete man damit, die genauen Details in einer Reihe von weiteren Verhandlungen besprechen zu müssen. Wie dem auch sei, die Rechtsgelehrten von Microsofts Konkurrenten studierten sorgfältig die Einzelheiten des Tunney Act, um ein Ergebnis zu erzielen, daß mehr als einen symbolischen Akt darstellte.

Der Tunney Act, verfaßt von Senator John V. Tunney, legt das Vorgehen für die Überprüfung fest, ob ein öffentliches Interesse an einem Vergleichsvorschlag besteht. Dieses Gesetz war zu einer Zeit entstanden, als der Verdacht aufkam, daß Politiker Bestechungsgelder erhielten, um Unternehmen den Rücken freizuhalten und die Unterzeichnung bedeutungs- und wertloser Unterlassungserklärungen zu ermöglichen, die das Justizministerium vorschlug. Aufgrund dieses Gesetzes mußte das Justizministerium jetzt Vergleichsvorschläge mit stichhaltigen Begründungen vor dem höchsten Gericht vertreten.

Von dritter Seite können Kommentare zu einem Vergleichsantrag abgegeben werden. Man rechnete damit, daß Microsofts Konkurrenten das Gericht mit einem Schwall von Anliegen eindecken würden.

Es konnte Monate dauern, bis ein Vergleichsvorschlag abgesegnet war. Den Juristen war bekannt, daß, wenn ein Gericht einen Vergleichsvorschlag im Mai billigte, es bis zum Sommer dauern konnte, bevor er Rechtskraft erlangte. Es ist bemerkenswert, daß bisher kein Vergleichsvorschlag auf der Grundlage des Tunney Act abgelehnt wurde. Aber einige mußten nach öffentlichen Einwendungen geändert werden.

Washingtons Kartellexperten wetteten im späten Januar, Microsoft würde eine derartige Erklärung unterschreiben. »Gates wäre verrückt, wenn er das nicht täte«, bemerkte Rich Rosen im Kollegenkreis.

Bingamans Gegner glaubten dagegen, die Kartellgesetzgebung sei überholt; die High-Tech-Märkte würden sich zu schnell verändern, als daß man sie regulieren könne. Aber Bingaman und ihre Kollegen waren fest davon überzeugt, daß die Instrumente der Kartellgesetze bei richtiger Anwendung nach wie vor geeignet seien, High-Tech-Märkte zu analysieren. Rich Gilbert unterstrich, daß die Anti-Monopol-Instrumente ständig modernisiert und die Analyse-Verfahren ständig verbessert worden wären. »Es ist immer noch dasselbe Anwendungsgebiet. Telefone sind immer noch Telefone, es steckt heute nur ein viel größerer Haufen Technologie in ihnen«, begründete er seine Auffassung.

Als Antwort auf die Forderung, die Regierung solle den Weg frei machen und die Märkte sich selbst überlassen, argumentierte Gilbert: »Ich glaube nicht, daß dies der Wirtschaft helfen würde. Konzentrationstendenzen können ein Risiko für Innovationen auf einigen Gebieten sein. ... Konzentrationstendenzen können aber auch notwendige Voraussetzung für Innovationen auf anderen Gebieten sein. Es ist offensichtlich unsere Verantwortung, ... sicherzustellen, daß wir mit den Fakten wie mit den wirtschaftlichen Aspekten vertraut sind, ebensogut wie mit den Gesetzen, damit wir immer die richtige und dem jeweiligen Fall angemessene Entscheidung treffen.«

12 Der Master-Plan

Während die Untersuchung des Justizministeriums gegen Microsoft nur schleppend vorwärts kam, überschlugen sich auf dem Softwaremarkt die Ereignisse. Es war das alte Problem: Die Märkte bewegten sich schnell, während die Mühlen der Justiz nur langsam mahlten, vor allem die des Kartellrechts. Im Frühjahr 1994 waren zwei der Rivalen von Gates – WordPerfect und Borland – kurz davor, ihren Geist aufzugeben. Gelegenheit zum Großeinkauf. Unter dem Eindruck, nur derjenige könne Microsoft in Zukunft Paroli bieten, der auf allen Hochzeiten tanzt, war Novell bereit, beide Unternehmen zu schlucken. Es war das letzte Aufbäumen des Marktes für Anwendungssoftware bevor er sich Bill Gates ganz unterwerfen sollte.

Im März 1994 referierte D'Artagnan mitten im Herzen New Yorks im Manhattan Club vor einer Schar von Telekommunikations-Managern. Neben ihm saß sein alter Kollege und Zimmergenosse, Rich Rosen, Sachgebietsleiter im Justizministerium. Er war jetzt ebenso tief in den Fall Microsoft verwickelt, wie damals D'Artagnan im FTC.

»Die Kontrolle der Monopole ist nicht alles auf der Welt. Nur ein Pickel im Gesicht der Wirtschaft«, scherzte D'Artagnan bissig.

»Ich würde sagen, es handelt sich hier mehr um einen Schönheitsfleck«, warf Rosen ein. Die Gruppe brach in Gelächter aus.

Die Kräfte der Wirtschaft – und der Märkte selbst – schienen so unbeherrschbar wie Wirbelstürme zu sein, welche Richtung sie nahmen, ließ sich oft nicht genau vorhersagen; bis sie eine Schneise der Zerstörung in die Landschaft gepflügt hatten. Im Gegensatz dazu erschien der Versuch, Einfluß auf den Konzentrationsprozeß der Wirtschaft zu nehmen, wie ein winziger Fleck auf dem Radarschirm. Darauf spielte D'Artagnan in seiner Pikkel-Analogie an. Tatsächlich war er in Gelächter ausgebrochen, als er von Rosen hörte, daß im Besprechungsraum der leitenden Mitarbeiter des Justizministeriums eine Dartscheibe mit dem Konterfei von Bill Gates hing.

Hier saßen also zwei Hüter des umstrittensten Kartellfalls seit der Zerschlagung von AT&T traut beisammen. Der Markt hatte sie und ihre Kollegen auf dem Schauplatz der Auseinandersetzungen mehr als einmal als Verlierer zurückgelassen. Es stellte sich heraus, daß die Telekommunikation über eine größere Anziehungskraft als die Computerszene verfügte. Auf die Dauer wurde es jedem langweilig, die Bits und Bytes von Bill Gates zu zählen. Gates hatte die Zeichen der Zeit erkannt und sich inzwischen mit McCaw Cellular zusammengetan. Sein Ziel war es, zusammen mit Craig McCaw die Firma Teledisc zu gründen, um sich ein Stück vom Kuchen der zukünftigen Infrastruktur der Satellitenübertragung zu sichern. Sowohl die Telekommunikations- als auch die Softwareunternehmen hatten erkannt, daß die Kombination von Inhalten und Infrastruktur Gold wert war.

›Synergie‹ war Mitte 1994 das angesagte Modewort: Computerfirmen, Hollywoods Rechte-Inhaber, Telefongesellschaften und Medien-Mogule vereinten sich zu wilden Konglomeraten. Das Informationszeitalter konnte sein Potential konnte nur dann voll entfalten, wenn die Verbraucher Informationen überall und jederzeit auf unterhaltsame Weise konsumieren konnten.

Im Manhattan Club schien es, als gefiele den Zuhörern aus der Telekommunikationsbranche das ungezwungene Paar. Rosen und D'Artagnan hatten während der vielen Jahre im Dienste der Regierung den Wandel von Recht und Gesetz miterlebt. Die

Kommission für Kommunikation lag augenblicklich mit den Kartellbehörden im Clinch. Sie versuchte, Einfluß darauf zu nehmen, wie die Grenzen zwischen örtlicher und nationaler Zuständigkeit und bei sich überschneidenden Märkten gezogen werden sollten. Hinzu kam, daß für die kommende Generation der Kleinstcomputer und Kommunikationsgeräte jetzt die Frequenzen zugeteilt werden sollten.

Im Justizministerium kämpfte man wie gewöhnlich mit den Problemen von gestern. Es war immer das gleiche. Man war frustriert, daß Sam Miller und Bob Litan immer noch über die Prozeßstrategie diskutierten. In den Akten türmten sich die Beweise.

D'Artagnan hatte in der Zwischenzeit bei Roger & Wells, der Firma Kevin Arquits, eine hochbezahlte Position eingenommen. Er verdiente jetzt das zehnfache seines vorherigen Gehaltes im Staatsdienst. Doch er fühlte sich entmutigt. Es ging ihm gegen den Strich, auf der Seite der Betuchten zu stehen, was sich in diesen Tagen manchmal nicht vermeiden ließ.

Während Rosen und D'Artagnan in New York die Rolle der Kartellaufsicht diskutierten, ging ein Beben durch die Computerindustrie des Landes. Ein Deal, der die Wettbewerbslandschaft gewaltig verändern würde, wurde abgeschlossen.

Josh Green war Anfang März des Jahres 1994 im Begriff, Geschichte zu schreiben, obwohl er nur daran dachte, nach Hause zum gemeinsamen Essen mit seiner Frau und seinen Kindern zu kommen.

Ein Jahr zuvor — Green war zu jener Zeit Anwalt bei Brobeck, Phleger & Harrison in Palo Alto, Kalifornien — war er beauftragt worden, die Investmentbank Morgan Stanley beim Börsengang von WordPerfect zu vertreten. Im Juni 1993, wenige Stunden bevor Green seine Unterlagen der Börsenaufsicht schikken wollte, platzte das Vorhaben.

Während der Vorbereitungen für den Börsengang hatte Green das Management von WordPerfect sehr gut kennengelernt und sich prima mit Duff Thompson, dem Vizepräsidenten und juristischen Chefberater, und Dan Campel, dem Finanzchef verstanden. Der Gang an die Börse war durch den Wunsch ausgelöst worden, den Aktionären von WordPerfect eine ausreichende Liquidität zu sichern. Aber die zu erwartenden Ergebnisse einer Reihe bedeutender Geschäftsoperationen lagen weiter im Ungewissen. Auf der einen Seite kam DOS 6 gerade auf den Markt. Sein Erfolg stand in den Sternen. Das Programmpaket WordPerfect Office 4.0 wurde erst seit kurzem ausgeliefert. Wie würde der Markt reagieren? Die Einführung von WordPerfect 6.0 war für Oktober 1993 angesetzt.

Der Markt für Anwendungssoftware war unentwegt in Bewegung. WordPerfect hatte im Bewußtsein, ein Komplettpaket für Bürosoftware anbieten zu müssen, mit Borland Kontakt aufgenommen. Deren Tabellenkalkulation und WordPerfects Textverarbeitung sollten gekoppelt werden. »Dies zusammen mit dem Umstand, daß wir dann auch noch als Aktiengesellschaft unter dem Mikroskop der Öffentlichkeit liegen, macht alles viel komplizierter. Warum tun wir das?«, fragte Thompson. Ein Börsengang war naturgemäß riskant, und es machte schon gar keinen Sinn, diesen Schritt zu einem Zeitpunkt zu tun, in dem vieles noch in der Schwebe war.

Nun, im Frühling 1994, hatten Thompson und Campel auf einem Golfplatz in Phoenix entschieden, daß Josh Green ihr Mann war.

Die zwei hatten diskutiert, ob es zweckmäßig sei, die Kanzlei Wilson & Sonsini bei einer möglichen Übernahme durch Novell zu beauftragen. WordPerfect war noch im Spiel und es schien als spiele es *Reise nach Jerusalem* mit zwei Partnern. Thompson und Campel fühlten sich mehr und mehr unwohl bei dem Gedanken, Larry Sonsini –der im Vorstand von WordPerfect und von Novell saß und dort auch als Rechtsbeistand tätig war – in strategische Überlegungen von WordPerfect einzuweihen.

»Wir sollten Larry da nicht hineinziehen,« bekräftigte Thompson, »gleichgültig, ob wir mit Novell oder Lotus abschließen.«

An diesem Tag hatte Green zusehen müssen, wie ein Mordsding von einer Fusion, an der er gearbeitet hatte, abstürzte und in Flammen aufging. Eine Schande, doch gleichzeitig war er erleichtert, es hinter sich zu haben und freute sich schon darauf,

Der Master-Plan

sich bald entspannen zu können. Dann, als er um 18.30 Uhr das Büro verlassen wollte, klingelte das Telefon.

»Josh, Du wirst nicht glauben, was ich Dir jetzt sage,« meldete sich Duff Thompson. Oh nein, dachte Green, das Abendessen ist gelaufen. In den nächsten zwei Stunden erzählte Thompson die Geschichte von den verschlungenen Wegen seiner Firma seit dem letzten Juni. Die neuesten Ereignisse waren pikant genug, daß Green das Abendessen fast ganz vergaß.

Von da an gab es kein Halten mehr: Greens Familienleben ging mal wieder den Bach herunter. Aber für die Softwarebranche würde dies der Deal des Jahrzehnts werden. So glaubte er jedenfalls.

Ein Buschfeuer wütete am 16. März 1994 im Büro von Bill Gates. »Connie, ich kann einfach nicht glauben, wie verdammt blöde Sie sind!« Gates riß sich das Mikrophon vom Leib und stürmte aus dem Zimmer, um sich in einem kleinen Vorraum zu verkriechen. Er wollte dort nicht mehr herauskommen.

Gates war von Connie Chung, der Starreporterin des Fernsehsenders CBS in die Zange genommen worden. *Auge in Auge* wurde zu *Schlag auf Schlag*. Chung hatte den Chef von Microsoft über seine Aussagen während des Prozesses wegen der Verletzung von Patenrechten der Firma Stac Electronics befragt. Für Gates ein Reizthema. Am gleichen Tag war er schon vom Fernsehsender BBC ins Kreuzverhör genommen worden.

Gates warf Chung Beleidigungen an den Kopf. Scheinbar kränkte ihn ihre Art und Weise Fragen zu stellen. Die Zuschauer würden später glauben, er wäre explodiert, weil sie den Namen des Betriebssystems DOS wie ›dose‹ ausgesprochen hätte, was im amerikanischen Englisch soviel wie ›Infektion mit einer Geschlechtskrankheit‹ bedeuten kann. Es fiel nicht weiter auf, daß die unflätigen Angriffe von Bill Gates aus der Aufnahme herausgeschnitten worden waren. Die Redaktion war wie elektrisiert, als sie das ursprüngliche Material sah, aber Chung riet ihnen, es zurückzuhalten. Sie wollte vermeiden, daß die Chefetage, zum Beispiel der Vorsitzende von CBS – ein Freund von Bill Gates – die Ausstrahlung zensieren würde.

Die Microsoft-Akte

Chung wartete vor dem Raum, in dem Gates sich anscheinend eingeschlossen hatte. Sie hatte dort ihren Mantel deponiert, konnte also nicht gehen, bevor der wütende Milliardär herauskommen würde.

Gates stand unter Druck. Die Presse gab keine Ruhe und erwartete neue Entwicklungen bei der Untersuchung der Kartellabteilung des Justizministeriums. Stacs Sieg vor Gericht hatte Microsoft im unpassenden Moment ein blaues Auge verpaßt und die Firma gezwungen, ihren Bestseller MS-DOS 6 aus den Regalen zu nehmen, um die beanstandeten Programmteile zu entfernen.

Aber all diese Widrigkeiten machten Gates nicht mißtrauisch. Gerade war er von einer stürmischen Welttournee zurückgekehrt. Er hatte dabei Vorträge gehalten über die führende Rolle, die Microsoft auf der Datenautobahn spielen wollte. In Amsterdam hatte er WordPerfect praktisch den Krieg zu erklärt. Bezüglich der Verkaufszahlen in den Niederlanden besaß es einen deutlichen Vorsprung gegenüber Microsofts Word. Gates bot ein Programmpaket mit gesalzenem Preisnachlaß an: Windows für Workgroups und Word. Im März antwortete WordPerfect prompt mit einer Kartellklage bei der Europäischen Kommission. Währenddessen warteten Lotus, WordPerfect, Borland und Novell nicht darauf, daß das Justizministerium ihre Probleme löste.

Jim Manzi, Philippe Kahn, Ray Noorda sowie Alan Ashton und seine Mannschaft waren dabei, sich zu einer Elefantenhochzeit zusammenzuraufen, motiviert dadurch, daß das Unvermeidbare Tatsache geworden war: Bill Gates war in ihre Märkte eingedrungen, machte sich dort breit und riß sich Teile davon schneller unter den Nagel, als sie bis drei zählen konnten. Am selben Nachmittag, als Bill Gates im Gespräch mit Connie Chung seinen Wutanfall bekam, wurde Alan Ashtons ›Hütte‹ zur Geburtsstätte einer außergewöhnlichen Allianz, die sich gegen das Microsoft-Imperium richtete.

Manzi, Kahn und Ashton hatten ihr Vermögen mit Anwendungssoftware verdient – Tabellenkalkulation, Textverarbeitung, Datenbanken. Programme, die eine Explosion beim Einsatz von Personalcomputern ausgelöst hatten und zwar sowohl geschäftlich als auch privat. Gates hatte den Schwerpunkt seiner Aktivitäten vom Betriebssystem auf die Entwicklung von Microsoft Office und damit auf ihr ureigenstes Terrain verlegt. Dieses Programmpaket von Bürosoftware enthielt alles, was auch sie anboten. Lotus, Borland und WordPerfect hatten ebenfalls ›Suites‹ (so wurden die Pakete mit Anwendersoftware auch genannt) im Angebot, waren aber überzeugt, daß Gates durch die Kontrolle des Betriebssystems im Vorteil war. Seine Kontrolle über DOS und Windows erlaubte ihm, einfach jede Software massenweise an Computerhersteller zu vermarkten, indem er ihnen Preisnachlässe einräumte, wenn sie im Gegenzug Microsofts Office und andere Produkte auf ihren Rechnern vorinstallierten. Seine Konkurrenten waren außerdem der Überzeugung, daß er seine Anwendersoftware besser dem Betriebssystem anpassen könne, weil er es kontrolliere und seinen Konkurrenten technische Informationen nur auszugsweise zur Verfügung stelle. Die Konkurrenten konnten bei einer Vereinigung ihrer Mittel den Branchenriesen herausfordern. Jedes Unternehmen, das Microsoft die Stirn bieten wollte, mußte über eine breite Produktpalette verfügen, das war ihnen allen klar.

Die Zeit des Aufbruch war gekommen.

Ray Noorda erhob sich, um seinem Gegner einen letzten vernichtenden Schlag zu versetzen. Alles ging so schnell, schneller als er vermutet hatte. Eine Ära fand am 16. März 1994 ihr Ende – für die Softwarebranche und für ihn selbst. Noorda zog einen Schlußstrich.

Um neun Uhr morgens befand er sich in Alan Ashtons ›Hütte‹, die sich an einen Berggipfel der Rocky Mountains schmiegte. Um ihn herum saß eine Gruppe rund 30 mächtiger Entscheidungsträger – eine Schar von Vorstandsvorsitzenden, Investmentbankern, Anwälten, Aktionären und Repräsentanten von WordPerfect und Novell. Die Heimlichkeit dieses Treffens hier garantierte, daß die Kfz-Kennzeichen der Wagen vor der Tür keinen Anlaß zu Spekulationen geben würden. Würde dieselbe Ansammlung auf einem Parkplatz von WordPerfect oder Novell gesichtet, dann wäre die Katze aus dem Sack.

Alles, was Noorda wußte, war, daß draußen ein gigantischer, übermächtiger Gegner wartete. Ein gefährlicher Feind. Eine Seeschlange. (Möglicherweise ist einer seiner holländischen Vorfahren einer solchen vor einem Jahrhundert draußen in der Nordsee begegnet. Aber an Stelle der Nordsee war heute da dieser seltsam schwankende Softwaremarkt, der die besten Seefahrer und tapfersten Krieger forderte.)

Dies könnte die letzte Chance sein, eine konkurrenzfähige Kraft zu bilden, die wirklich etwas verändern könnte.

Ashton bezeichnete den Raum, in dem sie zusammengekommen waren, als ›großes Zimmer‹. An dem über zwölf Meter hohem Dachgebälk schwebte ein Kronleuchter mit neun Metern Durchmesser – Symbol für die 1,4 Milliarden Dollar schwere Fusion, die nun zum Greifen nah war.

Als sie zu dem Treffen eingeladen wurden, fragten sich die angesprochenen Banker und Anwälte, wie dreißig Personen in einer ›Hütte‹ Platz finden könnten. Es war natürlich keine gewöhnliche Hütte sondern ein Wochenendhaus, dessen Fundament das schnell verdiente Geld in der Softwarebranche war.

Ashton, Mitbegründer von WordPerfect und Mitinhaber der sich weiterhin in Privatbesitz befindenden Firma, war genau wie sein Partner Bruce Bastian beinahe Milliardär, seitdem sein Unternehmen vor zwanzig Jahren eines der ersten Textverarbeitungsprogramme herausbrachte. Derartige kometenhafte Erfolge — die auch Lotus, Microsoft und Borland vorzuweisen hatten — würde die Softwarebranche nicht wiedersehen.

Die Welt hatte sich seit jenen Tagen sehr verändert. Noorda hatte bis zu diesem Treffen einen verschlungenen Weg hinter sich gebracht. Und nach wie vor beschlichen ihn Zweifel, ob es richtig war, Novell – den Marktführer bei Netzwerksystemen – in den Geschäftsbereich der Anwendungssoftware zu ziehen, dessen Landkarte nach wie vor weiße Flecken aufwies.

Trotzdem befand er sich hier, in Rufweite des WordPerfect-Hauptquartiers, im wahrsten Sinne des Wortes am Rande eines Abgrunds. Der Gipfel erhob sich aus der Landschaft von Orem wie ein abrupter Gedanke. Ein Eindruck, den Noorda von dem geplanten Geschäft ebenfalls hatte: ein unvermittelter, irrationaler Einfall.

Als Ashton ihn im vergangenen Herbst wegen einer Fusion angesprochen hatte, wies Noorda die Idee zurück. »Wir machen unsere Geschäfte mit Netzwerken«, betonte er. Nebenbei bemerkt: Noorda führte zu diesem Zeitpunkt ernsthafte Gespräche mit IBM darüber, die Netzwerktechnologie beider Unternehmen miteinander zu verbinden. Bei IBM war die Idee aufgekommen, ein Unternehmen für Netzwerktechnik zu gründen und mit Novell eine Verbindung einzugehen. Aber diese Diskussion führte zu nichts, und Noorda hatte seine Kollegen schließlich davon überzeugt, den Markt unter einer neuen Perspektive zu betrachten: Netzwerke wurden immer mehr zu einem Instrument, das quasi im Huckepackverfahren Groupware und Anwendungssoftware unter das Volk brachte. Dies war die Chance, sich der Strategie von Bill Gates zu bedienen: Die eigene Führungsposition auf dem Netzwerkmarkt zu benutzen, um Abnehmer für Anwendungssoftware zu finden; ein Markt, mit dem er noch keinerlei Erfahrung hatte.

Er war jedoch nicht in der Stimmung, es mit Jim Manzi, dem Lotus-Chef, aufzunehmen, der WordPerfect auf aggressive Weise wochenlang umworben hatte. Noorda hatte nicht bemerkt, daß Manzi und seine Führungsmannschaft nur einen Tag zuvor einen Lear-Jet nach Salt Lake City gechartert hatten. Dort wollten sie mit einer Multimedia-Präsentation WordPerfect die traute Zweisamkeit mit Lotus in prächtigen Farben schildern.

Ein totaler Krieg zwischen Lotus und Novell um den zweiten Platz der Softwarebranche für Personalcomputer lag in der Luft. WordPerfect hatte seine Gründe, warum jedes der beiden Unternehmen für sie als Partner in Frage käme. Es konnte mit Microsofts Preisnachlässen und dicken Paketen von Anwendersoftware nicht mithalten. Es konnte sich nicht länger alleine mit Microsoft auf dem Betriebssystemmarkt herumschlagen, daneben brauchte es Unterstützung im Kampf um die Programmpakete, der die Preise ins Bodenlose fallen ließ. Es war nicht möglich, dabei ohne eine eigene Tabellenkalkulation zu bestehen. Daher erschien eine Ehe mit Lotus verlockend. (Eine frühere Partnerschaft mit Borland, die das Ziel hatte, die Tabellenkalkulation QuattroPro mit WordPerfects Software zu vermarkten, konnte das Problem einer tiefergehenden Integration der Programme und das der Weiterentwicklung ihrer beiden Produkte nicht lösen. Dies war allerdings eine unabdingbare Voraussetzung, wenn die Unternehmen mit Microsofts eigenen, hochintegrierten Anwendungen mithalten wollten.)

Die Gespräche zwischen WordPerfect und Lotus gingen in einem raschen Tempo weiter. WordPerfects frisch ernannter Chef Ad Rietveld hatte Jim Manzi im Januar während einer Promotions-Tour getroffen. Rietveld hatte von Ashton den vertraulichen Auftrag erhalten, das Thema bei Manzi anzuschneiden.

Am 21. Januar trafen Ashton und Noorda im privaten Rahmen zusammen. Noorda hörte zu, aber er zögerte nach wie vor. »Wir würden gerne mit Euch ins Geschäfte kommen«, bekannte Ashton. Noorda lachte in sich hinein. »Ich wette, das sagt er jedem«, äußerte er gegenüber einem Kollegen. Wie sich aber später herausstellte, war es Ashton ernst damit.

Die Zeit war gekommen. Noorda und Ashton, mit ihren jeweiligen Teams von Anwälten, Finanzberatern, ihrer Führungsmannschaft und Aktionären hatten sich hier im großen Zimmer getroffen, um zu prüfen, ob man handelseinig werden konnte. Unter den Anwesenden waren Ashton und Bruce Bastian, Haupteigner von WordPerfect; WordPerfects Präsident Ad Rietveld, Finanzchef Dan Campell, Chefberater Duff Thompson und Cheftechniker David Moon; Novells Chefberater David Bradford, Novells Vorstandsmitglied und Berater Larry Sonsini sowie Frank Quattrone von der Morgan Investmentbank.

Der Weg hierher war lang gewesen. Noorda würde am 19. Juni sein 70. Lebensjahr vollenden. Obwohl Novell dem Rest der Welt mitgeteilt hatte, Noorda würde das Ruder auch unter einem neuen Geschäftsführer und Präsidenten nicht aus der Hand geben, hoffte er, an seinem Geburtstag zurücktreten zu können. Falls alles klappte, würde auch unter die aktuellen Verhandlungen ein Schlußstrich gezogen sein, wenn er seine 70

Kerzen ausblies. Letzte Woche hatte er den überwiegenden Teil seines Schreibtisches bei Novell ausgeräumt.

Die Saat vom Herbst 1993 ging im Januar 1994 auf. Und im März trieb sie wilde und unerwartete Blüten.

Ashton und Bastian planten einen Befreiungsschlag für WordPerfect. Sie hatten sich immer mehr vom Geschäft zurückgezogen und wollten mit ihrem Leben noch etwas anfangen. Gleichzeitig wollten sie die Früchte ihrer Arbeit auf möglichst sinnvolle Weise an die Industrie weitergeben. Stunden bevor im vergangenen Frühling der Antrag auf den Börsengang eingereicht wurde, hatten Bastian, Ashton und die Manager des Unternehmens eine Eingebung: Unabhängigkeit war nicht unbedingt der richtige Weg, die Technologie und die Werte zu erhalten, die sie geschaffen hatten. »Wenn sich WordPerfect wirklich mit dem Giganten Microsoft anlegen will, müssen wir mit jemanden zusammenarbeiten, der finanzkräftiger ist«, ging es weiter (nach dem Bericht eines Insiders, der damals anwesend war).

Bis zum 1. Januar war WordPerfect aktiv auf der Suche nach einem Fusionspartner. Ironischerweise war Ashtons Traumvorstellung eine Kombination Novell-WordPerfect-Lotus. Sie allein konnte Bill Gates wirklich bezwingen. Aber WordPerfect würde bald zwischen Novell und Lotus feststecken, als eine Fusion mit beiden unmöglich erschien.

Schon 1990 schwebte Ray Noorda eine solche ›Rundum-Allianz‹ vor, als er Gates Absichten im Hinblick auf den Netzwerk- und Anwendungssoftwaremarkt aufdeckte. Im Verlauf der damaligen Gespräche hatte Frank King von Lotus vorgeschlagen, Lotus und Novell sollten alleine fusionieren. Wie sich herausstellte, war die Fusionsabsicht zum Scheitern verurteilt. Grund waren die sehr verschiedenen Führungsstile von Manzi und Noorda sowie die kontroverse Diskussion, wie das künftige Unternehmen zu führen sei. Dies bestärkte WordPerfect darin, weiterhin Distanz zu halten.

Novell entschied am 4. März 1994, eigene Fusionsgespräche mit WordPerfect in Betracht zu ziehen. Nach einer Demonstration des Softwarepakets WordPerfect Office, außerdem inspiriert durch die Visionen von Softwareentwickler Edwards und Chefberater Bradford, die beide enthusiastische Vertreter einer Novell-WordPerfect Verbindung waren, hatte Noordas Daumen schließlich nach oben gezeigt.

An diesem Tag wurden Sondierungsgespräche zwischen Novell und WordPerfect anberaumt, die bis zum 9. März andauerten, dem Tag, an dem Duff Thompson und David Bradford dann eine förmliche Absichtserklärung aufsetzten. Larry Sonsini hatte sich einige Tage vorher aus dem Vorstand von WordPerfect verabschiedet, um einen Interessenkonflikt zu vermeiden.

Am frühen Morgen des 9. März 1994 waren Noorda, Bastian (über Konferenzschaltung nach Australien anwesend), Rietveld, Bradford, Thompson und Ashton übereinstimmend der Meinung, daß eine Fusion der beiden Unternehmen ohne eine Tabellenkalkulation für Windows keinen Sinn machen würde. Beide Seiten stimmten darin überein, zu prüfen, ob man nicht Borlands QuattroPro übernehmen solle.

WordPefect machte deutlich, daß es einer Übernahme durch Novell nur zustimmen würde, wenn es gelänge, ebenfalls QuattroPro zu gewinnen. »Die Burschen von WordPerfect glauben, wenn Du es in den nächsten 18 bis 24 Monaten nicht fertig bringst, Deinen Platz auf dem Markt der Pakete für Bürosoftware zu finden, dann schaffst Du es nie«, erklärte Green gegenüber Novell. »Du brauchst das als Brücke über den Abgrund, der Dich von der nächsten Stufe der Anwendersoftware trennt, die ganz im Zeichen von Produktivität und Goupware stehen wird.« Gepaart mit der Tabellenkalkulation Lotus 1-2-3 hätte WordPerfect ein komplettes Paket von Spitzensoftware für Büroanwendungen anbieten können.

Eine Verbindung mit Novell hatte andere Reize, nicht zuletzt durch dessen vorherrschende Marktstellung und die Kontrolle des führenden Betriebssystems für Netzwerke. WordPerfect hatte es nicht geschafft, auf dem Markt für Office-Pakete Fuß zu fassen. Das alte Vertriebsmodell, individuelle Einzelplatz-Software zu verkaufen, war auf dem Geschäftskundenmarkt überholt.

Unter Novells Kunden befanden sich viele Unternehmen, außerdem verfügte die Firma über ausgedehnte und wirkungsvolle Kontakte zu Wiederverkäufern.

Der Einkauf von QuattroPro aber war der Dreh- und Angelpunkt in diesem Geschäft. Philippe Kahn wußte von all dem nichts. Novell wie WordPerfect hatten, jeder für sich, Gespräche mit Borland aufgenommen, bevor sie sich sicher waren, daß sie miteinander im Geschäft waren. Daß dies davon abhing, ob QuattroPro gekauft werden konnte, war ein wichtiges Geheimnis, dessen Kenntnis die Verhandlungsposition von Kahn außerordentlich gestärkt hätte.

Das erste Wochenende des Verhandlungsmarathons mit Borland begann am Morgen des 11. März, einem Freitag. Eine Gruppe von Managern Novells und WordPerfects sowie ihre Anwälte flogen mit Novells firmeneigenem Jet nach Scotts Valley, Kalifornien, dem Sitz von Borland. Kahn und seiner Sippschaft wurde erzählt, Vertreter von Novell seien bei den Gesprächen dabei, weil Novell sich an der Finanzierung eines größeren Geschäfts zwischen WordPerfect und Novell beteiligen wollte.

Duff Thompson, David Bradford, Noordas Assistent Ty Mattingly, Noorda selbst und Ad Rietveld, den Kahn gerne als ›Holländischen Teddybär‹ titulierte, betraten den Konferenzraum. Sie stießen auf ein komplettes Begrüßungskomitee - Juristen, Investmentbanker, Marketingexperten und Kahn selbst. Unter ihnen Finanzberater Michael Price von der Consulting Firma Lazard Freres, der Rechtsberater Peter Astiz von Baker&McKenzie und Chefberater Bob Kohn. Die Aufstellung legte nahe, daß Borland an eine Übernahme glaubte.

»Philippe scheint bereit zur Hinrichtung«, flüsterte ein Jurist seinem Nachbarn zu. Das überraschte einige Novell Manager überhaupt nicht. Kahn hatte Noorda einige Zeit umworben.

Es entwickelte sich jedoch ein Gespräch über die Akquisition von QuattroPro. Beobachter der Szene sagten später, sie wären überrascht gewesen, wie sicher die Manager um eine Sache herumreden konnten, ohne auszusprechen, was Kahn bewegte: ein Ausverkauf der Firma, mit Sack und Pack. Kahn »wartete nur darauf, daß jemand mit der entscheidenden Frage herausplatzte«, meinte einer der anwesenden Manager später. Die Stunden rannen dahin und es war klar: Noorda würde nicht anbeißen.

Am Samstag traf man sich in Palo Alto, in den Büros von Brobeck und Phleger, den Anwälten des Unternehmens. Abgeschieden von den anderen diskutierten zunächst Josh Green, Steve Tonsfeldt und Tom Villeneuve, Anwälte bei Brobeck, zusammen mit Thompson und Campell von WordPerfect strategische Überlegungen im Hinblick auf den Kauf von QuattroPro und die gleichzeitigen Angebote von Lotus und Novell. Schließlich brachte Villeneuve ein Kaufangebot zustande, das Borland um 17 Uhr übermittelt wurde. Die Borland-Mannschaft war gegen 21 Uhr bei Brobeck, um mit den Vertretern von WordPerfect zusammenzutreffen, die die Gesprächsführung bei den Verhandlungen mit Borland übernommen hatten. Diese dauerten bis etwa ein Uhr nachts, als WordPerfects Juristen zum Schluß kommen wollten. Borlands Juristen hätten dagegen die ganze Nacht weiter verhandeln können. Hinter den Kulissen wurde Novell über den Fortgang der Gespräche informiert.

Zwischen 8 und 13 Uhr am darauffolgenden Sonntag setzten Borland und WordPerfect das Treffen fort. Die Verhandlungen gestalteten sich sehr schwierig und in den wesentlichen Punkten lag man weit auseinander – nicht zuletzt wegen des Übernahmepreises, des Warenbestands, dem künftigen Zugriff auf Borlands Know-How und den Quellcode. Die Abgründe zwischen ihnen wurden immer größer, bis WordPerfect abrupt die Gespräche für beendet erklärte.

Die Borland-Mannschaft sah nicht glücklich aus. Die beiden Lager waren in ihrem Denken sehr weit voneinander entfernt.

Als Borlands Truppe niedergeschlagen das Büro von Brobeck verließ, sahen sich Duff Thompson und Josh Green mit den nächsten Schwierigkeiten konfrontiert: Jim Manzi von Lotus hatte für den folgenden Dienstag um ein Treffen in Salt Lake City gebeten und für sich und seine Top-Manager einen Lear-Jet gechartert.

Der Master-Plan

In welche Richtung die Dinge liefen, davon ahnte Kahn wenig. Um es vorsichtig auszudrücken, WordPerfect hatte seine Finger im Spiel.

Thompson und Campbell flogen am späten Abend des 13. März zurück nach Utah, immer noch unsicher, ob sie die richtige Richtung eingeschlagen hatten. Am darauffolgenden Montag, dem 14. März, blieb es relativ ruhig, abgesehen von den 20 bis 30 Telefongesprächen zwischen Brobecks Anwälten und WordPerfect. Alle bereiteten sich auf das Treffen mit Lotus vor.

Josh Green, Alan Ashton und Bruce Bastian sowie seine Frau Melanie und die fünf Geschäftsführer des Unternehmens versammelten sich am Dienstag Morgen in den Büros von WordPerfect in Orem. Thematisiert wurden die Ergebnisse der Verhandlungen mit Borland und eine Strategie für das Treffen mit Lotus. Eine Karawane von Fahrzeugen bewegte sich zum mittäglichen Treffen mit Jim Manzi in Richtung Salt Lake City. Manzi war dort schon mit seinem Chefberater Tom Lemberg und rund einem halben Dutzend seiner Top-Manager angekommen.

Das *Utah,* ein Hotel im überladenen Stil der 20er Jahre, war von den Mormonen gekauft und in das ›Joseph Smith Kongresszentrum‹ umgewandelt worden. Es sollte der Schauplatz einer eindrucksvollen Vorstellung werden.

Als die Präsentation vorbei war, verlangte Manzi eine Antwort. Es war klar, daß Lotus ein Minimum von 900 Millionen Dollar auf den Tisch legen würde. Es gab aber kein offizielles Angebot, weil gemäß der Kartellgesetzgebung noch Hindernisse aus dem Weg geräumt werden mußten, bevor die Unternehmen eine Ehe eingehen konnten. Beide Seiten bezweifelten, daß die Regierung die Fusion genehmigen würde, ohne Lotus zu zwingen, seine geschäftlichen Aktivitäten wegen Überschneidungen mit Produkten von WordPerfect ein wenig zurückzufahren. Lotus müßte AmiPro verkaufen, das drittstärkste Textverarbeitungsprogramm der Industrie, und war dazu bereit, wenn WordPerfect das große Geschäft mitmachte.

Ashton und Manzi bekamen strahlende Augen bei der Vorstellung von einem Programmpaket, das Lotus 1-2-3 und Word-

Die Microsoft-Akte

Perfect enthielt. Trotzdem mußten noch langfristigere Aspekte diskutiert werden, die aber erst am nächsten Tag vollständig geklärt werden konnten.

Die WordPerfect-Fraktion zog sich zu einer Abstimmung zurück. Voraussetzung für das Geschäft wäre, daß sich Lotus um die Sache mit AmiPro kümmern würde. Aber Lotus müßte einen Interessenten finden, ohne dabei offenzulegen, daß es vor einer möglichen Fusion mit WordPerfect stand. Falls das herauskäme, würde Manzi keinen Pfennig für AmiPro zu sehen bekommen.

Nachdem die Abstimmung beendet war, bekam Manzi zu hören: »Wir können keine Antwort geben.« Der CEO von Lotus war wenig erfreut.

Ashton verabschiedete sich von Manzi mit dem Worten: »Wir bleiben in Kontakt.« Manzi und seine Mannschaft machten sich auf den Weg zu ihrem Lear-Jet und ließen Tom Lemberg, den Chefberater von Lotus, zurück, für den Fall, daß jemand eine helfende Hand brauchen würde.

Die WordPerfect Delegation fuhr zurück nach Orem, um sich auf das Treffen mit Novell vorzubereiten, das am nächsten Morgen um neun beginnen sollte. Sie erörterten die Bedingungen, die sie stellen würden. Grundsätzlich hätte Novell unter Beweis zu stellen, daß sein Debüt im Geschäft mit Anwendersoftware – in dem es keinerlei Erfahrung vorweisen konnte – in einer strategischen Machtposition mit langfristiger Überlebenschance im Markt münden würde. WordPerfect wollte von Novell hören, wie die beiden Softwarekulturen verschmelzen konnten, was mit den Mitarbeitern geschehen sollte und ob es weiterhin die kreative Freiheit bei der Produktentwicklung besitzen würde, die es als unabhängiges Unternehmen bisher hatte. WordPerfect wollte von Novell hören, warum es über den kurzfristigen Erfolg, den es im Markt für Büroanwendungen durch eine Allianz mit Lotus haben könnte, zugunsten einer längerfristigen Betrachtungsweise hinwegsehen sollte. Und all das mußte vollbracht werden, ohne das Angebot von Lotus zu erwähnen. WordPerfect hatte ein Vertraulichkeitsvereinbarung mit Lotus unterschrieben und geschworen, ihre gemeinsamen Gespräche geheim zu halten.

Es war am 16. März gegen Mittag. Zusammengedrängt wie die Ölsardinen versuchten die Führungskräfte von Novell und WordPerfect, die Auswirkungen ihrer geplanten Verbindung abzuschätzen.

Alan Ashton und Ray Noorda so nah beieinander zu sehen, ließ noch deutlicher zu Tage treten, wie unterschiedlich die beiden waren. Den Firmenmanagern fiel das Stereotyp ein, Mormonen seien alle gleich, ihr Tun und Lassen sei ausschließlich von religiösem Eifer bestimmt. Tatsächlich waren Noorda und Ashton so verschieden wie zwei Menschen nur sein konnten. Noorda war eher der Typ ›harter Bursche‹, während Ashton ganz der Entgegenkommende und Mitfühlende war.

John Edward von Novell hatte das Wort und legte die Betonung auf die Vision einer Verbindung von Anwendungs- und Netzwerkgeschäft, so wie es seinem Unternehmen vorschwebte: »Die Netzwerke werden künftig der Vertriebskanal zu Firmen und Kunden sein.« Zu diesem frühen Zeitpunkt konnte niemand ahnen, daß die Vision eines solchen Netzwerks durch das Internet Wirklichkeit werden würde, eines Netzes, das nicht von einem einzigen Unternehmen kontrolliert würde – wenn Bill Gates nicht auch hier seine Macht einsetzen würde. Es war eine mächtige Idee. Zu diesem Zeitpunkt konnte Novell weltweit jeden Monat mehr als eine Million neuer Netzwerkplätze verbuchen. Die Netzwerke würden ein Absatzinstrument für Office-Pakete und die künftige Groupware-Lösung von Novell-WordPerfect werden. Dies würde möglicherweise Novells größter Verkaufserfolg des Jahrzehnts werden. Die Machtverteilung in der Softwarebranche stand auf dem Spiel.

Noorda ließ seinen Blick durch den Raum schweifen. Dort saß – wie hieß er noch mal? – Finanzberater Frank Quattrone von Morgan Stanley. Noordas Verstand war messerscharf, aber sein Kurzzeitgedächtnis ließ ihn im Stich. Er war in bestimmten Augenblicken selbst um die Namen seiner engsten Vertrauten, die jetzt um ihn versammelt waren, verlegen.

Quattrone von Morgan Stanley würde in seiner Präsentation »aus Abfall Gold machen«, wie es ein Manager ausdrückte. Die

Preise von Lotus waren völlig überzogen, erklärte Quattrone. »Um den Umsatz des nächsten Jahres zu sichern, muß es den 80fachen Gegenwert der Waren erzielen.« Mit Novell jedoch sah vieles besser aus. Das Unternehmen wartete auf seine Chance und hatte genügend Spielraum für zusätzliches Wachstum. Quattrone beherrschte seine Materie – die Stärken eines Unternehmens zu beleuchten – glänzend, bemerkten einige anwesende Anwälte.

Bruce Bastian war im Gegensatz zu seinem Partner Ashton ein hartgesottener Bursche, dachte Noorda, als Bastian bei jedem der von Novell vorgetragenen Punkte den Advocatus Diaboli spielte.

»Was macht Euch so sicher, daß Ihr in den Schützengräben des Marktes für Anwendersoftware kämpfen könnt, wo Euch die Kugeln nur so um die Ohren fliegen? Mit Euren gebügelten Anzügen wart Ihr im Netzwerkgeschäft doch ganz erfolgreich. Bei uns draußen tobt ein Krieg. Seid Ihr bereit, Euch in einer Schlacht schmutzig zu machen?« Bastian liebte es, Unruhe zu stiften.

Einige der Anwesenden riefen sich Bastians Zusammenprall mit Noorda am selben Morgen ins Gedächtnis zurück. Während einer privaten Zusammenkunft von Noorda, Sonsini und Ashton in einem nach hinten gelegenen Ruheraum hatte er Noorda herausgefordert. »Ray, im Juni wirst Du gehen, so oder so«, hatte Bastian bemerkt. Norda hatte in seiner Rolle des starken Mannes zurückgegrummelt: »Ich gehe in nächster Zeit nirgendwo hin.«

Jetzt war Edwards an der Reihe. WordPerfect verstand es, dem einzelnen Verbraucher ein Paket Software zu verkaufen. Aber die Welt folgte nun anderen Regeln.

Noorda hörte aufmerksam zu. Er selbst war der Vorstellung, ins Geschäft der Anwendungssoftware einzusteigen, erst kürzlich erlegen. Die Diskussion wurde hitziger. In Augenblicken wie diesem schien die Zeit stillzustehen.

Noorda erwischte sich in diesen Tagen häufig dabei, die Vergangenheit Revue passieren zu lassen. Die gegenwärtigen Ereignisse wirkten wie ein Spiegel, in dem sich tausende von lebendigen Bildern brachen. In seinem Alter wurde das Leben wertvoll; es glich einem geheimnisvollen Text, dessen Form sich ständig veränderte, der immer wieder überschrieben, verbessert und neu erzählt wurde. Der jetzige Augenblick erinnerte Noorda seltsamerweise an eine Begebenheit, die bereits einige Jahre zurück lag. Noorda war damals kopfüber über den Lenker seines Fahrrades geschossen. Während des Sturzes blitzte in ihm der Gedanke auf: »Ich bin auch nicht mehr so jung wie ich mal war.« Der blöde Köter hatte sich erschreckt, war vor sein Fahrrad gelaufen und hatte aus seinem Herrchen ein menschliches Projektil gemacht.

Wie durch ein Wunder kam Noorda mit ein paar gebrochenen Rippen davon. Danach hatte er das Joggen und andere sportliche Betätigungen zeitweise aufgegeben. Dann war er mitten in der Nacht aufgewacht, ihm war übel, er verlor das Bewußtsein. Der Fahrradunfall brachte ans Licht, daß sein Herzschlag von seiner gewohnten sportlichen Betätigung abhängig war. Kurze Zeit später bekam er einen Schrittmacher eingepflanzt.

Der Sturz schien einen Wendepunkt zu markieren. Auch Novell sah sich nun einem Wendepunkt gegenüber. Noorda und David Bradford gingen den Fusionsvertrag zwischen WordPerfect und Novell noch einmal durch und versuchten, die enthaltenen Risiken abzuschätzen. Zwischen den Zeilen blickte das Gespenst des allmächtigen und allgegenwärtigen Herrschers über den Softwaremarkt hervor. »Der Markt für Betriebssysteme sowie der für Netzwerke und Netzwerk-Arbeitsplätze ist immer problematischer geworden, weil Microsoft in allen Bereichen des Softwaregeschäfts die Oberhand gewonnen hat«, setzten die Männer ihre Diskussion fort. Alles und jeder wäre zu haben, falls Microsoft seinen jetzigen Kurs beibehalten würde.

Während die Branche herumschäkerte, herumtrödelte und dabei einzudösen schien, wurde Microsoft immer wohlbeleibter und mächtiger. »Wir sind ein Haufen von Weichlingen. Wir müssen gegen ihn antreten«, sagte Noorda wieder und wieder über Microsofts Chef Bill Gates. Noorda hatte eine fixe Idee, ohne dabei jedoch ganz seinen Sinn für Humor zu verlieren.

In ihren Unterlagen für die staatliche Börsenaufsicht würden sie vernünftige Gründe darlegen, die für die Übernahme von WordPerfect und den Kauf von Lotus QuattroPro sprachen, aber auch auf die damit verbundenen Risiken eingehen. »Microsoft hat eine immer weiter wachsende Vormachtstellung ... und kann weitere Wettbewerbsvorteile im Hinblick auf die Entwicklung und den Handel mit Anwenderprogrammen ... bekommen, weil die Firma unabhängigen Entwicklern den Zugang zu undokumentierten technischen Informationen überhaupt nicht oder erst verspätet gibt.«

Die strategischen Gesichtspunkte wurden näher besprochen. »Microsoft hat sich einen erheblichen Wettbewerbsvorteil dadurch verschafft, daß es, bedingt durch seine Kontrolle über die Betriebssysteme DOS und MS-Windows, die Software ab Werk auf Computern installieren lassen kann.«

Noorda hatte sein Ziel klar vor Augen. Microsoft – ein unförmiges, mit scharfen Zähnen bewaffnetes Ungeheuer, aber mit den mitleiderregenden Zügen eines Mannes, der jung genug war, um sein Sohn sein – hatte ihn einmal zuviel verhöhnt.

Sonnenlicht strömte durch die Fenster des großen Zimmers, während Noorda sich wieder auf die Stimmen um ihn herum konzentrierte. Sein Chefberater Bradford war zu Höchstform aufgelaufen, und Vorstandsmitglied Larry Sonsini mahnte zur Vorsicht in Bezug auf den QuattroPro-Teil des Geschäfts.

Unmittelbar vor dem Mittagessen entwickelte sich eine angeregte Diskussion über die Entwicklung der Softwarebranche. Wie lange würden Office-Pakete von Bedeutung sein? Wie sähe der künftige Weg der Groupware aus? Wie konnte WordPerfect dazu beitragen, Novells Wissen über den Anwender-Softwaremarkt auf den neuesten Stand zu bringen? Wie konnte Novell seinerseits WordPerfect dabei helfen, Geschäftskunden zu erreichen? WordPerfect verkaufte seine Büro-Groupware jetzt seit neun Monaten und war immer noch unsicher, welches die effektivsten Vertriebswege seien. Die Rede würde immer wieder auf

Microsoft und seine Vorherrschaft in der Branche kommen sowie auf die Frage, wie Novell und WordPerfect mit vereinten Kräften den Softwaregiganten herausfordern könnten.

Die WordPerfect Delegation begann zu begreifen, daß die Lotus-WordPerfect-Verbindung zwar das Angebot eines mächtigen Office-Paktes hervorbringen würde, daß sich die längerfristige strategische Perspektive jedoch auf das Geschäft mit Betriebssystemen richten müsse. Letztlich mußte ein Unternehmen, das gegen Microsoft antreten wollte, seine Finger überall im Spiel haben: Anwendungen, Benutzerschnittstellen, Client-Server-Software und Netzwerke. Für WordPerfect bot eine Verbindung mit Novell eine bessere Ausgangsposition, um auf lange Sicht mit Microsoft konkurrieren zu können.

WordPerfect beschäftigte sich mit der Frage, wie das Unternehmen künftig betrieben werden sollte. Novell schlug vor, daß es einen selbständigen Unternehmensbereich unter der Leitung von Rietveld bilden solle, der unmittelbar dem künftigen CEO Bob Frankenberg, zu der Zeit noch bei Hewlett-Packard, unterstellt sein solle. Mit Lotus würde WordPerfect auf eine Organisation treffen, die ihre ganz eigenen Vorstellungen über die Entwicklung von Anwendungssoftware besaß. Zusammen mit Novell würde WordPerfect die Richtung meistens selbst bestimmen, die bei Anwendungen einzuschlagen war. Die Leute von WordPerfect würden die Experten in diesem Bereich bleiben.

Die Gespräche beruhigten sich gegen drei Uhr nachmittags. Josh Green nahm Larry Sonsini, Frank Quattrone und David Bradford beiseite. »Wir bei WordPerfect sind genau in der richtigen Stimmung, um jetzt Entscheidungen zu fällen«, sagte er. »Wir haben noch nicht über Bedingungen gesprochen und wollen das Ganze auch nicht als eine Art Versteigerung betrachten. Alles, was ich sagen kann ist, wir werden Eure Vorstellungen nicht so ohne weiteres ablehnen.«

Bradford, Sonsini und Quattrone hörten aufmerksam zu. »Keine falsche Bescheidenheit«, fuhr Green fort. »Jetzt ist der Augenblick gekommen, legt Euer bestes Angebot auf den Tisch. Ich kann Euch nicht sagen, was mit Lotus los ist. Aber wir werden unsere Entscheidung nicht rückgängig machen und einen Nachschlag fordern. Noch bevor Ihr geht, werden wir uns entscheiden.«

Das Trio verschwand für beinahe 90 Minuten, um die Köpfe mit Noorda und den anderen zusammenzustecken. Als sie zurückkamen, präsentierten sie Thompson, Ashton und Bastian von WordPerfect ein Angebot. Novell war bereit, 1,4 Milliarden Dollar in garantiert nennwertbeständigen Aktien zu zahlen. Ad Rietveld würde nur unmittelbar gegenüber dem Vorstandsvorsitzenden Frankenberg verantwortlich sein. WordPerfect könnte ansonsten wie bisher als eigenständiges Unternehmen agieren und würde großen Handlungsspielraum haben. Das Angebot war doppelt so hoch wie der Umsatz von WordPerfect. »Das ist fair«, dachten einige. Zahlreiche Wall-Street-Analysten würden die Höhe der Kaufsumme jedoch später als übertrieben betrachten.

Nachdem sie das große Zimmer um 17.30 Uhr verlassen hatten, trennten sich Noorda und die Novell-Delegation, um zurück nach Provo, Utah zu fahren oder den Firmenjet für den Rückflug nach Kalifornien zu nehmen. Alles, was sie jetzt tun konnten, war abzuwarten. Neun Schlüsselfiguren von WordPerfect blieben in Ashtons ›Hütte‹ zurück, um mögliche Strategien durchzudiskutieren.

Die Gruppe nahm Platz. Green formulierte eine Liste von sieben Prioritäten, die helfen sollten, eine Übernahme durch Novell einerseits oder Lotus andererseits bewerten zu können: 1. Die Möglichkeit, weiterhin selbständig Entwicklungen zu betreiben; 2. Das Schicksal der Mitarbeiter; 3. Die Möglichkeit, ein überzeugendes Paket mit Bürosoftware anzubieten, das eine Windows-Tabellenkalkulation enthielt; 4. Langfristige Überlebenschancen für das Unternehmen; 5. Die Möglichkeit, eine Repräsentanz in Utah beizubehalten; 6. Der Kaufpreis und 7. Das Schicksal der Manager.

Die Gruppe diskutierte etwa zwei Stunden über diese Punkte.

Die Entscheidung mußte noch am Abend fallen und es wurde eine geheime Abstimmung beschlossen. Sieben Personen würden abstimmen: die Eigentümer Bastian und Ashton sowie die Vorstandsmitglieder. Schließlich ging die Gruppe auseinander und jeder zog sich in eine Ecke zurück, um über seine Stimmabgabe nachzudenken. Das Ergebnis war einstimmig. Alle hatten für eine Fusion mit Novell gestimmt, vorausgesetzt, daß Borlands Tabellenkalkulation QuattroPro hinzugekauft werden konnte.

Josh Green rief gegen 21.30 Uhr Larry Sonsini an, um ihm die Neuigkeiten mitzuteilen. Thompson telefonierte mit Bradford, Rietveld mit Noorda. Tom Lemberg von Lotus, der bereits seit dem Vortag in einem Hotelzimmer in Salt Lake City wartete, wurde ebenfalls von Thompson informiert und Rietveld rief Jim Manzi in Cambridge zurück.

Manzi war nicht so erfreut. Nun würde er nicht gegen einen sondern gegen zwei Riesen auf seinem ureigensten Markt antreten müssen: Microsoft und Novell. Bill Gates würde ihn jetzt sicher als lebenden Leichnam abschreiben.

Am Donnerstag, dem 17. März fiel der Startschuß zu einem Marathon. WordPerfect, Novell und Borland starteten zum Endspurt, um die Kernbedingungen für ihre Allianz zu vereinbaren. Alles mußte unter Dach und Fach sein, bevor die Börse am kommenden Montag, dem 21. März ihre Pforten schließen würde.

Obwohl die Verhandlungen mit Borland am vorangegangenen Wochenende intensiv waren, war kein Fortschritt mehr zu verzeichnen. Insider erklärten später, Kahn sei auf einen sehr hohen Kaufpreis aus gewesen, allein mehr als 200 Millionen Dollar für die Tabellenkalkulation QuattroPro, die Datenbanksoftware Paradox und weitere Softwaretechnologien nicht eingerechnet. WordPerfect erkundigte sich nach dem Verkaufserfolg von QuattroPro, einschließlich der erwarteten und tatsächlichen Zahlen, die – obwohl Borland eine Aktiengesellschaft war – öffentlich bisher nicht bekannt geworden waren.

Es gab Kontroversen über die Höhe des Treuhandvermögens, Geld, das als Sicherheit für ausstehende Forderungen gegen Geschäftskunden zurückgelegt werden sollte. Bob Kohn und Peter Astiz, Borlands Anwälte, sollten die Rollen in dem Spiel ›guter

Cop – böser Cop‹ übernehmen. Wobei Astiz pflichteifrig versuchte, das Geschäft abzuwickeln, während Kohn die Aufmerksamkeit auf sich zog, indem er tobte und brüllte, dieses und jenes sei ungerechtfertigt und unzumutbar.

Überflüssig zu bemerken, daß die Anwälte von WordPerfect es nicht darauf abgesehen hatten, mit Kahn weiter in den Clinch zu gehen. Das ganze Geschäft hing einzig am Kauf von QuattroPro.

Gegen Donnerstagabend waren alle in den achtzigseitigen Entwurf des Fusionsvertrages vertieft, um sich auf die letzten Verhandlungen vorzubereiten, die am nächsten Tag beginnen sollten. Sie sollten schließlich das ganze Wochenende rund um die Uhr andauern.

WordPerfect und Novell trafen am Freitag, den 18. März in der Kanzlei von Wilson und Sonsini zusammen, um das Dokument durchzusehen. Zwei Verhandlungen wurden gleichzeitig geführt – in der einen Runde ging es um die 145 Millionen Dollar für QuattroPro, in der anderen standen die 1,4 Milliarden Dollar für die Fusion zwischen Novell und WordPerfect im Mittelpunkt.

Die Anwälte von WordPerfect leiteten die Verhandlungen mit Borland, dort anknüpfend, wo sie am letzten Sonntag abgebrochen worden waren. Borlands Rechtsberater Bob Kohn und Peter Astiz waren nach wie vor voller Zuversicht angesichts der Geschäftsbedingungen, die WordPerfect und seine Anwälte vorschlugen. In der Zwischenzeit wurden getrennt davon Fortschritte bei dem 1,4-Milliarden-Dollar-Geschäft zwischen Novell und WordPerfect gemacht.

Im Lager von Borland und WordPerfect breitete sich jedoch gereizte Stimmung aus. Philippe Kahn war in ständiger telefonischer Verbindung mit seinen Verhandlungsführern. Er wollte am Samstag zu dem Treffen stoßen und dann später nach Phoenix zu einem Branchentreffen fliegen.

Am Samstag wurde die Führung der Borland-Verhandlungen an Novell übergeben. Gegen Abend waren sich Novell und WordPerfect einig, was allseitig mit Handschlag besiegelt wurde. Aber Borland bewegte sich nicht von der Stelle.

Der Master-Plan

Gegen Mitternacht warf Bradford voller Wut seinen Füllhalter quer durch den Raum. Von da an kamen die Verhandlungen überhaupt nicht mehr von Fleck.

Philippe Kahn schwebte in seinem Flieger hoch droben, über dem sich unten im Dunkel von Palo Alto abspielenden Durcheinander. Es war drei Uhr nachts am Montag, dem 21. März. Er hoffte, seine Anwälte würden Fortschritte machen. Die Burschen von WordPerfect sind verteufelt gierig, sagte er sich. Aber was waren zusätzliche 50 Millionen Dollar, wenn man ein 1,5-Milliarden-Dollar-Geschäft vor sich hatte?

Kahn prüfte die Kontrollinstrumente seines Fliegers, bevor er zur Landung ansetzte. Er wollte nach einem kurzen Geschäftsessen im Rahmen einer Branchenkonferenz in Phoenix, in deren Verlauf er offen über seine Geschäftspartner bei Novell und WordPerfect hergezogen hatte, an den Schauplatz der Auseinandersetzung zurückkehren. Was die Bedingungen für den Kauf von QuattroPro anging, vergrößerten sich die Gräben zwischen ihm und seinen Geschäftsfreunden. Seit Sonntagmorgen um sieben hatte es kaum eine Unterbrechung bei den Verhandlungen gegeben. Kahn blieb die ganze Zeit in telefonischem Kontakt. Ironischerweise brachte diese ›kleine‹ Summe von 145 Millionen Dollar das Ganze zum Stillstand. In der Nacht zuvor hatten Novell und WordPerfect die Elefantenhochzeit fast bis auf das letzte i-Tüpfelchen unter Dach und Fach gebracht. Alles wartete darauf, daß Kahn sich an den vorgesehenen Zeitplan hielt.

Er wußte, der Zeitfaktor war das kritische Moment. Um mittags eine öffentliche Erklärung abgeben zu können, mußten sie das QuattroPro-Geschäft rechtzeitig abschließen. Als Novell schließlich die aktuellen Verkaufszahlen von Borland erhielt, platzte den Anwälten der Kragen. Es war offensichtlich, daß Borland seinen Wert viel zu hoch angesetzt hatte. Legte man die tatsächlichen Zahlen zugrunde, lag der Wert näher bei den 110 Millionen Dollar, die Novell schließlich bereit war zu zahlen.

Zum Schluß, nachdem man sich 25 Stunden gestritten hatte, kamen beide Seiten zu einer Übereinkunft. Gerade noch rechtzeitig, um das Licht des nächsten Werktages zu erblicken.

Der Vertrag war nur 15 Seiten lang. Aber ihn aufzusetzen, war eine viel größere Qual gewesen, als irgend jemand der Beteiligten vorher hätte ahnen können. WordPerfect und Novell mußten sicher sein, Zugriff auf Borlands Programmierwerkzeuge zu haben. Diese Vereinbarung betraf auch Programmcode, der auch in anderen Borland-Produkten Verwendung fand. »Es ging um mehr als nur um den Kauf einer Ware, die man am nächsten Tag an der Laderampe abholt«, sagte einer der Manager, die bei den Verhandlungen anwesend waren.

Das Telefon klingelte das ganze Wochenende über. Ad Rietveld und weitere WordPerfect-Manager bekamen wiederholt Anrufe von Jim Manzi und seinem Chefberater Tom Lemberg. Die Ereignisse überschlugen sich. Es hieß, Manzi habe Protest eingelegt, weil er sich ein besseres Geschäft erhofft hatte. Es hieß auch, Rietveld sei mit seiner Weisheit am Ende. Er war seit sechs bis sieben Tagen wie jeder andere hier auf den Beinen – mit jeweils nur drei Stunden Schlaf.

Bis zum Tagesanbruch am Montag war es nicht gelungen, WordPerfect von seinen Standpunkten abzubringen. Der Fusionsvertrag war fertig und Kahn hatte den Kaufvertrag für QuattroPro unterschrieben. 110 Millionen Dollar in bar betrug der Kaufpreis. Novell würde auch einen Zugriff auf bestimmte Software von Borland, auf Quellcodes, auf Werkzeuge für die Softwareentwicklung und andere, mit QuattroPro verbundene Technologien bekommen, allerdings nicht exklusiv. Für weitere 35 Millionen Dollar wurde WordPerfect gestattet, seine Textverarbeitung, die Tabellenkalkulation QuattroPro und die Datenbankanwendung Paradox, die WordPerfect schon am 5. April 1993 übernommen hatte, zu einem Programmpaket als komplette Bürosoftware zu bündeln. Novell bot weiter an, rund 100 der Borland-Mitarbeiter zu übernehmen, deren Arbeitsplätze an QuattroPro hingen. Für den Fall, daß die Regierung die Fusion nicht genehmigen würde, verpflichtete sich Novell, 50 Millionen Dollar an Borland zu zahlen. Falls die Fusion aus anderen Gründen scheitern sollte, würde Novell an Borland eine

Entschädigung von 10 Millionen Dollar innerhalb von 10 Tagen bar überweisen müssen.

Ray Noorda freute sich, Borland und WordPerfect würden überleben. Wenigstens für den Augenblick.

Es lag auf der Hand, daß die Wall Street von diesem Geschäft nicht begeistert war. Innerhalb weniger Tage sank der Kurs der Novell-Aktie nach der Bekanntgabe der Fusion auf 15 Dollar. Die gängige Meinung war: Novell habe zuviel gezahlt. Aber an diesem Geschäft war nichts ›gängig‹. »Die Vision war der entscheidende Punkt«, sagte einer der Insider von Novell, »nicht der kurzfristige Profit.« Noorda schreckte die Reaktion des Marktes nicht. Der Wert seines Unternehmens hatte in den letzten Jahren zwischen 10 und 15 Milliarden Dollar geschwankt. Er erinnerte sich noch an die Chance, als ihm 35 Prozent des Eigentums an der damaligen Firma ›Novell Data Systems‹ für nur 125.000 Dollar angeboten worden waren. Das war fast so ein Schnäppchen, wie Bill Gates es mit Q-DOS[1] gemacht hatte. Na ja, fast.

Der 19. Juni kam schneller als gedacht. Noorda hatte jetzt viel Freizeit, er war nicht länger gebunden, und er hatte große Pläne. Er wollte in eine Reihe von Unternehmungen persönlich investieren, das würde der Branche helfen - und Bill Gates alt aussehen lassen.

Sein aktuellstes Projekt war der Kauf einer Technologie einer kleinen Computerfirma aus Virginia. Es war geplant, sie zur Grundlage für ein Produkt mit dem Codenamen ›Expose‹ zu machen. Novell sollte sie zur Verfügung gestellt bekommen. Der Novell-Vorstand mußte darüber noch entscheiden und von Bob Frankenberg, dem neuen Vorsitzenden, hieß es, er sei mehr als neugierig darauf, was Noorda ein »Mitten-ins-Gesicht-Produkt« nannte. Es sollte mit Windows kompatibel sein und auf jeder Computerplattform laufen. Noorda hoffte, das Produkt würde im Herbst im Handel sein. In der Entwicklungsabteilung rissen

---

[1] Quick-and-Dirty-Operating-System; wurde im Jahr 1980 für Intels Prozessor 8086 entwickelt und 1981 von Bill Gates gekauft.

sich die Experten die Beine aus, um das System dazu zu bringen, so viele Windows-Anwendungen zum Laufen zu bekommen, wie eben möglich.

Noorda sah in diesem System eine echte Alternative zu Microsofts Windows. Und er hatte vor, es so gut wie gratis auf den Markt zu werfen, geradeso wie Gates es mit Windows getan hatte, um seine Konkurrenten zu unterbieten und Marktanteile zu gewinnen. Aber alle technischen Daten von ›Expose‹, die für die Entwickler Bedeutung besaßen, sollten öffentlich zugänglich sein – ein Vorgehen, das reichlich verschieden von dem war, was Noorda als die »Diktatur« von Microsofts Windows zu bezeichnen pflegte.

Inzwischen war Noorda bewußt geworden, daß die ›Sonderkonferenz‹, die Mitte Juni von WordPerfect angesetzt worden war, dem Management und den Aktionären die Möglichkeit gab, die Fusion in letzter Sekunde platzen zu lassen. Das Gerücht ging um, daß Lotus-Chef Manzi immer noch versuche, in diesem Geschäft mitzumischen. Und dazu gab es jede Menge Möglichkeiten, falls der Kurs der Novellaktien an der Börse weiter fallen sollte.

Noorda hatte zu diesem Zeitpunkt seine letzte Harpune geschleudert, aber sein Arm war geschwächt. Die neue Garde sikkerte bei Novell ein. Auf bestimmte Weise war es Frankenberg, der über das Geschäft mit WordPerfect entschieden hatte. »Wir brauchten einen Visionär, um das zu schaffen. Wir hatten grenzenloses Vertrauen in Frankenbergs Fähigkeiten«, sagte ein Insider von WordPerfect. Aber Frankenberg sollte später seinen Hut nehmen, und seine Ära würde als ein einziges Desaster dastehen.

Novell sah sich der gewaltigen Aufgabe gegenüber, der Fusion auf dem Papier die Fusion im wirklichen Leben folgen zu lassen. Novells Erfolge bei bisherigen Akquisitionen waren kaum vielversprechend zu nennen: Novell hatte es nicht vermocht, das Know-how, das es durch den Kauf von Digital Research erwarb, zu seinem Vorteil zu nutzen. Sein Versuch, ein anderes, kleines Unternehmen zu integrieren, das es gekauft hatte, war ebenfalls fehlgeschlagen. Als Noorda dabei war, die letzten Spuren zu beseitigen, die er während seiner Tage am Ruder von Novell hinterlassen hatte, bereitete sich das Unternehmen darauf vor, seine Kräfte zu bündeln. Es würde noch viel Wasser den Mississippi herunterfließen müssen, bis eine erneuerte Firma Novell gut auf die nächsten großen Herausforderungen vorbereitet wäre.

Die Konsolidierung in der Computerbranche hatte länger gedauert als Noorda angenommen hatte. »Ich habe geglaubt, daß dies alles schon vor zwei bis vier Jahren hätte passieren müssen«, sagte er Bradford. »Der Gang der Dinge war unvermeidlich. Da gibt es immer diese übermächtige Figur, die man nur besiegen kann, wenn alle gegen sie zusammenstehen.« Noorda wagte die Vorhersage: »In drei Jahren wird es einen Branchenführer geben, der mächtiger als Gates ist.« Und wirklich, James Gosling war dabei, eine neue Programmiersprache zu entwickeln, die er Java nannte, und ein kleines Unternehmen - Netscape - wurde gegründet, um den Massen den Weg ins Internet zu ebnen. Aber möglicherweise würde es in der »Tretmühle« landen, wie die Manager von Microsoft es nannten. Ein von Microsoft inszenierter und sich endlos wiederholender Mechanismus, der den Konkurrenten den Verlust von Marktanteilen bescherte - unabhängig von ihrem Anfangserfolg. Allein aufgrund von Microsofts anhaltender Fähigkeit, seine Vormachtstellung auf jeden neuen Markt auszudehnen.

Eine enorme Herausforderung für Novell. Noorda meinte: »Wir haben jetzt innerhalb des Unternehmens schwierige Zeiten vor uns, weil wir nicht alle verstehen, was Netzwerke heute bedeuten. Vor vier oder fünf Jahren war das anders, wir wußten damals, wie es funktionierte.« Noorda sah voraus, daß Netzwerke – und das hieß heutzutage: das Internet – einmal an die Stelle des Telefons treten würden: Seine Dienste würden jedem ohne Ansehen der Person oder der Sache überall und jederzeit zur Verfügung stehen.

Zu seinen Kollegen gewandt, sagte er: »Ihr könnt von MCI eine Telekommunikations-Dienstleistung kaufen, die über das Netz von AT&T geleitet und von einem Dritten angeboten wird. Und Bill Gates ist sich dessen bewußt. Er weiß, daß dies so kommen wird, und deswegen will er seine Hände darauf legen.«

»Und das – so hoffen wir – wird auch passieren«, sagte Noorda. »Indem wir erkennen, was geschieht, werden wir viele, viele Partner für unsere Ziele gewinnen müssen. In der Zwischenzeit zieht Pearly davon und versucht es ausschließlich mit seinem eigenen Zeug – und er hat eine Menge Zeug anzubieten. Er will all die Anwendungsfritzen außen vor lassen.«

Im April und Mai studierten die Börsenaufsicht und das Justizministerium die Akten von Novells Fusion, und die mit Kartellangelegenheiten befaßten Juristen der Bundesbehörde befragten mögliche Zeugen von WordPerfect bei ihrer Vorbereitung des Vorgehens gegen Microsoft. Der Softwareriese stand unter Druck, mit der Novell-WordPerfect-Borland-Clique im Genick, und konnte nicht die geringste Bewegung machen, ohne daß diese vom Justizministerium genau registriert worden wäre.

All diese Aktivitäten schienen ein weiteres neues Kapitel in der Geschichte der Softwarebranche aufzuschlagen. Die Wall Street haßte das Vorgehen von Novell, und Softwareanwender fragten sich, wie alles enden würde. Eine heftige politische Schlacht wurde nicht allein in den Medien, sondern auch in den Büros des Kongresses ausgetragen. Sie hatte ihren Ursprung in der neuen Führungsriege des Justizministeriums.

Anne Bingaman, Chefin der Kartellabteilung des Justizministeriums, stand eingehüllt in ihr schwarzes Samtkostüm am 7. April 1994, einem Donnerstagabend, vor dem Ballsaal des Hotels *Shoreham* in Washington, D.C., – frisch gebräunt aus einem zweiwöchigen Urlaub in Costa Rica zurückgekehrt. Im Augenblick schien es ihr jedoch, als habe sie gar keinen Urlaub gehabt. »Er war nur ein Traum!« sagte sie zu einem ihrer Kollegen. Einige der Herumstehenden wurden grüppchenweise in den Ballsaal zum jährlichen Dinner der Antimonopolsektion der ABA[2] gebeten.

Eine Stunde später traf sich die Crème de la Crème der Wirtschaftsjuristen, die sich auf Kartellrecht spezialisiert hatten, bei einer Cocktailparty, zu der die Kanzlei von Jim Rill eingeladen

---

[2] Amerikanische Rechtsanwaltsvereinigung

hatte. Rill war unter Präsident Bush Leiter der Kartellabteilung des Justizministeriums gewesen. Er bewunderte Anne, obwohl er manchmal dachte, sie würde zu weit gehen

Im verschwenderisch mit Holz getäfelten Raum, an Cocktails oder Mineralwasser nippend, treffen wir auf Rill selbst, auf Bingamans Sachgebietsleiter Rich Rosen und die FTC-Chefin Janet Steiger, unter deren Ägide die Untersuchung gegen Microsoft eingeleitet worden war. Dann war da noch Schildkraut, früher Jurist in den Diensten der Kartellbehörde. Ursprünglich hatte er erste Sachverhalte über Microsoft der FTC zur Kenntnis gebracht, lange bevor es eine formelle Untersuchung gab. Und da war Annes Stellvertreterin für internationale Angelegenheiten, Diane Wood, und auch Mary Lou Steptoe, die Leiterin des Büros für Wettbewerbsrecht der FTC. Nicht zu vergessen: die platinblonde Deborah Owen, die sich in ihrem hautengen Kleid lässig in Richtung Bar bewegte.

Ihr dicht auf den Fersen das scheue Kommissionsmitglied Mary Azcuenaga, deren zweites ›Nein‹ bei der Microsoft-Abstimmung zum abermaligen 2-zu-2-Patt der Kartellkommission geführt hatte. An der gegenüberliegenden Seite konnte man Roscoe Starek sehen, der grinsend und nickend, die ihm bekannten Gesichter in der Menge begrüßte. Starek und ›befangen‹ waren zu Synonymen geworden. Hier lagen die Ursachen dafür, daß der Fall Microsoft – wie auch immer – nicht ein Jahr früher entschieden worden war.

Gerade schlängelte sich ein anderes Clübchen durch die cocktailschwingende Menge: die Anwälte für Kartellrechtsprobleme von Privatklienten. Sie gehörten einer der einflußreichsten Kanzleien Washingtons an. Viele von ihnen vertraten vor Gericht die Interessen von Microsofts Konkurrenten. Unter ihnen Andy Berg, über 1,80 Meter groß, Anwalt von Lotus Development und Ed Glay, als Kartellexperte für Taligent tätig. Taligent war ein kränkelndes Gemeinschaftsunternehmen von IBM und Apple, das von der Hoffnung lebte, eines Tages ein neues Betriebssystem auf den Markt bringen zu können, das es Bill Gates ein für allemal zeigen würde. Das Ding sollte nie flügge werden, denn die Computerhersteller konnte sich aus ihren vertraglichen

Bindungen mit Gates nicht lösen, aber Taligent lieferte den Bundesbehörden bei den Zeugenvernehmungen Berge von Beweisen, die Regale voller Aktenordner füllten.

Tatsache war, daß die meisten Kartellwächter in dieser Woche den Wunsch hatten, Anne die Hölle heiß zu machen. Überall konnte man bei den verschiedensten Gelegenheiten an diesem Abend hier und da ein Gemurmel hören: »Microsoft«.

War die in die Länge gezogene Untersuchung gegen den Softwaregiganten dabei, das Stadium des Nebulösen zu verlassen, oder würde Bills Microsoft mit all seiner Macht und all seinem Einfluß irgendwie doch noch einen Weg finden, sich unter dem prüfenden Blick der Regierung herauszuwinden?

Die Ansammlung von Kartellwächter tröpfelte langsam in den Ballsaal, um zu speisen und sich über die Sketche einer Komödiantentruppe, die ›Stufen des Capitols‹ hieß, zu amüsieren. Am nächsten Morgen würde Bingaman vorne auf dem Podium stehen, um ihre große Rede über die Notwendigkeit der Durchsetzung des Kartellrechts zu halten.

Im Ballsaal des *Shoreham* wartete Anne jetzt darauf, daß einer ihrer Kollegen mit seinen Begrüßungsworten zu einem Ende kommen würde. Er bemerkte, Anne habe ihm anvertraut, in ihrer für morgen erwarteten Rede hätte jedes ›i‹ seinen Punkt und jedes ›t‹ seinen Strich. »Schauen wir mal«, scherzte er dem Publikum zugewandt, »wieviele Worte ein ›i‹ enthalten und wieviele ein ›t‹? Nun ...« Eine Reihe möglicher und unmöglicher Beispiele folgte. Schließlich rief er aus: »Microsoft«. Gelächter brandete auf.

Sam Miller, der Verantwortliche für die Prozeßführung der Kartellabteilung, hatte eine Woche zuvor einen neuen Stapel Vorladungen an Microsoft und andere Softwarehersteller verschickt. Es würde Monate dauern, bis Bingaman in der Lage wäre, eine Klage gegen Microsoft einzureichen.

Im Mai 1994 hatten sich Bill Neukom und Stefanie Reichel zu einem Kurzurlaub in Pebble Beach und zum Treffen des ›Verbandes der Generalbevollmächtigten Anwälte‹ zurückgezogen.

Reichel hatte in den vergangenen Monaten Neukom ihre intimen Erfahrungen mit Gates anvertraut. Bei ihrer ersten Verabredung in den Staaten, Monate nachdem sie sich in Europa kennengelernt hatten, lud Gates sie in das Pförtnerhaus auf dem Grundstück seiner Luxusvilla ein, die er vor Jahren gebaut hatte. Sie erfuhr erst später, was seine engsten Freunde längst wußten: Dies war sein Lieblingsplatz, an den er seine weiblichen Eroberungen brachte.

Reichel hatte Neukom schon im September 1992 anvertraut, sie sei verstört und besorgt. Für den Fall, daß sie Gates' Avancen ablehnen würde, könne sie ihren Job verlieren. Neukom übernahm von da an die Rolle ihres Beschützers und im Spätherbst 1992 wurde er auch ihr Geliebter.

Reichel war in das Hauptquartier von Microsoft in den Staaten versetzt worden. Und jetzt war sie hier in Pebble Beach mit Neukom und das Telefon klingelte ununterbrochen. Das Justizministerium hatte Neukom eine Menge Fragen zu stellen. Aber ohne Zustimmung von Gates konnte Neukom keinen Schritt tun.

Reichel grübelte über das Phänomen Bill Gates nach. Er hatte etwas sehr Liebenswertes an sich und zugleich etwas, das einen verstören konnte. Gates hatte sie gefragt, ob sie ihn nach Amsterdam begleiten würde. Das war zu jener Zeit, als Neukom sie drängte, sich im September 1992 von Microsofts Chef zu trennen. Als Gates sie dann anrief, um ein Treffen zu verabreden, hatte sie ihm erklärt, die Reise nach Amsterdam sei ihr zu kostspielig. »Du hast versprochen, mir Amsterdam zu zeigen«, erwiderte er. »Ich leihe Dir auch das Geld.« Schließlich stimmte Reichel zu, ihn zu treffen, schwor Bill Neukom aber, Gates zu eröffnen, daß ihr Verhältnis beendet sei.

Nach ihrer Ankunft in Amsterdam hatten sich beide zum luxuriösen Hotel *L'Europe* auf den Weg gemacht. Reichel war sehr nervös. An der Rezeption hatte Gates alles in Bewegung gesetzt, um die Präsidentensuite im obersten Stock des Hotels zu bekommen. Er nahm an, Reichel würde zusammen mit ihm dort einziehen. In der Zwischenzeit hatte sie ihre Kreditkarte hervorgekramt, um ihr eigenes Zimmer zu buchen. Bill Gates wußte nicht, daß Neukom dafür aufkommen würde. Neukom hatte darauf bestanden, daß sie keinen Deut nachgibt.

Gates hatte Reichel dann gestanden, er sei maßlos enttäuscht, könne sie aber verstehen und wolle ihr freundschaftlich verbunden bleiben. In den nächsten Tagen speisten sie in verschiedenen Restaurants und Gates äußerte den Wunsch, das Rotlicht-Viertel Amsterdams zu sehen. Er war wild darauf, die legendäre Toleranz dieses Landes gegenüber der öffentlichen Darbietung von käuflichem Sex kennenzulernen.

Entlang den engen Gassen und Grachten waren kleine, rechteckige Fenster von dunkelrotem Licht durchflutet, nahezu völlig entblößte Frauenkörper boten in diesen Fenstern ihre Dienste an. Ganz so, als handele es sich um nette kleine Päckchen in den Regalen eines Tante-Emma-Ladens. Es war nicht zu glauben. Das Geschäft blühte!

Reichel und Gates legten in einer typisch holländischen Kneipe eine Pause ein, wo sie sich ›Space Cakes‹ gönnten, eine Haschischspezialität, die in den Niederlanden legal ist. Sie versanken in Tagträumen, weit weg von der Welt des Geschäftemachens, des Verträgeschließens und des vierteljährlichen Berichtswesens.

In der Anonymität einer dunklen Amsterdamer Bar trieb Bill Gates dahin, für ein paar Stunden zurückversetzt in seine Jugendzeit.

13 Der Vergleich

Bill Gates wußte, daß nun Novell am Zuge war. Nachdem die Übernahme von WordPerfect und Borlands QuattroPro durch Novell bekanntgegeben worden war, bewertete er diesen Handel in einem Memo an seinen Vorstand und erkannte, daß Noorda ihn mit seinen eigenen Waffen schlagen wollte. Aber Gates' Strategien funktionierten wie eine Zauberformel. Und seine Bewertung der Schwächen von Novell war bis auf den letzten Pfennig richtig. Trotzdem holte ihn das Justizministerium endlich auf den Teppich zurück. Doch auch während der Vergleichsverhandlungen gingen seine Raubzüge weiter, und die Feds mußten ihm den Abschluß von Verträgen verbieten, die wettbewerbsschädigend waren. Doch Gates konnte die Feds bewegen, im Vergleich einige ganz bestimmte Formulierungen zu akzeptieren, die ihm auf lange Sicht die Freiheit gaben, seine Marktmacht weiterhin auszunutzen.

Ray Noorda wußte, wie man Bill Gates ärgern konnte.

Als Reaktion auf Noordas kürzliche Erwerbungen konnte man den Microsoft-Chef in Form von Memos und E-Mails durch die ganze Firma schreien und jammern hören.

Gates versuchte gute Miene zum bösen Spiel zu machen, während er vor Wettbewerbseifer zischte. In Memos gab er zu, geschmeichelt zu sein, daß Noorda jetzt seine Strategie kopiere –

also herausgefunden hatte, daß nur eine komplette Paketlösung mit Gates' Angeboten konkurrieren konnte.

Gleichwohl befürchtete Gates, daß es Noorda gelingen könne, Netzwerksoftware zum Vertriebskanal für alle mögliche Software zu machen – und damit seine Dominanz im Netzwerkbereich genauso benutzen könnte, wie Gates seine Dominanz bei PC-Betriebssystemen.

In einem Memo an seine leitenden Angestellten schrieb Gates, daß die Novell-WordPerfect-Fusion und der Einkauf von QuattroPro die Rahmenbedingungen für Microsoft grundlegend geändert hätten. Er stellte fest, daß Novell seine eigene Strategie der Produktintegration übernommen habe, und verwies darauf, daß auch Lotus mit seinen Erwerbungen und seiner Notes-Strategie ähnliches im Schilde führe. Gates fand es toll, daß die Konkurrenten »unserer Strategie folgen«, allerdings nur solange, wie Microsoft dabei um einiges besser war.

Dann listete er die Auswirkungen auf seine jeweiligen Geschäftsbereiche, die durch Novells Schachzug berührt wurden, im einzelnen auf. Seine Sorgen galten den Auswirkungen auf Microsoft Office, seiner Sammlung von Anwendungen fürs Büro, und er verkündete verärgert, daß Novells eigene Office-Suite »zu einem echten Konkurrenten werden könnte, was uns zu Preisnachlässen zwingen und zu geringeren Stückzahlen in unserem Office-Geschäft führen könnte.«

Wie schon bei DR-DOS war Gates besonders verärgert darüber, daß er wegen der verschärften Konkurrenz seine eigenen hohen Preise nicht halten konnte. Er gab zu, daß es für beide Firmen zusammen leichter sein würde, QuattroPro und WordPerfect zu integrieren und daß beide so ihre »schwindende Kraft« wieder erlangen könnten. (Die beiden separaten Produkte hatten konstant Marktanteile an Microsoft Excel und Word verloren – die Tabellenkalkulation und das Textverarbeitungsprogramm im Microsoft Office-Paket.)

Gates war merkwürdigerweise immer noch mit DR-DOS beschäftigt, obwohl dessen Marktanteil mittlerweile praktisch bei Null lag. »Novell kann jetzt eine abartige Preispolitik starten, indem sie ihr Büro-Paket mit Netware bündeln, wie sie es schon mit DR-DOS getan haben.«

Er schien quasi laut zu denken, daß Novell ihn mit seiner eigenen Strategie der »abartigen Preispolitik« – wie er es nannte – schlagen könne, die den Kunden Preisnachlässe für die Abnahme von weniger dominanter Software zusammen mit solcher, die im jeweiligen Teilmarkt führend ist, einräumte. Netware war Novells Netzwerk-Betriebssystem, Marktführer in einem der wenigen Gebiete, die nicht von Microsoft dominiert wurden. Er befürchtete, daß Novell seine neu erstandene Anwendungs-Software zusammen mit Netware herausgeben würde, um so in Microsofts Markt einzubrechen – den Gates zum Teil mit derselben Taktik erobert hatte.

Gates ging zur Diskussion der »finanziellen Größenordnung« über und stellte seinen Scharfsinn bei solchen Themen wie weltweites Marketing, Kundenpräsenz und Markenbewußtsein zur Schau. »Die Marke Novell kann ein Dach für eine große Bandbreite von Aktivitäten werden«, schrieb er. Das war auch Microsofts hocheffektive Strategie gewesen.

Das Memo war wie ein Handbuch für Gates Strategien und zeigte auf, wie er die Synergieeffekte der neuen Novell Corporation genutzt hätte.

Am interessantesten waren vielleicht seine Überlegungen zu den Möglichkeiten eines Marktführers, Standards zu kontrollieren – was er selbst ja mit erstaunlichen Resultaten getan hatte. Er schien besorgt zu sein.

»Initiativen zur Unterstützung von Anti-Microsoft-Plattformen, APIs und Objektmodellen werden einfacher zu koordinieren sein, weil weniger Firmen beteiligt sind«, schrieb Gates und überlegte, ob Novell jetzt in der Lage sei, zunehmend Standards im Bereich Workgroups, Dokumentenverwaltung, grafische Systeme und all den anderen Dienstleistungen, die sie anboten, zu setzen.

Er listete die Punkte auf, von denen er glaubte, sie seien unerkannt geblieben, Dinge die hervorstachen und Microsoft zum Vorteil gereichten. Zuerst war da die Belegschaft, die nach der Fusion für die nächsten sechs Monate abgelenkt war. Gleichzeitig würden »die QuattroPro-Entwickler aus der barbarischen Welt in eine völlig neue Firma transferiert«. (Für Gates war jeder, der für Kahn arbeitete, ein »Barbar«).

Als hätte er Jim Manzis Gedanken gelesen, der ohne Gates' Wissen selbst eine Fusion mit WordPerfect ins Auge gefaßt hatte, schrieb Gates: »Novell und Lotus müßten jetzt ernsthafte Konkurrenten auf dem Teil des Anwendungs-Marktes werden, der nicht von Microsoft kontrolliert wird.«

Dann richtete er seine Gedanken auf technologische Unwägbarkeiten, und bemerkte, daß Novell im Gegensatz zu Microsoft nie eine zentrale technische Langzeitstrategie formuliert habe. Langfristig brauchte Novell eine Datenbank-Strategie, weil die Rechte an Borlands Paradox-Datenbank beschränkt waren. Gleichzeitig sorgte er sich, daß Borland ohne die Last von QuattroPro »eine echte Konkurrenz im Bereich der Software-Entwicklungs-Tools werden könnte. Die 145 Millionen Dollar haben das Bargeldproblem von Borland gelöst.« Microsoft und Borland waren scharfe Konkurrenten im Bereich Programmierwerkzeuge und Programmiersprachen, und jetzt würde die Firma sich besser darauf konzentrieren können.

Schließlich nannte Gates seinem Vorstand einige »Aktionen«, die er als Antworten auf die Herausforderung verlangte, darunter die Notwendigkeit, in den Bereichen E-Mail-Software und Firmenlösungen zu »gewinnen«. Um den Sieg sicherzustellen, schlug Gates vor, die verbliebenen kleinen Firmen im E-Mail-Bereich erst einmal aufzukaufen.

Das war die logische Fortsetzung seiner Strategie, gute Produkte und Technologien in all jenen Gebieten aufzukaufen, in denen Microsoft hinterherhinkte.

Gates betrachtete Windows NT – die robustere Version von Windows, die er auch für den Einsatz in Unternehmen, bei denen Laufsicherheit eine entscheidende Rolle spielt, akzeptabel machen wollte – als eines der Gebiete, auf denen Microsoft auf keinen Fall verlieren dürfe. Auf diesem Gebiet lag er immer noch hinter Novell zurück.

»NT muß als riesiger Erfolg hingestellt werden oder Novell macht unsere Workgroup-Anstrengungen zunichte. Wir sollten unsere Verkaufsinvestitionen in diesen beiden Bereichen erhöhen und die noch verbliebenen E-Mail-Firmen aufkaufen«, schrieb er. E-Mail war eine wichtige Anwendung in firmeninternen Computer-Netzwerken und eine Schlüsselkomponente im heißumkämpften Bereich der Workgroup-Anwendungen.

»Wir müssen uns die Produkte, den Einkauf und die Verkaufsanstrengungen genau anschauen, um im Mail/Workgroup-Bereich bessere Verkäufe zu erzielen«, forderte er.

Schließlich erklärte er seinen Helfern die Notwendigkeit, einen Plan auszuarbeiten, um »Rekrutierungen bei WordPerfect und QuattroPro durchzuführen.« Gates würde bald recht erfolgreich Mitarbeiter der beiden Firmen abwerben. Phillipe Kahn verklagte ihn später sogar, weil Gates seine Belegschaft quasi aufkaufe, und er setzte dabei einen Vergleich durch.

Andere Manager innerhalb der Firma griffen Gates' Rundschreiben auf, bombardierten ihre Mitarbeiter firmenweit mit Memos und scheuchten Manager und Vertreter an die Telefone, um den Kunden Microsofts Sichtweise der Novell-Fusion darzulegen. In einem dieser Memos, abgesendet am 24. März 1994, wurde festgelegt, daß der Ton der Gespräche »bescheiden« sein, nichtsdestotrotz aber einige Punkte klarstellen solle.

In Ländern, in denen WordPerfect einen großen Marktanteil besaß, bot sich eine günstige Gelegenheit für Microsoft, die WordPerfect/DOS-Anwender zu überzeugen, daß »die Zeit zum Wechsel nie besser war.« (So besaß WordPerfect z.B. in den Niederlanden den größten Marktanteil, und WordPerfect würde bald bei der EU Beschwerde gegen Microsofts Dumpingpreispolitik einlegen.)

Das Memo beschrieb, wie Microsofts öffentliche Reaktion auf die Fusion auszusehen habe und legte besonderen Wert darauf, daß Microsoft Office als das führende Produkt dargestellt werden solle. Konkurrenten, die im Rennen um Paketlösungen bislang hinterherhinkten, würden aufholen, gab das Memo zu, und »ihre Spitzenkräfte zu halten wird eine Herausforderung für sie werden.« Das Memo erwähnte nicht, daß Gates selbst den Plan hegte, seinen Konkurrenten das Personal wegzukaufen, wie eine weniger verbreitete E-Mail dargelegt hatte.

Interessanterweise erkannte Microsoft intern zwar, daß sie den Anwendungsmarkt übernommen hatten, gegenüber den Bundesermittlern aber stellten sie sich als abgeschlagen dar. Tatsache war: »Lotus ist jetzt die zurückgefallene Nummer Drei in Bezug auf Größe und Möglichkeiten. Microsoft führt bei den Betriebssystemen und den Anwendungen, Novell hat die Netzwerke«, so die E-Mail.

Microsofts Bewertung der Situation grenzte an Prophetie und erfüllte sich bis zum letzten Komma. Innerhalb weniger Monate sollte Novell WordPerfect für einen Bruchteil des Einkaufspreises an Corel weitergeben.

Die Worte aus Gates' Memo und die seiner Manager hallten in der ganzen Firma und später in der Analysten-Gemeinde nach.

Am Freitag, dem 22. April 1994, schrieb Ray Noorda in seinem Haus in Provo, Utah, an seinen Memoiren. Robert Frankenberg von Hewlett-Packard war zum CEO von Novell ernannt worden, und Noorda verbrachte immer weniger Zeit in seinem Büro. (Er hatte auch Sun-Chef Scott McNealy und den früheren IBM-Manager Conrades als CEOs in Erwägung gezogen.)

An diesem Tag würden die Aktionäre detailliert über die Fusion mit WordPerfect und den Einkauf von Borlands Tabellenkalkulation informiert werden. Die Dinge entwickelten sich schnell. Der Chefberater von WordPerfect, Duff Thompson, machte Urlaub auf Hawaii, und sein Kollege David Bradford von Novell hatte sich ebenfalls einen freien Tag genommen.

Phillipe Kahn konnte sich nicht an den Früchten seiner Arbeit erfreuen. Er bettelte bei den Novell-Aktionären noch immer darum, daß sie Borland komplett übernähmen. Die Firma hatte einige Schläge einstecken müssen und litt jetzt zudem an Microsofts neuesten Fischzügen in seiner Belegschaft.

Während Noorda an diesem Nachmittag gemütlich zu Hause saß, schäumte Kahn. Er war mit seinem vierjährigen Sohn im Auto unterwegs ins Kino, um ›White Fang II‹ zu sehen, eine Disney-Geschichte über einen Wolf. Kahn liebte die Zeit mit seinem Sohn, doch wegen der geschäftlichen Lage war er im

Streß. Gerade erwiderte er einen Telefonanruf. »Sie haben unsere Spitzen-Ingenieure im Visier und versprechen riesige Prämien für den Fall einer Vertragsunterzeichnung«, rief er in den Hörer.

Am gleichen Nachmittag rotierte auch Gates Pressesprecherin Pam Edstrom. »Holt Gates her! Holt Gates her!« schrie sie durch das Büro.

Am Telefon hatte sie gegenüber einem Reporter der *Financial Times* mit ruhiger Stimme Vorwürfe dementiert, daß Microsoft Konkurrenzfirmen auf unfaire Weise von nötigen technischen Informationen über ›Chicago‹ ausschloß, der Verschmelzung von DOS und Windows, dem späteren Windows 95. Das Justizministerium hatte Microsoft erst vor kurzem darauf angesprochen.

Nachdem sie die Fakten dementiert hatte, drehte sie sich zu ihren Kollegen um und rief: »Die FT weiß Bescheid, sie haben die Geschichte!« Sie glaubte, der Reporter habe sie in eine Warteschleife gesetzt, aber der hatte nur die Stumm-Taste seines Telefons gedrückt und lauschte dem Aufstand, der in ihrem Büro losbrach.

Auf Vorladung des Justizministeriums legten WordPerfect, Lotus, Novell, Borland und andere den Bundesanwälten dar, daß Gates den Handel zu behindern versuche, indem er den Zugang zu grundlegenden Spezifikationen von ›Chicago‹ für andere Software-Hersteller einschränke. Microsoft wollte keiner Firma den Zugang gestatten, die zugleich Produkte für andere als die Microsoft-Standards entwickelte.

Microsoft zwang Entwickler zur Unterzeichnung von Vertraulichkeitsvereinbarungen, die besagten, daß sie von Informationen über Chicago ausgeschlossen würden, wenn sie nicht Microsofts Datentransfer-Standard OLE unterstützten. Einige Firmen, einschließlich WordPerfect, Lotus, IBM und Apple, unterstützten einen alternativen Standard namens OpenDoc, andere, wie z.B. Sun, Novell und wiederum IBM dagegen WABI (Windows Application Binary Interface).

David Moon, Chefmanager für Technologie bei WordPerfect, hatte in eidesstattlichen Erklärungen beim Justizministerium ausgesagt, daß Microsoft die Industrie mit illegalen Methoden

Die Microsoft-Akte

zwingen wolle, ihren OLE-Standard zu unterstützen. Moon gab zu Protokoll: »Das ist starker Tobak von ihnen, uns vorschreiben zu wollen, welche Funktionen in unseren Anwendungen sein sollen. Wenn [Microsoft] jeden, der etwas halbwegs konkurrenzfähiges entwickelt, vom Zugang zum Standard-Betriebssystem der Industrie abschneidet, dann ist das ziemlich gefährlich für die Industrie.«

Gemeinsam mit WordPerfect hatten sich Borland, Novell, Lotus und Sun Microsystems beim Softwareriesen und auch beim Justizministerium darüber beschwert, daß man ihnen nur unvollständigen Code zur Verfügung stellte, sie dazu zwang, einschränkende Lizenzen zu akzeptieren, und Microsoft sie von eigentlich offenen Entwickler-Konferenzen ausgesperrte.

Gegen Ende April hatte sich Microsoft immer noch nicht zu den Beschwerden geäußert, und als Microsoft auf Artikel über seine Zwangsverträge im *Boston Globe* und in der *Financial Times* aufmerksam wurde, machte die Firma eine Kehrtwendung und ließ in einer Presseerklärung mitteilen, daß sie diese Zwangsklauseln aus bestimmten Verträgen streichen würde. Das Justizministerium sollte später im Vergleich mit Microsoft den Gebrauch solcher Verträge ganz verbieten.

Ein paar Wochen zuvor hatte Gates WordPerfect den Krieg in Europa erklärt. Außerdem war er dort hinter Ad Rietvelds Top-Verkäufern her. An der Nijenrode-Universität in Amsterdam hielt Gates eine Rede, in der er den neunzigprozentigen Marktanteil von WordPerfect in Holland auf Rietvelds Nationalität zurückführte. Er war zum Gegenschlag entschlossen, senkte die Preise und bot Windows für Workgroups im Paket mit Microsoft Word zu einem unmöglich niedrigen Preis an. Gates war eindeutig auf Marktanteile aus, auch wenn er dabei zeitweise Geld verlor. Als Reaktion schrieb WordPerfect einen Brief an Microsoft, in dem eine Beschwerde bei der EU über die Dumping-Preise angedroht wurde.

Der Vergleich

Am 2. Juni 1994 wurde Bill Gates von Sam Miller, dem Ankläger des Justizministeriums, in Anwesenheit von Microsofts externem Berater Steve Holly vereidigt. Zu Beginn seiner Aussage wurde er mit dem Beweisstück 17 konfrontiert, einer Sammlung handgeschriebener Notizen aus seiner Feder, einschließlich der ›E-Mail-Säuberungs-Notiz‹, die Norris Washington von der FTC vor Jahren inmitten der Akten entdeckt hatte.

Gates wurde gefragt, was eine ›E-Mail-Säuberung‹ sei. Bevor er antworten konnte, unterbrach ihn Holly und belehrte Gates, daß er nicht antworten müsse, wenn die Antwort einen Rat seiner Anwälte beinhalte. Daraufhin sagte Gates seinen Befragern, daß er dazu nichts zu sagen habe. Dann wurde er gefragt, ob es bei Microsoft schriftliche Vorschriften in Bezug auf die Vernichtung und das Löschen von E-Mails gab. Ja, antwortete er, solche Vorschriften existierten.

Gates wurde gefragt, ob er diese Vorschriften kenne. Er verneinte.

Ob er eine Kopie dieser Anweisungen besitze, wurde er gefragt. Nein, die besitze er nicht, antwortete Gates. Wer innerhalb von Microsoft denn über eine solche Kopie verfüge? Gates antwortete, solche Sachen würden von Bill Neukom geregelt.

Anne Bingamans Haare sträubten sich, als ob sie einen herannahenden Sturm bereits vorwegnehmen wollten.

Während seine Konkurrenten ihre Wettbewerbs-Misere in die eigenen Hände nahmen, bereiteten sich die Feds nach jahrelanger Arbeit darauf vor, gegen Gates loszuschlagen. Das Ministerium informierte Microsoft, daß es eine Klage vorbereite. Am 21. Juni wurde Bill Neukom zusammen mit Microsofts externem Berater Richard Urowsky bei der Kartellabteilung erwartet, um eine erste Runde von Vergleichsgesprächen zu führen.

Neukom hatte eine Frist bis zum 14. Juli, um einen Vergleich mit dem Justizministerium und mit der Europäischen Kommission auszuhandeln. Beide bellten laut, würden aber nicht beißen, soviel wußte Neukom. Er hatte Gates bereits geraten, sich zu vergleichen, denn er war sicher, daß sie gut dabei wegkommen würden.

Bingaman und Litan begrüßten Neukom und Urowsky im Hauptkonferenzraum der Abteilung. Neben dem Konferenztisch hatte Bingaman auf einem Flipchart die Rahmenbedingungen für einen Vergleich zusammengestellt.

Er verbot verschiedene Lizenzierungspraktiken, die Microsoft für seine Betriebssysteme verwendete, einschließlich der Pro-Prozessor- und Pro-System-Lizenz, sowie Absprachen über Mindestabnahmemengen, bei denen ein Hersteller eine Mindestsumme zahlen mußte, um im Gegenzug die Erlaubnis zur Auslieferung einer bestimmten Anzahl von Microsoft-Betriebssystemen zu erhalten.

Bingamans Anordnung limitierte die Vertragsdauer für Microsoft-Lizenzen mit Herstellern und regulierte die Preisgestaltung bei Betriebssystemen, indem sie Mengenrabatte verbot oder beschränkte. Sie verbot ebenfalls Pauschalzahlungslizenzen, bei denen ein Hersteller für einen Pauschalbetrag eine unbestimmte Anzahl von Betriebssystemen ausliefern konnte, und zudem Exklusivverträge. Neukom protestierte, daß Microsoft diese zwei Formen von Lizenzverträgen nie benutzt habe.

Die Anordnung begrenzte auch den Spielraum bei Vertraulichkeitsvereinbarungen, deren Unterzeichnung Microsoft von Firmen verlangte, die frühe Testversionen eines Betriebssystems erhielten. So sollten Firmen und ihr Personal nicht ungebührlich an der Arbeit an Anwendungsprodukten für Nicht-Microsoft-Betriebssysteme gehindert werden.

Dem Treffen folgte ein weiteres am 27. Juni, das im selben Raum stattfand und an dem Bingaman, Neukom und Urowsky teilnahmen. Außerdem war Bingamans Assistent Seth Waxman anwesend. Die beiden Seiten rangen um Kompromisse bezüglich der Vertragsdauer von Microsoft-Lizenzen, die Arten von Lizenzen, die Microsoft anbot und um die Frage, ob Microsofts Lizenzen ›Pauschalbezugsverträge zur Bedarfsdeckung‹ seien. Die Anwälte des Ministeriums bemerkten Neukoms Angewohnheit, sich mit Kleinkram zu beschäftigen, der ihnen offensichtlich klar erschien. Im Spiel waren auch Microsofts Pro-System-Lizenzen und ihr Einfluß auf die wirtschaftlichen Beziehungen zwischen Microsoft und seinen Lizenznehmern in der Computerindustrie, die Verwendung der Vertraulichkeitsvereinbarungen, sowie Art und Dauer eines Vergleiches, den Microsoft mit dem Justizministerium erreichen könnte.

Gegen Ende des Treffens schlug Neukom Bingaman vor, ihren Vergleich mit dem Wettbewerbsbüro DG IV[1] der Europäischen Kommission zu koordinieren, die aufgrund von Novells Beschwerde vom Sommer 1993 ein eigenes Kartellverfahren anstrengte. Microsoft müsse seine Geschäfte auf einer dauerhaften globalen Basis machen, erklärte er, und wenn die Firma mit dem Justizministerium eine Verständigung über die Lizenzierung ohne eine Versicherung der EU eingehe, so könne Microsoft am Ende mit zwei verschiedenen und eventuell widersprüchlichen Auflagen für einen zentralen Teil seines Geschäfts darstehen.

»Versuchen wir doch, ein gemeinsames Gespräch zwischen Microsoft, dem Justizministerium und der DG IV zu organisieren, um zu sehen, ob eine globale Lösung möglich ist«, regte Neukom an.

»Ich werde sehen, ob die DG IV daran interessiert ist«, antwortete Bingaman.

Sie verließ den Raum und rief Claus-Dieter Ehlermann an, den Leiter der DG IV. Er versprach, über diese Idee nachzudenken und sich zu melden, nachdem er mit anderen darüber gesprochen habe.

Wenn Janet Reno einen Raum betrat, blickte jeder auf. Am 30. Juni fand sich Neukom Auge in Auge mit der Justizministerin, die sich Bingaman, Waxman, Neukom und Urowsky angeschlossen hatte, um die letzten offenen Punkte bei den Ermittlungen des Ministeriums gegen Microsoft zu klären.

---

[1] Verantwortlich für die Wettbewerbspolitik in der Gemeinschaft ist die Generaldirektion IV (DG IV). Ihre Aufgabe ist es, Machtmißbrauch privater Unternehmen oder wettbewerbsgefährdende Absprachen zu verhindern; sie hat darauf zu achten, daß keine unerlaubten staatlichen Beihilfen gewährt werden, die den Integrationsprozeß blockieren bzw. teilweise wieder rückgängig machen, und sie wacht über staatlich kontrollierte oder sanktionierte Monopole.

Die Microsoft-Akte

Bingaman ließ Neukom wissen, er solle sich am Morgen des 4. Juli in den Büros der DG IV in Brüssel einfinden, um sich einer detaillierten Diskussion betreffs eines Vergleichs über Microsofts unlautere Geschäftsmethoden in den USA wie auch in Europa zu stellen.

Am selben Tag, an dem sich Reno mit den nächsten Schritten ihrer obersten Kartellwächterin vertraut machte, sandte die DG IV einen Entwurf, der ihre Einwände in jenem Fall formulierte, den Novell angestrengt hatte. In dem Entwurf schrieb die DG IV, daß verschiedene Lizenzierungspraktiken, vor allem die Pro-Prozessor- und Pro-System-Lizenzen, zusammen mit Mindestabnahmeverpflichtungen den »Effekt hätten, die Lizenzierung von MS-DOS wirtschaftlich mit Windows zu verknüpfen und damit den Markt für Konkurrenzprodukte zu schmälern«, wie z.B. für DR-DOS.

In den letzen zwei Wochen hatten die Anwälte des Ministeriums Microsoft immer wieder die gleiche Botschaft übermittelt: Wenn ihr euch weigert, den Vergleich zu unterzeichnen, dann wird die Abteilung Klage erheben. Diese vierzehn Tage waren eine Zeit der Dauergespräche zwischen Sam Miller, Neukom und Bingaman. Währenddessen dementierte Microsoft Pressemitteilungen, daß eine Klage des Justizministeriums kurz bevorstehe.

Der 4. Juli war ein ruhiger Sommerabend in Brüssel, und die Lobby des Hotels *Stanhope* war praktisch leer. Bingaman und Ehlermann waren für ein kurzes Treffen mit den beiden Microsoft-Repräsentanten vorbeigekommen, um sie auf den kommenden Tag vorzubereiten.

Neukom erhielt eine zweiseitige Zusammenfassung der gemeinsamen Position des Justizministeriums und der DG IV bezüglich der Lizenzpraktiken von Microsoft. Das Papier enthielt eine Auflistung der beanstandeten Punkte und Vorschläge zu ihrer Lösung.

Einige neue Punkte im Zusammenhang mit Produktkoppelungen waren vom US-Justizministerium hinzugefügt worden, fanden sich allerdings auch im Vorgang der DG IV. Das Papier

verbot nun Verträge, die in ihrer Kombination konkurrierende Betriebssysteme ausschlossen und den Verkauf des Microsoft-Betriebssystems an die Lizenzierung anderer Produkte oder Dienstleistungen band. Es verbot auch ›Paketpreise‹ für viele verschiedene Betriebssystem-Produkte und sah eine separate Preisgestaltung auf der Basis der tatsächlichen Verkäufe jedes einzelnen Produktes vor.
Bill Gates würde nicht sehr glücklich sein.

Nach dem Treffen mit den Kartellbeamten am 4. Juli antwortete Microsoft mit einer eigenen zweiseitigen Erklärung. In Bezug auf die Produktkoppelung war Microsoft einverstanden, daß der Vergleich für »Verträge betreffend MS-DOS 6.22, Windows 3.11, Windows für Workgroups 3.11 und ihre Nachfolgeprodukte inklusive ›Chicago‹ bzw. Windows 95« gelten solle. Die Firma akzeptierte, daß die Verbote auch »Regelungen in OEM-Verträgen, die konkurrierende Betriebssysteme ausschließen« betreffen sollten.

Neukom fügte hinzu, daß »Microsoft es unterlassen werde, die Lizenzierung eines einzelnen Produktes an das Einverständnis des Kunden zu binden, andere Microsoft-Produkte zu lizenzieren. Microsoft wird weiterhin integrierte Produkte wie ›Chicago‹ entwickeln, die dem Endverbraucher technologische Vorteile bringen.«

Zwischen dem 4. und 8. Juli traf man in Brüssel täglich zusammen, um einen Vergleich auszuhandeln, der alle Seiten zufriedenstellen sollte. Neukom wurde von William Allan begleitet, einem der Partner von Linklaters & Paines in London, der als Berater für EU-Recht fungierte, außerdem von Urowsky. Bingaman wurde von ihrem Ökonomen Richard Gilbert und dem Anwalt Marc Schechter begleitet. Seitens der DG IV nahmen neben Ehlermann Helmut Drabbe und Fin Lomholt teil, zwei leitende Mitarbeiter der DG IV.

Das letzte Treffen fand am Abend des 8. Juli in Ehlermanns Brüsseler Büro statt. Am 5. Juli hatten das Justizministerium und die DG IV einen ersten Entwurf eines Vergleichs aufgesetzt. Er machte deutlich, daß für alle beteiligten Seiten von Anfang an auch das »Produkt mit dem Codenamen ›Chicago‹«, das der Nachfolger von Microsofts aktuellen Betriebssystem-Produkten MS-DOS und Windows sein würde, von allen Absprachen betroffen wäre.

Am 6. Juli präsentierte Neukom Ehlermann ein Positionspapier zu dieser ersten Fassung, das Microsofts Einverständnis an die Bedingung knüpfte, daß es nur um bestimmte Produkte »und die Nachfolger dieser Produkte geht, die den Computerherstellern zugänglich gemacht werden.«

Microsoft schien sein Einverständnis mit dem Vorschlag an die Definition von ›Koppelung‹ in dem Sinne zu knüpfen, daß nur die Lizenzierung eines ›Einzelproduktes‹ bei gleichzeitiger Lizenzierung eines anderen entsprechenden Produktes betroffen wäre, nicht aber die Integration zweier Produkte, die zu einem neuen Produkt führen, das dann als solches OEM-Herstellern angeboten würde. Schließlich wollte Gates Windows und DOS zu einer endgültigen Einheit in einem Produkt verbinden: ›Chicago‹.

In Brüssel konnte keine Übereinkunft erzielt werden. Die Parteien waren am Morgen des 9. Juli in vielen wichtigen Punkten uneinig. Dies betraf vor allem Microsofts fortgesetzte Nutzung von Mindestabnahmen, die Art und den Umfang von Mengenrabatten, die Bedingungen zur Fortsetzung der Pro-System-Lizenzierung durch Microsoft und die Laufzeit eines Vergleiches.

Bingaman informierte Neukom, daß er Gates an die Frist bis zum 14. Juli erinnern solle, andernfalls würde Klage erhoben.

Über dem Konferenzraum im Regierungsviertel, in dem am 14. und 15. Juli eine zweitägige Dauerschlacht ausgetragen wurde, lag eine große Hitze.

»Ich werde mich nicht von Gates aufs Kreuz legen lassen«, jammerte Bingaman während einer Pause vor ihren Kollegen. Gates hatte mehrfach versucht, jeden kleinen Fortschritt ihrer Kartell-Anwälte mit Neukom zunichte zu machen. Litan verglich dies mit einer heftigen Achterbahnfahrt. »Es war uns klar, daß die Anwälte zu Gates mußten, um sich Anweisungen und Vollmachten zu holen«, erzählte er später seinen Kollegen.

Bingaman bestand darauf, daß die Lösung der Probleme nur möglich sei, wenn Gates selbst an den Gesprächen teilnehme. Neukom und Gates wurden zur Kooperation aufgefordert. »Wenn Ihr das Problem beseitigen wollt, dann ist jetzt der richtige Zeitpunkt dafür«, drohte Litan. Dann beschrieb er Punkt für Punkt den Umfang der Klage, die er und Bingaman Janet Reno empfehlen wollten.

Als die Diskussionen im Verlauf des 14. Juli Fortschritte machten, beschloß Bingaman, die Frist verstreichen zu lassen. Immerhin saß Neukom am Tisch und entwarf die Formulierungen.

Am 13. Juli lag ein Entwurf gegen Produktkoppelung auf dem Tisch, der das Justizministerium zufriedenstellen sollte und den die DG IV als Teil eines internen Entwurfs von Vergleichsbedingungen vorbereitet hatte. Dort stand: »Microsoft wird keine Verträge abschließen, in denen die Bedingungen abhängig von oder gebunden an die Lizenzierung irgendeines der vorbezeichneten Produkte, Betriebssystem-Produkte oder anderer Produkte sind (vorausgesetzt allerdings, daß dies nicht als Verbot für Microsoft bewertet wird, integrierte Produkte zu entwickeln, die technologische Vorteile anbieten).«

Streicht die letzten vier Worte«, bellte Gates seinen Chefberater an, der mit versteinertem Gesicht neben ihm saß.

Am 13. Juli war es schon nach halb elf, und Neukom hatte gerade mit Urowsky gesprochen, während andere Anwälte in einer Konferenzschaltung mithörten. Die Gruppe diskutierte den Inhalt und die Formulierungen verschiedener Vorgaben im Vergleichsdokument, besonders den Einfluß der Produktintegration, vor dem Hintergrund von Gates' Plänen mit ›Chicago‹. Die Anwälte trauten sich ohne Kenntnis von Gates' Einschätzung der Situation nicht weiter vor.

Gates wollte die Worte »die technologische Vorteile bieten« mit der Begründung gestrichen sehen, daß Microsoft sich in seinem Recht, neue Produkte zu entwickeln, nicht einschränken lassen wolle, schon gar nicht aufgrund von vagen und subjektiven Kriterien. Gates bestand darauf, daß Microsoft das Recht haben müsse, »beliebige integrierte Produkte« zu entwickeln, andernfalls würde man die Fähigkeit zur Innovation verlieren. (Später wurde es zu einem Streitpunkt, ob die Integration des Internet Explorers in Windows 98 einen technologischen Vorteil bot, außer daß man Netscape damit Marktanteile abjagte.)

Neukom und seine Assistenten handelten nach Gates Anordnung, und der Absatz über Produktkoppelung las sich jetzt so: »Microsoft wird keine Lizenzverträge abschließen, in denen zur Bedingung gemacht wird: die Lizenzierung irgendeines anderen der vorbezeichneten Produkte, von Betriebssystem-Software oder eines anderen Produktes (vorausgesetzt allerdings, daß dies nicht als Verbot für Microsoft gewertet wird, integrierte Produkte zu entwickeln).«

Am Morgen des 14. Juli saßen sich in Bingamans Konferenzraum Neukom und Urowsky einerseits und Bingaman, Litan, Gilbert, Schechter, Drabbe und Lomholt andererseits gegenüber. Es sollte sich bis zum 16. Juli hinziehen, bevor Janet Reno schließlich vor der Presse verkünden konnte, was sie für einen Sieg ihrer Kartell-Cops hielt.

Neukom eröffnete das Treffen mit einer Eingangserklärung und verteilte dann seine überarbeitete Version des Vergleichs. Nach einigem Seitenrascheln und Murmeln ging Neukom die Punkte einzeln durch, hob einzelne Punkte und Veränderungen in der Formulierung hervor, die von Gates inspiriert waren.

Als er die Sektion E erreichte, führte er aus, das Microsoft in einer Untersektion einen Vorbehalt hinzugefügt hatte, um eindeutig klar zu stellen, daß die Firma sich das Recht vorbehielt, »fusionierte Produkte« oder Produkte, die eine »integrierte Technologie« darstellten, anzubieten. Er betonte, daß nichts konstruiert werden solle, was Microsoft an der freien Produktentwicklung hindern könnte. »Dies war unsere Position letzte Woche in Brüssel«, erinnerte Neukom seine Ermittler. »Deswegen ist dies keine substantielle Änderung.«

Nach Neukoms Überblick wurde eine Pause eingelegt, und Bingaman verglich mit ihren Kollegen Notizen über offene Fragen. Bingaman war wütend. »Ich werde mich nicht aufs Kreuz legen lassen«, wiederholte sie gegenüber Litan. »Er wird nicht alles so lange hintertreiben, bis es bedeutungslos ist! Keine weiteren Konzessionen nach dieser hier!«

Am Abend saß Neukom wieder mit Bingaman und den Verhandlungsführern der DG IV zusammen; Ehlermann war am Telefon zugeschaltet.

Neukom und Gates hatten eine feste Front gegen sich: Die Europäische Kommission und das Justizministerium drohten mit der gleichen Klage. Es war sicher, daß Microsoft in eine Auflage des Ministeriums einwilligen, dem Erlaß des Vergleichs zustimmen und außerdem mit der DG IV etwas auszuhandeln mußte, das im Prinzip identisch mit dem Vergleich war.

Bingaman standen Litan, Schechter und Gilbert zur Seite, denen sich noch David Seidman anschloß, ein Anwalt der Revisionsstelle der Kartellabteilung.

Die Verhandlungen wurden am späten Nachmittag des 14. Juli wieder aufgenommen. Erneut ging man den Entwurf des Erlasses Punkt für Punkt durch. Schließlich erklärte Litan, daß der Vorbehalt, den Microsoft am Morgen vorgeschlagen hatte, für das Ministerium und die DG IV akzeptabel sei. Die veränderte Formulierung mache klar, daß »integrierte Produkte« zwar durch den Vorbehalt von den Beschränkungen der Sektion IV (E) (I) ausgenommen seien, dies Microsoft aber nicht von einer Überprüfung nach dem Sherman Act und den Römischen Verträgen ausnehmen würde. So blieb alles in einer Grauzone, »integrierte Produkte« wurden weder durch den Vergleichserlaß verboten noch durch bestehende Gesetze erlaubt. Keiner versuchte zu definieren, was »integrierte Produkte« eigentlich sind.

Microsoft-Berater Urowsky merkte an: »Wir wissen, das Microsoft und das Justizministerium unterschiedliche Ansichten darüber haben, welche Einschränkungen der Sherman Act für die Entwicklung von High-Tech-Produkten vorsieht, aber wir müssen das nicht heute abend klären. Das Gesetz wird sich durchsetzen.« (Das Thema sollte in der Tat wieder auftauchen, als Bingamans Nachfolger Joel Klein 1998 seine monumentale Klage einreichte.)

Bingaman war klar, daß sie nun zumindest einen Fuß in der Tür hatte; sie konnte vielleicht andere Klagen einreichen, um Microsoft an der Leine zu halten.

Gegen halb elf abends hatte das Ministerium einen weiteren Entwurf produziert, der wiederum von Neukom und seinen Kollegen durchgesehen werden mußte. Die Formulierung zur Produktkoppelung lautete jetzt so: »Microsoft wird keine Lizenzverträge eingehen, deren Bedingungen wörtlich oder sinngemäß gebunden sind an: die Lizenzierung irgendeines anderen aufgeführten Produktes, einer Betriebssystem-Software oder eines anderen Produktes (vorausgesetzt allerdings, daß dieser Vorbehalt an sich nicht dazu verwendet wird, Microsoft die Entwicklung von integrierten Produkten zu verbieten oder dafür eine Genehmigung erforderlich zu machen.)« Der Entwurf wurde noch einmal gekürzt, bevor er seine endgültige Form erhielt. Im Morgengrauen des 15. Juli ging die Gruppe auseinander.

Später an diesem Morgen gingen die Gespräche weiter, und es wurden Einigungen über zusätzliche Bedingungen und Formulierungen erzielt. An diesem Morgen war Anne Bingaman am Ende der Fahnenstange angekommen. Sie hatte elf Monate mit der Untersuchung von Microsoft verbracht und einen ihrer Anwälte in Salt Lake City plaziert, um Klage im Heimatstaat von Novell einreichen zu können, falls Gates sich in letzter Minute weigern sollte, einen Vergleich zu unterzeichnen. Die Anwälte des Ministeriums glaubten, diese Auswahl des Gerichtsstandes würde etwas Unruhe in das Leben von Gates und Neukom bringen.

Aber am 15. Juli um 18.00 Uhr unterzeichnete Microsoft eine Verpflichtung gegenüber der DG IV. In letzter Minute hatte Gates am Telefon Neukom angewiesen, die Formulierung der kritischen Sektion IV (E) in der Vereinbarung mit dem Justizministerium zurückzuschneiden. Die letzte Version kam ohne die Formulierung »oder dafür eine Genehmigung erforderlich zu machen« aus. Neukom sagte, er wolle unnötige und potentiell verwirrende Formulierungen vermeiden, ohne den Inhalt zu ändern. Die Streichung sollte später allerdings einen entscheidenden Unterschied machen und alles andere als eine unnötige

Formulierung betreffen. Die Klausel besagte nun, daß Microsoft die Erlaubnis hatte, integrierte Produkte herzustellen, ohne einen Zweifel daran zu lassen, daß dies in einigen Fällen wettbewerbsschädigend sein kann.

Gates' scharfsinniges Verhandlungsgeschick hatte sich deutlich gezeigt. Er wußte um die strategische Wichtigkeit, die Leute mit seinem Integrationsansatz weiter in der Zange zu haben. Er war dabei, sein Windows 95 auszuliefern. Und sein neuer Online-Service Microsoft Network (MSN) sollte demnächst in Windows 95 integriert werden.

Dies alles geschah noch, bevor Gates das Internet zu seiner Religion machte.

Um acht Uhr abends hatte Neukom den Vergleichserlaß unterzeichnet und sich einverstanden erklärt, Microsofts Betriebssystem nicht mehr nach Anzahl der verkauften Prozessoren, sondern nach Anzahl der gekauften Betriebssysteme zu lizenzieren. Zusätzlich sollte Microsoft die Beschränkungen bei den Testversionen ihrer Software fallenlassen und den Verkauf eines Produktes nicht vom gleichzeitigen Kauf eines anderen abhängig machen. In der Anklage, die das Justizministerium in der Schublade liegen hatte, hieß es eingangs »Microsofts Monopolmacht erlaubt es ihnen, Computerhersteller zu zwingen, in langfristige wettbewerbswidrige Verträge einzutreten, nach denen sie Lizenzgebühren an Microsoft nicht nur für verkaufte PCs mit Microsoft-Betriebssystemen abführen müssen, sondern auch für verkaufte PCs mit Systemen, die nicht von Microsoft stammen.«

Die Entscheidung, die Beschwerde auf Lizenzierung, Produktkoppelung und Betatest-Verträge zu begrenzen, war rein pragmatisch. Während sie wußten, daß Microsoft sich auch anderer Vergehen im Anwendungsmarkt schuldig gemacht hatte, hatten die Anwälte des Justizministeriums entschieden, sich auf den Fall zu konzentrieren, den sie leicht gewinnen konnten. Sie würden auch weiterhin Microsofts Verhalten in anderen Bereichen beobachten.

Die Microsoft-Akte

Bill Gates erzählte Reportern nach der Entscheidung, er erwarte keine »direkten finanziellen Auswirkungen für Microsoft« und er habe »keine Korrektur bei den Verkaufserwartungen für DOS, Windows oder spätere Versionen dieser Produkte vorgenommen.«

Bob Litan fand Gates' und Neukoms Kommentare doch etwas merkwürdig, wenn er daran dachte, wie sie mit Zähnen und Klauen gegen die Entscheidung angekämpft hatten. »Wenn es so einfach für sie war, warum haben sie sich dann nicht schon vor Jahren verglichen?« fragte er seine Kollegen, die gemeinsam mit Bingaman darüber schockiert waren, wie der Vergleich von der Industrie aufgenommen wurde.

Er wurde als sinnloser Schlag auf die Hand abgetan. Die Analysten der Industrie hoben hervor, daß Gates ohne Geldstrafe an den Staat oder seine Konkurrenten davongekommen war, seine Firma nicht würde aufteilen müssen und keinerlei Verschulden eingestehen müsse. Das war wirklich ein guter Handel.

IBM wollte die Effektivität des Vergleichs auf die Probe stellen. Sie planten einen Preiskrieg. Die Handelsvertreter von Novell und IBM riefen die Computerhersteller an und erinnerten sie, daß sie nun die Freiheit hätten, andere Verträge zu akzeptieren. Aber sie bekamen bald heraus, daß Gates die Industrie in der Tasche hatte. Jeder hatte Angst, von Microsoft kaltgestellt zu werden, wenn man mit einem Konkurrenten verhandle.

David Bradford von Novell rief bei Duff Thompson von WordPerfect und bei Phillipe Kahns Chefberater Bob Kohn an. Jetzt wurden Zivilklagen in Erwägung gezogen.

Der Sommer war über das Land hereingebrochen und sanfte Lüfte legten sich wie ein Weichzeichner über die sonst so scharfen Konturen der Dinge.

In seinem Büro in Washington, D.C., packte Andrew Berg, der Berater von Lotus, die Akten zum Fall Microsoft zusammen. Obwohl der Vergleich mit dem Justizministerium noch nach den Bestimmungen des Tunney Act geprüft werden mußte und außenstehende Parteien ihn als inhaltslos anfechten konnten, hatte Jim Manzis Chefberater Tom Lemberg Berg informiert, daß

Manzi keine Minute mehr darauf verschwenden wolle. Die Armee von Anwälten, die die Hersteller von Anwendungs-Software vertreten hatte, warf das Handtuch. Ihre Themen waren nicht angesprochen worden, und sie hielten ihre Märkte für verloren.

Mitte August trat Ray Noorda als Vorsitzender von Novell zurück. Er dachte bereits darüber nach, wie er seine freie Zeit dazu nutzen könne, den Wettbewerb im Informationszeitalter wiederherzustellen.

14 Harte Bandagen

Während das Verfahren gemäß den Vorschriften des Tunney Act vor Richter Stanley Sporkin seinen Lauf nahm, schien alles möglich. Die Entscheidung des Justizministeriums wurde abgelehnt, so daß die Feds in die bizarre Lage gerieten, die Gültigkeit des Vergleichs gemeinsam mit Microsoft vor einem Berufungsgericht erkämpfen zu müssen. Sporkins Entscheidung wurde aus verfahrenstechnischen Gründen zurückgewiesen, und der Vergleich wieder in Kraft gesetzt. Ironischerweise geschah dies exakt zu der Zeit, als sich bei Anne Bingaman, Chefin der Antitrustabteilung im Justizministerium, das Bild von Microsofts Absichten zu vervollständigen begann, während sie das Kaufangebot des Softwaregiganten für Intuit Inc. überprüfte. Der verkündete Vergleich betraf allerdings ein Marktsegment, in dem der Begriff ›Wettbewerb‹ schon lange keine Rolle mehr spielte. Doch mittlerweile protestierte ein ganzer Schwarm von Firmen gegen die Geschäftspraktiken des Bill Gates, die sich ihrerseits auf völlig neuen Märkten tummelten.

Bill Neukom traf am 20. Januar 1995 in einem Taxi am Bundesbezirksgericht ein und machte sich auf den Weg zum Gerichtssaal 6 auf der zweiten Etage.

Aus der Ruhe des Hay-Adams Hotels kommend, fand er sich mitten in die Kamerateams auf der Treppe vor dem Gericht versetzt. Eine unwahrscheinliche Horde schlängelte sich in einer ungeordneten Reihe vor dem Gerichtssaal von Richter Stanley Sporkin entlang.

Das Tunney Act-Verfahren würde gleich beginnen. Es war der dritte Termin in einer Reihe von Anhörungen, die mit der Zeit immer umstrittener wurden. Reporter, Wall Street Analytiker, Anwälte aus der Privatwirtschaft und aus dem Umfeld der Regierung wohnten dem Ereignis bei. Während die Menge in den Saal einzog, stand Anne Bingaman im vorderen Teil des Gerichtssaals und kritzelte hektisch auf einem überdimensionalen Schaubild herum.

Als Richter Stanley Sporkin eintrat – die Brille auf die Stirn geschoben – wurde es still im Saal. Er hatte auch im Prozeß um die Spar- und Darlehenskassen, in dem sich Charles Keating und die Regierung gegenübergestanden hatten, die Verhandlung geführt und Keatings Anwälte mit den Worten gerügt: »Sie werden dieses Gericht nicht unter Druck setzen.« Sein Gebaren während seiner Zeit als aggressiver Vollstreckungsbevollmächtigter der Börsenaufsicht hatte ihm den Spitznamen ›Attila der Hunne‹ eingetragen.

Der Tunney Act sah vor, daß die Öffentlichkeit innerhalb eines bestimmten Zeitraums – normalerweise sechzig Tage – Anmerkungen zu Prozeßvergleichen einreichen konnte, bevor sie von einem Bundesgericht in Kraft gesetzt wurden. Im diesem Fall waren lediglich fünf Anmerkungen von kleinen Firmen gegen die Verfügung eingereicht worden.

Nun begannen die Formalitäten mit der Benennung der Rechtsberater: Bingaman, gefolgt von Richard Urowsky, Microsofts Rechtsbeistand (zusammen mit Bill Neukom und einer Gruppe von Microsoft Anwälten, die ebenfalls am Beratertisch Platz nahmen), und Gary Reback, ein früherer Anwalt von Philippe Kahn, nun bei Wilson, Sonsini, Goodrich & Rosati, einer Kanzlei, die nur zehn Tage zuvor für drei von Gates' Konkurrenten einen Schriftsatz eingereicht hatten, der für großes Aufsehen gesorgt hatte. Ebenfalls anwesend waren Jeff Jacobovitz von IDEAssociates, einer kleinen Firma, die von Microsoft geschädigt worden war und die gegen den Vergleich protestierte, sowie John Chapman für den Dachverband der Computer- und Kommunikationsindustrie.

Bingaman eröffnete die Verhandlung mit den Worten: »Wir sind heute hier, um das hoffentlich letzte Kapitel aufzuschlagen. Das letzte Kapitel in einem sechsmonatigen Tunney Act-Verfahren, das am 15. Juli begann.«

Der Richter schneuzte sich die Nase.

Bingaman fuhr fort und wies dabei auf ihre Diagramme an der Tafel. »Das Gericht ist nach den Verfahrensrichtlinien des District of Columbia verpflichtet, dem Urteil zuzustimmen, falls es ›im Interesse der Öffentlichkeit‹ liegt. Es handelt sich um eine weitreichende Entscheidung«, erklärte sie.

In den beiden letzten Sitzungen mit Sporkin war deutlich geworden, daß er den Vergleich für unzulänglich hielt, da er zahlreiche Vorwürfe betreffs Rechtsverstößen von Microsoft aussparte, die ihm aus veröffentlichten Berichten bekannt waren.

Bingaman fuhr fort: »Das Gericht ist verpflichtet, die Einschätzung des öffentlichen Interesses auf die einfachste und schnellstmögliche Weise durchzuführen.«

Sporkin wurde langsam ungehalten darüber, daß sie ihm die Gesetze vortrug und schoß zurück: »Darf ich meinen eigenen Füller benutzen, um die Verfügung zu unterschreiben oder wird mir die Regierung einen zur Verfügung stellen? Ich meine, ich muß doch hier auch irgendeine Rolle spielen.«

Die Spannungen zwischen dem Gericht und den Bundesanwälten hatten sich aufgebaut, seitdem dieser Schriftsatz von Reback eingegangen war. Gary Reback hatte ihm ein paar Memos über typische Beispiele von Gates' üblen Geschäftspraktiken beigelegt, die Kahn ihm überlassen hatte, und die aus einem früheren Streit mit Microsoft stammten.

Sporkin und Bingaman schrien sich zu diesem Zeitpunkt bereits an, und Bingaman war den Tränen nahe. Sie fuchtelte mit erhobenem Zeigefinger vor dem Richter herum und verteidigte ihren großartigen Vergleich. »In elf Monaten hatten wir es geschafft. ... Wir haben Blut und Wasser geschwitzt. Was sollen wir denn noch tun?«

Sporkin entgegnete: »Ich befasse mich seit zwanzig Jahren mit der Untersuchung von Wirtschaftskriminalität. Ich komme zu einer anderen Schlußfolgerung. Wenn man interne Dokumente erhält, in denen gesagt wird, wir tun das, um andere fernzuhalten ... « Ironischerweise hatte Sporkin Bingamans Aktenmaterial noch nicht einmal gesehen.

Plötzlich richtete sich Reback auf. Vor Monaten hatte Bingaman ihn aufgefordert, ein Weißbuch beim Justizministerium einzureichen, das die Folgen für den Wettbewerb darlegen sollte, falls Microsoft die kleine Firma Intuit aufkaufen würde. Intuit war führend im Bereich von Homebanking-Software. Nun sah Reback aus wie ein Verräter, der ihre Arbeit als unvollständig kritisierte. Die Überprüfung der Intuit-Fusion war immer noch nicht abgeschlossen, und Reback versorgte das Justizministerium mit umfangreichen Daten- und Wirtschaftsanalysen der Industrie.

Bingaman musterte Reback und fuchtelte mit den Armen, um ihn zum Schweigen zu bringen. »Mischen Sie sich nicht ein!« schimpfte sie.

Bingaman setzte das Scharmützel mit dem Richter fort: »Ein Prozeß mit Microsoft ist wie ein Nahkampf. Diese Leute sind nicht dumm. Mir ist inzwischen klar, warum [die Computerhersteller] sie nicht mögen.«

Dann setzte sie tapfer hinzu: »Mir gefällt es irgendwie, diese Typen zu verklagen.«

Bingaman fuhr fort, ihre Zusammenfassung der Ereignisse vorzutragen. Sporkin saß da, kaute auf irgend etwas herum und wippte vor und zurück, genau wie Bill Gates.

Die Situation wurde immer grotesker und die Zuschauermenge im Gerichtssaal brach in Gelächter aus. Sporkin schrie Bingaman an: »Ich glaube, ich habe mehr Ärger mit Ihnen als mit Microsoft!«

Als Reback endlich seine Chance bekam, nährte er Sporkins Zweifel und präsentierte ihm ein paar saftige Leckerbissen. Als Beispiel für einen der Aspekte, die das Justizministerium ignoriert hatte, berichtete Reback von Dokumenten, die er einem FTC-Anwalt und anschließend auch Sam Miller vom Justizministerium überreicht hatte und aus denen hervorging, daß Microsoft Firmen zur Weitergabe vertraulicher Informationen an sie bewegt hatte und diese nur im Gegenzug dafür Support für das Betriebssystem erhielten. Im vergangenen Frühling hatte Miller ihn noch darauf hingewiesen, dies sei »ein heißes Eisen«, doch der Zeuge war nie vom Justizministerium befragt worden.

Am Ende des Tages war Sporkin bedient. Aber bis zu seiner Entscheidung würde noch ein Monat vergehen.

Theo Lieven fühlte sich übergangen. Warum hatte das Justizministerium kein einziges Mal versucht, mit ihm Kontakt aufzunehmen? Erst vor ein paar Wochen, im Dezember, hatte er Bingaman einen Brief geschickt.

Eigentlich hätte Lieven sich lieber dem Klavierspiel gewidmet. Aber dieses Microsoft-Problem war ihm ein ständiger Dorn im Auge. Der Presse hatte er entnehmen können, daß der Vergleich mit dem Justizministerium von einem Richter namens Sporkin geprüft wurde, und er hatte Vobis' eigene Probleme mit Microsoft in die Öffentlichkeit gebracht. Es war ihm unbegreiflich, daß während all der Untersuchungen in den Vereinigten Staaten und in der Europäischen Gemeinschaft keine Seite an ihn herangetreten war. Schließlich war er der Chef des größten Computerherstellers in Deutschland, sogar des größten in Europa.

Allmählich langte es ihm und er schrieb einen persönlichen Brief an Anne Bingaman. Er begann: »Wie Sie vielleicht wissen, ist VOBIS Microcomputer ein in Deutschland ansässiger Hersteller und Einzelhändler von PCs. Die Gesamtmenge der ausgelieferten PCs im Jahre 1994 wird über 550.000 liegen ...«

Vobis stecke momentan wegen der Lizenzpraktiken mitten in einem erneuten Streit mit Microsoft. Lieven erklärte, daß der aktuelle Vertrag zwischen Vobis und Microsoft eine Pro-Prozessor-Lizenz für DOS und Windows für Workgroups beinhalte.

Das Problem bestehe nun darin, daß Vobis seinen Kunden seit dem 20. November 1994 die Wahl zwischen »Windows pur« und »IBM OS/2 & Windows« anbiete – eine Wahl, die »von unseren Kunden sehr geschätzt wird«, wie Lieven betonte.

Die Lizenzen für OS/2 würden mit IBM pro Kopie abgerechnet. Dies sei sinnvoll, da OS/2 ›über‹ Windows installiert werden könne, also gewissermaßen als ›Upgrade‹ des Betriebssystems. »Nach der Markteinführung von Windows 95 traten jedoch Konflikte zwischen den beiden Betriebssystemen auf. Der Kunde mußte sich von da an zwischen OS/2 und Windows entscheiden«, schrieb Lieven weiter.

»Wir sind der Meinung, daß dieser Konflikt am sinnvollsten durch eine Lizenzierung pro Kopie für Microsoft Windows gelöst wird: Der Kunde kann dann seine Wahl treffen, und Vobis bezahlt IBM und Microsoft nur für die benutzten Lizenzen (d.h. auf Basis von Mengenrabatten)«, stellte Lieven fest.

Microsoft aber würde Pro-Kopie-Lizenzen nur zu einem Preis anbieten, der die Kosten für das Betriebssystem mehr als verdoppeln würde. Die Firma berechnete Pro-System-Preise, die von der Regierung nicht verboten waren und kam über diesen Umweg zu einem ähnlichen Ergebnis wie mit den Pro-Prozessor-Lizenzen.

Nach dem gegenwärtigen Pro-Prozessor-Vertrag bezahlte Vobis für jede kombinierte DOS/Windows-Lizenz 28 US-Dollar. »Microsoft bot uns eine Pro-Kopie-Lizenz zu den Konditionen 23,50 Dollar für DOS und 39,95 Dollar für Windows an. Dies erhöhte unsere Kosten um 35,45 Dollar. Diese Preise konnten wir ganz offensichtlich nicht akzeptieren, weil wir sie als Strafe für unsere Ablehnung der Pro-System-Lizenzen empfanden«, beschwerte sich Lieven.

Microsoft bot nach einigen Verhandlungen einen neuen Pro-System-Vertrag an, der denselben Preis wie die Pro-Prozessor-Lizenzen beinhaltete (28 Dollar für DOS/Windows). Der Pro-System-Vertrag schien sich an das abschließende Urteil des Justizministeriums zu halten. »Wir mußten die ›Systeme‹ definieren, die mit DOS und Windows ausgeliefert wurden. Nach Diskussionen mit unseren Produktmanagern erkannten wir, daß wir abermals *alle* Systeme für DOS und Windows lizenzieren mußten«, fuhr Lieven fort. Nachdem irgendein bestimmtes System ausgewählt worden war, das mit DOS und Windows ausgestattet war, mußte die Lizenzgebühr an Microsoft für alle Systeme gezahlt werden, die dieselbe Hardwarekonfiguration besaßen, egal, ob der Kunde DOS und Windows wollte oder nicht. »Wir sind davon überzeugt, daß der Kunde bei jedem System die Wahl haben sollte, ob er es mit oder ohne DOS und Windows haben will«, schrieb er.

Die Lösung, die in Abschnitt VI G des Vergleichs impliziert werde, laute »Wähle andere freie Systeme«, bemerkte Lieven. Diese mußten demnach nicht mit DOS und Windows ausgestattet werden und ständen somit für OS/2 zur Verfügung.

Für Computerhersteller wie ihn selbst bestünde jedoch folgendes Problem: »Wenn irgendein von uns produziertes System eine Chance auf dem Markt haben soll, muß es auch mit dem Microsoft-Betriebssystem angeboten werden. Windows hat und wird immer einen bedeutenden Marktanteil innehaben. Wenn wir dem Kunden eine Wahl bieten wollen, dann muß eine der Wahlmöglichkeiten Microsoft sein.«

Dies würde bedeuten, daß Vobis jedes System in zwei Versionen produzieren müsse, erklärte Lieven, eine für Kunden, die Microsoft Windows wollten; und eine Version für diejenigen, die OS/2 von IBM bevorzugten. Dies würde »eine um mindestens 30 bis 50 Prozent umfangreichere Produktpalette nach sich ziehen, die ständig vorrätig gehalten werden müßte«, erklärte Lieven.

Weitere Auswirkungen wären höhere Finanzierungskosten und ein erhöhtes Risiko, daß die eigenen Produkte in einem hoch innovativen Markt schnell veralten.

»Da wir – und wie wir glauben, alle Hersteller – die oben erwähnten Risiken angesichts des hohen Wettbewerbsdrucks in diesem Markt nicht auf uns nehmen können, müssen wir uns dafür entscheiden, unsere PCs nur mit Microsoft-Betriebssystemen auszurüsten. Unserer Meinung nach bedeutet die Pro-System-Lizenz letztendlich dasselbe wie die Pro-Prozessor-Lizenz«, schloß Lieven. »Wir glauben, daß die Mehrheit der Hersteller die oben beschriebenen Risiken vermeiden werden und sämtliche Systeme ausschließlich für Microsoft lizensieren werden. Als Folge davon wird kein anderes Betriebssystem eine Chance auf dem Markt bekommen.«

Die Entscheidung des Justizministeriums gegen die Pro-Prozessor-Lizenzen war laut Lieven also wirkungslos, da Microsoft mit den Pro-System-Lizenzen ebenfalls seine Ziele erreichen konnte.

Nachdem der Vergleich veröffentlicht war, hatte Lieven außerdem mit IBM einen Vertrag über die Lizenzierung von OS/2 abgeschlossen. Direkt im Anschluß ließ Microsoft bei Vobis eine Buchprüfung durchführen, ein ungewöhnlicher Zug, da zwischen beiden Seiten gewöhnlich Einigkeit über die Zahlungen an Microsoft herrschte.

Die Prüfung stellte zwar einen Eingriff dar, war aber in den Verträgen mit Microsoft für den Fall vorgesehen, daß der Softwareriese den Verdacht hegte, ein Hersteller gebe nicht die korrekten Verkaufszahlen an; Die Buchprüfung wurde im Auftrag von Microsoft durch Deloite und Touche durchgeführt. Vobis glaubte, daß Microsoft sie der Prüfung aus Rache unterwarf. Später erklärte Lieven in einer eidesstattlichen Erklärung sogar, er hätte das Gefühl gehabt, Microsoft habe ihn mit der Buchprüfung für sein Geschäft mit IBM bestrafen wollen.

Der einzige Bereich, in dem der Vergleich laut Lieven positive Auswirkungen für den Markt gebracht habe, sei das Verbot von Mindestabnahmeverpflichtungen. Er sei der Auffassung, mit Pro-Prozessor-Lizenzen läge man quasi in Ketten, und die Pro-System-Verträge hätten die Situation nicht verbessert. Die Mindestabnahme habe das Geschäft ebenfalls behindert. »Wenn man ein Lebensmittelgeschäft besitzt und den Milchmann für zwei Jahre im voraus bezahlt hat, kauft man die Milch nicht bei jemand anderem.« Mindestmengen waren eine weitere Methode, mit der Microsoft die Computerhersteller an sich band. Zumindest diese Praxis war jetzt verboten.

Am Valentinstag traf Sporkin seine Entscheidung. Er lehnte den Vergleich ab und erläuterte in einem umfassenden Schriftsatz seine Entscheidung. Im wesentlichen vertrat er die Auffassung, das Justizministerium sei nicht gründlich genug vorgegangen, wodurch ein Großteil von Microsofts skrupellosen Verhaltensweisen unberücksichtigt geblieben sei.

Anne Bingaman war jetzt eine direkte Verbündete von Microsoft; beide legten Berufung mit der Begründung ein, daß Sporkin zu weit gegangen sei.

Das US-Berufungsgericht in Washington, D.C., war am 24. April 1995 überfüllt. Das Gericht lauschte den mündlichen Begründungen für die Berufung des Justizministeriums gegen die Entscheidung von Bundesrichter Stanley Sporkin, den Vergleich der Behörde mit Microsoft abzulehnen.

Den Vorsitz führte Richter Laurence Silberman, ihm zur Seite saßen sein Kollege Edwards und der meist eher stille Buckley. Der Tenor der Anhörung war im allgemeinen eher skeptisch, was den Sinn von Richter Sporkins ungewöhnlicher Aufhebung betraf. Die Richter schienen sich bereits ihre Meinung gebildet zu haben: Sporkin hatte seine im Tunney Act begründete Autorität überschritten.

Gleichwohl stellten Silberman und seine Kollegen den anwesenden Parteien ein paar Fragen; die meisten davon schienen jedoch eher rhetorischer Natur zu sein. Joel Klein, Anne Bingamans neuer Stellvertreter, übernahm das Reden, während Bingaman – lavendelfarben gekleidet und ziemlich nervös – inmitten der Schar von Behördenmitgliedern saß. Das Gericht ließ Klein wissen, es sei »ein Problem«, daß das Justizministerium zugestimmt habe, der Vereinbarung von Sporkin vorgeschlagene Konzessionen hinzuzufügen, man diese Veränderungen jedoch wieder aufgegeben habe, nachdem Microsoft seine Zustimmung verweigert habe. Sporkin hatte insbesondere vorgeschlagen, einen ›Special Master‹ zu beauftragen, der innerhalb von Microsoft sicherstellen sollte, daß der Softwaregigant die Bestimmungen des Vergleichs einhält. (Bingaman hatte bei der Anhörung im Februar vor Sporkin ihre Bereitschaft bekundet, diese Voraussetzung dem Vergleich hinzuzufügen.)

Silberman stellte heraus: Da Sporkin zukünftige Maßnahmen auf Grundlage dieser Vergleichsvereinbarung anordnen würde, »sieht es so aus, daß wir bei der Umsetzung des Vergleichs Probleme haben.«

Er fuhr fort: »Wie können wir einfach den Vergleich als ein Verhandlungsergebnis zwischen Ihnen und Microsoft akzeptieren und sagen, ›Nun, der Bezirksrichter brachte diesen Punkt berechtigterweise zur Sprache, und das Justizministerium war sogar bereit, ihn zu akzeptieren, aber wir werden es in der Berufungsverhandlung einfach ignorieren?‹«

Der Schlagabtausch ging weiter. Klein hielt dagegen: »Die Frage ist doch, ob die Einigung, die wir ausgehandelt haben, vernünftig ist. Und die Antwort darauf ist Ja.« Er befand sich in der seltsamen Position, die Interessen von Microsoft zu vertreten. Aber er hatte die Hoffnung, Microsoft damit eine Abreibung verpassen zu können, wenn sich ihm je die Gelegenheit dazu bieten würde. Dann würde sich zeigen, daß der Vergleich durchaus noch Zähne hatte.

Silberman schoß zurück: »Ich glaube, Sie möchten die Rolle des Bezirksrichters in einem Verfahren nach dem Tunney Act unterlaufen.«

Während der Anhörung wurde deutlich, daß ein Fehler des Vergleichs darin bestand, daß Windows NT durch ihn keinerlei Restriktionen unterworfen wurde. Es war einfach viel zu offensichtlich, daß Microsoft seine Kontrolle über den Betriebssystemmarkt dazu benutzte, um langsam aber sicher eine fest zementierte Position mit NT aufzubauen.

John Chapman, ein Anwalt, der den Dachverband der Computer- und Kommunikationsindustrie vertrat, brachte es an diesem Tag auf den Punkt. Chapman sagte zu Richter Silberman: »Laut einer Erklärung, die beim SEC[1] eingereicht wurde und die von Microsofts Vorsitzendem Gates unterzeichnet wurde, ... enthält NT eine Migrations-Strategie. Es steht hier in ihrem Bericht über NT für die SEC. Es ist die Ausnutzung der Monopolmacht im Betriebssystemmarkt.«

---

[1] Securities and Exchange Commission, amerik. Börsenaufsicht

Chapman versuchte leidenschaftlich, dem Gericht die Unzulänglichkeit des Vergleiches mit Microsoft verständlich zu machen. Anschließend las er aus der von Gates unterschriebenen Erklärung vor, die deutlich machte, daß Windows NT für die »automatische Übernahme von Informationen aus vorher installierten Windows-Versionen« sorgt. Microsoft hätte seine Absichten mit NT nicht klarer formulieren können, als zu der Zeit, als sie an die Börse gingen. »Uns wurde gesagt, der Endpunkt ist NT«, sagte Rich Edwards, ein Analyst bei Robertson, Stephens & Co. »Alles wird darauf hinauslaufen.«

Aber dieser Punkt wurde nicht weiter berücksichtigt, und das Gericht setzte den Vergleich wieder ein. Bill Gates war einmal mehr vom Haken gesprungen.

Anne Bingaman und D'Artagnan waren in den letzten Monaten dicke Freunde geworden und sie begannen gemeinsam eine Diät. In persönlichen Telefongesprächen verglichen die beiden oft Notizen und tratschten über die laufenden großen Kartellrechtsfälle.

Bingaman verbrachte Monate damit, Beweise für ein Verfahren zu sammeln, um Microsofts beabsichtigte Fusion mit Intuit Inc. zu verhindern.

Bingaman, die über den Aufruhr um den Prozeßvergleich schockiert war, sagte ihm in einem Telefongespräch: »Ich fange gerade erst an, Gates' Machenschaften zu begreifen.« In der gleichen Woche der Revisionsanhörung reichte sie ihre Klage ein.

Gary Reback hatte stichhaltige Argumente in seinen Papieren. Das gleiche galt für zahlreiche Zeugen, die vom Justizministerium vernommen worden waren. Sie bemerkte gegenüber D'Artagnan erstaunt: »Gates hat immer noch keine Angst vor Sherman.«

Die meisten Firmen, die von der Regierung wegen Verletzungen der Kartellgesetze angeklagt wurden, bewegten sich vorsichtiger und paßten ihre Verhaltensweisen auf dem Markt der Rechtslage an. Gates jedoch schien nur noch arroganter und aggressiver bei seinen Markteroberungen zu werden.

Die Microsoft-Akte

Wie erwartet, legte Microsoft gegen die Klage des Justizministeriums Einspruch ein. Sie waren fest entschlossen, Intuit zu übernehmen und sich in den Homebanking-Markt zu drängen. Dadurch würden sich dem Softwaregiganten neue, riesige Handelsmärkte eröffnen, einschließlich des Electronic Banking und Transaktionen aller Art, die weltweit über das Internet und über private Netzwerke abgewickelt werden würden.

Reback unterteilte den Markt in verschiedene Ebenen, um den Feds Microsofts Marktstrategie zu erläutern.

Der Softwaregigant hatte den Markt durch seine DOS-Vorherrschaft erfolgreich zu einem neuen Betriebssystem, Windows, gedrängt. Dadurch hatte er zwischen dem Betriebssystem und der Anwendungs-Software eine neue Ebene eingeführt, die ›graphische Benutzeroberfläche‹ (graphical user interface = GUI). Indem die Firma ihren Einfluß im Bereich Betriebssystem und GUI ausnutzte, wurde sie auch bei der Anwendungs-Software zum Marktführer.

Microsofts Fernziel war es, neben der Kontrolle über den individuellen PC auch die Kontrolle über den zwischenbetrieblichen ›Servermarkt‹ an sich zu reißen, der das Rückgrat der Wirtschaft bildete.

Interne Dokumente sowie Aussagen, die von Microsoft Mitarbeitern veröffentlicht wurden, zeigten, daß Gates 300 Millionen Server im Bereich der Geschäftswelt erwartete, die die verschiedensten elektronischen Geräte steuerten – einschließlich Telefonsystemen, Kopiermaschinen und Registrierkassen. Für den Heimanwendermarkt hatte er eine ähnliche Vision. Dort sollten alle elektrischen Haushaltsgeräte und die elektronischen Systeme im ganzen Haus von einer speziellen Windows-Version kontrolliert werden.

»Wenn eine einzige Firma alle Servermärkte und Anwendungen kontrolliert, dann besitzt diese Firma eine weitaus größere Macht in den unterschiedlichen Wirtschaftsbereichen, als ihr die Kontrolle über den PC verleihen könnte«, erklärte Reback dem Justizministerium.

Der Home-to-Business Servermarkt, der zwar momentan noch kaum eine Rolle spielte, aber zusammen mit dem Internet sehr schnell wachsen würde, eröffnete bald ganz neue Bereiche wie Homebanking, Homeshopping, Online-Nachrichtenübertragungen, Urlaubsbuchungen und alle Arten geschäftlicher Transaktionen.

Microsofts erster Schritt bestand darin, die verschiedenen Ebenen innerhalb eines Marktes miteinander zu verbinden – zum Beispiel die Verbindung von DOS und Windows auf dem PC. Anschließend schufen sie dann technologische Querverbindungen zwischen korrespondierenden Ebenen verschiedener Märkte. Das heißt, sie würden Windows NT, ihre Antwort auf Novells NetWare, mit dem Microsoft Network verbinden und auf Heimcomputern den Internet Explorer mit Windows 95.

Microsoft verfolgte also eine Strategie der Einflußnahme, ausgehend von Märkten, in denen die Firma bereits dominierte, zu Märkten hin, auf denen ihre Position schwächer war. Gates war scharfsinnig. Zusätzlich zu seinen Marketingtaktiken würde er technologische Verbindungen zu neuen Märkten mit Hilfe seiner bereits etablierten Monopole aufbauen.

Gates schien sich überhaupt keine Sorgen zu machen. Es war im Mai 1995, und er war sich sicher, daß sein Angebot für Intuit in der Revision Erfolg haben würde. Hatten sie nicht schließlich den verrückten Sporkin von der Bildfläche verschwinden lassen?

Nun sprach er vor fast 3.000 Teilnehmern der Microsoft-Konferenz für interaktive Medien in Long Beach, Kalifornien. Während sein linker Arm etwas unbeholfen auf seiner Hüfte ruhte, gestikulierte er wild mit der Rechten.

Der Basketballstar Shaquille O'Neal kam zu ihm auf die Bühne des Long Beach Convention Center, gerade als Gates in einer Demo von Microsofts Encarta-Enzyklopädie auf Shaq's Seite nachschaute, auf der sich einige Links zu neuen Online-Inhalten befanden.

Gates klickte auf das Symbol für die Microsoft Shaq-Seite – die sogenannte Shaq World – des Microsoft Network, Gates' neuem Online-Service, einem Pendant zu America Online und CompuServe. Der Star erschien und ragte neben ihm auf.

»Sie müssen mir einen Gefallen tun. Können Sie mir was leihen?« scherzte O'Neal. »Ich spiele dann mit Ihnen um Ihren Online-Service.«

Nach seiner Rede ging Gates schnurstracks zu seiner Limousine und war verschwunden.

Die Produktion von Windows 95 war erst vor ein paar Tagen angelaufen, und Gates schien hin- und hergerissen zwischen Euphorie und Trübsinn.

»Sie haben vielleicht bemerkt, daß wir für Windows 95 eine recht gute Presse bekommen haben«, sagte er. Dies war wahrscheinlich die größte Untertreibung, seit ein Anwalt von Microsoft vor einem Bundesrichter im letzten Winter eingestanden hatte: »Windows ist erfolgreich.«

Alle Zeitungen weltweit brachten die Produktankündigung auf der ersten Seite. Wann hatte die Produktankündigung einer Firma es je auf die Titelseiten geschafft – wenn es sich nicht gerade um einen wissenschaftlichen Durchbruch handelte, was man von Windows 95 kaum behaupten konnte?

Kurz vor seiner Auslieferung schien Windows 95 mehr Aufmerksamkeit in der Presse zu bekommen als der Präsidentschaftswahlkampf. Für Joel Klein, der eine neue Untersuchung gegen die Firma eingeleitet hatte, war immer noch unklar, ob Windows 95 – und das Microsoft Network – Gates' großer Wurf werden würde oder nicht, Shaquille hin oder her.

Die Direktoren von Microsoft verkauften den ganzen Sommer über massenweise ihre Aktien. Interne Gerüchte ließen verlauten, daß das Betriebssystem Windows 95 den übertrieben hohen Erwartungen nicht gerecht werden könnte.

Gates war sich nicht sicher, was die Feds von seinen Plänen hielten, den Zugang zum MSN (Microsoft Network) in Windows 95 einzubauen. Er entwarf deshalb vorsichtshalber einen ›Schalter‹, mit dem man den MSN-Zugang leicht aus der Software eliminieren konnte, falls die Feds ihn dazu zwingen sollten. Aber er würde ihn niemals benutzen müssen. Nach größeren

Streitereien leitete das Justizministerium kein Verfahren ein, um Gates an der Integration von MSN in Windows 95 zu hindern.

Tatsache war, daß Gates noch nicht das passende Modell für Online-Transaktionen besaß. Es hatte nichts mit einem patentrechtlich geschützten, abgeschlossenen System wie MSN zu tun. Es mußte völlig offen und internetbasiert sein. In einigen Monaten würde sich zeigen, daß das Netz noch schneller explodieren würde als erwartet.

Im Mai hatte Gates' Spiel um Intuit eine Büchse der Pandora geöffnet, der seine zukünftigen Konkurrenten entströmten.

Am Montag, dem 8. Mai 1995 begann in einem Gerichtssaal des Bundesbezirksgerichts San Francisco kurz nach 9:30 Uhr ein Schauspiel, das man nur noch als die ›Intuit-Revue‹ bezeichnen konnte.

Der Gerichtssaal vibrierte vor unterschwelliger Empörung, und die Augenbrauen von Richter William Orricks schienen fast bis zum Haaransatz angehoben zu sein.

Nach einer ausführlichen Befragung hatte das Justizministerium im vorangegangenen Monat beim Bundesgericht ein Verfahren eingeleitet, um Microsofts beabsichtigte Übernahme von Intuit zu verhindern. Ganze Armeen von Anwälten wurden aufgeboten, um gegen einen ihrer Meinung nach wahnsinnigen Antrag zu protestieren: Microsoft verlangte für seine internen Rechtsberater und andere leitende Mitarbeiter Zugang zu vertraulichen Akten, die seine Konkurrenten dem Justizministerium im Verlauf der Intuit-Untersuchung aufgrund einer entsprechenden Verordnung ausgehändigt hatten.

Nun kamen genau diese Konkurrenten wie Asseln unter einem Stein hervorgekrochen, um dem Richter den potentiellen Wettbewerbsschaden vor Augen zu führen, der durch eine Annahme des Microsoft-Antrags entstehen würde. Der Softwaregigant selbst hatte dafür gesorgt, daß sein anhaltender Rechtsstreit mit Apple Computer unter dem Schutz einer Verordnung geführt wurde, die verhinderte, daß der Erzrivale geheime Wettbewerbsinformationen ausspähen konnte. Mike Bailey, Anne Bingamans neuer Stellvertreter, dessen früherer Arbeitgeber

Die Microsoft-Akte

Brown & Bain in diesem Prozeß Apple vertreten hatte, empfand die aktuelle Situation von Microsoft als absurd.

Viele der Gesichter im Gerichtssaal schauten sich verwundert um: Es sah fast so aus, als ob jeder, der vom Justizministerium während der Untersuchung der Fusion vorgeladen worden war, auch hier im Saal saß: Prodigy Services Co., Apple Computer, die Nations Bank und CompuServe; desweiteren Anwälte und Mitarbeiter des Investmentbrokers Charles Schwab & Co., America Online, Computer Associates, die Bank of America, Sunsoft Inc. und Visa International. Anwälte der Wells Fargo Bank, der U.S. Bancorp, von Lotus Development Corp., Novell Inc., der Banc One Corp. und der Software Publishers Association rundeten das Bild dieser Krawattenlandschaft ab.

Sie hatten schließlich das Justizministerium über fünf Monate lang mit mehr als hunderttausend Seiten an Dokumenten versorgt. Novell legte bei seiner Vorladung im Verlauf der Untersuchung nicht weniger als 9.000 Dokumentseiten vor, die die beabsichtigte Fusion von Microsoft und Intuit betrafen. U.S. Bancorp brachte es auf 2.600 Seiten, einschließlich der Etats für Finanzdienste, Kundenprofile, Analysen der Einnahmen und Spesen, Verkäufe in der Vergangenheit und in der Zukunft und die Firmenerwartungen über zukünftige Pläne der Konkurrenten von Microsoft und Intuit. (Die Bankangestellte Linda Parker wurde in den fünf Monaten dreimal befragt. Sie wurde von Bundesanwälten am 20. April in Seattle vereidigt). Apples Informationen bezüglich der Fusion umfaßten mehr als 1.000 Seiten und Wells Fargo reichte fast 4.000 Seiten ein.

Am 31. März wurde Prodigy von der Justiz vorgeladen. Die Nations Bank Corp. enthüllte während der Vorladung Details der Entwicklung ihrer eigenen PC-basierten Homebanking-Software, die unter dem Codenamen ›HBS‹ mit Programmen wie Quicken und Money konkurrierte. Die Nations Bank und einige andere waren bereits Anfang des Jahres vorgeladen worden.

Am 3. April war John Meier, der Vizepräsident von CompuServe im Bereich Marketing, Planung und Entwicklung an der Reihe. Und am 17. April wurde Charles Schwab & Co. vom Justizministerium vorgeladen.

Die Menge der vor Gericht Befragten lieferte den sichtbaren Beweis, wie weitreichend Microsofts Konkurrenzkampf sich entwickeln würde. Über die typischen Vertreter der globalen Softwaregemeinschaft hinaus – wie Lotus und Novell – trafen sich hier Banken, Investmentbroker, Kreditkartengesellschaften und Online-Serviceprovider.

Microsofts Chefberater Bill Neukom führte die Riege der Verteidiger an. Er war in Begleitung von einigen ›Gesetzeshütern‹ seiner Firma und wurde zusätzlich durch externe Berater aus vier prominenten Anwaltskanzleien unterstützt. Der Anlaß ihres Zusammenkommens war der in letzter Minute von Microsoft eingereichte Einspruch gegen den Antrag des Justizministeriums, den Zugang zu vertraulichen Dokumenten dritter Parteien für Berater von Microsoft und Intuit zu sperren.

Keiner der hier Anwesenden konnte ahnen, daß Microsoft nur eine Woche später die Aufgabe des Plans zur Übernahme von Intuit bekanntgeben würde. Dies geschah als Reaktion auf eine einstweilige Verfügung des Richters, mit der Microsofts Zugriff auf vertrauliche Informationen von Konkurrenten eingeschränkt wurde. Ohne diese Verfügung hätte der Softwaregigant Zugang zu einer Goldmine von technischen Informationen über Konkurrenzprodukte, über vertrauliche Marktforschungen und -analysen sowie über Verträge und Verhandlungsstrategien zwischen Banken und Softwaregesellschaften erhalten.

Aber nach dem, was sich an diesem Tag noch im Gericht abspielte – vor allem anläßlich von Routineangelegenheiten wie der Offenlegung prozeßrelevanter Dokumente – war klar, daß dies nur ein Vorgeschmack auf zukünftige Schlachten war.

Die riesige Anwaltsmaschinerie von Microsoft blieb Richter Orrick nicht verborgen, der zwischendurch einwarf: »Ich habe – nur um etwas zu tun zu haben – die Anwälte auf seiten der Beklagten gezählt. Es sind 27.«

Die Anwesenden im Gerichtssaal repräsentierten die Bandbreite der neuen Märkte und Konkurrenten, denen sich Microsoft bei seinen neuen Beutezügen, die von der Öffentlichkeit zumeist unbemerkt blieben, zuwandte.

Edward Bennett, CEO von Prodigy Services Co., formulierte eine Erklärung zur Unterstützung des Antrags seiner Firma auf eine einstweilige Verfügung, um zu verhindern, daß das Justizministerium vertrauliche Informationen an Microsoft weiterleiten mußte. Darin schrieb er:

> »Neukom, Microsofts Vizepräsident für Rechts- und Körperschaftsangelegenheiten, soll angeblich glauben, daß das Betriebssystem Windows 95 die Chance auf Erfüllung aller Kundenwünsche nach Online-Serviceleistungen darstellt. Dies hält Prodigy für absolut vermessen. Dieser Microsoft-Mitarbeiter, der öffentlich den Marktbedarf und die Strategie für Microsofts geplantes Konkurrenzprodukt im Bereich Online-Dienste vertritt, ist derselbe Mitarbeiter, der von Microsoft berechtigt werden sollte, vertrauliche Informationen von Prodigy zu erhalten. ... Herr Neukom ist bei Microsoft für bedeutende geschäftliche Operationen verantwortlich.«

Bennett zitierte im Anschluß eine Pressemitteilung von Microsoft vom 31. Januar 1994, in der Gates über Neukom gesagt hatte, daß dieser »Microsofts Bemühungen geleitet hat, die intellektuellen Besitzrechte zu entwickeln, zu vertreiben und zu schützen und zwar weltweit.« Er präsentierte auch einen Artikel der *Washington Post* vom 24. Februar 1995, in dem Neukom Microsofts Marktstrategie diskutiert hatte, Konkurrenten mit Betaversionen seiner Software zu versorgen. Neukom stellte darin klar, daß Betaversionen von Microsoft nur dann an andere verteilt würden, wenn es den eigenen Geschäftsinteressen diene.

»Die Aussicht auf eine Offenlegung von Prodigys Geschäftsgeheimnissen gegenüber einer Person, die in Marktstrategien eingebunden ist, zeigt auf plastische Weise die Gefahren, die aus der Überlassung von geheimen Geschäftsdokumenten einer dritten Partei wie Prodigy resultieren können«, schloß Bennett.

CompuServe stufte einen Teil seiner Informationen, die an das Justizministerium weitergegeben wurden, als besonders kritisch ein, da der Firma irreparabler Schaden zugefügt würde, falls sie in die Hände von Microsoft gerieten. »CompuServe hat den möglichen Profit Microsofts auf der Basis öffentlicher zugänglicher Informationen untersucht, falls sie stärker in die Märkte drängen, auf die sie sich offenbar zubewegen«, sagte der Firmenberater William Farmer, der auch America Online bei dieser Anhörung vertrat. »Wir haben dies mit unserer eigenen Profitstruktur verglichen, und die Bereiche lokalisiert, ... in die man unserer Meinung nach einsteigen und die man verfolgen sollte, da sie den größten Gewinn versprechen.« Farmer fuhr fort: »Wenn Informationen über genau diese Bereiche, in denen wir die Goldadern dieser Märkte entdeckt haben, ... an Mitarbeiter von Microsoft übergeben werden – insbesondere, wenn es sich um Herrn Neukom handelt – dann ist das, als reiche man Goliath eine Maschinenpistole.«

Zum Abschluß der Anhörung stellte Gary Reback Hank Gutman vor, einen externen Berater für Lotus Development Corp. »Das war schon ein köstlicher Moment«, sagte Gutman zu seinen Kollegen, nachdem alles vorbei war. Reback und Gutman waren Erzrivalen in dem laufenden Rechtsstreit zwischen Borland und Lotus. Goliath die Stirn zu bieten war sicherlich der beste Zeitpunkt, sich mit dem schärfsten Feind der Vergangenheit zu verbünden.

Gutman legte Richter Orrick dar, daß »Lotus ... in Microsoft seinen größten, schärfsten und bedeutendsten Konkurrenten sieht.« Ein Microsoft-Berater hatte sich im Verlauf des Tages bereits beim Richter für seine legere Kleidung entschuldigt, da seine Anzughosen nicht im Koffer aufzufinden waren. Gutman witzelte, wenn Microsoft nicht versucht hätte, die Vertraulichkeitsverordnung zu Fall zu bringen, »dann hätte ich letzte Nacht im Flugzeug nicht Herrn Wardens Hosen verstecken müssen, und wir hätten auch nicht hierher kommen müssen.«

Der Richter antwortete: »So etwas nennt man in meinem Gericht ›mit harten Bandagen kämpfen‹.«

Den ganzen Tag über trafen Faxe im Richterzimmer ein. Während der Mittagspause kam eines von der Citibank, die sich ebenfalls über Microsofts Verfahrensantrag beschwerte. »Kommen jetzt noch mehr? Ich traue mich kaum noch, in mein Zimmer zurückzugehen. Beim letzten Mal lag da schon wieder ein neues Fax«, amüsierte sich der Richter, bevor er mit der Tagesordnung fortfuhr.

In einer telefonischen Pressekonferenz wischte Neukom Microsofts Mißerfolg, das wohl wichtigste Rechtsdokument in den Fall einzubringen, lässig vom Tisch: »Es kommt häufig vor, daß man eine Frist verpaßt.« Die Anwälte des Justizministeriums fanden dies höchst ungewöhnlich.

In der Telekonferenz schien Neukom vor Ärger zu platzen, als er seine Erklärung abgab. Gates schien nervöser zu sein als sonst und schluckte ein paar Mal zwischen den Worten. Konnte es sein, daß Microsoft mehr zu verlieren als zu gewinnen hatte, wenn sie ihre Geschäftsstrategien im Gerichtssaal veröffentlichten? Die Behörde hatte allen Grund, den Beweisen zu vertrauen, die sie bei ihrer detaillierten Prüfung von Microsofts wettbewerbsschädigenden Verhaltensmustern sammeln mußten – und aus denen sie klare Parallelen zwischen den Auswirkungen auf den PC-Markt und den entstehenden neuen Online- und Homebanking-Märkten ziehen konnten.

Es war nur noch eine Frage von Tagen bis zum Gnadenstoß: Die beiden Bills erklärten der Welt in einer Telekonferenz, daß ihre Gründe, die Intuit-Fusion fallenzulassen, in der unglücklichen Angewohnheit der Regierung zu suchen seien, die Dinge zu verschleppen.

Déjà vu.

Joel Klein war gerade dabei, eine neue Untersuchung gegen Bill Gates einzuleiten. Am Mittwoch, dem 21. Juni 1995, läutete das Justizministerium eine neue Runde ziviler Anfragen an Microsoft ein. Am 23. Juni reagierte Microsoft mit der Einreichung eines Antrags auf Aufhebung beim südlichen Bezirksgericht von New York. Darin baten sie das Gericht, die aufdringlichen Forderungen nach Informationen abzulehnen.

Dieser Antrag war ebenfalls eine Wiederholungsaufführung des Softwaregiganten. Man hatte schon einmal in aller Stille einen ähnlichen Schritt unternommen, als die Justiz gerade kurz davor stand, die zweite Phase der Kartellrechts-Untersuchung gegen das Unternehmen im Frühjahr 1994 einzuleiten. Die Presse griff diesen Antrag nie auf, während die Regierung und Microsoft heimlich mit Vergleichsverhandlungen begannen.

Solche Verfahrensanträge sind eine übliche Praxis, wenn Unternehmen eine staatliche Untersuchung hinauszögern wollen. Während der ersten Runde prahlte Neukom gegenüber Insidern, daß dieser Antrag auf Aufhebung das Justizministerium ausreichend stark verunsichert habe, um Gespräche über einen Vergleich zu ermöglichen.

Und auch dieser Schachzug würde die Aktivitäten des Ministeriums effektiv behindern.

15 Die letzte Ölung

Während Bill Gates in neue Märkte vordrang, fielen seine Konkurrenten im Bereich der Anwendungs-Software wie Fliegen von der Wand. Jim Manzi und Lotus Development Co. würden die nächsten sein, die der wirtschaftlichen Macht von Gates und ihrer eigenen organisatorischen Unfähigkeit erliegen würden. Digital Research wurde ebenso wie WordPerfect das Licht ausgelöscht. Borland mußte seine Führungsrolle an Microsoft abtreten, genauso wie Lotus. Gates hatte dazu seinen Einfluß auf den Markt für Anwendungsprogramme geballt eingesetzt, und niemand konnte mithalten. Seine eigenen Anwendungsprodukte waren eng mit dem Windows-Betriebssystem verknüpft, und schon bald würde man mit ihnen auch direkt auf das Internet zugreifen können.

Das Pferd stürzte und riß Cannavino mit zu Boden – die Erde schleierhaft und grün vor Augen verlor sich das schimmernde Braun des Pferdes in seinem Bewußtsein, als bestünde die Welt um ihn herum nur noch aus Klängen, Farben und Wärme.

Es war im Sommer des Jahres 1995, als der Chefstratege von IBM in der Nähe seines Landsitzes vom Pferd stürzte und der umkämpfte Softwaremarkt immer mehr unter die Kontrolle von Bill Gates geriet.

Erst kürzlich hatte Cannavino einen Notruf von seinem Freund Jim Manzi erhalten. Die beiden wollten sich in Cambridge zum Dinner treffen und ein offenes Gespräch miteinander führen.

Mit Hilfe des *The Wall Street Urinal*, wie er die ehrwürdige alte Dame des Zeitungswesens gerne nannte, hatte Cannavino – ein sarkastisches Lächeln auf den Lippen – die Antitrust-Schlachten gegen Microsoft verfolgt. Mittlerweile hatte er lesen können, daß Philippe Kahn als Vorstandsvorsitzender von Borland zurückgetreten und seine Firma fast am Ende war. Ray Noorda genoß seinen Ruhestand; WordPerfect war Geschichte. Ebenso wußte Cannavino, daß auch Lotus bald seinem eigenen großen Boss, Lou Gerstner, erliegen würde, da Jim Manzis Firma kurz davor stand, von IBM geschluckt zu werden. Vielleicht war das so etwas wie ein Gnadenakt.

Cannavino selbst focht gerade noch einen Streit mit Gerstner über die Dotierung seines Abfindungspaketes aus; danach warf auch er schließlich das Handtuch. Der Lotus-Chef könnte sicher etwas Trost und ein bißchen Führung gebrauchen.

Cannavinos Pferd, eines von vielen in seinem Stall, überlebte den Sturz nicht. Der 53jährige Cannavino rappelte sich zwar rasch auf, fühlte sich jedoch elend. Bei einem kurzen Besuch in der Notaufnahme stellte sich heraus, daß er mit einem blauen Auge davongekommen war. Ein schmerzender Rücken erinnerte ihn jedoch noch lange an diesen Ausritt.

Manzi hatte mehr als zwölf Jahre lang auf Lotus gesetzt. Er hätte es sich nie träumen lassen, daß sein Ende eines Tages so überstürzt kommen würde.

Jim Manzis Augen mutierten zu großen, braunen Untertassen, die wild umherkullerten – wie losgetreten durch die unbändige Kraft der Ereignisse.

Zumindest mußte der Lotus-Chef nicht mehr länger über Bill Gates nachdenken: Jetzt stand Lotus unerwarteterweise selbst auf dem Spiel.

Nach all den zurückliegenden Ereignissen war Manzi ausgepowert. Die traurigen Blicke aus seinen tiefliegenden Augen wanderten über die Gesichter, so als ob er das letzte Mal das Antlitz seiner Günstlinge studieren würde, die sich für den letzten Akt des Unheils um ihn versammelt hatten.

Es war Donnerstag, der 8. Juni 1995, der Vorabend der Schlußszene jenes Alptraums, der sich schon länger angebahnt hatte. Jedem anderen CEO wäre es ebenso ergangen: Eine feindliche Übernahme war im Gange, und niemand konnte etwas dagegen tun. Seit April 1986 hatte Manzi die Welt vom Gipfel der Lotus Development Corp. aus betrachtet – als würde dies ein Leben lang so weitergehen. Er hatte den schnellen Aufstieg der Firma und den späteren Niedergang miterlebt. Morgen würden Nägel mit Köpfen gemacht, und das Königreich würde untergehen. Heute nacht jedoch gehörte dieser private Speisesaal in Manhattan ihm allein.

Manzi spendete seiner Firma eine Art letzte Ölung. Seine Vertraute KC Branscomb, Senior Vice President Business Development, sah ihren Kollegen verdutzt an: Seine Augen rollten in gespieltem Leid hin und her. Ein leichtes Lächeln umspielte Manzis Lippen.

»Louie! Louie!« tönte es am Tisch. Es klang wie ein ironischer Jubelruf zu Ehren von Lou Gerstner, dem unverbesserlichen Firmenräuber, der vor gerade mal drei Tagen ein Verkaufsangebot in Höhe von 3,3 Milliarden Dollar für Manzis Imperium gemacht hatte. Manzis Kumpel Cannavino hatte ihn vor Gerstners seltsamen Angewohnheiten gewarnt, aber mit einer derartigen Summe hätte niemand gerechnet. Manzi und sein Haufen verspotteten Gerstner und sein fettes, behäbiges Imperium – und daß, obwohl IBM sie alle sehr reich machen würde.

Die Lotus-Kultur, die in vielen Dingen die Generation der *Baby Boomer* verkörperte, stand kurz davor, dem Prototyp der Firmen der 50er Jahre geopfert zu werden.

Neben Manzi saß sein Chefberater Tom Lemberg, der normalerweise vorsichtig, intelligent und umsichtig war. Der Mann hatte sich während all der Jahre, in denen die Bundespolizei ihn über Microsoft auszuquetschen versuchte, sichtbar stoisch verhalten, nur um ja nichts im Zusammenhang mit dem Markt für Anwendungs-Software unternehmen zu müssen. Von daher war es kein Wunder, daß es nun zu diesem Fiasko kam. Für diesen Abend hatte Lemberg seine normalerweise unbewegliche Maske abgelegt, um herzlich mit seinem Chef zu lachen. Zu ihnen gesellten sich auch noch CFO Ed Gillis und Russ Campanello, das Vorstandsmitglied für Personalmanagement.

Das mehrgängige Dinner im *Four Seasons* war ziemlich ausschweifend. Es würde das letzte Abendmahl sein, das diese Gruppe von Gesellschaftern zusammen genießen würde. Es war nur eine Frage von Monaten, und die um diesen Tisch versammelten Lotusianer wären Geschichte. Gerstner schickte sich an, sie alle in einem gigantischen Akt von Unternehmenssanierung zu schlucken. Einige der hier Anwesenden waren praktisch zusammen mit dem Aufstieg der Firma groß geworden, waren von ihren Anfängen über den Börsengang bis hin zur bevorstehenden feindlichen Übernahme dabei. Aber zur Hölle, die Anteilseigner von Lotus würden sich als rechte Banditen entpuppen. Der Wein floß in Strömen, und die Teller stapelten sich bis unter die Decke. »Louie, Louie«, schrie man fortwährend. Ha, der schwerfällige Louie und sein bräsiger Mammutkonzern!

Im Verlauf dieser Woche veränderte das feindliche Angebot seinen Charakter: Von einem Hauch des Schicksals angeweht, hatte man sich zur gegenwärtigen leichtfertigen Zustimmung durchgerungen. Doch zugleich blieben bedeutende Fragen unbeantwortet: Wer hatte was gewonnen? Würde man Louie vielleicht doch noch reinlegen können?

Die Worte, die Jim Manzis Faxgerät am Montag morgen des 5. Juni ausspuckte, waren irgendwie irreal. »Weil Sie diesem Abschluß nicht zustimmen wollten ...« Dieser Satz aus dem Brief, den Gerstner an Manzi um 8.30 Uhr gefaxt hatte und in dem er seine feindlichen Absichten bekanntgab, brachte Manzis Blut immer noch zum Kochen.

Bevor er das Fax erhielt, hatte Manzi einen Anruf von Gerstner bekommen, der ihn vor einer öffentlichen Ankündigung der Übernahme warnte. Zur gleichen Zeit strengten die IBM-Anwälte in Delaware ein Verfahren an, um Lotus' ›Giftpille‹ aufzunehmen, die sie 1988 zurückbekommen hatten. Außerdem reichten sie Papiere ein, in denen sie den Aktionären 60 Dollar in bar pro Aktie anboten und sie aufforderten, den Lotus-Vorstand durch IBM-Kandidaten zu ersetzen. Größer hätte der Druck nicht sein können.

Die Attacke von IBM war die Krönung eines geheimen Treffens vom 12. Mai, bei dem Gerstner und seine Top-Geschäftsführer den 5. Juni als Tag der feindlichen Übernahme festgesetzt hatten. Gerstner bestand darauf, daß er zu solch starken Mitteln greifen müsse, da Manzi zu einem früheren Zeitpunkt, im Verlauf von Gesprächen mit IBMs Senior Vice President John Thompson, Verhandlungen über eine freundliche Übernahme abgelehnt hatte.

Für Manzi war dies eine ungeheuerliche Vorstellung. Seiner Meinung nach hatte Thompson – das ›IBM-Würstchen‹, wie einige in Manzis Haufen ihn bezeichneten – nur schwache Andeutungen im Hinblick auf eine mögliche Übernahme gemacht. Manzi erinnerte sich, daß Thompson ihm während eines Dinners am 31. Januar 1995, mitten in einer ungezwungenen Unterhaltung, erklärt hatte: »Warum kaufen wir uns nicht ein bißchen in Ihre Firma ein?« »Nur zu«, hatte Manzi erwidert, »Sie können bis zu 15 Prozent erwerben, aber seien Sie vorsichtig. Es gibt da eine Giftpille.«

Thompson antwortete geheimnisvoll: »Nun Jim, was ist, wenn wir Ihren *gesamten* Laden wollen?«

Manzis Augen weiteten sich. »Was zum Teufel soll das bedeuten?« fragte er. »Warum bezahlen Sie nicht nur einfach für das Dinner?«

Insider bei Lotus beteuern, daß das Thema danach nie wieder zur Sprache gekommen sei.

Gerstners befremdliche Idee und sein Angebot, die Firma zu kaufen, das von Lotus schroff abgewiesen wurde, machten Lotus zur Zielscheibe der »Mongolenhorden«, wie einer der Staatsanwälte jene alsbald klagenden Aktionäre bezeichnete, die am 5. Juni hereinströmten – nur zwei Stunden, nachdem Lotus von IBM das Angebot bekommen hatte. Manzi verbrachte den größten Teil des Tages in einer Art Schockzustand, in dem er sich mit Anwälten und Vertrauten beriet – darunter Richard

Die Microsoft-Akte

Braddock und Roger Klein, sein alter Kumpel und ehemals Boss von Mc-Kinsey & Co.; ferner der Managementguru Michael Porter und Gershon Kekst, einer von Manzis wichtigsten und engsten Beratern und Förderern.

Dienstag morgen hatte sich Manzis Wut zur Raserei gesteigert. Er gierte nach mehr Informationen aus der Finanzwelt, um seinen nächsten Schritt zu planen.

Felix Rohatyn, buschige Haare, Stoppelbart und auf seine Weise elegant, wußte eines ganz genau: ›Gift‹ war ein Spiel. Als einer der höchstbezahlten Investmentbanker der Wall Street – er hatte im vorangegangenen Jahr mindestens 7 Millionen Dollar gemacht – war Rohatyn ein Experte auf dem schwierigen Gebiet der Übernahmen. Ebenso beherrschte er alle Formen, Größen und Farben der Abwehr von Geschäftsübernahmen, eben jenes Phänomens, das auch unter dem Namen ›Giftpille‹ bekannt ist.

Rohatyn und sein Kollege Jerry Rosenfeld – ein As bei Finanzanalysen im Umfeld solcher Geschäfte – wurden von Manzi am 6. Juni angeheuert. Rohatyn war einigermaßen verlegen. Ungefähr einen Monat zuvor war Manzi aufgeregt zu ihm gekommen, nachdem er Wind davon bekommen hatte, daß IBM die Übernahme von Lotus plane. »Dreh nicht durch«, hatte Rohatyn erwidert. »Das wäre ein Overkill. Es wäre das dümmste, was sie tun könnten. Mach Dir keine Sorgen – wenn sie die Firma wirklich übernehmen wollten, würdest Du zumindest vorab einen Brief bekommen.«

Nun drohte all das wahr zu werden, was sich Manzi in den schwärzesten seiner Alpträume ausgemalt hatte. Er wandte sich erneut an Rohatyn, der – wenn er auch peinlicherweise IBMs Schachzug nicht vorhergesehen hatte – doch zum Besten gehörte, was die Wall Street zu bieten hatte. Der 66jährige Rohatyn würde die ultimative Erwachsenenrolle spielen, die Stimme des Realitätsprinzips sein und Manzis Jammern über Existenzängste lindern. Manzi war »geladen«, wie sein Umfeld es nannte, und er wollte einen Schlachtplan ausarbeiten.

»Ich hatte nicht eine originelle Idee in zwanzig Jahren,« betonte Rohatyn zur Überraschung von Manzi und seiner Berater

Die letzte Ölung

und Anwälte, die im Konferenzraum des Büros von Lazard Freres in Manhattan versammelt waren. »Schließlich gibt es eine Art mystischer Atmosphäre bei Übernahmen und deren Abwehrmaßnahmen«, fuhr Rohatyn fort, der mehr wie ein tibetischer Seher als ein Investmentbanker von der Wall Street klang. »Diese Dinge gehorchen ihren eigenen Gesetzen. Manchmal kann man sie nicht aufhalten.«

Manzi lauschte ungläubig, und seine Gefolgsleute sahen flüchtige Gemütswolken über das Gesicht ihres Anführers ziehen. An diesem Nachmittag suchte er noch immer nach einem Ausweg. »Ich kann bei AT&T, bei Olivetti oder bei Andy Grove von Intel anrufen. Ich kann schauen, ob Larry Ellison bei Oracle herausfindet, wie man das Geld zusammenkratzt«, soll er nach Aussage seiner Vertrauten von sich gegeben haben. Manzi rief tatsächlich all diese Leute an, um seine Chancen auszuloten, aber er mußte schnell feststellen, daß mehr als kühne Versuche nötig wären und er nicht in der Lage sein würde, seine Organisation lange genug für den Kampf zusammenhalten zu können.

Rohatyn versuchte gemeinsam mit Braddock, Klein und Kekst, Manzi langsam, aber sicher wieder auf den Boden der Tatsachen zurückzuholen. »Du kannst nach Herzenslust kämpfen«, so wurde ihm gesagt, »aber Du hast bereits die Herzen und die Seelen Deiner Aktionäre verloren«. Die Zeiten hatten sich geändert, und IBM würde – trotz der unbestrittenen Dominanz von Microsoft – die Firma in ein neues Zeitalter führen. Jetzt wurde das Leben durch die Spekulanten und die großen institutionellen Investoren bestimmt. Feindliche Übernahmen, die früher in der Softwareindustrie für unmöglich gehalten wurden, waren nun gängige Praxis.

Bei einem Übernahmeangebot, in dessen weiterem Verlauf nicht nur Aktienpakte getauscht, sondern die Aktionäre in bar ausbezahlt werden sollten, war das einzige, was eine Firma für sich selbst kaufen konnte, Zeit – selbst dann, wenn es eine Giftpille gab. Manzi erkannte, daß ein Kampf mit IBM schwierig, wenn nicht sogar unmöglich wäre. Gleichzeitig war er fest entschlossen, es Gerstner zu zeigen. Seinen Kollegen sagte er: »Gerstner lechzt nach folgender Schlagzeile: IBMs BLITZ-

KRIEG BRINGT LOTUS ZUR STRECKE. Wir werden ihn für diese Schlagzeile bezahlen lassen. Wir werden ihn das Geschäft so schnell durchziehen lassen, daß er nicht mehr weiß, wo ihm der Kopf steht.«

Einige Stunden später rief Manzi bei Gerstner an, ohne sich vorher mit seinen Beratern abgesprochen zu haben. »Sie haben eine Bombe abgeworfen. Wissen Sie überhaupt, was Sie damit angerichtet haben?« rief er. »Setzen wir uns zusammen. Ich will hören, was Sie zu sagen haben.«

Spätabends trafen sich Gerstner und Manzi in Gerstners Hotelzimmer im Sherry-Netherland in Manhattan zum Essen. Das Essen sei gräßlich gewesen, berichtete Manzi später seinen Kollegen. Er habe einen *medium* gebratenen Hamburger bestellt, der aber roh im Zimmer angekommen sei.

Während des Gesprächs wiederholte Gerstner immer wieder, daß Lotus seine Unabhängigkeit behalten würde.

»Sagen Sie das nie wieder. Ich bin doch nicht blöd«, tobte Manzi. »Sie würden doch nicht 3,3 Milliarden Dollar ausgeben, wenn Sie uns unsere Unabhängigkeit lassen wollten.« Manzi stellte Gerstner gegenüber klar, daß dieser nicht mit einem Mann verhandele, der jedem Wort des IBM-Chefs Glauben schenken würde.

Gerstner blieb eisern, als Manzi leidenschaftlich gegen seine Taktik protestierte. Manzi verbarg nicht, wie sauer er darüber war, daß Gerstner die monatelangen Verhandlungen öffentlich gemacht hatte. Doch Gerstner interessierte sich offensichtlich einen Dreck für Manzis Gefühle; so äußerte sich zumindest der Lotus-Chef gegenüber seinen Kollegen. Es war in Ordnung. Manzi wußte, daß man ihn am Ende festnageln würde.

Manzis Direktheit blieb nicht ohne Wirkung auf Gerstner. Dessen Augen weiteten sich, als der Lotus-Chef ihm respektlos sagte, er wäre nur an zwei Jobs bei IBM interessiert: »An dem von Thompson und an Ihrem.« Seinen Kollegen erklärte Manzi später, daß dieser Gerstner keinen Sinn für Humor zu haben scheine; die einzigen Witze, über die er lachen könne, seien seine eigenen.

Die letzte Ölung

Während des Dinners ließ Manzi seine Bereitschaft erkennen, sich auf das Spielchen einzulassen. »Ich weiß wirklich nicht, warum wir das alles nicht an diesem Wochenende erledigen können«, antwortete Gerstner. Er gab den Paß direkt an Manzi zurück.

Nach dem Dinner berichtete Manzi: »Lou benutzt Geld als Vehikel, um seine Ziele durchzusetzen. Und wir werden uns jeden Penny holen, den wir kriegen können.«

Jerry York ließ die Bemerkung fallen, daß er stets eine Pistole bei sich trage. Nicht daß dieser kaltblütige CFO von Big Blue beabsichtigte, sie zu benutzen. Heute brauchte er keine Waffe, um überzeugend zu sein. Es war Mittwoch, der 7. Juni, und in den Verhandlungen in den Büros der First Boston Corp. wurde gerade eine Pause eingelegt. Eine ganze Legion von Investmentbankern, Anwälten und Führungskräften von IBM und Lotus hatte sich dort versammelt.

Die Teams der Geschäftsführung und der Rechtsabteilung beider Firmen standen sich zum ersten Mal von Angesicht zu Angesicht gegenüber. Auf der Seite von IBM wurden Gerstner und York umringt von ihren Mannen: Dabei waren Larry Ricciardi, der neue Chefberater bei Big Blue; John Thompson, verantwortlich für IBMs Softwarebereich; Brian Finn, ein Investmentbanker der First Boston; Lee Dayton, geschäftsführender Direktor für den Bereich Business Development; und Alan Finkelson, ein Anwalt von Cravath & Swaine und IBMs externer Berater.

Manzi saß bei seinen eigenen Anhängern: Hank Gutman und Ken Siegel, Anwälte der externen Beraterfirma Baker & Botts; Tom Lemberg, der Chefberater von Lotus; Braddock; Rohatyn und Rosenfeld; Gillis, der CFO bei Lotus; Manzis Berater Klein; ferner Branscomb und Robert Weiler, der stellvertretende Geschäftsführer; Jack Martin, Vizepräsident der Produktgruppe Telekommunikation; und Barry Bryer, Anwalt bei Wachtel und Berater für Lazard.

Rohatyn eröffnete das Treffen mit den Worten: »Ich bin überrascht, hier immer noch als Jims Banker zu stehen. Vor einem Monat, als mir Jim von all dem hier berichtete, sagte ich ihm, daß er sich keine Sorgen machen brauche. IBM wäre nicht so dumm. IBM war dann doch so dumm und ist immer noch dumm. Sie werden dafür zahlen müssen, damit es keine feindliche Übernahme wird.« Der Weltguru des Investmentbankings teilte dem Vorsitzenden von IBM lapidar mit, daß sein Manöver pure Idiotie sei.

Die Luft im Raum war zum Schneiden dick. Zur Entspannung setzte seichtes Geplauder ein. Rohatyn und alle anderen wußten, daß Manzi in die Enge getrieben worden war. Gerstner, herrisch und steif wie immer, ließ keinen Zweifel daran, wer die Kontrolle über dieses Meeting übernehmen würde.

Gerstner und York hinterließen im Verlauf des Treffens einen tiefen Eindruck bei den Beteiligten. Irgendwann gab York eine seiner berüchtigten Erklärungen ab, die aus jedem Gesicht am Tisch das Blut entweichen ließ. »Organisationen sind nicht unterzukriegen. Sie wachsen wieder nach«, sagte er, und dabei schwärmte er redegewandt über die »Effizienz« großer Unternehmen. Jeder wußte, was er damit meinte.

Manzi saß völlig unbeteiligt am Tisch. Nachdem er seinen anfänglichen Schock und seine Wut verarbeitet hatte, zeichnete sich ein kaum wahrnehmbares, aber unverwechselbares, herausforderndes Grinsen auf seinem Gesicht ab.

York hob gerade offiziell den Preis auf das Originalangebot an: 60 Dollar pro Aktie. Draußen im Empfangsbereich rutschte ein Riese von einem Kerl auf seinem Stuhl hin und her. Beim Eintreten flüsterte einer der Anwälte einem anderen zu: »Das muß der Bodyguard von Lou sein.«

»Nein, das ist der von York«, korrigierte ihn der andere. Der Riese gehörte in der Tat zu York, der ja eingestandenermaßen selbst nur sein Hosenbein heben müßte, um den Blick auf ein Halfter am Fußknöchel freizugeben.

»Der Knabe hat eine Pistole in den Socken!« Mit diesem Satz machten sich die respektlosen Mitglieder des Top-Managements bei Lotus tagelang über York lustig. Schließlich konnte sich York – circa einssiebzig groß, 140 Pfund schwer und glatzköpfig – damit rühmen, bei Chrysler 100.000 Leute gefeuert zu haben.

Die letzte Ölung

»Wenn Sie genauso viele Leute rausgeschmissen hätten wie er, dann bräuchten Sie auch einen Bodyguard«, witzelte einer aus dem Lotus-Team.

Dieses Riesengeschäft sollte, wie sich später herausstellen würde, Yorks letzte Transaktion für IBM sein. Er würde bald gehen, um sich seinem alten ›Räuberkollegen‹ Kirk Kerkorian anzuschließen, und zwar als Vizevorsitzender der Tracinda Corp. Wenn der zierliche Mann sprach, dann zitterten die Leute. Dieses Mal stellte sich York einfach in Positur – es war eine Rolle, die er perfektioniert hatte. »Sechzig Dollar und keinen Penny mehr«, erklärte er.

Niemand glaubte das.

Das erste formelle Treffen der beiden Firmen verlief sehr angespannt. »Es war, als würden Könige von ihrem Hofstaat umgeben«, sagte einer der Teilnehmer. »Nur Gerstner und Manzi hatten Sprechrollen. Wir blickten auf die übrigen Schachfiguren. Die Könige sprachen – alle anderen machten Notizen.«

Die große Runde wurde anschließend in Gruppen unterteilt, und diese wurden auf Büros in der ganzen Stadt verstreut. Eine Gruppe wurde damit betraut, die rechtlichen Grundlagen und Bedingungen herauszuarbeiten. Eine andere konzentrierte sich darauf, wie hoch der Preis sein sollte. Diese Gruppe wurde von Gillis, dem CFO von Lotus, angeführt. York, Rohatyn, Rosenfeld und Brian Finn gehörten ebenfalls dazu.

Die dritte Gruppe befaßte sich mit der Frage, wie man die Struktur und die kulturelle Integrität von Lotus bewahren konnte. Anführer dieser Gruppe war Braddock vom Büro Clayton, Dubilier & Rice, jener New Yorker Firma, die sich schwerpunktmäßig mit Aktienkäufen von Unternehmen unter Ausnutzung des Leverage-Effektes[1] befaßt. Ein Lotus-Direktor, der als Sanierungsberater begonnen hatte, fungierte als Manzis Sekundant auf Abruf. Braddock hatte seinerseits zuvor Positionen als Präsident und COO bei Citicorp. und als CEO bei Medco Con-

---

[1] Durch Leihkapital finanzierter Aufkauf; als Sicherheit dienen dabei die Aktien, die mit dem Leihkapital erworben werden.

tainment Services Inc. innegehabt. Er hatte zeitweise auch dem Vorstand von Eastman Kodak Co. angehört und war einer der Kandidaten für das Amt des CEO.

Manzi und Gerstner saßen von Mittwoch bis Freitag zusammen in einem Raum und erhielten von den verschiedenen Gruppen eine Liste mit Fragen, die noch gelöst werden mußten. Als besonders problematisch erwiesen sich dabei die Fragen rund um die Firmenkultur: wie man den Laden unter den neuen Bedingungen zum Laufen bringt und wie man das Vertrauenslevel zwischen den beiden Firmen verbessert.

Es gab auch Diskussionen über Trennungsvereinbarungen; die Lotus-Leute sollten bleiben und dem ganzen Projekt eine Chance geben. Manzi bestand beharrlich darauf, daß über seine Rolle erst dann gesprochen werden solle, wenn der Handel unter Dach und Fach sei. Er wollte in jedem Fall den Eindruck vermeiden, daß er die Interessen der Aktionäre und Angestellten seinen eigenen Interessen geopfert habe.

Als Manzi Bemerkungen über die kulturellen Unterschiede zwischen den Firmen fallen ließ, erwiderte Gerstner, daß die drei Leute von IBM – er selbst, York und Ricciardi – die einzigen seien, die noch immer mit Anzug und Krawatte ins Büro kämen. »Aber ich habe einen Bart«, witzelte Ricciardi, ein früherer Chefberater bei RJR Nabisco.

Ricciardi brachte als Neuzugang etwas frischen Wind in die oberen Reihen bei IBM. Während Gerstner und York blaue Sakkos und weiße Hemden trugen, zeigte er sich in den Meetings in cremefarbenem Sportjackett, Outdoor-Boots und sportlicher Freizeithose. Sein Bart und sein lockiges Haar unterschieden ihn zudem vom typischen IBM-Modell. »Es schien, als ob Ricciardi der einzige ist, der Entscheidungen trifft, und das schnell«, stellte eines der Mitglieder des Lotus-Teams fest.

Am Ende oblag es Gerstner festzustellen: »Solange Sie Ihre Arbeit erledigen, ist es Ihre Firma.« Alle stimmten zu, daß Lotus in Cambridge bleiben und von Manzi geleitet werden solle. Ebenso wurde Einigkeit darüber erzielt, daß »Lotus für die nächsten zwei bis drei Jahre eine selbständige Firma« bleiben solle.

Die letzte Ölung

Am Donnerstag morgen tauchte Gerstner in Manzis Hotelzimmer im Hotel *Four Seasons* in New York City auf. Manzi hatte noch immer Dollarzeichen in den Augen; er mußte mit Gerstners Kompromißbereitschaft spielen, damit dieser die Börse zückte. Bevor die zwei den Raum verließen, schubste Manzi Gerstner ›versehentlich‹ an, so daß dieser gegen ein kleines Telefontischchen stieß. Darauf lag ein Block Papier, auf dem in Manzis Handschrift die Namen und Telefonnummern von einigen Japanern niedergeschrieben waren, die Gerstner wohlbekannt waren – schwerreiche Männer, die imstande waren, in diesen Handel einzugreifen.

Manzi konnte nun vielleicht eine weitere Viertelmilliarde Dollar aus Gerstner herausholen. Der IBM-Vorsitzende konnte schließlich nicht wissen, daß Manzi von seinen japanischen Freunden bereits eine Absage erhalten hatte. Niemand wollte mit IBM Tango tanzen.

Und keinen Penny mehr«, sagte York. Er verließ den Raum, um Gerstner die Freiheit zu geben, jederzeit auf diese Worte seines CFO zurückzukommen. Es war Freitag, der 9. Juni, und beide Seiten stritten immer noch um die Bedingungen. Das Gebot wurde auf 63 Dollar pro Aktie versüßt.

Manzi und seine Helfer hatten allen Grund, erschöpft zu sein. Die Verhandlungen hatten mit dem Dinner begonnen und die ganze Nacht angedauert. Manzi war mit seiner Schärfe in Bestform. Und nun wurde das Preisschild entfaltet. Der Kurs der Lotus-Aktie hatte sich bereits aufgrund der Spekulationen, daß IBM sein Angebot erhöhen würde, verdoppelt.

Als die Geschäftemacher sich an jenem Morgen auf den Weg zur First Boston machten, waren sie sicher, verfolgt zu werden. Reporter und Spekulanten hingen in der Lobby des Hotels *Four Seasons* herum, wo die meisten aus der Lotus-Gruppe abgestiegen waren. Auch eine Gruppe japanischer Geschäftsleute wartete gerade auf den Fahrstuhl.

Am nächsten Tag amüsierten sich Lotus-Angestellte über Spekulationen der Presse, eine Gruppe japanischer Investoren wetteifere um die Kontrolle bei Lotus – offensichtlich war diese

Die Microsoft-Akte

Spekulation wegen jener Gruppe Japaner aufgekommen, die am vorangegangenen Morgen zufällig in der Lobby weilte. Manzi gab einigen Mitgliedern der Presse eine paar scheue Hinweise betreffs Interesse japanischer Investoren.

Die Dinge entwickelten sich noch weitaus besser, als Ray Ozzie, der technische Genius und Entwickler von Lotus Notes, an diesem Tag zu einem Treffen mit Gerstner anrückte. Anwälte und Investmentbanker auf beiden Seiten waren schwer beeindruckt. Sie baten darum, vorgestellt zu werden.

Ozzie betrat das Manhattaner Büro. In seinem schwarzen Cashmere-Sportjackett und den Blue Jeans sah er bereits aus wie ein Rockstar. Ein ruhiger und bescheidener Mann, der irgendwie überrascht zu sein schien, derart im Rampenlicht zu stehen. Anders als Manzi und Gerstner befand sich Ozzie nicht auf irgendeinem Egotrip. Einer seiner Kollegen sagte über ihn, er besitze eine starke Arbeitsethik und »eine unglaubliche Verpflichtung dem Produkt gegenüber«.

Er würde beweisen, daß er der Drei-Milliarden-Dollar-Mann ist – die Stütze des ganzen Deals. Jeder der Anwesenden – einschließlich Gerstner und Manzi – wußte, daß Ozzie genug Geld besaß, um zu tun, was ihm beliebte. Niemand wollte, daß ausgerechnet er sich verkrümelt.

Gerstner und Ozzie verschwanden für ein paar Stunden in einem Nebenraum; und das laut Insidern genau zu dem Zeitpunkt, als der Aktienpreis auf 64 Dollar angehoben wurde. Es war eine freundschaftliche und respektvolle Geste von Gerstner.

Manzi und Ozzie standen sich sehr nah und respektierten sich absolut. Es war abgemacht, daß, wenn Ozzie bliebe, Gerstner auch an Manzi festhalten würde. Am Ende des Tages waren die Details der Vereinbarung alle soweit besprochen, daß sie dem Vorstand von Lotus am Samstag zur Abstimmung präsentiert werden konnten.

Später am Freitag rief Gerstner bei Manzi an, um die Bedingungen zu besprechen, unter denen er bereit wäre, bei der Firma zu bleiben. Manzi, der sich gerade in der Anwaltskanzlei von Wachtel befand, sagte zu, ihn in ein paar Stunden zurückzurufen. Anschließend ging er zu Klein und Kekst, um auf den letz-

Die letzte Ölung

ten Drücker auch noch deren Rat einzuholen. Während er unterwegs war, rief Gerstner wiederholt an. Als die beiden schließlich miteinander sprachen, fragte er Manzi: »Wo haben Sie gesteckt?« Manzi zögerte. »Ich war in St. Patrick's«, antwortete er. Er erinnerte sich an die Fassade der Kathedrale, die nur zwei Blocks von Wachtels Büros entfernt lag. Es war wieder einer seiner Witze.

Bei einem der Anwälte rief der Konferenzraum bei Wachtel in Manhattan große Begeisterung hervor. Im Raum fanden mindestens vierzig Leute Platz, und er war mit einem beneidenswerten Telekonferenzsystem ausgestattet. Kleine Mikrofone waren in die Beleuchtungskörper über dem Tisch eingebaut und zudem in das Telefonnetz eingeklinkt. Einige der Investmentbanker und Anwälte, die sich am Samstag, dem 10. Juni, zu diesem Ereignis hier einfanden, zeigten sich äußerst besorgt darüber, daß die Mikrofone die ganze Zeit über angeschaltet waren und ihre Nebenbemerkungen und ihr Flüstern verstanden werden konnten.

Felix Rohatyn würde für den Lotus-Vorstand sprechen. Dieser Mann war ein hervorragender Showmaster, der alle Überlegungen zum bevorstehenden Handel auf eine Art vortrug, daß keine bestimmte Richtung erkennbar wurde. Am Ende seiner Präsentation hätte jedoch nur ein Verrückter gegen den Antrag gestimmt. Rohatyn und Rosenfeld – der die finanziellen Details darstellte – waren in der Tat überzeugend. Begleitet vom Heben und Senken seiner etwas befremdlich wirkenden buschigen Augenbrauen, verstand es Rohatyn meisterhaft, jene seltene Kunst der Überzeugung einzusetzen, deren Ziel nicht in irgendwelchen Abschlüssen besteht, sondern darin, Fakten zu präsentieren.

Danach legten eine Handvoll Anwälte ihre eigene Schallplatte auf. Hank Gutman, der Lotus-Anwalt, der für seine Cleverness im Gerichtssaal bekannt war – er hatte den Streit zwischen Lotus und Borland bis vor den Supreme Court gebracht – präsentierte seine Meinung zu der Fusion, und Barry Bryer, der Berater von Lazard, tat anschließend seine eigene Ansicht kund. Weitere Anwesende machten ihren Mund auf: Ken Siegel, ein Kollege von Gutman mit der ruhigen, gelassenen Ausstrahlung eines

Zen-Meisters, und Tom Lemberg, der in einigen Kreisen für die Prägung seines Begriff ›head-fake‹ bekannt war, womit er Microsofts Betrug an der Industrie in bezug auf die Windows-Entwicklung beschrieb.

Bryer und Gutman sprachen über die gesetzlichen Pflichten des Vorstands und die Standards, nach denen er beurteilt werden würde, falls deren Entscheidung aufgrund der Faktenlage überprüft werden sollte.

Am gleichen Abend stimmte der Lotus-Vorstand dem Deal zu. Aber es war immer noch einiges Unheil im Schwange. Der IBM-Vorstand würde sich nicht vor Sonntag treffen, und am frühen Sonntag morgen entschieden die Lotus-Anwälte dann, IBM nicht darüber zu informieren, daß bei Lotus die Entscheidung bereits gefallen war.

Es war eigentlich mehr eine Frage der Etikette bei Fusionen und Firmenaufkäufen. Das Protokoll sieht schließlich vor, daß der Käufer zuerst zustimmt. Der Lotus-Vorstand würde demnach den Handel erst nach IBMs eigener Zustimmung akzeptieren. Es handelte sich dabei um eine weitere Kostprobe von Manzis eigenwilligem Humor. Gerstner erfuhr lediglich, daß Lotus noch keine Antwort gegeben hatte, und dieser interpretierte die Information dahingehend, daß Lotus den Handel abgelehnt habe.

»Er hat den Planeten verlassen«, beschrieb ein IBM-Insider Gerstners Verfassung, der beinahe ausflippte. »Ich dachte, wir hätten ein Abkommen!« schrie er Manzi an.

Gerstner beruhigte sich schließlich. Der IBM-Vorstand traf sich in den Büros von Cravath & Swaine, und der Handel wurde beschlossene Sache. Auch Lotus gab schließlich sein offizielles Einverständnis.

Am Sonntag wurde eine Pressekonferenz abgehalten. Ein übereifriger Gerstner flüsterte Manzi zu: »Erzähl ihnen von St. Patrick's«. Lotus-Insider hatten später großen Spaß daran, daß das Wall Street Journal Manzis kleine Notlüge als Wahrheit hinstellte. Denn Manzi war niemals auch nur in der Nähe der Kathedrale gewesen. Wie immer verstand niemand außer den Eingeweihten Manzis Witze.

Nach der Pressekonferenz wurde in einem düsteren Konferenzsaal zu Mittag gegessen. Manzi und seine Leute machten später noch ein paar Witze auf Gerstners Kosten. Aber als sich die Dinge entspannten, breitete sich sogleich eine allgemeine Katerstimmung aus, »und das Essen wurde verschlungen«, wie einer der erschöpften Anwälte berichtete.

Wenn eine thermonukleare Bombe über dir abgeworfen wird – das sind die Worte, mit denen Manzi die Erfahrung des feindlichen Übernahmeangebots beschrieben hat – dann ist es kein Wunder, wenn man sich ein bißchen schwindelig fühlt, nachdem man die Tortur überstanden hat. Vielleicht erklärt dies Manzis Verhalten an dem Tag, nachdem IBM der Welt erklärt hatte, daß der Handel mit Lotus nun abgeschlossen sei.

In Erinnerung an jenes ›Letzte Abendmahl‹ bei Lotus entschied sich Manzi, IBM ein Signal zu schicken. Er beabsichtigte, unabhängig zu bleiben und weiterhin seine Projekte auf den Weg zu bringen, trotz des schwerfälligen Elefanten, in dessen Schatten er sich von nun an befinden würde. Am Montag, den 12. Juni, schaltete er eine doppelseitige Anzeige in verschiedenen Zeitungen und Magazinen, die auf der einen Seite mit dem Lotus-Logo und auf der anderen Seite mit dem IBM-Logo protzte. Dazwischen stand ein Slogan, der darauf hindeutete, daß letztlich die Software Lotus Notes die beiden Gesellschaften zusammengebracht hatte. »IBM and Lotus in Spiritual Harmony« war in der Anzeige zu lesen. Um die Zustimmung von IBM zu dieser Kampagne hatte sich Manzi wenig gekümmert.

Die Firmen brauchten immer noch die Genehmigung der Federal Trade Commission, und einige der Lotus-Anwälte rauften sich die Haare, als Manzi weitere Anzeigen schaltete. Der Vertrag war zwar unterzeichnet, aber das Geld hatte noch nicht den Besitzer gewechselt. Sie meinten: »Hey, es sieht so aus, als ob Du bereits das Bärenfell teilst, bevor die Regierung den Handel abgesegnet hat.«

»Scheiß' drauf, ich schaff das schon«, sagte Manzi.

Wie zu erwarten, tobte IBM vor Wut wegen des Vorfalls. »Die Dinge bebten in Armonk«, beschrieb ein Beobachter die

Stimmung. »So etwas gibt es in der IBM-Kultur nicht. Zu diesem Zeitpunkt dachte ich, es würde nie funktionieren, doch Jim tat sein Bestes, um zu zeigen, daß er die Idee der Unabhängigkeit sehr ernst nahm.«

Manzi verschickte gerahmte Kopien der Anzeige mit persönlichen Bemerkungen an seine sämtlichen Investmentbanker, Anwälte und oberen Führungskräfte. Sich der IBM-Bürokratie zu widersetzen bereitete ihm unbeschreibliches Vergnügen.

Gerstner war bereit, sich zumindest eine Zeitlang Manzis Spinnereien gefallen zu lassen, wenn das denn der Preis dafür war, um Lotus zu erwerben und seine Hand nach Notes ausstrecken zu können. Doch größtenteils schien er Manzis Ratschläge zu ignorieren.

Während eines Dinners im August überreichte Manzi dem IBM-Chef ein Dokument über Softwarestrategien, das er selbst vorbereitet hatte. Darin stellte er die These auf, daß die Beibehaltung der Trennung von IBM und Lotus eine schlechte Idee gewesen sei. »Ich bin bereit, die beiden Firmen zusammenzuschmeißen und das Ruder in die Hand zu nehmen«, teilte Manzi Gerstner mit.

»Erinner' Dich, Jim. Ich werde Dich immer um genau eine Sache bitten: Zeit«, lautete Gerstners Antwort.

»Toll«, entgegnete Manzi. »Dann vergiß eins nicht, Lou: Wir haben keine Zeit.«

Thompson, der Manzis Vorschläge kannte, ließ diesen dreimal wissen, daß er bereit sei, seinen Platz zu räumen, damit Manzi das vereinte Softwaregeschäft übernehmen könne.

»Lou hatte die Möglichkeit, Thompson einen anderen Job zu geben. Er hätte ihn zum CFO oder zum Leiter des PC-Geschäftsbereiches machen können. Es war klar, daß dies nicht vor Jahresende passieren würde. Das ist der Grund, warum Jim gegangen ist. Er war nicht bereit, herumzuhängen und zu warten«, erklärte ein Vertrauter von Manzi.

Mittlerweile berief Gerstner Leute von American Express und Boston Chicken in die Führungsriege, die aus demselben Holz geschnitzt waren wie er selbst. Manzi meckerte über seine Kollegen. »Alles, worüber sie reden, ist Brand-Management und Werbung. Das ist doch bescheuert.« Kurz zuvor hatte er ein letztes Meeting über sich ergehen lassen, bei dem es um »Markenpersönlichkeiten für die AS/400« ging, kolportierte ein Insider.

Notes war ein entscheidender Punkt in Gerstners allumfassendem Plan für das Revival von IBM. Er hatte sich beinahe ›spirituell‹ an das Konzept von Notes und seine Bedeutung für die Idee des netzwerkzentrierten Computings gebunden. Tatsächlich unterschied sich Gerstners Philosophie in nichts von dem, was Ray Noorda von Novell und Scott McNealy von Sun Microsystems seit Jahren predigten. Ausgelöst durch die Explosion des Internets schien das Konzept, daß das Netzwerk der Computer ist, auch von der breiten Masse angenommen zu werden.

Gerstner glaubte, Notes könne all die grundverschiedenen Computersysteme in der Produktpalette von IBM zusammenführen und dabei helfen, die Rolle als Anbieter von Systemlösungen für Unternehmen zu festigen. Notes sollte zu einer der strategischen Waffen von IBM werden, mit der man Microsofts Macht über den Desktop und seinen wachsenden Einfluß auf dem Servermarkt brechen würde.

Zur selben Zeit, als IBM Lotus erwarb, machten sich jedoch unter den Experten erste Zweifel über die Zukunft von Notes in einer Internet-zentrierten Welt breit. Viele der Groupwarefähigkeiten, die nur unter Notes zur Verfügung gestanden hatten, wurden nun über das Internet von einer Vielzahl von Firmen zu einem wesentlich günstigeren Preis angeboten. Als das Jahr 1995 sich dem Ende zuneigte, zeichnete sich immer mehr die Möglichkeit ab, daß Gerstner Milliarden von Dollars für eine Technologie bezahlt hatte, die ihre besten Jahre bereits hinter sich hatte.

Ungeachtet der Herausforderungen, suchte Manzi begierig nach einer Möglichkeit, die Leitung des Softwaregeschäfts der beiden Firmen zu übernehmen. Aber in einem Treffen beschied Gerstner ihm, daß ihm kein bedeutenderer Job bei IBM angeboten werden könne, da er einfach die »Organisationsstruktur von IBM nicht kennen würde«. Manzi protestierte mit dem Hinweis, daß sein Leistungsnachweis besser ausfalle als der von IBM: »Ich habe gerade meine Softwarefirma für 3,5 Milliarden Dollar verkauft!«

Mitarbeiter von Lotus schlossen intern Wetten darüber ab, ob Manzi es bis zum Thanksgiving Day schaffen würde. Nachdem ihm die Möglichkeit verwehrt worden war, die Leitung des elf Milliarden Dollar schweren Softwaregeschäfts von IBM – das größte Stück des Kuchens – zu übernehmen, kündigte Manzi. Für seine 12 Jahre bei Lotus hatte er nun 78 Millionen Dollar in der Tasche.

Thompson behielt den Job, nach dem Manzi immer getrachtet hatte. Einige bei Lotus hielten ihn für ein farbloses Weichei, dessen einziges Ziel darin bestand, dem Boss zu gefallen. Sie meinten auch, daß er nie einen originellen Gedanken produziert habe. Andere bei IBM beschrieben Thompson dagegen als eine hervorragende Führungskraft.

»Manzi hatte sich entschieden, daß er nur dann bleiben würde, wenn er Dinge verändern könne«, sagte einer seiner Vertrauten. »Er überschätzte Gerstners Fähigkeiten, Wort zu halten.«

Manzis Abschied fiel in dieselbe Zeit wie der Exodus anderer Mitglieder aus der Führungsetage von Lotus; hierzu gehörten Bob Weiler, Tom Lemberg, Ed Gillis und KC Branscomb.

Im Februar 1996, als eine ganze Flut von Talenten die Firma verlassen wollte, drohte Lotus, etwa 25 Prozent seiner Belegschaft zu verlieren. Gerstner versuchte, den Deal für Lotus zu versüßen und stimmte auf Drängen Manzis einem zehnprozentigen Gehaltsbonus für 1000 Angestellte in Schlüsselpositionen zu, falls diese einwilligten, noch bis Dezember in der Firma zu bleiben. Insider berichteten, daß im Laufe des Novembers etliche dieser Angestellten bei Manzi anriefen, um sich moralische Unterstützung für ihre Entscheidung zu holen, nach Weihnachten zu gehen.

Langjährige Beobachter von IBM meinten, Gerstner habe die Schwerfälligkeit der Firma nicht verändert. »Sie haben einen neuen Kopf draufgesetzt, aber sie haben den Körper nicht verändert. Dieser Körper kann sich allem widersetzen«, sinnierte ein Lotus-Insider. Der Charakter von IBM habe sich, abgesehen

Die letzte Ölung

von ein paar Neuzugängen wie Ricciardi, nicht grundlegend gewandelt.

Manzi hatte auf der anderen Seite einen Großteil seines Lebens in Lotus investiert. Seine Kollegen sahen sein Hauptproblem darin, daß »es ihm nie schnell genug gehen könne«. Jim Manzi war bei IBM so etwas wie ein ›Auto, das mit 100 km/h gegen eine Backsteinmauer knallt‹. Doch Kritiker von Manzi wiesen darauf hin, daß auch er Verantwortung dafür trug, daß Lotus langsam den Bach runterging. IBMs heikles Angebot anzunehmen sei – trotz der persönlichen Beleidigung, die es darstellte – seine beste Tat gewesen.

In seinem Abschiedsbrief an die Lotus-Mitarbeiter schrieb Manzi: »Am stolzesten bin ich ... nicht auf das, was wir geleistet haben, sondern darauf, wie wir es geleistet haben. Als Organisation haben wir ein Engagement im menschlichen Sinne entwickelt und versucht, ein ›gefühlvolles‹ Umfeld zu erschaffen ... Darüber hinaus haben wir versucht, uns selbst nicht allzu ernst zu nehmen und immer wieder miteinander laut zu lachen.«

Manzis Angestellte antworteten mit einem Transparent, das sie am Gebäude gegenüber dem Lotus-Hauptquartier in Cambridge aufhängten. Mitte November hing es immer noch dort, mit den Worten »Jim: Für alles, was Lotus darstellte ... beides, Körper und Geist. Danke.«

Zur gleichen Zeit oder nur wenig früher konnte man in einem Waldstück irgendwo in den Adirondacks den zerzausten brünetten Haarschopf und die schlanke Figur Jim Manzis entdecken, der sich – allein, ein bißchen im Stil der 80er Jahre und völlig Lotus-like – den Freuden der Selbstverwirklichung widmete. Manzi zeltete dort – etwas, das er immer hatte tun wollen, wofür er aber nie die Zeit fand – und er hatte noch eine Reise in die Toskana vor sich, wo er an etlichen Weltklasse-Kochkursen teilnehmen würde. Seine Absicht war, vor dem Ersten des nächsten Jahres schlicht nichts zu tun und sich erst dann auf seinen nächsten Schritt zu konzentrieren.

Die Zeiten hatten sich geändert. Die ›New Age‹-Kultur von Lotus war lange schon Geschichte. Die größte Fusion in der Geschichte der Softwareindustrie hatte eine Welt heraufbeschworen, in der feindliche Übernahmen eine praktische Notwendigkeit sind und kein Akt der Barbarei.

Softwareunternehmen würden von nun an besser daran tun, Bill Gates aus dem Weg zu gehen.

16 Bomben

Netscape definierte mit seiner Software für den Internetzugang eine völlig neue Wettbewerbslandschaft. Die kleine Firma brachte Gates zum Schäumen, und – gestützt auf sein Windows-Monopol – versuchte er ständig, in Netscapes Revier einzudringen. Das Justizministerium war ihm wieder auf den Fersen und schickte Vorladungen an Gates und seine neuen Konkurrenten. Während Netscape auf einer Welle des Erfolgs schwamm und große Hersteller wie Apple davon überzeugen konnte, seine Technologie zu übernehmen, brachte Gates einen kleinen Coup über die Bühne, der mehrere Fliegen mit einer Klappe schlagen sollte. Apple hatte ihm in aller Stille mit einer weiteren Klage wegen Patentrechtsverletzung gedroht, aber durch seine kaum bekannte Allianz mit Steve Jobs ging dieser Schuß nach hinten los.

Roberta Katz, die achtundvierzigjährige Chefberaterin von Netscape – und die einzige Frau in der Industrie auf solch einem Posten – hatte gerade den letzten Stapel Beweismaterial von ihrem Schreibtisch geräumt. Die Anwälte des Justizministeriums aus dem Büro in San Francisco schienen in den letzten Wochen das gesamte Silicon Valley abgegrast zu haben.

Im August 1996 bereitete Joel Klein mit Hilfe seiner High-Tech-Anwälte eine weitere Breitseite von Vorladungen in Richtung Microsoft vor.

Am 7. Dezember 1995, am Pearl Harbour Day, hatte Gates eine strategische Kehrtwendung vollzogen. In einer Rede auf einem Internet-Strategieworkshop vor einigen hundert Medienbeobachtern und Reportern verkündete Gates seine neue offizielle Position zur Bedeutung des Internets. »Das Internet durchdringt alle Lebensbereiche«, erklärte er. »Was das für Windows bedeutet, ist völlig klar. Wir wollen der beste Internet-Client werden. ... Einer unserer Schwerpunkte, um dieses Ziel zu erreichen, wird die Integration sein.«

Gates fuhr fort: »Wir werden einen Computer nehmen, wie wir ihn für Einzelplätze oder in lokalen Netzwerken einsetzen; wir kombinieren das mit unserer Internet-Technologie, indem wir das Beste aus beiden Welten zusammenpacken.«

Am Tag dieser Rede fielen die Aktien des Rivalen Netscape um 17 Prozent und sollten sich nie wieder erholen. Die Welt wußte, daß Gates normalerweise jeden Markt eroberte, den er anvisierte.

Gates' Meinung über das Internet hatte sich langsam gewandelt. Bill Neukom behauptete später vor dem Justizministerium mit Hinweis auf diese Rede, daß Gates erst im Dezember begonnen habe, sich verstärkt auf das Internet zu konzentrieren. Eigentlich war Gates schon eine ganze Weile von Überlegungen besessen, wie er Netscape schlagen könne. Am 26. Mai 1995 schickte er ein Memo an seine Führungsetage, das Microsoft auch an die Presse durchsickern ließ. Seine Memos waren oft informell und gingen nicht einmal über den Schreibtisch seiner Sekretärin.

Unter dem Titel ›Sturmflut Internet‹ beschrieb dieses Memo das Internet als »die wichtigste Entwicklung seit der Einführung des IBM-PC im Jahr 1981. Es ist sogar noch wichtiger als die Einführung des Graphical User Interface (GUI)[1].«

---

[1] GUI: grafische Benutzeroberflächen wie z.B. Windows, die die Bedienung des Computers dramatisch vereinfacht haben

Gates umschrieb in diesem Memo die Bedrohung, die die Browser-Technologie für Microsofts Vorherrschaft darstellte: »Ein neuer Konkurrent, der im Internet ›geboren‹ wurde, ist Netscape. Ihr Browser hat einen Marktanteil von 70 Prozent, und daher können sie kontrollieren, welche Erweiterungen sich im Netzwerk durchsetzen werden. Sie verfolgen eine Multiplattform-Strategie, indem sie die Basis-APIs [Application Programming Interface] in den Client [Browser] einbauen und so das darunterliegende Betriebssystem austauschbar machen.«

Auch Gates' Top-Manager erkannten die Gefahr, die von Netscape und dem Navigator für ihr Betriebssystem-Monopol ausging. Es waren dieselben Männer, die Gates seit den frühen Tagen von DOS und Windows dabei unterstützt hatten, die Kontrolle des Marktes für Betriebssysteme zu erlangen. Jetzt halfen sie ihm beim Austüfteln eines Plans, Netscape fertigzumachen.

Brad Silverberg war Leiter der Abteilung Internet-Plattformen und -Tools. Einst hatte er mit seinen Programmierern versucht, den Anti-DR-DOS-Code in der Betaversion von Windows 3.1 vor der Öffentlichkeit zu verbergen. Jetzt stellte er seine neuesten Ideen vor. Am 25. April 1996 verkündete er bei seiner Präsentation auf einem Treffen mit anderen Microsoft-Managern und -Programmierern: »Die Schlacht ums Internet: Es geht nicht um Browser. Unsere Konkurrenten versuchen, eine alternative Plattform zu Windows zu entwickeln.«

Auch andere Manager machten aus ihrer Meinung zu dieser Schlacht keinen Hehl. Dem Beispiel von Gates und Silverberg folgend, äußerte sich Andrew Wright, Manager für professionelle Autorenwerkzeuge, ein paar Monate später am 22. Juni 1996 in einem Dokument mit dem Titel ›Winning@Internet Content Marketing Plan‹:

»Der Internet-Boom wurde von dem Erfolg einiger Plattformen angetrieben, die Internet-Protokolle wie HTTP unterstützen und einen Satz von APIs für unabhängige Software-Entwickler zur Verfügung stellen, auf denen diese ihre Anwendungen aufbauen können. Die bis heute bei weitem erfolgreichste Plattform ist die von Netscape, mit dem Netscape Navigator auf der Browserseite und Netscape Suit Spot auf der Serverseite. Die grundlegende Bedrohung für Microsoft ist das Potential dieser Plattform, das Win32-API überflüssig zu machen. Wenn also z.B. Netscape weiter erfolgreich die Software- und die Content-Anbieter dazu bringt, Anwendungen für Netscapes Client-/Server-APIs zu entwickeln, werden in Zukunft diese APIs die bedeutendsten sein und damit Win32 sowie Microsofts Plattform-Position in Gefahr bringen.«

Einige Monate zuvor, am 22. Februar 1996, hatte ein weiterer Top-Manager und Gates-Vertrauter in einer Präsentation die strategische Bedeutung des Browsermarktes für die Zukunft von Microsoft erläutert. Paul Maritz, Leiter von Microsofts Plattformgruppe, hätte es nicht besser auf den Punkt bringen können: »Das Problem: Browser-Marktanteile.«

Er fuhr fort: »Webseiten werden zu Anwendungen. Netscape/Java benutzt den Browser, um ein ›virtuelles Betriebssystem‹ zu kreieren, das nicht länger ein Browser ist, sondern eine Plattform. ... Windows wird abgewertet, vielleicht sogar ersetzbar?«

Am 4. April wurden Microsofts Marketingmanager rund um den Globus aufgefordert, sich über den Anteil am Browsermarkt »genau so viel Sorgen zu machen wie Bill Gates«; sie sollten alles unternehmen, um einen »maximalen Browser-Anteil anzustreben.«

Brad Chase, verantwortlich für die Belange der Entwickler und für das Marketing in der Plattformgruppe, schrieb in einem Memo unter dem Titel ›Die Internet-Schlacht gewinnen‹, daß der Browser zwar »kein umsatzträchtiges Produkt ist, ihr euch aber trotzdem um den Anteil am Browsermarkt sorgen müßt, genau wie BillG[ates] es macht. Denn wir werden die Schlacht um die Internet-Plattform verlieren, wenn wir keine ernstzunehmende Basis bei den Anwendern vorweisen können.«

Er fuhr fort: »Die Industrie würde unsere Standards schlichtweg ignorieren. Nur wenige würden noch Windows-Anwendungen schreiben, wenn keine breite Basis von Windows-Benutzern vorhanden wäre. Wenn ihr auf eurer Ebene zulaßt, daß eure Kunden den Netscape Navigator einsetzen, verliert ihr die Führung bei den PCs.«

Microsoft formulierte seine Kriegserklärung völlig offen, indem die Firma ihr entsprechendes Produkt kostenlos anbot. Chase wies seine Kollegen an: »Ihr solltet in der Lage sein, die meisten Lizenzverträge von Netscape mit Internetanbietern zu unterlaufen und sie zu unseren Gunsten umzustimmen, weil unsere Browser kostenlos sind.«

Joachim Kempin war der unangefochtene Meister für Vertragsverhandlungen. Er hatte in Deutschland und weltweit brillante Arbeit geleistet, indem er die Hersteller zunächst mit DOS-, dann mit Windows-Verträgen und schließlich mit Koppelverträgen für Microsofts Anwendungsprogramme geknebelt hatte. Jetzt war auch er auf den Internet-Zug aufgesprungen, angetrieben von Gates' klarer Mission.

Später gab Kempin unter Eid zu, daß Microsoft ernsthaft bedroht gewesen wäre, wenn sie zugelassen hätten, daß sich andere Firmen erfolgreich im Browsermarkt etablieren können. Er erklärte, daß Computeranwender durch die Benutzung eines Browsers, der nicht aus dem Hause Microsoft kam, »unter Umständen gar nicht mehr wahrnehmen würden, ob sie vor einer Unix-Machine, einem Macintosh oder einem Windows-Rechner sitzen. Der nächste Browser könnte wieder ein völlig anderes Interface haben, und es kann einfach nicht in unserem Interesse liegen, ein anderes Interface zu unterstützen. (...) Ich meine, wenn sich der Anwender an eine völlig andere Metapher gewöhnt, würde er vielleicht keine Windows-Maschine mehr kaufen. Er könnte sagen, ›Oh, jetzt kann ich einen Mac kaufen, ich kann eine Unix-Maschine kaufen, ich kann einen Nintendo kaufen.‹«

Es war das alte Lied: Bill Gates war keineswegs daran interessiert, großartige Produkte zu entwickeln – er wollte die Welt dazu zwingen, seine Produkte zu benutzen.

Während Gates und seine Führungsebene um mehr Einfluß im Internet kämpften, erlebte die Wettbewerbslandschaft einen grundlegenden Wandel. Gates hatte schon immer ein besonderes Gespür für strukturelle Veränderungen. So war Windows aus der Erkenntnis heraus entstanden, daß die Benutzeroberfläche des Apple Macintosh den DOS-Maschinen haushoch überlegen war – statt undurchschaubare Tastaturbefehle eintippen zu müssen, bedurfte es beim Mac nur eines simplen Mausklicks auf ein grafisches Symbol, um eine gewünschte Aufgabe zu erledigen.

Im Februar 1995 wurde Apples Klage gegen Microsoft wegen Urheberrechtsverletzung nach siebenjährigem Ringen fallengelassen, nachdem Apple bis vor das Oberste Gericht gezogen war. Apple hatte verloren. Der Fall war durch drei Instanzen gegangen, und die Urheberrechtsgesetze hatten sich im Verlauf des Prozesses zugunsten von Microsoft verändert. Beobachter glaubten, daß sich die Gesetze bei einem zügigeren Verhandlungstempo ganz anders entwickelt hätten. Gates hatte jedoch diese Zeit ausgenutzt, um endlich mit Apple gleichzuziehen und die meisten von Apples Systemfunktionen innerhalb von Windows 95 nachzuahmen.

Jetzt, im Frühling 1996, hatte Apples Chefberater Ed Stead ein paar Asse im Ärmel stecken. Im Laufe der Jahre hatte er eine Mappe mit Apples Patenten zusammengestellt – für Angriffs- und Verteidigungszwecke. Er würde nicht den Fehler seiner Vorgänger wiederholen, die das geistige Eigentum der Firma auf dem Wege des Urheberrechts statt dem des Patentrechts hatten schützen wollen. Heutzutage waren Urheberrechtsfälle viel schwerer zu gewinnen als Patentrechtsverletzungen. In Zukunft würde er Gates bitter dafür zahlen lassen, sollte er noch einmal versuchen, Apple-Technologie zu stehlen.

Nach Aussage seiner Kollegen war Stead davon überzeugt, daß es Microsoft mit einer massiven PR-Kampagne gelungen war, die Gerichte umzustimmen. Der Softwareriese, dessen Mittel und Erfahrungen in solchen Dingen denen von Apple weit überlegen waren, hatte laut Stead eine massive ›Desinformations‹-Kampagne gestartet und Apples Klage als negativ für die Industrie hingestellt. (Später sollte eine ähnlich massive Kampagne gegen Joel Kleins Kartellrechtsklage anlaufen.)

Jetzt hatten Stead und die neu ernannte Chefmanagerin für Technologie, Ellen Hancock, eine nette kleine Bombe unter Gates' Thron versteckt. Hancock war vom befreundeten Apple-CEO Gil Amelio ernannt worden, nachdem sie zuvor dreißig Jahre für IBM gearbeitet hatte, zuletzt als Mitarbeiterin von Jim Cannavino, dem Top-Strategen von IBM.

Dies war nicht der erste Rechtsstreit zwischen den Firmen in den letzten paar Monaten. Während des Sporkin-Zirkus im Februar 1995 hatte Stead Microsoft wegen Diebstahls von Apple-Code verklagt, der in verschiedenen Microsoft-Produkten verwendet und sogar an andere Firmen und über das Internet weitergegeben worden war. Damals hatte er eine einstweilige Verfügung erwirkt, die es dem Softwaregiganten untersagte, den Code weiterhin zu veröffentlichen. Aber hier ging es um mehr.

Apple vertrat die Auffassung, daß zahlreiche Eigenschaften von Windows 95 und von Microsoft Office Patente von Apple verletzen würden.

Wie sollten Stead und seine Kollegen auch ahnen, daß plötzlich Steve Jobs auf der Bildfläche erscheinen würde, um alles wieder zu verschenken.

Die Ironie der Geschichte bestand darin, zumindest laut einer Erzählung Neukoms gegenüber Freunden, daß Jobs Microsoft bei dem lästigen Gerichtsverfahren gegen Apple geholfen hatte. Sollte eine derartige Hilfestellung tatsächlich stattgefunden haben, so waren weder Stead noch die anderen Mitglieder aus der Führungsebene von Apple informiert worden.

Im Herbst 1993 hatte eine Verlobungsparty für Gates in San Francisco stattgefunden, und zwar im Haus des Microsoft-Aufsichtsratsmitglieds Dave Marquardt. Dessen Frau – eine ehemalige Stewardeß, in die Marquardt sich auf einer seiner zahlreichen Geschäftsreisen verliebt hatte – erschien nun als Eliza Doolittle und er als Henry Higgins[2]. Sie und Marquardt hatten die Gäste gebeten, im Kostüm zu erscheinen.

---

[2] Die Hauptfiguren aus dem Musical ›My Fair Lady‹ bzw. aus dem Theaterstück ›Pygmalion‹ von G.B. Shaw.

Henry Higgins und Eliza Doolittle hatten sich durch den Raum geschlängelt, gefolgt von Maid Marian und Robin Hood. Der Mann, der sich als jener Held verkleidet hatte, der von den Reichen stahl und den Armen gab, war niemand anderes als Neukom, und die Jungfer war natürlich Stefanie Reichel.

Gates alte Flamme Ann Winblad schlenderte zusammen mit einem anderen Paar durch den Raum, verkleidet als Ménage à Trois aus den Sechzigern. Dem Großen Gatsby und Daisy wurde von allen Seiten zugeprostet. Gatsby war Gates' Lieblingsfigur, und er und Melinda French hatten das Paar gut gespielt.

Auf Gates' Hochzeit folgte im Januar 1994 eine weitere Party, diesmal im Haus von Microsoft-Manager Chris Larson. Steve Jobs saß inmitten von Champagnergläsern zusammen mit ein paar anderen Gästen gegenüber von Neukom und Stefanie Reichel. Als Jobs aufstand, stieß Stefanie Neukom mit dem Ellenbogen an. »Was macht *der* denn hier?« fragte sie, und ihr fielen beim Anblick von Jobs fast die Augen aus dem Kopf, denn sie hielt ihn für einen Feind von Gates. »Oh, natürlich ist er hier«, antwortete Neukom. »Er hat uns während des Prozesses mit Apple sehr geholfen.«

Jetzt, im Jahre 1996, schienen in einer Serie von Treffen mit Microsoft-Leuten eher Stead und Hancock die Rolle von Robin Hood und Maid Marian zu übernehmen. Stead und die Anwälte von Apple erklärten den Microsoft-Managern, einschließlich Gates und Greg Maffei, daß man in dieser ernsten Angelegenheit von Gates ein paar Lösungen hören wolle. Stead glaubte eine Handhabe zu besitzen, wie er Microsoft von der weiteren Auslieferung von Windows 95 und Microsoft Office abhalten könne. Gates hatte vor zwei Jahren schon einmal eine weltweite Rückrufaktion für DOS 6.0 starten müssen, weil ihm ein Richter im Stac-Verfahren verboten hatte, den von Stac gestohlenen Code auszuliefern. Angesichts all der Probleme mit Prozessen und mit den Feds in letzter Zeit legten sie sicher keinen großen Wert auf einen weiteren großen Prozeß mit Apple.

Die Gespräche zogen sich über Monate hin, aber es war immer noch keine Lösung in Sicht. Apple befand sich in einer prekären Situation und hatte ständig Marktanteile verloren. Doch mittlerweile war Gates regelrecht paranoid. Es war unwichtig, daß sein persönlicher Reichtum bis Ende 1996 auf 23,6 Milliarden US-Dollar angeschwollen war.

Gates verlangte von Apple eine Festlegung auf seinen Internet Explorer und auf seine Version der Java-Technologie von Sun Microsystems. Seine Ängste waren nicht nur in Apples Entscheidung für Netscape als Standardbrowser begründet, sondern auch in Apples Zukunftsplänen für ihr Betriebssystem. Er hatte gehört, daß es künftig mit Intel-Prozessoren laufen solle, der Basis seines eigenen Imperiums. (Apple hatte früher eine vollkommen andere Prozessor-Architektur verwendet, die auf Chips von Motorola basierte).

Hancock wurde unterdessen etwas konfus. Während Gates die Forderungen von Apple ignorierte und sich auf die radikale Überarbeitung seiner Betriebssystem-Strategie als Antwort auf die Bedrohung durch das Internet konzentrierte, mußte Apple sich dringend um die Zukunft seines eigenen Betriebssystems kümmern.

Bei ihrem Firmeneintritt im Juli wurde Hancock direkt mit einer Krisensituation konfrontiert, die dringend gelöst werden mußte. Sie hatte schnell herausgefunden, daß das Projekt mit dem Codenamen Copland, das sowohl die Basis für Apples Zukunft als auch seine Antwort auf Windows 95 sein sollte, ungefähr so lebensfähig war wie Cannavinos lahme Gäule.

Copland war tot, obwohl die Firma viele Jahre und viele Millionen Dollar in die Entwicklung investiert hatte. Es war von Apples krassem Mißmanagement gekillt worden. Im September 1996 stellten Amelio und Hancock ein geheimes Team zusammen, das sich in der Industrie nach einer technologischen Erleuchtung umsehen sollte. Apples Zukunft hing davon ab.

Anfang November hingen die sanften Hügel vor Doug Solomons Fenster voller Nebel. Die Nebelbänke schienen jegliche Klarheit mit Dunst überziehen zu wollen.

Die Fensterscheibe fing sein Spiegelbild ein. Solomon, Apples Leiter für strategische Planung und Unternehmensentwicklung, war knapp über einsachtzig groß, trug einen grauen Bart, eine gewaltige Brille und zeigte erste Ansätze einer Glatze. Er haßte sein Foto in den Firmenberichten. Andere hingegen fanden ihn auf eine intellektuelle Art attraktiv und würdevoll. Aus den feinen Linien um seine Augen, die die vielen Jahre der Ingenieurs-Neugier dort hinterlassen hatten, konnte man eine wissende Amüsiertheit ablesen.

Das Geheimteam hatte sich für sämtliche der von ihnen untersuchten Projekte Codenamen einfallen lassen. ›Rotkehlchen‹ lebte, aber ›Drossel‹ ging langsam ein. ›Amsel‹ andererseits sah noch vielversprechend aus. Und ›Truthahn‹, nun ja, war immer noch ein verdammt dicker Brocken. In den Konferenzen der Apple-Manager war ein merkwürdiges Interesse für Vögel aufgekommen – zu dieser Schlußfolgerung wäre jedenfalls jeder gekommen, der im Oktober, November und Dezember an Solomons Tür gelauscht hätte.

Das ›SWAT-Team[3]‹ steckte mitten in der Arbeit, und die E-Mails und Memos flogen zwischen dem Führungsgremium und den Teammitgliedern hin und her. Solomon war als Teamleiter eingesetzt worden, um die geheimen Tests zu überwachen, mit denen sie sich gerade beschäftigten. Die Bewertungen der verschiedenen Optionen sollten ständig den Führungsgremien präsentiert werden.

Solomon gehörte zur Apple-Führungsspitze. Nach vierzehn Jahren bei der Firma hatte er in praktisch jeder Abteilung gearbeitet, von der Produktentwicklung bis zur Marktanalyse. Er hatte schon damals mit Steve Jobs zusammengearbeitet. In diesen Tagen berichtete er direkt an Amelio, war aber auch gegenüber Apples CFO Fred Anderson für Aktivitäten, die die Unternehmensentwicklung betreffen, verantwortlich.

In diesen Tagen erhielt Apple pro Tag wenigstens einen Anruf von Firmen, die ihre Technologien anboten. »Es haben merkwürdige Leute angerufen«, bemerkte er später gegenüber seinen Kollegen. »Von der Ein-Mann-Firma bis zu großen Unternehmen, und alle hatten Vorschläge, was wir tun sollten.« Manchmal erwischte Solomon sich dabei, wie er auf dem Konferenz-

---

[3] Special Weapons And Tactics

tisch trommelte. Er war seit Jahren Schlagzeuger in verschiedenen Bands. Er liebte Jazz, vor allem Ahmad Jamal. Und Vladimir Horowitz' Interpretation einer Chopin-Polka genügte, um ihm das Gefühl zu geben, er könne jedes Firmenfiasko überleben.

Das Telefon klingelte. Amelio, dessen Büro nur ein paar Schritte entfernt war, rief aus Asien an. »Hey, Du mußt was für mich erledigen«, sagte er. »Ich habe gerade eine Nachricht von Steve Jobs bekommen.«

Abgesehen von ein paar Treffen in den Straßen von Palo Alto, wo er öfter auf Rollerblades unterwegs war und wo sie beide wohnten, hatte Solomon den Apple-Gründer Steve Jobs seit Jahren nicht mehr gesehen.

Wie hatte es nur so weit kommen können? Die führenden Ingenieure von Apple begriffen es einfach nicht. Seit zwei Jahren verfolgten sie einen Weg, den sie für heldenhaft gehalten hatten: die Entwicklung von Apples Antwort auf Windows 95. Das Maxwell-Programm ›Office‹ war 1994 gestartet worden. ›Maxwell‹ war ein anderer Codename für Copland.

Die Ingenieure von Apple, die ihre Freude an kleinen Intrigen nach James-Bond-Manier hatten, führten die Politik der doppelten Codenamen für unveröffentlichte Projekte ein. Ein Codename war für die Marketingabteilung gedacht, um ihn gezielt an die Presse und den Rest der Welt durchsickern zu lassen. Der andere war nur zum internen Gebrauch bestimmt. (Das war sogar für Apple-Insider verwirrend, die sich die ganzen Namen nicht merken konnten, und so beließ man es dann doch bei einem Namen. Der Codename war eigentlich auch unwichtig, denn wenn es um Firmengeheimnisse ging, hatte Apple – wie die meisten seiner Nachbarn im Silicon Valley – mehr undichte Stellen als die *Exxon Valdez.)*

Mit Copland begann eine kurze Tradition, für die internen Codenamen die Namen von Erfindern zu benutzen und für die externen musikalische Namen. Innerhalb von Apple war Copland als ›Maxwell‹ bekannt geworden. Die Namensgeber von Maxwell hatten allerdings schon die ursprüngliche Idee aufgegeben. Statt sich auf den schottischen Physiker James Maxwell zu beziehen, wurde Maxwell ein bitterer Kommentar zur Vergangenheit, eine Hommage an den Beatles-Song ›Maxwell's Silver Hammer‹, in dem eine mordgierige Figur namens Maxwell Edison einen silbernen Hammer schwingt, um seine Feinde umzubringen. Maxwell sollte mit der Vergangenheit brechen, und das Vermächtnis des Macintosh-Betriebssystems nach und nach mit dem silbernen Hammer demontieren.

Copland sollte Apples lange überfälliges ›modernes Betriebssystem‹ werden, eine komplette Überarbeitung des existierenden Mac OS. Es war das größte Softwareprojekt, das Apple je gewagt hatte.

Wayne Maretsky war von Anfang an der technische Leiter von Copland. Jetzt starrte Maretsky auf das Blatt Papier, das da vor ihm lag. »Wir sind am Arsch.« Die Worte, die ein leitender Ingenieur des Copland-Teams auf die Vorderseite eines vertraulichen Notizbuchs gekritzelt hatte, beschrieben die Situation kurz, knapp und prägnant.

Das offensichtliche Problem war, daß die Architektur vollständig mißlungen war und das Projekt außer Kontrolle geriet. Eine Parade unfähiger Manager hatte es versäumt, diese Situation rechtzeitig zu erkennen. Apple lief die Zeit davon, und die Firma befand sich am Rande eines Desasters. Man konnte noch nicht einmal Bill Gates dafür verantwortlich machen, wie Apple seine Zukunft verspielt hatte.

Die Copland-Ingenieure bildeten das Ende einer defekten Kette, die sich bis zur Einführung des Mac im Jahr 1984 zurückverfolgen ließ. Seit dieser Zeit war das Mac-Betriebssystem wie eine Zwiebel Jahr für Jahr mit neuen Schichten überzogen worden. Uralte Codefragmente, die einst Sinn und Zweck gehabt hatten, lagen unter diesen Schichten begraben und führten bei neuerer Software zu Störungen. Dies war ein Problem aller ›Vermächtnis‹-Systeme, aber anders als der Konkurrent Microsoft hatte Apple beim Management von Softwareprojekten große Schwierigkeiten und sein Geschäft meistens wie eine Hardwarefirma betrieben.

Es war Mai 1996, als den Apple Ingenieuren langsam klar wurde, daß Copland in tiefen Schwierigkeiten steckte.

Winston Hendrickson war der technische Leiter für alle benutzerrelevanten Komponenten von Copland. Er war seit einem Jahrzehnt bei Apple. Als er im September aus einem langen Urlaub zurückkehrte, waren seine Kollegen gerade mit der Analyse der Technologien von vier verschiedenen Firmen beschäftigt: Be OS von Jean-Louis Gassees Be Inc., ›Solaris‹ von Sun Microsystems, dem Betriebssystem von NeXT und, wie er perplex feststellte, einer Version von Microsoft Windows.

Die Apple-internen Codenamen lauteten ›Amsel‹, ›Rotkehlchen‹, ›Drossel‹ und ›Truthahn‹.

Während Hendrickson Europa durchquert, sich in Hawaii gesonnt, im Haus herumgewerkelt, Bücherregale gebaut und die Garage entrümpelt hatte, war Copland eingestellt worden. Hendrickson wurde sofort nach seiner Rückkehr in das Analyseteam aufgenommen.

Im Juni erst hatte Hendrickson dem Management erklärt, daß Copland eine neue Architektur brauche, um überlebensfähig zu sein. Jetzt war die Zeit gekommen, um den Vorstand zu überzeugen, daß er recht hatte. Hendrickson hatte ein Papier aufgesetzt, das sich als Libretto für Apples Zukunft entpuppen sollte. Er nannte es das ›Alpha-Papier‹, ein vertrauliches Weißbuch, das zeigte, wie Apple seine neue Architektur bekommen, darin problemlos innovative Features einbauen und zugleich kompatibel mit seiner alter Software bleiben konnte.

Im August war klar, daß Copland nie das Licht der Welt erblikken würde. Der frühere Vizepräsident Ike Nassi hatte einige Arbeitsgruppen zusammengestellt, die herausfinden sollten, was mit der OS-Strategie und der Architektur passieren müsse, um Copland wieder nach vorn zu bringen.

Vor seinem Urlaub hatte Hendrickson in mehreren Treffen seine Ideen präsentiert. Apple sollte das Betriebssystem in zwei Komponenten unterteilen, die auf dem Betriebssystemkern, dem sogenannten Kernel, aufsetzen sollten. Schematisch dargestellt würde links ein Kasten das momentane Mac OS und die Programmierschnittstellen repräsentieren, was die Kompatibilität mit existierenden Programmen garantierte. Auf der rechten Seite würde ein Kasten die brandneuen Interfaces des ›modernen OS‹ verkörpern. Der linke Kasten würde immer mit Apples eigener Technologie gefüllt sein. Die rechte Seite jedoch mußte irgendwie anders gefüllt werden. Die Arbeit, die Apple bisher geleistet hatte, brachte es einfach nicht.

Gil Amelios Augenbrauen schienen vor Erregung schon fast über ihm zu schweben. Es gab eine Menge unangenehmer Wahrheiten, die er nicht hören wollte. »Ich bin nicht bereit, jetzt schon aufzugeben«, rief er.

Sein Team hatte ihn mit dem bescheidenen Vorschlag von Bill Gates – dem Truthahn-Projekt – konfrontiert, der allen zukünftigen und aktuellen Prozessen zwischen Apple und dem Softwareregianten ein jähes Ende machen würde. Diese Lösung würde außerdem auf eine reine Windows-Welt hinauslaufen.

Große Tabellen waren zusammengestellt worden, um die denkbaren Optionen miteinander vergleichen zu können – Suns Solaris, NeXT, Be, Windows NT und die Überreste von Copland. Das Augenmerk lag dabei vor allem auf folgenden Punkten: Multimedia, Internationalität, Grafik- und Font-Technologie, Stabilität des Systems, die Möglichkeit, Software an Hersteller zu lizenzieren, Apples Fähigkeit, auf der Plattform weitere Entwicklungsarbeit zu leisten und vieles mehr. Von all diesen Punkten waren fünf von höchster Priorität: Stabilität, das Mac-›Look&Feel‹, die benötigte Zeit bis zur Marktreife, Kompatibilität mit dem Mac OS und die Möglichkeit, sich von Microsoft abzuheben.

Am Tag zuvor war Erntedankfest gewesen, und ›Truthahn‹[4], der Technologie-Coup, den Microsoft in Richtung Apple lanciert hatte, wurde langsam eine heiße Sache. Verschiedene Manager hatten die Auswirkungen von Microsofts Vorschlag ana-

---

[4] Zum Erntedankfest (»Thanksgiving«), einem in den USA sehr gewichtigen Feiertag, wird traditionell Truthahn serviert.

lysiert und eine Präsentation vor dem Führungsgremium vorbereitet. Es war gewaltig. Im Grunde wollte Microsoft, daß Apple sein Mac OS durch Windows ersetzt. Daß der Vorschlag überhaupt so lange erwogen worden sei, sei absoluter Wahnsinn, murmelten Amelios Top-Manager vor sich hin.

Bevor man sich mit Microsoft an einen Tisch setzte, unterzogen die Apple-Manager den vorgeschlagenen Deal einer gründlichen internen Analyse. Sie stellten eine Liste wichtiger Punkte zusammen, die auch technische und geschäftliche Fragen umfaßte. Abgesehen vom Image-Desaster, was würde eine Partnerschaft mit Microsoft bedeuten? Die Führungsriege von Apple lauschte nervös.

Die Ausführungen vermittelten eine ernüchternde Analyse, was passieren würde, wenn Apple seine Zukunft auf Basis von Windows NT aufbauen sollte. Die führenden Ingenieure zeichneten vor Amelio, Hancock und Solomon ein ungeschöntes Bild der Situation.

»Das Betriebssystem Windows NT ist eindeutig Klassenbester in Sachen modernes, robustes Design«, stellte der vortragende Ingenieur fest. Auf Basis der Arbeit von Dave Cutler bei Digital Equipment Corp. in der Mitte der Achtziger hatte Microsoft mit dem NT-Standard den Einsatz von Computern in der Industrie neu definiert. Amelio und seine Top-Manager erfuhren, daß »Microsoft eine klare Produktstrategie eingeschlagen hat, mit der sie den NT-Kernel in den Desktop-Markt runterdrücken, um das fragile und störanfällige Betriebssystem Windows 95 zu ersetzen.«

Sollte sich Apple entscheiden, den NT-Kern als Basis des Macintosh-Geschäfts zu übernehmen, so könnten sie sicher sein, das populärste und robusteste System im Betriebssystem-Markt zu verwenden, fuhr der Ingenieur fort. Andererseits wäre Apple dann in der schwachen Position, »ein Produkt mit minimalen Vorteilen anzubieten, die zudem nur schlecht definierbar sind.«

»Wenn wir zögern, wird Microsoft gleichziehen. Wenn wir stolpern, werden sie unsere Fähigkeiten schnell kopieren und unsere potentiellen Alleinstellungsmerkmale eliminieren.«

Der vielleicht problematischste Aspekt einer NT-Adaption sei, daß »wir gezwungen sein werden, mit Microsoft auf ihrer eigenen Plattform zu konkurrieren.« Das versammelte Management war entsetzt.

Das komplette Untersuchungsteam war der Meinung, daß eine NT-Übernahme durch Apple sich dreifach auf Apples Geschäfte auswirken würde: Erstens würden sich Macintosh-Verkäufe verzögern, bis Apples neues Produkt und seine Marktposition etabliert seien.

»Es würde zweitens zur Abschaffung von Apples Programmierschnittstelle als Plattform-Standard führen und die Position von Windows als Standard-Interface für die gesamte Industrie manifestieren. Das hätte zur Konsequenz, daß kein Entwickler mehr etwas für den Macintosh entwickelt.«

»Und schließlich hätte Apple keine Möglichkeit mehr, die Zukunft des PowerPC zu beeinflussen, weil die PowerPC-Partner davon ausgehen würden, daß Apple das ›Macintosh-Erlebnis‹ auf die x86er und andere Plattformen portieren wird, unabhängig von unseren gegenteiligen Ankündigungen«, erläuterten die Apple-Ingenieure.

»Dieses dreifache Szenario würde Apple zwingen, Windows als übergreifende Standard-Plattform anzuerkennen, mit Java als einzig denkbarer Alternative.«

Java, Suns Technologie, über die Gates und seine Manager sich in ihren E-Mails ereiferten, stellte genau wie Netscapes Browser eine ernsthafte Bedrohung für Gates' Monopol dar.

Amelios Berater fuhren fort. Bei einer Adaption von ›Truthahn‹ würde Apple »endgültig aufhören, Betriebssysteme, Middleware und [Programmier-]Layer zu entwickeln. Die Produktpalette würde sich nur durch ihre intellektuellen Eigenschaften und durch die Wertvorstellungen der Kunden definieren, wie etwa ›Plug & Play‹, einfache Bedienung, industrielles Design und so weiter«, erklärte ein Ingenieur.

Die Ingenieure kamen zu dem Ergebnis, daß »Apple dann überleben könnte, wenn man in diesen Bereichen unnachgiebig nach vorne drängt und die Unterschiede zwischen einem Apple-

Produkt und einem ähnlichen Wintel-Produkt[5] aktiv vergrößert.«

In der Diskussion erkannte Apple, daß die Marktvorteile der Firma sehr eingeschränkt wären – »weil Microsoft uns so schnell kopieren würde, wie sie damit durchkommen« – und die Firma beim ersten Fehler jeden Vorsprung verlieren würde.

»Die Microsoft-Maschine würde uns einfach auffressen, mit diesem dämlichen Grinsen«, ließ man das Führungsgremium wissen. Während des gesamten Meetings hörte man Anspielungen, man würde mit dem Feind ins Bett gehen.

Auf der Haben-Seite überprüften die Senior-Manager den möglichen positiven Effekt einer solchen Allianz für die Industrie als Ganzes. Im Gegensatz zu sämtlichen anderen Varianten, die Apple prüfte, könnte »ein Geschäft mit Microsoft Apple in die Lage versetzen, einen Industriestandard für Komponenten-Softwarelösungen zu entwickeln, der auf allen Plattformen einsetzbar ist und der die Verwirrungen um OLE, OpenDoc, Java und JavaBeans[6] beendet«, informierte der Ingenieur das Führungsgremium. Diese genannten Technologien repräsentierten das Schlachtfeld der technischen Standards, wobei OLE Microsoft gehörte, die anderen Sun und weiteren Firmen. »Das wäre für die Industrie überaus positiv und könnte ein Hinweis auf den Wert einer Partnerschaft zwischen Apple und Microsoft sein.« Apple könnte durch diese Rücksichtnahme auf die Vorteile der gesamten Industrie glänzen. Durch die Zusammenarbeit würde der Konfusion um die Standards der Komponenten-Software ein Ende bereitet.

---

[5] Mit dem Kunstwort ›Wintel‹, gebildet aus ›Windows‹ und ›Intel‹, bezeichnet die PC-Branche das Kartell aus dem Prozessorhersteller Intel und Microsoft, dessen Betriebssystem speziell und hauptsächlich für Intel-Prozessoren entwickelt ist.

[6] OLE = ›Object Linking and Embedding‹; wie die anderen genannten Technologien eine definierte Schnittstelle für anwendungs- und ggf. auch plattformübergreifenden Datenaustausch

Die Jury saß noch im Beratungszimmer. Aber Apple hatte Gates' Angebot nicht ausgeschlagen, auch wenn dies für die Truppe der Mac-Enthusiasten einem Sakrileg gleichkommen mochte.

Am 10. Dezember kam eine Abordnung von Microsoft-Ingenieuren und -Direktoren mit Apples leitenden Ingenieuren im Konferenzsaal des City Centers IV zusammen. Das firmeneigene Entwicklungszentrum lag direkt neben dem Gebäude, das Gil Amelios Büro beherbergte. Der Konferenzraum nahm ein Viertel des obersten Stockwerkes ein und die Ingenieure bezeichneten ihn wegen seiner überwältigenden Aussicht als ›sexy‹.

Wayne Maretskys Gegenspieler bei Microsoft galt wie er als ›Innereien-Spezialist‹. Das heißt, er kannte die inneren Funktionen eines Codes wie seine Westentasche. Er war zusammen mit Dave Cutler, dem Gehirn hinter Windows NT, von DEC zu Microsoft gekommen. Der Technische Leiter der Microsoft-Delegation wurde von einem halben Dutzend Ingenieure begleitet, und nun hoffte Apple, hinter die Absichten des Erzfeindes kommen zu können.

Die Apple-Ingenieure hörten den technischen und strategischen Präsentationen ihrer Microsoft-Pendants aufmerksam zu. Ihnen war schnell klar, daß der Microsoft-Haufen im Gegensatz zu ihnen für den Erfolg bestens vorbereitet war. Der Ton der Konferenz war überraschend respektvoll. Alle schienen sich bewußt zu sein, daß die Stimmung leicht in Beleidigungen und Boshaftigkeiten hätte umschlagen können.

Das Microsoft-Team machte deutlich, daß sie zwar nicht gekommen waren, um die Bedingungen für einen Deal auszuhandeln, aber daß Microsoft bereit wäre, mit Apple über diesen Deal zu reden. Die Apple-Ingenieure stellten spezifische technische Fragen und bekamen allgemeine Antworten der Art, daß Microsoft »beinahe alles in Betracht ziehen würde, aber dies würde natürlich Thema detaillierter Verhandlungen sein.« Gegenüber früheren Verhandlungen der Apple-Ingenieure mit ihren Rivalen aus Redmond war das ein echter Fortschritt. »Normalerweise war die Antwort einfach Nein«, berichtete ein führender Ingenieur.

Für Apple war klar, daß sie Windows NT nicht einfach so einsetzen wollten, wie Microsoft es bislang an alle anderen Firmen lizenziert hatte. »Wir wollen Layer von NT«, verlangte Maretsky von Microsoft. »Sachen, von denen ihr noch nie Quellcode oder APIs verfügbar gemacht habt.«

Innerhalb des NT-Systems sprachen die Microsoft-Ingenieure von der ›Exekutive‹, dem echten NT-Kernel. Darüber lagen verschiedene »Persönlichkeiten« zur Unterstützung von Anwendungsprogrammen – die Windows 3.1-Persönlichkeit, die DOS-Persönlichkeit und so weiter.

Microsoft schlug vor, daß Apple eine ›Mac-Persönlichkeit‹ für NT entwickeln solle, so daß Mac-Anwendungen genauso wie DOS-Anwendungen darauf laufen konnten. Über diesen Vorschlag brach eine hitzige Debatte aus. Das Apple-Team begriff, daß Microsoft mit einem derartigen Ansatz das gesamte Mac-Geschäft in die Windows-Kompatibilität treiben würde. Windows wäre stets die dominante Software, wenn der Kunde seinen Computer benutzen würde. Das machte für Apple nicht besonders viel Sinn.

Einer der anwesenden Ingenieure erzählte: »Es war ziemlich eindeutig. Sie hatten einen Versuch gemacht und es sah so aus, als ob sie es nicht wirklich ernst meinten. Wir schauen mal, ob wir das diesen Jungs so unterschieben können.«

»Daran sind wir nicht interessiert«, antwortete Maretsky.

Microsoft wich aus und erwiderte: »Nun, natürlich könntet Ihr zusätzlich auch noch etwas anderes machen.«

Apple brachte zur Sprache, daß die Menüleiste bei Windows-Anwendungen innerhalb des Fensters liegt, während sie bei der Apple-Plattform am oberen Bildschirmrand positioniert ist. »Wärt Ihr bereit, es auf unsere Art zu machen und nicht Microsoft auf dem oberen Bildschirmrand stehen zu lassen?« erkundigte sich Maretsky. Ein Microsoft Manager antwortete: »Wir werden es in Betracht ziehen.«

Gegen Ende der Präsentation legte ein Microsoft-Manager dramatisch die Hand aufs Herz. »Dies wäre wahrlich eine große Allianz«, rief er. »Apple und Microsoft könnten großartige Geschäftspartner werden. Was für eine Schande, daß wir nicht schon vorher zusammenarbeiten konnten.«

»Stell Dir vor«, flötete Maretsky, der sich kaum noch beherrschen konnte.

»Ihr habt doch uns verklagt«, schnappte der Microsoft-Ingenieur zurück.

Maretsky wußte nicht, daß Apple bereits eine neue Klage über Bill Gates schweben ließ. »Na ja, Ihr habt schließlich unser Zeug geklaut«, schoß er zurück. Er behielt das letzte Wort.

Schweigen erfüllte den Raum, und die Gesichter der Apple-Leute zeigten alle ein breites Grinsen.

Apples Bewertungsteam war zu dem Schluß gekommen, daß ein Hybrid die beste Lösung wäre, und zwar mit Suns Solaris als Betriebssystemkern und mit der NeXT-Technologie als Programmier-Interface für neue Anwendungs-Software. Aber der Versuch, diese Idee zu realisieren, wurde von ein paar Altlasten aus der Vergangenheit behindert.

Einige Jahre zuvor war ein Konsortium aus Hewlett Packard, DEC, Sun und NeXT gebildet worden, um OpenStep zu entwickeln, eine Technologie von NeXT, die auf einer ganzen Reihe von Hardware-Plattformen lauffähig war. Es stellte sich heraus, daß mit Ausnahme von Sun keine der Firmen OpenStep auch tatsächlich für ihre Betriebsumgebung portierte. Sun brachte OpenStep erfolgreich in seinem Solaris-Betriebssystem unter und verfügte daher auch über die Rechte an OpenStep. Das Apple-Bewertungsteam glaubte bereits, den Jackpot geknackt zu haben; sie hofften, daß Apple OpenStep direkt von Sun bekommen könnte, ohne einen separaten Deal mit NeXT abschließen zu müssen.

Doch es stellte sich schnell heraus, daß Sun sich in der Vereinbarung mit NeXT dazu verpflichtet hatte, alle Änderungen an der NeXT-Technologie an NeXT weiterzuleiten. So hätte Sun eventuell Apples OS-Technologie an NeXT übergeben müssen.

Apple war weiterhin an Solaris interessiert, aber Sun machte Schwierigkeiten. Sie verlangten die Kontrolle über die Solaris-Komponenten in der Apple-Implementation, und Apple sah sich deshalb in seinen Möglichkeiten eingeschränkt, diese Plattform innovativ weiterentwickeln zu können – was eine der zentralen Bedingungen des Führungsgremiums war.

Schließlich faßte man zwei Möglichkeiten ins Auge: entweder Solaris oder NT als Betriebssystemkern zu wählen. Sollte die Entscheidung zugunsten von Solaris fallen, so hatte das Apple-Team immer noch keine Lösung für eine »moderne Programmierschnittstelle«.

In einer geschlossenen Sitzung Mitte Dezember schränkte Amelio dann die Runde der Kandidaten auf die Firmen Be und NeXT ein. Sie boten sehr ähnliche Technologien, aber NeXT hatte seine Software schon an Tausende von Kunden ausgeliefert. Be war nach Apples Meinung ›Vaporware[7]‹. Amelio gefiel das System überhaupt nicht. Gassee bot keine Unterstützung länderspezifischer Besonderheiten und keine Lokalisierungsmöglichkeiten an, die für Apple mit seinem weltweiten Kundenstamm von großer Bedeutung waren. NeXT hatte die internationalen Features in seine Software implementiert.

Be hatte praktisch keine Wiedergabefähigkeiten im Multimedia-Bereich – und gerade dort lagen Apples Stärken. Die Be-Software bot auch keine dynamische Konfiguration oder ›Plug & Play‹. Die hatte NeXT zwar momentan ebenfalls nicht, aber sie sollte hinzugefügt werden.

Apples Hauptgebäude, das City Center III, war mit einem grüngoldenen Teppichboden ausgelegt. Steve Jobs schlenderte zu Gil Amelios Konferenzraum in den achten Stock. Es war die erste Woche im Dezember, und Solomon, Amelio und Hancock hießen Jobs willkommen. Im Gegensatz zu dem aufsehenerregenden Vorstandsraum auf derselben Etage war dies ein bescheidener Sitzungsraum, mit einem langen Holztisch, der acht Personen bequem Platz bot. Große Fenster öffneten den Blick in

---

[7] von *vaporize* = verdampfen, verdunsten; ein Produkt, das die vom Marketing versprochenen Eigenschaften nicht oder nur unvollständig erfüllen kann.

Richtung San Francisco. Eine Tür führte zu einem Balkon mit einer niedrigen Brüstung. An klaren Tagen konnte man die Stadt sehen.

Jobs hatte eine Flasche Wasser in der Hand, und Amelio nahm sich eine Diät-Coke aus dem Kühlschrank. Wie üblich goß er den Inhalt der Dose in ein Glas.

Nachdem alle am Tisch saßen und Amelio sich kurz über die Richtung der Firma ausgelassen hatte, bewegte sich Jobs zur großen weißen Tafel an der Wand. Gekonnt zeichnete er Diagramme und präsentierte mit überraschender Bescheidenheit und Leidenschaft die Zukunft von Apple. Langsam wendete sich das Gespräch den Themen Technologie und Produktpalette zu. Amelio und Jobs übernahmen die Diskussion im Alleingang.

Natürlich hatte Jobs über die Presse von Gerüchten gehört, Apple sei möglicherweise am Kauf von Be interessiert. Es sei nicht seine Absicht, ein Verkaufsangebot zu machen, erklärte er, aber er redete über die »wirklich phantastische Technologie« von NeXT.

»Kommt und seht es euch selbst an«, forderte Jobs sie auf. »Wenn Ihr irgend etwas lizenzieren wollt oder an einem anderen Arrangement interessiert seid, dann laßt uns darüber sprechen. Ich will Apple aufblühen sehen.« Jobs hoffte, daß Apple das NeXT-Betriebssystem als Ersatz für Copland übernehmen würde. Einen Punkt stellte er besonders stark heraus. »Ich bin sicher, wenn Ihr Euch das Betriebssystem erst einmal angeschaut habt, dann wollt Ihr es auch haben«, prophezeite er. »Und wenn Ihr es wollt, dann wollt Ihr gleich die ganze Firma.«

Am nächsten Tag schickte Solomon mit Amelios Zustimmung Kurt Piersol und Winston Hendrickson in die NeXT-Büros nach Redwood City.

Ein paar Wochen später fand der große Auftritt im Garden Court Hotel statt. Das Führungsgremium von Apple hatte sich in dem Hotel in Palo Alto zu einem auf zwei Tage angesetzten geheimen Treffen außerhalb des Firmengeländes versammelt. Das Team entschied sich relativ schnell für den Einkauf eines neuen Betriebssystems. Am frühen Abend erwartete die Gruppe die Ankunft von Steve Jobs und seinem Cheftechnologen Avie Tevanian.

Schließlich wurde offiziell beschlossen, daß Apple NeXT komplett übernehmen würde.

Am Abend des 20. Dezembers war Doug Solomon fiebrig, und er konnte sich während der Pressekonferenz kaum auf den Beinen halten.

Die Details der NeXT-Aquisition waren kurz vorher im Vorstandsraum im achten Stock präsentiert und vom Vorstand abgesegnet worden. Die Apple-Manager warteten, bis all die Anwälte und Banker zusammengekommen waren. Die Gruppe aus San Francisco brauchte länger als erwartet. Eine Menge Details des Vertrags mußten noch geklärt werden. Amelio und Jobs rangen um Jobs zukünftige Rolle in der Firma. Was genau konnte man der Presse sagen?

Als alles vorbei war, ging Solomon sofort nach Hause und fiel ins Bett; er blieb für drei Tage verschwunden.

Vielen Dank, George.

Kurt Piersol richtete seine Augen an die Decke, als ob der große Regisseur dort irgendwo lauern würde. Er machte George Lucas persönlich für die Prügel verantwortlich, die er gerade nach einem harten Tag bei Apple mit dem Laserschwert bezog. Sein dreijähriger Sohn hatte ihn für Darth Vader gehalten, als er gerade durch die Tür kam.

Seit dem NeXT-Deal waren Monate vergangen, und die Schwerter waren in dieser Woche des öfteren gezogen worden. Piersol und seine Leute begannen gerade, sich neu zu formieren und zu erholen. Beim Mittagessen war Sushi in kleinen Schiffchen an ihnen vorbeigezogen. Es war wie eine surreale Version einer Betriebssystem-Konstruktion. Die verführerischen, aber ach so teuren Features eines Betriebssystems schwammen vorbei. Piersol konnte sich keinen ›Feature-Schleichgang‹ mehr leisten, mit dem sich Apple in der Vergangenheit so oft herumgeplagt hatte. Schon in Japan fand er es merkwürdig, daß das Essen in kleinen Schiffchen serviert wurde. Am Ende zählte man die Tellerchen, um festzustellen, wieviel Geld man schuldig war.

Apples Spezialist für ›Kundenwünsche‹ mußte nun entscheiden, welche Feature er für sinnvoll hielt. Einige von ihnen waren vielleicht schon etwas zu lange im Boot gewesen.

Er wurde von einem Apple-Manager für Netzwerke begleitet. Netzwerke waren extrem wichtig, da die Firma einmal mehr mit einer dualen Strategie arbeitete. Sie mußten zwei verschiedene Netzwerksysteme dazu bringen, problemlos zusammen unter einem neuen Betriebssystem zu laufen.

AppleTalk war seit Jahren im Einsatz, im Verlagswesen, einem der Hauptmärkte von Apple, sogar im großen Stil. Rhapsody dagegen, der Nachfolger von Copland, benötigte einen mehr internetzentrierten Ansatz für seine Netzwerktechnologie. »Wir wollen unsere Kunden nicht glauben lassen, daß wir alles bisherige in den Wind schießen, wenn wir etwas neues machen«, erklärte Piersol. »Wir müssen es schaffen, daß die beiden wirklich gut zusammenarbeiten.«

Ihm standen noch Millionen ähnlicher Themen bevor.

Jetzt saß Piersol würdevoll mit seinen roten Hosenträgern, in seinem schwarzen Hemd und seinen schwarzen Hosen herum; es war scheinbar schon ein Sieg, daß er noch nicht zu Boden gegangen war. Nach siebeneinhalb Jahren bei Apple waren Piersols dunkelbraunes Haar und der dunkle Bart von grauen Strähnen durchzogen. Aber nach allem, was geschehen war, hätte sein Haupt in dieser Woche komplett ergrauen müssen.

Es war etwa zehn Uhr morgens, und Gil Amelios Gesicht war auf den Monitoren des gesamten Apple-Campus zu sehen. Der Vorsitzende ließ eine ›Kommunikationskonferenz‹ übertragen, um all jene zu trösten und zu motivieren, die noch in der Firma verblieben waren. Die Belegschaft war diese Woche um 30 Prozent reduziert worden. Etwa 4000 Leute standen kurz davor, gefeuert zu werden. Anrufer, die die Durchwahl von Leuten wählten, die schon seit Jahren am entsprechenden Platz saßen, wurden plötzlich informiert: »Sie haben einen abgeschalteten Anschluß bei Apple Computer angewählt.«

Piersol schnappte ein paar Fetzen von Amelios Rede auf, während er herumrannte. Seine ›Das-Wichtigste-Am-Morgen-Tour‹ durch *Macintouch*, seine Lieblings-Website, offenbarte die Gerüchte und die ganze Verärgerung über die Vorgänge bei Apple.

Das Büro von Steve Jobs, ein Stockwerk über dem von Piersol im Gebäude 2 gelegen, war heute wie gewöhnlich dunkel. Wie es aussah, hatte Jobs mit allem, was hier vor sich ging, wenig zu tun, zumindest im Moment. Und das trotz der großen Aufmerksamkeit, die die Presse seiner Rückkehr in die Firma widmete. Schließlich war Pixar mit seiner Hollywood-Kundschaft und seiner hochmodernen Technologie sein Baby. Apple war in der Vergangenheit steckengeblieben. Der gerade wieder zurückgekehrte Mitbegründer von Apple, Stephen Wozniak, schien die wichtigere Rolle zu spielen. Er verpaßte keine Sitzung des Führungsgremiums. Am vergangenen 20. Dezember mußte die Pressekonferenz zur Übernahme von Jobs' alter Firma NeXT um sechs Stunden verzögert werden, während Amelio Jobs anflehte, bei Apple einzusteigen. Das Geld einzustecken und dann zu verschwinden, das würde übel aussehen, hatte Amelio ihm klargemacht. Mehr denn je brauchte Apple jetzt einen Helden von mythischem Ausmaß. Und Jobs war so ein Held.

Die Entlassungswellen und Reorganisationen in den letzten Jahren waren zu einer Art Reise nach Jerusalem geworden. Im Kielwasser des aktuellen Gemetzels versuchten Piersol und seine Managerkollegen Ly Pham und Avie Tevanian – der mit Jobs von NeXT gekommen war – mühsam herauszufinden, wer die Bruchstücke jetzt aufsammeln sollte. Piersols Kollegen beobachteten, wie seine überschüssige Energie aus seinem linken Fuß zu strömen schien, der konstant vibrierte, während er sprach.

Alleine in seinem Büro sitzend schaute er umher auf all die Artefakte, die sich in den letzten Monaten angesammelt hatten. Im Regal über seinem Tisch stand eine ziemlich einsam aussehende Flasche Brown Ale. Das Copland-Team hatte das Zeug in dem Glauben gebraut, auf der Woge des Erfolges zu schwimmen. ›User Experience Brown Ale‹ konnte man auf der Flasche lesen. Piersol betrachtete die kleinen Bröckchen, die in dem Gebräu herumschwebten. Es war nicht besonders gut gewesen – die Bierversion eines Computerdeppen, mit kleinen Teilchen, die ab und zu zur Oberfläche aufstiegen.

Vor Monaten war Piersol zum König für Kundennähe ernannt worden. Das Team hatte Amelio nur knapp davon abhalten können, einem letzten Angebot von Bill Gates zu erliegen.

In diesen Tagen schien das Wort ›beängstigend‹ in jeden zweiten Satz einzufließen, den Piersol mit seiner tiefen Stimme von sich gab. Der ›Ehrenwerte Ingenieur‹, wie Apple den Besten seiner etwa tausend Software-Ingenieure nannte, scherzte gerne über sich selbst und schob seine Erfolge auf seine ›Käferperspektive‹ der Welt. Und doch nahm er die Herausforderungen persönlich und hatte in den letzten sechs Monaten das Gefühl gehabt, daß er zusammen mit wenigen anderen die Zukunft der Firma auf seinen Schultern trug. Einiges von dem Zeug, daß er sich für Amelio angeschaut hatte, hätte besser einen Raketensprengkopf als einen PC gesteuert, scherzte er gerne.

Das Ziel der kommenden Monate war es, ein neues ›Look and Feel‹ zu umreißen – das hieß, Bruchstücke von Copland mit der neuen Technologie von NeXT zusammenzubringen. Die alte Weltordnung mit der neuen zu verschmelzen, war das »größte, was Apple jemals vermasseln konnte«, erinnerte Piersol seine Kollegen. Die Vergangenheit ist vergangen. Dieser Spruch wurde in den letzten Tagen von Amelio, Ellen Hancock und Avie Tevanian, der jetzt Apples Vizepräsident für Software-Entwicklung war, ständig wiederholt. Die Vergangenheit ist vergangen. Aber sie konnte nicht ignoriert werden.

Am 19. März saß der große und schlaksige Chefwissenschaftler Avie Tevanian in einem Kreis aus Computern. Mit einem gestreiften Hemd und grauer Hose war er in lässiger Arbeitskleidung. Tevanians Büro blieb ziemlich leer, abgesehen von zwei Sesseln und seinem magischen Kreis aus Computern – vier Stück, auf denen NT, OpenStep und Mac OS liefen, dazu ein schwarzer Bildschirm, der noch nicht ans Internet angeschlossen war.

Bomben

Stück für Stück schleppte er verschiedene Dinge aus seinem Büro in Redwood City in seinen neuen Raum bei Apple. Heute hatte er die Babyfotos seines zweijährigen Sohnes mitgebracht.

Als er über den blaugrauen Teppichboden im zweiten Stock des Hauses 2 lief, dem Forschungs- und Entwicklungszentrum, wurde ihm klar, was ihn am meisten beunruhigte: daß »Microsoft zwei Millionen Dollar pro Woche für Forschung und Entwicklung ausgibt.« Anfang der Woche war dagegen der Forschungsetat bei Apple empfindlich gekürzt worden.

Tags zuvor hatte er sich für seine erste interne ›Kommunikationskonferenz‹ vorbereitet. Sie fand in einem Saal von der Größe einer Stadthalle statt, in dem ohne weiteres ein paar hundert Leute Platz fanden.

Tevanian war ein Verbündeter von Jobs. Der interne Krieg bei Apple sollte noch eine derartige Intensität erreichen, daß schließlich Amelio ebenso wie Hancock verdrängt wurde, doch erst nachdem Bill Gates einen Vergleich mit Apple geschlossen und 250 Millionen Dollar in die Firma investiert hatte. Diese Geste, die als Großzügigkeit gewertet wurde, brachte Gates weltweit auf die Titelseiten der Magazine.

Ed Stead schob den Vergleich, den Gates herausgeholt hatte, dem Einfluß von Jobs zu und hielt ihn nach Aussage seiner Kollegen für einen Riesenfehler. Apple hätte bis in alle Ewigkeiten Lizenzgelder von Microsoft kassieren können, wenn sie die Klage wegen Patentrechtsverletzung weiter verfolgt hätten, die er ins Auge gefaßt hatte.

Jobs hatte auch dafür agitiert, daß Apple zu Microsofts Internet Explorer und zu Microsofts Version von Java wechseln solle. Hancock war eine überzeugte Anhängerin von Suns offenerem Java-Ansatz gewesen.

Bevor diese Deals in der Öffentlichkeit bekannt wurden, hatte Stead die Firma schon verlassen und war in die Unterhaltungsbranche gewechselt. Er wurde Chefberater bei Blockbuster Entertainment. Er wußte, daß es nur eine Frage der Zeit sei, bis er wieder mit Bill Gates kollidieren würde, denn Gates bewegte sich schnell in Richtung Unterhaltung und Medien.

»Wer weiß schon, was Jobs antreibt«, grübelte er zusammen mit seinen Kollegen, wenn er sich den vollen Kreis vergegenwärtigte, den Jobs abgeschritten hatte: vom Apple-Gründer zu Gates offensichtlichem Verbündeten, der Microsoft bei dem Urheberrechtsprozeß half, bis hin zu seiner Wiederkehr als Vorsitzender von Apple, als der er diesmal verstärkt auf Microsoft-Technologie vertraute.

Das Justizministerium untersuchte den Deal.

17 Das Rad der Geschichte

Die Dinge blieben in Bewegung. Im Oktober 1997 wurde das US Justizministerium endlich aktiv, um zu beweisen, daß sein Beschluß von 1995 keine leere Drohung war. Microsoft, so das Ministerium, mißachte diesen Beschluß, der unsaubere Lizenzgeschäfte und Koppelgeschäfte strikt untersagt hatte. Zwischenzeitlich wurde weiteres Material zusammengetragen. Die Justizbehörden planten für 1998 die Eröffnung eines neuen Verfahrens, und auch die zivilrechtlichen Klagen gegen Gates wurden erweitert. Ihm wurde vorgeworfen, den DOS-Markt von Anfang an mit unsauberen Methoden an sich gerissen zu haben. Dazu kamen noch Schadensersatzforderungen im Zusammenhang mit Windows 95 und der Nachfolgeversion, die weiterhin eng mit DOS verzahnt waren und so potentiellen Mitbewerbern den Markt verschlossen.

Das zentrale Thema in diesem Fall war die Produktintegration. Gates warf den Feds vor, sie würden ihn bei der Entwicklung innovativer Produkte behindern. Doch die Akten der Anwälte des Justizministeriums offenbarten Gates' wahre Gründe für die enge Koppelung seiner diversen Produkte.

Während noch auf eine Entscheidung in diesem Fall gewartet wurde, erließ ein Bundesrichter eine einstweilige Verfügung, in der Microsoft aufgefordert wurde, den Internet Explorer unverzüglich von Windows 95 abzukoppeln. Gates' perfide Art und Weise, dieser Verfügung nachzukommen, erboste die Richter und die Justiz dermaßen, daß sie eine Klage wegen Mißachtung des Gerichts anstrengten.

In einer peinlichen Vorführung im Gerichtssaal bewies der Richter, daß er nicht so dumm war, wie Gates und seine Top-Manager angenommen hatten.

Sun verklagte Microsoft wegen der Verletzung von Rechten an ihrer Java-Technologie. Im März 1998 erstreckten sich die Untersuchungen der Feds auch auf Aussagen, daß Microsoft mit den Lizenzverträgen für seinen Browser starken Druck ausübe und versuche, die Anbieter von Internet-Inhalten zu erpressen. Außerdem wurde Microsoft beschuldigt, daß sie die Java-Technologie an sich reißen und manipulieren würden, um Softwareentwickler und Anwender dauerhaft an Microsoft-Produkte zu binden.

Im Frühjahr 1998 befand sich Gates in einer ähnlichen Situation wie einst Rockefeller: Um gegen die Marktbeherrschung durch Microsoft vorzugehen, wurden in mehreren Bundesstaaten voneinander unabhängige Anklagen vorbereitet. Darüber hinaus plante die Justiz ein neues Verfahren, das sich mit der von Gates beabsichtigten Vermarktungsstrategie von Windows 98 beschäftigte.

Kleinere Firmen hofften weiter auf die Zukunft und auf die Beendigung von Gates' Monopol. Und der Sun-Chef Scott McNealy hatte noch ein neues Geheimprojekt in petto. Mitte 1998, gut ein Jahrzehnt nachdem die Feds ihre Untersuchungen gegen Microsoft begonnen hatten, versammelten sich die neuen Krieger im ›Donut Wheel‹, einem schmierigen Donutladen[1] im Herzen des Silicon Valley: Sie hatten eine Vision, die nichts mit Bill Gates zu tun hatte.

Im Gebäude des US-Justizministeriums stand Joel Klein im dunklen Jackett in seinem Büro. Mit seiner schimmernden

---

[1] Donuts (auch Doughnuts): in Fett ausgebackene Teigkringel, ähnlich unseren Krapfen oder Berlinern.

Halbglatze und seiner stattlichen, aber etwas gelangweilten Erscheinung hätte er einem Roman von Dickens entsprungen sein können.

Man schrieb den 20. Oktober 1997, und es wurde allerhöchste Zeit, der Welt zu beweisen, daß er – während Anne Bingaman an seiner Seite nur hektisch herumturnte – sich in einer Sache stark machte, die Zähne hatte, und zwar scharfe Zähne. Wie ein lüsterner Zerberus[2] visierte er mit dem Rachen des 1995er-Beschlusses des US Justizministeriums genau Gates' Hosenboden an.

Klein, einst Mitglied von Clintons Beraterstab im Weißen Haus, hatte sich im Winter 1995 überraschend an der Seite von Microsoft wiedergefunden. Zusammen mit Bill Neukom, dem Chefanwalt von Microsoft, verteidigte er Schulter an Schulter die Vereinbarung, die im Juli 1994 zwischen Microsoft und dem US-Justizministerium ausgehandelt worden war.

Richter Stanley Sporkin irre sich, so die beiden. Es gäbe keine juristischen Grundlagen, um die Vereinbarung zu kippen. Bingaman hatte gegenüber Sporkin angedeutet, daß die Anwälte ihrer Kartellbehörde wahrscheinlich in Kürze wieder vor Gericht gehen würden, wenn Microsoft den eingeschlagenen Kurs beibehielte. Für sie war die Vereinbarung lediglich ein Fuß in der Tür, und sie hatte dem empörten Richter versichert, daß sie Microsofts Geschäftsgebaren weiterhin sehr genau beobachten werde.

Nur kurze Zeit später verließ Bingaman das US-Justizministerium in Richtung Privatwirtschaft, und Joe Klein übernahm ihren Job. Es kostete ihn fast zwei Jahre, eine Möglichkeit zu finden, um die angeblich so wirkungsvolle 95er-Entscheidung zu einer ernstzunehmenden Handhabe gegen Microsoft machen zu können. Klein und seine Chefin Janet Reno hatten gegen den Softwareriesen Klage wegen Mißachtung des Abkommens aus dem Jahre 1995 erhoben und standen nun kurz vor einer Pressekonferenz, in der sie Gates' Verstöße darlegen wollten.

---

[2] Nach dem Hund Kerberos aus der griechischen Mythologie, der den Eingang zur Unterwelt bewachte.

Interessanterweise, aber das war wohl vorhersehbar, schlug Neukom nun ganz neue Töne an. 1995 hatte er noch den Gerichtsbeschluß verteidigt, den er zusammen mit dem Justizministerium zurechtgezimmert hatte. Die Alternative wäre damals gewesen, den Beschluß rundweg abzulehnen und so eventuell noch strengere Auflagen für die Geschäfte des Microsoft Imperiums zu riskieren.

Am Telefon – er hatte sich vom Flughafen aus telefonisch in die Pressekonferenz eingeklinkt – erzählte er jetzt der Presse, daß die Justiz ihren eigenen Beschluß falsch interpretiere. »Sie verstehen nichts vom Geschäft der Softwareindustrie«, so Neukom. Reno erklärte, daß sie eine Geldstrafe von täglich einer Million Dollar fordern werde, solange der Softwareriese den Beschluß nicht erfülle.

Während die letzte Aktion von Reno und Klein einen ziemlichen Aufruhr verursacht hatte, blieb die Klage von Ralph Palumbo weitgehend unbeachtet – was ihm nicht unrecht war.

Persönliche Verluste gegen Firmenverluste. Um diese Themen kreisten Palumbos Gedanken in jenen Tagen permanent. In seinen Geschäften rang er ständig um den Wert der Dinge, zulässige Preise und Schadensersatzforderungen. Gewinn und Verlust. Marktanteile. Macht und Machtmißbrauch. Geld wechselt die Hände; unvorstellbare Ströme von Profit, gleich den reißenden Wassern des Himalaja.

Ray Noorda, der ehemalige Boß von Novell, war jetzt auf Schadensersatz in Milliardenhöhe aus. Im Sommer 1996 war Palumbo von Noorda beauftragt worden, Microsoft in einem Fall zu verklagen, der nach Meinung des Anwalts das Zeug zum absoluten Top-Act in der Welle von Prozessen hatte, die den Betriebssystem-Markt von Anfang an begleiteten.

Doch während er an den Forderungen seines energischen Kunden tüftelte, kreisten seine Gedanken ständig um seine zwanzigjährige Tochter, die seit einem Jahr vermißt wurde. Sie war im Himalaja einer Überschwemmung zum Opfer gefallen, als sie dort zusammen mit ihrem Freund Urlaub machte. In seinen Gedanken war sie stets und überall bei ihm.

Die Wasser des Himalaja waren über ihr zusammengeschlagen; eine schöne junge Frau, die ausgezogen war, die Welt kennenzulernen. Mächtige Wogen hatten sie unter sich begraben und mit ihrem Geliebten in die unfaßbare Ewigkeit hinabgezogen. Sie war fort.

Auch die Mächte des Marktes konnten manchmal wie Naturgewalten sein – und andererseits auch wieder nichts mit ihnen gemein haben. Sein Anwaltskollege Steve Susman wurde von vielen seiner Geschäftspartner als ›Naturgewalt‹ bezeichnet. Er war für seine Fähigkeit bekannt, in Auseinandersetzungen zwischen Firmen große Summen zu erstreiten.

Während die Dokumente über Microsoft nach und nach eintrafen und er die Berichte über Gates' permanente Einverleibungen erfolgreicher kleinerer Firmen studierte, schien es Palumbo, daß nichts im Geschäftsleben diesem einen Akt der Natur gleichkam. Das Universum hatte wohl seine ureigene Vorstellung von Macht und Werten.

Bill Gates hatte sich einst geweigert, Palumbo die Hand zu schütteln.

Am 21. September 1997 hatte Palumbo in Seattle zusammen mit Gates, Paul Allen, Warren Buffett und John Whitacre, dem Nordstrom-Magnaten, ein Football-Spiel an der Universität des Staates Washington besucht. Gates und er hatten dabei kaum Augenkontakt.

Inzwischen war es Oktober, und es war gut ein Jahr verstrichen, seit Ray Noorda Palumbo zusammen mit einigen anderen Rechtsanwälten – darunter auch Susman, einen der besten Prozeßanwälte des Landes – angeheuert hatte. Sie sollten die winzige Firma Caldera Inc. vertreten, die Ray Noorda gegründet hatte, um DR-DOS von Novell zurückzukaufen. Für Palumbo und seinen Anwaltskollegen Steve Hill, der ebenfalls von Noorda engagiert worden war, war Susman so etwas wie ein erleuchtetes Wesen. Caldera machte Schadensersatzansprüche gegenüber Microsoft geltend, die sich auf einen Zeitraum von den ersten Anfängen des DOS-Marktes bis hin zu Windows 95 und darüber hinaus erstreckten.

Die Microsoft-Akte

Im Juli 1996 hatten Susman und Palumbo den Fall Caldera zusammen mit ihren Kollegen bei Bundesrichter Dee Bensen vor das Bezirksgericht in Salt Lake City gebracht. Sie beschuldigten Microsoft, den DOS-Markt zu monopolisieren und den 2. Abschnitt des Sherman Act zu verletzen. Die Vorwürfe: »illegales Koppeln von Produkten« mit dem Ziel der Marktbeherrschung, Exklusivgeschäfte und rechtswidrige Eingriffe in wirtschaftliche Beziehungen – Aufstellung falscher Behauptungen, Vertuschungsmanöver und Verschlüsselung von Programmcode eingeschlossen. Die Klageschrift argumentierte, daß Microsoft mit seinem DOS-Monopol in der Lage sei, sämtliche Standards (bzw. APIs[3]) zu kontrollieren, auf die alle Programme für IBM-kompatible PCs zurückgreifen müssen. Dadurch könne die Firma aus ihren Lizenzgeschäften mit DOS riesige Geldmengen abschöpfen, und das bei minimalem Aufwand und Risiko.

Die ersten Kraftproben mit Neukoms Anwaltsteam, das auf diesen Fall angesetzt war, hatten vorwiegend in Telefonkonferenzen stattgefunden, in denen Tom Burt von Microsoft die Gesprächsführung übernahm. Zum ersten direkten Aufeinandertreffen von Palumbos Team und ihren Gegenspielern von Microsoft war es dann am 16. Oktober 1996 gekommen.

Neukom und Burt hatten versucht, den Gerichtsstand nach Seattle zu verlegen, denn auf ein Schwurgerichtsverfahren im Heimatstaat von Noorda legte Neukom nicht den geringsten Wert. Die Anwälte von Caldera hatten klargestellt, daß sie als erste auf diesem Planeten – außerhalb von Microsoft oder der FTC – einen Großteil der Dokumente einsehen wollten, die das US-Justizministerium und zuvor die FTC im Verlauf ihrer Ermittlungen gegen Microsoft zusammengetragen hatten. Sie informierten damals Noorda, daß man wohl davon ausgehen könne, daß Richter Bensen ihnen dieses Privileg einräumen und er Microsoft auffordern würde, ihnen sämtliches Material zu überlassen.

---

[3] Application Programming Interface; definierte Schnittstellen, über die ein Programm z.B. auf die Funktionen von DOS zugreifen kann.

Es wäre interessant zu sehen, wie Microsoft darauf reagieren würde. Schon früher hatte ein Richter in einem wenig beachteten Copyright-Prozeß in Seattle Microsoft zwangsweise verpflichtet, Dokumente herauszurücken. Microsoft hatte es daraufhin vorgezogen, einem Vergleich zuzustimmen. Jetzt deutete allerdings nichts darauf hin, daß Neukom sich auf einen Vergleich einlassen würde.

Am Sonntag zuvor war Palumbo zufällig mit derselben privaten Chartermaschine geflogen wie Bill Gates. Gates mietete die Maschine seines Freundes Sam häufig, um zu Besprechungen zu fliegen. Palumbo wollte dem Chef von Microsoft die Hand reichen, doch Gates drehte ihm den Rücken zu.

Es war ein kühler Morgen, als Noorda sich am 15. Oktober 1996 in Salt Lake City mit seinem Anwaltsteam traf – unter ihnen Palumbo, Hill und Parker Folse, ein Partner von Susman. Sie saßen zusammen um einen Mahagoni-Tisch und verglichen ihre Notizen. Im Ausland war die Lage weiterhin unklar. Jeff Kingston, ein Anwalt von Brobeck, Phleger & Harrison, vertrat eine Firma, die in Europa eine Klage gegen Microsoft eingereicht hatte. Dort waren gerade achtzehn Ökonomen der EG dabei, den Fall zu prüfen.

Es wurde gerade Kaffee nachgeschenkt, als Ray Noorda in den Raum schlenderte. Er war groß und schlaksig und sah mit seiner schwarzen Jeans und seinem roten Hemd aus wie ein alter Cowboy. Er wurde von Bryan Sparks begleitet, dem jungen Chef von Caldera.

Einige Monate zuvor war Roger Gross, früher Entwickler bei DRI und Novell, nach England gereist, um dort den Original-Quellcode von CP/M zu suchen, den Gates geklont hatte, um sein MS-DOS zu erschaffen. Nach wochenlanger Suche hatte Gross den Code schließlich in einem Safe in London entdeckt. Er leitete inzwischen für Caldera ein Entwicklungszentrum in Europa.

Bill Neukom tat den Caldera-Fall konsequent als »nebensächlich« ab. Trotzdem reiste er im Januar 1997 zur ersten Anhörung vor Richter Bensen mit einer stattlichen Truppe von

Microsofts Top-Anwälten in Salt Lake City an. Es waren die gleichen Männer, die Microsofts Interessen gegenüber dem Justizministerium vertreten hatten. Neben Neukom waren das Richard Urowsky, ein externer Anwalt von Microsoft, der bei den Vergleichsverhandlungen mit den Justizbehörden juristischen Beistand geleistet hatte, ferner der externe Anwalt Steve Holley mit zweien seiner Partner von Sullivan & Cromwell, schließlich Tom Burt und zwei weitere interne Anwälte von Microsoft.

Während der Anhörung zeigte sich der Richter über Microsofts Vorschlag, den Gerichtsstandort zu verlegen, eher amüsiert. Er gewährte Caldera den sofortigen Zugriff auf alle Unterlagen, die Microsoft der FTC und dem Justizministerium vorgelegt hatte.

Während Microsoft darum kämpfte, bestimmte Informationen geheimhalten zu können, erklärten Calderas Anwälte die Geheimniskrämerei des Softwareriesen zur reinen Schikane. Jim Jardine, ein bekannter Microsoft-Anwalt aus Salt Lake City, argumentierte, der DOS-Quellcode stelle gewissermaßen die »Kronjuwelen« des Softwaregiganten dar; er verglich ihn mit dem Geheimrezept für Coca Cola. Palumbo wandte sich seinen Kollegen zu und bemerkte – in Anspielung auf Gates' Äußerungen zur Bedeutung von DOS seit der Markteinführung von Windows 95 – »Na so was, ich dachte, DOS wäre tot!«

Als Caldera seine Klage ankündigte, hatte die Presse davon kaum Notiz genommen; für sie war Noorda nur ein besessener alter Mann. Doch Palumbo und Susman wußten, daß die letzte Aktion des Justizministeriums nur ein verspätetes Signal in einem Fall war, der nicht richtig vorwärts kam. Die Regierung würde den Fall nur dann aufgreifen, wenn er ausreichendes Potential böte, um anderen einen nennenswerten Marktanteil zu sichern. Aber an der Tatsache, daß der Betriebssystem-Markt erledigt war, war nichts mehr zu ändern. Doch man konnte zumindest versuchen, Schadensersatz zu bekommen und zugleich öffentlich ein bißchen Microsofts schmutzige Wäsche zu waschen. Vielleicht würden die Feds dann endlich erkennen, daß hinter all diesen Aktionen Methode steckte.

Susman, Palumbo und ihre Kollegen hatten den Fall mit der Aussicht übernommen, an der vom Richter festgesetzten Schadensersatzsumme beteiligt zu werden – wie hoch auch immer sie ausfallen würde. Sie spekulierten dabei auf ein Gerichtsverfahren. Wie die Feds schon seit längerem wußten, quollen die internen Microsoft-Aufzeichnungen – auch wenn sie unvollständig waren – von Beweisen über, auf denen zahlreiche Zivilklagen aufgebaut werden konnten.

Ende Oktober 1997 bereitete sich Susman auf die Entthronung von Bill Gates vor. Kurz vor dem Prozeß plante das Team, auch Stefanie Reichel, Theo Lieven und Bengt Akerlind – neben anderen Beteiligten in der deutschen Microsoft Niederlassung – als Zeugen vorzuladen.

Anfang November 1997 reiste Palumbo mit seinem Kollegen Steve Hill nach Deutschland. Sie unterhielten sich dort mit Jürgen Hüls und Heinz Willi Dahmen, der nach wie vor bei Vobis arbeitete, über den Vobis-Deal.

Einige Wochen zuvor hatte Susman – in Anwesenheit des Microsoft Anwalts Steve Holley – Gates unter Eid befragt. Brad Chase mußte Palumbo ebenfalls unter Eid Rede und Antwort stehen. Susman konfrontierte Gates mit einer E-Mail an Steve Ballmer, in der sich Gates darüber beklagte, daß DR-DOS seine Möglichkeiten beschränke, die Preise für MS-DOS hoch zu halten. Gates antwortete, er denke produktorientiert und habe sich nie mit Rentabilitätsfragen beschäftigt. Die E-Mail sei lediglich als kleine Frotzelei in Richtung von Ballmer zu verstehen.

Susman und seinen Kollegen war schnell klar, daß sich Gates bei allen Fragen um eine klare Antwort drückte.

Im Verlauf der Befragung räumte Gates ein, daß es wohl nicht korrekt gewesen sei, Vobis im Fall einer Lizenzierung von DR-DOS mit dem Abbruch der Geschäftsbeziehung zu drohen.

Gates wurde auch zu mehreren E-Mails befragt, die er mit seinen Top-Managern gewechselt hatte und in denen vom ›FUDing‹ der Mitbewerber die Rede war. Ob damit das Schüren von Angst, Ungewißheit und Zweifel (*Fear, Uncertainity and Doubt*) gemeint sei?

Gates entgegnete, daß FUD bei Microsoft faires und korrektes Marketing bedeute (fair and accurate).

Den meisten Anwaltsteams – von Stac über das FTC bis zum Justizministerium – war klar, daß *dieser* Gates vor keiner Jury gute Karten haben würde. Sie hatten noch nie einen derart unsympathischen Zeugen erlebt.

Gates wurde gefragt, ob er einer einvernehmlichen Entscheidung mit der Regierung zugestimmt habe und ob er sie beschreiben könne. Er erwiderte, daß er sich nicht mehr daran erinnern könne – obwohl ihm genau dieser Beschluß im Zuge des Mißachtungsverfahrens seit etlichen Wochen von der Justiz um die Ohren gehauen wurde.

Susman erkundigte sich daraufhin, ob dieser Beschluß die Geschäftspraktiken von Gates geändert habe. Gates entgegnete, daß dies in keinster Weise der Fall sei.

Unter Hinweis auf die Klage des Justizministeriums gegen Gates und Microsoft wegen Mißachtung des Beschlusses hakte Susman nach, ob Gates mit diesem etwas aktuelleren Aspekt der Angelegenheit vertraut sei.

Gates erklärte, daß er davon im Fernsehen gehört habe. Nur wenige Tage zuvor hatte er in der Presse vehement auf die Klage reagiert und Janet Renos Forderung nach einer Strafe von einer Million Dollar pro Tag mit Spott überhäuft.

Als Gates und Holley zusammen den Raum verließen, folgte ihnen Susman. Trotz allem noch immer gutgelaunt, rief er ihnen ein fröhliches »Auf Wiedersehen vor Gericht, Mr. Gates« hinterher.

Brad Chase hatte in den letzten Jahren schon an verschiedenen Befragungen unter Eid teilgenommen, meistens bei der FTC oder beim Justizministerium. Und nun stand Ralph Palumbo vor ihm, im Auftrag von Ray Noorda.

Chase wurde mal wieder in die Mangel genommen. Palumbo gab ihm eine kleine Nachhilfestunde in Geschichte. Als Novell versucht hatte, DR-DOS 7 auf den Markt zu bringen, hatte

Microsoft mit ›Vaporware‹ reagiert: Über die Presse wurde ein ›MS-DOS 7‹ angekündigt. Doch das Produkt kam nie auf den Markt, sondern wurde in Windows 95 ›integriert‹.

Palumbo fragte Chase, ob es jemals ein Produkt mit dem Namen MS-DOS 7 gegeben habe. Chase verneinte dies. Palumbo bohrte nach, ob er sich dessen sicher sei. Chase entgegnete, er sei sich sehr sicher.

Ob man in Windows 95 so etwas wie DOS 7 finden könne, also eine voll funktionsfähige DOS-Version, wollte Palumbo wissen.

In der Tat war Windows 95 nichts anderes als die Verschmelzung von Windows 4.0 und MS-DOS 7.0. Softwareexperten wie Andrew Schulman hatten den Code von Windows 95 analysiert und dabei beide Produkte entdeckt, die auch von Microsoft-Programmierern als solche identifiziert wurden.

Scooter‹ benahm sich nicht gerade wie ein Gentleman.

Im Oktober 1997, kurz bevor das Justizministerium seine Klage wegen Mißachtung gegen Microsoft erhob, reichte Scott McNealy, CEO bei Sun Microsystems, eine eigene Klage gegen Bill Gates ein. Sun verklagte Microsoft wegen einer ganzen Latte von Dreistigkeiten: der Verletzung von Warenzeichen, der unlauteren Werbung, diverser Vertragsbrüche, des unfairen Wettbewerbs sowie gezielter Störmanöver, mit denen wirtschaftliche Vorteile erzielt werden sollten.

Sämtliche Anklagepunkte hingen mit der Absicht von Gates zusammen, sich Suns Java-Technologie unter den Nagel zu reißen, um damit die Industrie wieder einmal an eine spezielle Microsoft-Version des Produkts zu binden. Für McNealy war Gates ein überaus gefährlicher und mächtiger Industrieller, der die »geschriebene und gesprochene Sprache des digitalen Zeitalters« kontrollieren wolle. Neukom von Microsoft reichte daraufhin eine Gegenklage ein, in der er die Behauptung aufstellte, daß gerade Sun bei der Erfüllung der mit Microsoft abgeschlossenen Verträge querschießen würde.

Die Computersprache Java ist mit dem Ziel entwickelt worden, daß die mit ihr erstellten Programme auf jedem Computer der Welt und unter jedem Betriebssystem lauffähig sind – wodurch Windows letztendlich überflüssig würde. Ein Java-Programm muß nur irgendwo im Internet abgelegt sein und kann dann von jedem Computer aus benutzt werden. Unmittelbar nach seiner Markteinführung im Jahre 1995 stürzten sich sofort Tausende von Programmierern auf Java. 1996, als Microsoft erkannt hatte, daß Sun mit Java ein großer Wurf gelungen war, schloß man mit Sun einen Vertrag zur Lizenzierung von Java.

Joel Klein und seine Bundesanwälte Dan Rubenfeld und Doug Melamed hatten im Zuge neuerer Untersuchungen herausgefunden, daß McNealy mit seinem Verdacht betreffs Gates' Intentionen vermutlich richtig lag. Verschiedene Dokumente des Softwaregiganten wiesen darauf hin, daß Gates' Top-Manager Java »neutralisieren« wollten. Mike Morris, der Chefanwalt von McNealy, war in dieser Sache mit den Feds sämtliche Gerichtsdokumente und Strategiepapiere durchgegangen.

In dem Vertrag mit Sun hatte Microsoft zugestimmt, die Java-Technologie in bestimmte Produkte zu implementieren – unter anderem auch in den Internet Explorer – und sich dabei an die von Sun veröffentlichen Spezifikationen bzw. APIs zu halten. Darüber hinaus wurde vereinbart, daß Microsoft für einen Zeitraum von fünf Jahren auch künftige Weiterentwicklungen von Java integriert, um die Kompatibilität mit der Technologie von Sun zu gewährleisten. Der Softwaregigant willigte auch ein, keine Java-Produkte zu vertreiben, die die Testlabors von Sun nicht erfolgreich durchlaufen hatten. In einer weiteren Klausel verpflichtete sich Microsoft, seine Java-Produkte mit dem Sun-Logo ›Java-kompatibel‹ zu kennzeichnen – sofern sie die Kompatibilitätsbedingungen von Sun erfüllt hatten.

Statt dessen würde Microsoft, so Sun, die Java-Technologie gezielt verändern, um Softwareentwickler zu zwingen, ihre Programme so zu schreiben, daß sie nur noch unter Windows lauffähig seien. Zu diesem Zweck habe Microsoft, laut Sun, die Programmierschnittstellen von Java, des Internet Explorers und einigen anderen Programmen heimlich modifiziert. Außerdem vertreibe Microsoft Produkte mit dem Java-Logo, z.B. den Internet Explorer 4.0, obwohl diese die Sun-Spezifikationen nicht erfüllten.

»Wir sind keine ›einmal programmiert, überall lauffähig‹-Typen«, reagierte der Microsoft-Manager Steve Ballmer auf die Behauptungen von Sun. »Wir haben den Vertrag mit Sun nicht abgeschlossen, um Java zu neutralisieren.«

»Sun ist wirklich eine äußerst dumme Firma«, meinte Ballmer. »Kein Mensch hat sich dort auch nur im geringsten darüber gewundert, daß die Strategien von Microsoft und Sun sich auf so wundersame Weise miteinander verzahnt haben. Wer so etwas geglaubt hat, ist entweder nicht auf dem laufenden, verrückt oder schläft; die Leute haben einen IQ unter 50.«

Er und Gates würden diese Position bald auch vor Joel Klein vertreten.

Im Justizministerium war Kleins Antrag im Kern unstrittig. In der Klageschrift hieß es, daß Microsoft »mit seinen Windows-Betriebssystemen ... ein Monopol im Betriebssystem-Markt für Intel-kompatible PCs besitzt und sich dank dieses Monopols einer Profitrate und einer Marktkapitalisierung erfreue, die zu den höchsten aller amerikanischen Großkonzerne gehören«.

Gates bestritt weiterhin, daß seine Firma irgendein Monopol besäße.

An anderer Stelle in der Klage heißt es: »Microsoft sichert sich sein Monopol, indem es seine Betriebssystem-Software mit Exklusivverträgen und wettbewerbsfeindlichen Abmachungen vermarktet.«

Kleins Klageschrift wies darauf hin, daß es Microsoft im Prozeß mit der Regierung 1994 rechtskräftig untersagt worden war, in Verträgen mit Computerherstellern die Lizenzen für den Vertrieb von Windows mit der Lizenzierung und dem Vertrieb anderer Microsoft-Produkte zu koppeln. »Das Urteil verfolgte mit dieser und anderen Auflagen den Zweck, Microsoft an einem Schutz oder einer Ausdehnung seines Betriebssystem-Monopols zu hindern«, erklärte der Antrag.

Die Justiz nahm jetzt vor allem Microsofts Praxis ins Visier, daß Computerhersteller den Internet Explorer nur »zusammen mit und in Abhängigkeit von einer Lizenzierung des wirtschaftlich unentbehrlichen Betriebssystems Windows 95« lizenzieren konnten. Das ganze letzte Jahr über hatte Microsoft seinen Internet Explorer 3.0 in den Markt gedrückt, und am 30. September 1997 brachte es die neueste Version heraus, den IE 4.0. Im Widerspruch zu den Auflagen von 1994 zwang Microsoft die Computerhersteller, den Internet Explorer zusammen mit Windows 95 zu lizenzieren. Es sei Microsofts Absicht, so die Klage vom 1. Februar 1998, diese Praxis mit dem IE 4.0 fortzusetzen. Microsoft versuche, den freien Wettbewerb vorsätzlich durch Koppelung seiner Internet Software mit Windows 95 zu verhindern.

Klein erklärte dem Gericht, daß das Internet und das World Wide Web seit der Vereinbarung zwischen der Regierung und Microsoft stark gewachsen seien und daß dies zu einer enormen Nachfrage nach Internet-Software geführt habe. Microsoft hatte die erste Version des Internet Explorers im August 1995 veröffentlicht. Inzwischen waren drei Nachfolgeversionen auf dem Markt, die mit immer zahlreicheren und immer besseren Funktionen ausgestattet waren. Der Justiz blieb nicht verborgen, daß Microsoft spätestens seit Dezember 1995 enorme Anstrengungen unternommen hatte, um einen großen Marktanteil im Browser-Bereich zu erobern.

Aus internen Microsoft-Dokumenten konnten Klein und sein Team die Befürchtung von Microsoft ablesen, daß Browser das Potential besäßen, zu einer alternativen »Plattform« für die verschiedensten Anwendungsprogramme zu werden. Und in der Tat liefen die Browser der Konkurrenz nicht nur unter Windows, sondern auch auf etlichen anderen Betriebssystemen. Die Klageschrift betonte: »Microsoft befürchtet, daß die zunehmende Verbreitung von konkurrierenden Browsern und ihre Akzeptanz als alternative Plattformen und Benutzeroberflächen die Bedeutung des zugrundeliegenden Betriebssystems verringern und aus ihm einen ›normalen Gebrauchsgegenstand‹ machen werden.« In diesem Fall würde die aktuelle »besorgniserregende Abhängigkeit von Computerherstellern und Anwendern von Windows und damit auch Microsofts Monopolmacht reduziert oder sogar völlig entfallen und der Betriebssystem-Markt wäre wieder für den freien Wettbewerb offen.«

Klein wußte, daß sich Anne Bingaman 1995 eine ganze Nacht lang um die Formulierung gestritten hatte, was genau der damals ergangene Gerichtsentscheid untersagen solle. Die fertige Fassung lautete wie folgt:

> Microsoft darf [mit Computerherstellern] keine Lizenzverträge abschließen, deren Klauseln explizit oder implizit von folgenden Voraussetzungen abhängen:
> (i) der Lizenzierung jedweden anderen Produkts oder einer Betriebssystem-Software (jedoch unter der Bedingung, daß diese Bestimmung nicht dazu benutzt werden darf, um Microsoft die Entwicklung integrierter Produkte zu untersagen).

Bill Gates hatte durchgesetzt, daß Anne Bingaman den eingeklammerten Nachsatz schluckte – wie sich nun zeigte, aus gutem Grund. In seinem Antrag führte Klein aus: »Das Competitive Impact Statement, das zusammen mit der Empfehlung für das endgültige Urteil eingereicht wurde, will erklärtermaßen verhindern, daß Microsoft sein Betriebssystem-Monopol festigt bzw. ausbaut, indem es die Lizenzierung von Windows [an die Computerhersteller] von der Lizenzierung anderer Microsoft-Produkte abhängig macht.« Es definierte den Internet Explorer als ein »eigenständiges Produkt« und nicht als »integriertes Produkt« im Sinne des abschließenden Urteils.

Von den Computerherstellern wurde nicht nur verlangt, den Internet Explorer zusammen mit Windows 95 vorzuinstallieren, sondern die Verträge mit Microsoft untersagten ihnen auch, den Internet Explorer ohne die Zustimmung von Microsoft zu verändern oder zu entfernen. Die Behörden stellten fest, daß die Computerhersteller ohne diese Verbote »den Internet Explorer sehr leicht aus dem Windows 95-Paket entfernen könnten, ohne die Stabilität von Windows 95 auf ihren Geräten zu gefährden«. Trotzdem hatte Microsoft die Anfragen von mindestens drei großen Computerherstellern, die den Internet Explorer von ihren PCs entfernen wollten, zurückgewiesen.

Im Herbst 1997 wurde James von Holle, Produktmanager für Soft- und Hardware bei Gateway 2000, von mehreren Bundes- und Regierungsanwälten unter Eid vernommen. Die Anwälte des Justizministeriums hatten sich mit den stellvertretenden Justizministern von Minnesota und Texas zusammengetan. Zur Vorbereitung des Verfahrens waren zahlreiche Führungskräfte US-amerikanischer Computerfirmen von den Behörden unter Eid vernommen worden. Von Holle sagte aus, daß Microsoft seiner Firma bei der Lizenzierung von Windows 95 vorgeschrieben hatte, alle Icons des Windows-Bildschirms so zu übernehmen, wie sie von Microsoft vorkonfiguriert waren.

Ob Microsoft im Lizenzvertrag für Windows 95 Gateway die Möglichkeit eingeräumt habe, ihre Computer auch ohne den Internet Explorer zu verkaufen oder den Internet Explorer vom Windows-Bildschirm zu entfernen?

Holle antwortete: »Wir hatte keine Genehmigung, irgendeines der von Microsoft vorkonfigurierten Icons zu entfernen.« Er erläuterte genauer, auf welche Weise Microsoft von Computerherstellern wie Gateway die gemeinsame Installation des Internet Explorers mit Windows 95 verlangte, und betonte, daß Gateway nicht die Möglichkeit hatte, seinen Kunden auf dem Windows-Bildschirm direkten Zugang zu einem alternativen Produkt wie dem Netscape Communicator anzubieten. Endanwender müßten andere Produkte als den Internet Explorer gegebenenfalls gesondert aktivieren.

Von Holle wurde gefragt, ob es vorteilhaft wäre, wenn Kunden die Produkte von Netscape direkt auf ihrem Gateway-PC starten könnten, und ob Gateway in der Lage wäre, seine Computer entsprechend zu konfigurieren.

»Auf jeden Fall«, bestätigte er.

»Wäre es für den Endanwender von Vorteil?« wollten die Vernehmungsbeamten nochmals wissen.

»Unserer Meinung nach ja. Es wäre für den Endanwender viel einfacher, wenn er seinen PC sofort so benutzen kann, wie er ihn bestellt hat«, antwortete er.

»Sie erwähnten diese neue bzw. andere Benutzeroberfläche, die der Communicator anbietet. Glauben Sie, daß eine separate Benutzeroberfläche, die sich – wie zum Beispiel beim Communicator – über das Betriebssystem legt, auf Dauer irgendwelche Auswirkungen auf den Bedarf nach einem bestimmten Betriebssystem hätte?« wurde von Holle gefragt.

»Ja, ich glaube, das würde passieren«, erwiderte er.

»Wie würde das Ihrer Meinung nach vor sich gehen?« so der Vernehmungsbeamte weiter.

»Wenn der Anwender seine Programme nicht mehr direkt von Windows aus starten müßte und wenn es irgendeine Ebene gäbe, die zwischen der Benutzeroberfläche und dem Betriebssystem des PCs sitzt und die entsprechenden Befehle abstrahiert, dann wäre das mit Sicherheit eine Bedrohung für Windows«, erklärte von Holle.

»Warum wäre das eine Bedrohung?« hakte der Vernehmungsbeamte nach.

Von Holles Antwort war simpel. »Es gäbe keinen Bedarf mehr für Windows.« Und das paßte genau zu dem, was die Bundesanwälte in internen E-Mails gelesen hatten, in denen sich die führenden Manager von Microsoft mit diesem Szenario beschäftigt hatten.

Ein knappes Jahr zuvor, Anfang Juni 1996, hatte Celeste Dunn, Vizepräsident bei Compaq für den Geschäftsbereich Endkunden-Software, einen Brief von Microsoft erhalten. Darin drohte Microsoft die Kündigung des Windows 95-Vertrags für den Fall an, daß Compaq sich weigere, die Icons für das Microsoft Network (MSN) und den Internet Explorer als Bestandteile des Betriebssystems in die Windows-Oberfläche aufzunehmen. Adressiert wurde dieser Brief damals an David Cabello, den Rechtsanwalt von Compaq.

Compaq teilte Microsoft daraufhin mit, daß man jenen Kunden, die Netscape-Produkte vorziehen würden, diese Produkte

Die Microsoft-Akte

auch gerne anbieten wolle. Über diesen Punkt stritten sich die beiden Firmen für den Rest des Sommers bis in den Herbst hinein.

Am 6. Oktober 1996 rief Dunn wegen der Kündigungsdrohung bei Don Hardwick an, dem Group Manager von Microsofts OEM-Vertriebsbereich. Hardwick reagierte noch am gleichen Tag mit einem Brief, von dem Kopien an Joachim Kempin und Bengt Akerlind, die Lizenzkönige von Microsoft, gingen.

> Microsoft besteht darauf, daß Compaq die Icons für das Microsoft Network und den Internet Explorer ... in Windows 95 beläßt. ... Außerdem müssen die Symbole für das Microsoft Network, den Internet Explorer und den Internet-Assistenten ihre ursprüngliche Position und Funktionalität unter der ›Start‹-Schaltfläche von Windows 95 zurückerhalten.
>
> Wenn Sie Microsoft eine eindeutige und schriftliche Zusage geben, daß die oben genannten Bedingungen auf allen Presario-Computern von Compaq innerhalb von sechzig Tagen ab dem Datum dieses Briefes erfüllt werden, wird Microsoft seine Kündigungsdrohung zurücknehmen.

Ein knappes Jahr später wurde Stephen Decker, eine Führungskraft bei Compaq, von den Anwälten des Justizministeriums vernommen. Sie verlangten von ihm eine Erklärung, warum seine Firma keine Alternativen zu Microsofts neuester Version seiner Browser-Software ausliefere. Das Produkt war damals nur auf einer separaten CD verfügbar, und die Computerhersteller waren durch eine Zusatzvereinbarung mit Microsoft zur Auslieferung dieser CD verpflichtet.

»Warum hat Compaq den Netcaster nicht als aktuelle Alternative zum Internet Explorer 4.0 in Betracht gezogen?« wurde Decker gefragt.

»Ich schätze, das hängt hauptsächlich damit zusammen, daß der Browserbereich bereits durch den Internet Explorer abgedeckt ist, der ja wohl ein Bestandteil des Microsoft Betriebssystems ist«, entgegnete Decker.

Obwohl also der IE 4.0 noch nicht in Windows 95 integriert war, verlangte Microsoft von den Computerherstellern, ihn so zu verkaufen, als ob er ein fester Bestandteil von Windows wäre.

Decker fuhr fort: »Aus diesem Grund erhält Compaq den Internet Explorer als Teil des Betriebssystem-Codes, und der Vertrag greift wieder.«

Wie sah Compaqs Reaktion auf die Drohung von Microsoft aus, den Windows-Vertrag zu kündigen, weil Compaq auf seinen Windows 95-Computern das Icon des Internet Explorers nicht installiert hatte?

»Wir gaben nach und haben unseren Code so umgearbeitet, daß das betreffende Icon wieder [auf dem Bildschirm] erschien«, teilte Decker mit.

»War das eine direkte Reaktion auf die Drohung, den Lizenzvertrag zu kündigen?« erkundigte sich der Vernehmungsbeamte.

»Ja«, erwiderte Decker.

Warum wollte Compaq damals den Internet Explorer überhaupt entfernen?

»Wir hatten Geschäftsbeziehungen mit Netscape und haben ihre Produkte eine Zeitlang ausgeliefert. Deshalb war Netscape unser damaliger Browser-Partner, und wir wollten ihm diese Position auf dem Compaq Presario einräumen«, erläuterte Decker.

Das Justizministerium bereitete sich derweil auf eine Auseinandersetzung mit Microsoft über die Frage der Produktintegration vor. Die Gerichtsverfahren hatten eindeutig gezeigt, daß der Internet Explorer eine »eigene signifikante wirtschaftliche Bedeutung besitzt, die völlig unabhängig von Microsofts Betriebssystem ist«. Man hatte festgestellt, daß der Bedarf nach Browser-Produkten und nach Windows 95 bei Computerherstellern und Kunden voneinander unabhängig waren. Außerdem wußte die Justiz aus teils vertraulichen, teils öffentlich zugänglichen Dokumenten, daß auch Microsoft den Bedarf an Browser-Software erkannt hatte und mit eigenständigen Vermarktungs-, Lizenzierungs- und Vertriebsmaßnahmen darauf regiert hatte, und zwar »in einem weit größeren Umfang und mit völlig anderen Mitteln

Die Microsoft-Akte

als für irgendwelche der tatsächlich integrierten Features oder Komponenten ihres Betriebssystems«.

Microsoft stellte den Internet Explorer im Internet zum Herunterladen bereit und schloß Vertriebsverträge mit Online-Serviceprovidern und Internet-Providern – das sind Firmen, die Computeranwender mit dem Internet verbinden – ab. Außerdem wurde der Internet Explorer von Microsoft auch zusammen mit anderen Geräten vertrieben, so z.B. mit Druckern, sowie mit Anwendungsprogrammen gebündelt. Darüber hinaus bot Microsoft das Paket auch als eigenständiges Produkt im Einzelhandel an.

Die Firma vertrieb auch Versionen des IE 3.0 für ältere Windows-Versionen und für den Apple Macintosh und sollte diese Praxis auch beim IE 4 fortsetzen.

Interne Dokumente machten deutlich, daß Microsoft das Kundenverhalten und die Marktanteile des Internet Explorers und seiner Konkurrenzprodukte sehr genau verfolgte. Der aggressive Ausbau von Marktanteilen in diesem Bereich war ganz offensichtlich ein strategisches Ziel von Bill Gates.

Außerdem war es sowohl technisch als auch wirtschaftlich möglich, jede der Internet Explorer-Versionen von Windows 95 zu trennen. Die Computerhersteller hatten Microsoft um die Genehmigung gebeten, den Internet Explorer aus Windows 95 zu entfernen, um eine Verwirrung der Kunden zu vermeiden und um ihnen eine freie Auswahl zwischen den verschiedenen Browser-Produkten zu ermöglichen. Und indem Microsoft den IE 4 auf einer eigenen CD an die Computerhersteller ausgeliefert hatte, die vollkommen unabhängig von der Windows 95-CD war, hatten sie ja schon selbst bewiesen, daß der IE ohne Windows funktionierte und daß auch Windows ohne den IE stabil arbeitete.

Das sollte sich natürlich in ein paar Monaten mit der Auslieferung von Windows 98 ändern, wenn Bill Gates seine Strategie der Produktkopplung fortsetzen durfte.

Auch mit dem Instrument des Nondisclosure Agreements (NDAs[4]) trat man wieder auf den Plan. In seiner Klage stellte das Justizministerium erneut die Behauptung auf, daß Microsoft diese Geheimhaltungsklauseln in seinen Verträgen benutze, um die Untersuchungen der Regierung zu behindern. Ein weiterer damit zusammenhängender Punkt war das Verbot der gängigen Microsoft-Praxis, den Handel unter Zuhilfenahme von NDAs einzuschränken, das Teil der Vereinbarung von 1995 war. Jetzt legte das Justizministerium dar, daß solche NDAs »zum einen die Möglichkeit der Gerichte einschränken, Microsoft zu einer Befolgung des Urteils zu zwingen, und daß sie zweitens entsprechende Ermittlungen und Maßnahmen seitens der Vereinigten Staaten behindern« (das Gericht ging auf diesen Punkt allerdings nicht ein).

Die genauen Formulierungen in diesen Geheimhaltungsvereinbarungen variierten. Viele von ihnen legten den Begriff ›vertrauliche Information‹ sehr weit aus; in einigen Fällen sogar so weit, daß darunter alle Informationen fielen, die Microsoft selbst als vertraulich einstufte, die den ›Vertrieb oder die Vermarktung‹ irgendeines Microsoft-Produktes betrafen oder die die »Geschäftspolitik und -praktiken« von Microsoft berührten. Etliche NDAs legten sogar fest, daß die Unterzeichner vertrauliche Informationen auch auf »gerichtliche oder staatliche Aufforderung« hin nicht preisgeben durften, ohne Microsoft darüber im Vorfeld zu informieren. Ralph Palumbo war im Caledera-Prozeß exakt mit diesem Problem konfrontiert worden. Und in einigen Wochen würde der Staat Texas gegen Microsoft klagen, da seine Untersuchungen gegen die Firma durch NDAs behindert bzw. blockiert wurden. Das Gericht sollte diese Klage dann jedoch zurückweisen.

Klein und seine Anwälte hatten Microsoft die Möglichkeit einer erneuten Einigung angeboten. Voraussetzung dafür sollte sein, daß Microsoft jene skrupellosen Praktiken beendet, die in der Klage wegen Mißachtung des Gerichts detailliert aufgeführt

---

[4] Verträge bzw. Klauseln, in denen die Unterzeichner absolutes Stillschweigen über ein Produkt, ein Projekt o.ä. vereinbaren.

waren. Neukom und Gates waren jedoch nicht zu einem Entgegenkommen in dieser Sache bereit, und so entschied sich Klein – genau zum richtigen Zeitpunkt – zu klagen. »Durch die oben beschriebenen Handlungen und Unterlassungen hat Microsoft die rechtskräftigen Verfügungen dieses Gerichts, wie sie in Abschnitt IV(E)(i) des Urteils dargelegt sind, wissentlich mißachtet und ihnen zuwider gehandelt und so die Autorität dieses Gerichtes mißachtet«, so die Schlußfolgerung der Anklageschrift.

Klein ersuchte das Bundesgericht, Microsoft aufzufordern, die von ihm monierten Praktiken innerhalb von 30 Tagen zu beenden. Zusätzlich wurde Microsoft angewiesen, alle Computerhersteller, die Windows 95 lizenziert hatten, darüber zu informieren, daß die Kopplung mit und die Vorinstallation des Internet Explorers in Windows 95 gegen den Gerichtsentscheid verstoße und daß die Hersteller den Internet Explorer nicht mehr auf ihren Computern vorinstallieren müßten.

Darüber hinaus verlangte das Justizministerium, daß Microsoft alle Käufer eines Windows 95-PCs (sofern sie sich hatten registrieren lassen) dahingehend benachrichtigen solle, daß die Firma von den Herstellern das Bündeln und Vorinstallieren verlangt und damit gegen ein rechtskräftiges Urteil verstoßen habe. Microsoft sollte seinen Kunden mitteilen, daß sie den Internet Explorer nicht benötigen, um die volle Funktionalität von Windows 95 zu gewährleisten, daß sie jeden Windows 95-kompatiblen Internet-Browser installieren und verwenden könnten, ohne die Stabilität von Windows zu gefährden, und daß andere Browser aktuell verfügbar seien. Schließlich wurde Microsoft aufgefordert, allen Kunden eine leicht nachvollziehbare Anleitung zur Verfügung zu stellen, wie sie das Symbol des Internet Explorers bei Bedarf vom Windows 95-Desktop entfernen können.

Ein paar Wochen später erließ Richter Thomas Penfield Jackson eine einstweilige Verfügung gegen Microsoft, in der die Firma aufgefordert wurde, das Bündeln des Internet Explorers mit Windows 95 bis zur weiteren Überprüfung durch einen Special

Master[5] zu unterlassen. Eine Geldstrafe gegen den Softwaregiganten lehnte er ab, da die Formulierungen in der Verfügung von 1995 hinsichtlich integrierter Produkte nicht eindeutig seien. Eventuelle Geldstrafen würden nach Lawrence Lessigs eingehender Untersuchung festgelegt werden.

Aber Gates sollte die Justiz binnen weniger Wochen zu einem zweiten Verfahren wegen Mißachtung des Gerichts provozieren. Die bizarre Art und Weise, wie Microsoft auf die einstweilige Verfügung des Richters reagierte, dürfte niemanden überrascht haben.

Immerhin hatte Steve Ballmer, Gates' rechte Hand, während der letzten Runde in Sporkins Gericht gegenüber Reportern geäußert, das Problem sei, daß der Richter »ein Gehirn brauche«. Und als Reno und Klein die Anklage des Justizministeriums wegen Mißachtung des Gerichts vor der Presse ankündigten, hatte Ballmer gegenüber den Reportern gemeint: »Zum Teufel mit Janet Reno.«

Am 22. Oktober, nur wenige Stunden nachdem das Justizministerium seine Klage eingereicht hatte, hielt sich ein schlechtgelaunter Gates in der luxuriösen Präsidentensuite des exklusiven Hotels *Phoenician* in Phönix auf. Er hockte dort mit einigen Freunden zusammen und verhöhnte Janet Reno. Er mache sich über den letzten Schritt des Justizministeriums keine Sorgen, so vertraute er ihnen an. Die von Reno beantragte Geldbuße von einer Million Dollar täglich – die größte jemals von den Feds in einem Zivilverfahren verhängte Geldstrafe – hielt er für einen Witz. Gates prahlte: »Ich mache alle zweieinhalb Stunden eine Million.«

Ende Dezember 1997 fand der Harvard-Professor Lawrence Lessig in seinem Postfach einen bemerkenswerten Brief. Richard Urowsky, einer der Microsoft-Anwälte, forderte Lessig darin auf, sich aus dem Staub zu machen. Der Brief begann mit den

---

[5] Ein ›Special Master‹ übernimmt im Prozeß die Rolle eines unabhängigen Sachverständigen, der ermittelt, Beweise sammelt und sie dem Richter vorträgt.

Worten: »Im Licht der Angelegenheiten, die jetzt ans Licht gekommen sind ...« Der Anwalt, der das Wort »Licht« gleich zweimal in einem Satz benutze, scheine vom Licht genauso stark durchdrungen zu sein, wie er den Special Master von den Mächten der Finsternis umgeben sähe, bemerkte Lessig. Der Microsoft-Anwalt fuhr fort: »In Anbetracht Ihrer erwiesenen Vorurteile gegenüber Microsoft fällt es schwer zu erkennen, wie Sie die weiteren Schritte in dieser Angelegenheit mit gutem Gewissen verantworten können.«

Lessig, der vom Gericht mit der Untersuchung von Microsofts Geschäftspraktiken beauftragt worden war, konnte ja nicht ahnen, daß eine private E-Mail, die er Monate zuvor an den Netscape-Justitiar Peter Harter geschrieben hatte, zu einem Befangenheitsantrag der Microsoft-Anwälte führen würde. Der Rechtsgelehrte hatte gewitzelt, daß er »seine Seele verkauft habe«, indem er Microsofts Internet Explorer auf seinem Macintosh-Computer installiert hätte.

Diese E-Mail hatte er in seinem Ärger über die Folgen der Explorer-Installation auf seinem Computer verfaßt. Diese hatte offensichtlich auch beim Netscape-Browser die Liste seiner bevorzugten Websites verändert. Sein Harvard-Kollege, Professor Charlie Nesson, hatte ihn sogar gedrängt, Microsoft deswegen zu verklagen.

Lessig hatte in seiner E-Mail an Harter geschrieben: »Mensch, das regt mich wirklich auf ... Ich habe den Internet Explorer 3.0 nur deshalb auf meinem Mac installiert, weil ich an der Verlosung des [Apple PowerBock] 3400 teilnehmen wollte; da verkaufe ich meine Seele und nichts passiert. Als ich dann Netscape das nächste Mal aufgerufen habe, waren meine Lesezeichen völlig durcheinander. War das der IE?«

Das Justizministerium schoß mit einem Brief an das Gericht zurück, in dem es der Behauptung widersprach, daß Lessig für diesen Fall ungeeignet sei. »Nachdem Microsoft die umfangreiche Korrespondenz von Professor Lessig nach nützlichen Kleinigkeiten durchforstet hat, legt Microsoft drei zusammenhanglose Zitate vor, die zudem den Schreibstil von Professor Lessig ungenau und entstellend charakterisieren, um damit die Behauptung zu unterstreichen, daß Professor Lessig ›vorgefaßte Ansichten‹ über ›Microsoft und die angemessene Rolle der Regierung bei der Entwicklung von Softwareprodukten‹ besitzt.«

Richter Jackson konnte es kaum glauben und war kurz davor, seine Beherrschung zu verlieren. »Sie glaubten also wirklich, daß ich eine Verfügung erlassen habe, die von Ihnen die Auslieferung eines fehlerhaften Produktes verlangt? Habe ich Sie da richtig verstanden?«

Man schrieb den 14. Januar 1998, als Joel Klein und Bill Neukom gemeinsam mit ihren jeweiligen Anwaltstruppen erneut vor dem Bundesrichter standen.

Jackson nahm gerade David Cole in die Mangel, der die hinterhältige Art und Weise verteidigte, in der Microsoft die im Dezember erlassene einstweilige Verfügung befolgt hatte. (In Justizkreisen war Vizepräsident Cole als derjenige Mann bei Microsoft bekannt, der in die Entwicklung des ›Geheimcodes‹ verwickelt war, mit dem DR-DOS diskriminiert werden sollte.)

»Ganz genau«, entgegnete Cole. »Wir befolgten die Auflagen. Es war nicht meine Aufgabe, über die Konsequenzen nachzudenken.« Das stimmte in der Tat, denn die Instruktionen für Microsofts Vorgehensweise zur Umsetzung des Gerichtsbeschlusses kamen direkt von Bill Gates. Das Gericht hatte verfügt, daß Microsoft Windows 95 auch ohne den Internet Explorer anbieten muß. Als Reaktion darauf bot Microsoft zwei abgespeckte Versionen von Windows 95 an: Die eine funktionierte nicht richtig, und der anderen fehlten entscheidende Features des aktuellen Betriebssystems und machten sie damit für den Kunden uninteressant. Microsoft argumentierte, der Internet Explorer und Windows 95 seien nicht voneinander zu trennen, da sie gemeinsam auf viele Dateien zugreifen würden, die für beide Komponenten unverzichtbar seien.

Microsoft hatte sowohl gegen die Verfügung als auch gegen die Berufung von Lessig Beschwerde eingelegt. Am Vortag hatte Richter Jackson in einem weiteren Beschluß Microsofts Forderung nach einer Entlassung von Lessig scharf zurückgewiesen und sie als »belanglos« und »diffamierend« bezeichnet. Die Anhörung lief nun mittlerweile schon zwei Tage.

Das Justizministerium argumentierte, daß Microsoft sich unlogisch verhalten habe. Man hätte einfach eines der weitverbreiteten ›Uninstall[6]‹-Programme benutzen können, um 26 kleine Dateien zu entfernen – darunter das Desktop-Symbol für den IE – ohne dadurch die Stabilität von Windows zu gefährden.

In der Zwischenzeit hatte das US-Berufungsgericht des Distrikts Columbia eine dreiköpfige Richterkommission einberufen, um Microsofts Revisionsantrag anzuhören. Einer der Richter, Laurence Silberman, hatte sich 1995 auf die Seite von Microsoft gestellt, indem er die Entscheidung von Richter Stanley Sporkin zurückgewiesen und den Prozeßvergleich wieder in Kraft gesetzt hatte – jenen Vergleich, den Microsoft nach Meinung des Justizministeriums jetzt verletzt hatte. Die Richter A. Randolph Raymond und Stephen F. Williams vervollständigten das Trio; sie alle waren von republikanischen Präsidenten ernannt worden. Die mündliche Verhandlung wurde für den 21. April angesetzt.

Im weiteren Verlauf des Monats gelang es Gates, eine EU-Untersuchung teilweise ins Leere laufen zu lassen, indem er einige seiner Praktiken in Europa aufgab.

Der oberste Wettbewerbshüter der EU, Karel van Miert, hatte schon etliche Auseinandersetzungen mit Microsoft geführt. Im aktuellen Verfahren willigte Microsoft ein, die Verträge mit mindestens zwei Dutzend Internet-Serviceprovidern in Europa zu revidieren. Die beanstandeten Verträge hatten die Firmen gezwungen, Microsofts Internet Explorer anzubieten, wenn sie im Betriebssystem Windows 95 als Provider aufgeführt werden wollten. Dieses elektronische Listing erlaubte es den Kunden, sich mit wenigen Mausklicks bei den jeweiligen Providern einzuwählen.

---

[6] Programme, die die Installation eines Programms rückgängig machen können, indem sie dessen Dateien und die von ihm vorgenommenen Konfigurationseinstellungen löschen.

Netscape hatte sich beim Justizministerium darüber beschwert, daß Microsoft ähnliche Arrangements auch in den Vereinigten Staaten vereinbart hatte.

Im Winter 1998 kam sich Sam Goodhope wie ein fahrender Ritter vor, der durch die Büros des texanischen Justizministers zieht. Als ›Mann für Spezialaufgaben‹ geriet er oft in Situationen, die andere eher als Botengänge für Blöde bezeichnen würden. Im Moment war ihm völlig unbegreiflich, warum die anderen Bundesstaaten so ein Theater um das Browser-Thema veranstalteten. Seiner Meinung nach lag das eigentliche Problem in der Art und Weise, wie Gates sich in sämtliche neuen Märkte drängte – vor allem in bezug auf sein Endziel bei Windows NT, das noch nicht einmal Teil der Vereinbarung mit dem Justizministerium gewesen war. Und ironischerweise waren Goodhope und seine Kollegen sogar noch die Auslöser dafür gewesen.

Goodhope und der Justizminister von Texas, Dan Morales, waren Freunde an der juristischen Fakultät in Harvard gewesen. Anfang Februar 1997 waren Bill Neukom und seine Mitarbeiter von Morales' Büro vorgeladen worden. Sollte das etwa ein Witz sein?

In Texas schien man sich auf das Internet und den Online-Handel zu konzentrieren. Das Anhörungsschreiben erläuterte, daß sich der Staat Texas inmitten einer Untersuchung befände, und es verlangte von Microsoft die Herausgabe aller Dokumente, die sich auf den Wettbewerb im Internet-Markt bezogen. Aus diesem Schreiben ging allerdings nicht hervor, welche Firma das eigentliche Ziel dieser Untersuchungen war – Microsoft.

Die Ironie der Geschichte machte auch vor Steve Ballmer nicht halt. Beide, Morales und Ballmer, waren Mitglieder des Verwaltungsrates von Harvard und hatten erst kürzlich um den Vorsitz in einem Ausschuß konkurriert. Morales hatte gewonnen.

Texas rühmte sich der stärksten Zuwächse im High-Tech-Bereich, und man hatte Beweise zusammengetragen, daß Microsoft den Wettbewerb im Staat zu ersticken drohe. Microsoft

Die Microsoft-Akte

mußte nun innerhalb von dreißig Tagen auf die Vorladung reagieren.

Auch Netscape war schon vor einigen Wochen vorgeladen worden, um Informationen über Microsofts angeblich räuberisches Verhalten zu liefern. Goodhope, Morales und deren Kollegen waren über die Auswirkungen von Microsofts Geschäftspraktiken sehr beunruhigt. Die betroffenen Firmen agierten bundes- und landesweit; betroffen waren unter anderem Firmen wie Sabre, ein in Fort Worth ansässiges Flugbuchungssystem, das der Fluggesellschaft American Airlines gehörte; die Telefongesellschaft Southwestern Bell sowie Computerhersteller wie Dell und Compaq.

Im Falle von Sabre und anderen Fluggesellschaften sah der Justizminister von Texas vor allem die Gefahr, daß Microsoft durch sein Betriebssystem-Monopol und seine damit verbundenen Internet-Dienstleistungen einen unfairen Wettbewerbsvorteil besaß. Unabhängige internetbasierte Buchungssysteme hatten so kaum noch eine Chance, sich in diesem Markt zu etablieren.

Außerdem versuchten die texanischen Untersuchungen zu klären, ob Microsoft Computerhersteller und andere Firmen mit Hilfe von Dumpingpreisen und Gratisgeschenken davon abbringen wollte, auf Internet-Browser von Konkurrenzunternehmen auszuweichen. Telefongesellschaften wie Southwestern Bell, die ebenfalls versuchten, sich im Internet-Dienstleistungsmarkt zu etablieren, hatten angeblich aufgrund der Marktdominanz des Softwaregiganten erste Verluste zu verzeichnen.

Das Texas-Team liebäugelte mit einer koordinierten Aktion zusammen mit Staatsanwälten aus anderen Bundesstaaten, die sich ebenfalls besorgt über Microsofts Geschäftspraktiken zeigten. Man dachte in diesem Zusammenhang sehr wohl daran, daß erst kürzlich eine gemeinsame Aktion einiger Bundesstaaten zu einem umfangreichen Vergleich mit America Online geführt hatte. Und man hatte verdammt hart gearbeitet, um erfolgversprechende Zeugen aufzutreiben.

In Washington, D.C., stellte Ken Wasch von der Software Publishers Association (SPA) einen ›Grundsatzkatalog‹ zusammen.

In diesem Papier – das dem Justizministerium und dem Justizausschuß des Senats durch Orrin Hatch vorgelegt werden sollte – wurden verschiedene Möglichkeiten aufgelistet, wie das Microsoft-Problem zu lösen sei, ohne dabei den Wettbewerb zu zerstören.

Wasch stellte seinem Katalog eine kleine Einführung in die grundsätzlichen Ziele der Kartellgesetzgebung voran. Seine Richtlinien für den digitalen Markt zielten darauf ab, einen goldenen Mittelweg zwischen den Interessen eines erfolgreich etablierten Marktführers und denen von kleineren Rivalen bzw. von Neueinsteigern zu finden.

Wasch und die Kommissionsmitglieder der SPA gingen das Risiko ein, sich dauerhaft von Microsoft zu entfremden; denn Microsoft war ebenfalls Mitglied des Verbandes und nicht gerade begeistert, daß sich anscheinend sämtliche Mitglieder zu einem Bandenkrieg gegen Microsoft zusammengeschlossen hatten.

Der fertige Katalog umfaßte folgende Punkte:

1. Innovation maximieren

Das vorrangige Ziel einer für unsere Industrie maßgeblichen Wettbewerbspolitik sollte die Maximierung von Innovation und von dynamischem Wettbewerb zum Vorteil des Kunden sein.

Microsoft hatte Bundesbeamten gegenüber immer wieder behauptet, daß der eigene Erfolg für die Kunden wegen der niedrigen Preise ausschließlich Vorteile bringen würde. Weniger offensichtliche und weitergehende Bedenken über den langfristigen Wettbewerb und die zukünftige Produktvielfalt hatte Microsoft zurückgewiesen.

2. Gleichberechtigte Lizenzierung von Schnittstellen-Spezifikationen für Entwickler in Drittfirmen

Wenn der Eigentümer eines kommerziell erhältlichen, marktbeherrschenden Betriebssystems sein geistiges Eigentum an einer Schnittstellen-Spezifikation an eine dritte Partei zum Zwecke der Entwicklung von Anwendungs-Soft-

Die Microsoft-Akte

ware lizenziert, dann sollte er (i) diesen und jeden anderen Lizenznehmer unverzüglich und in einer kommerziell vertretbaren Zeit von dem Zeitpunkt, ab dem er diese Informationen den eigenen Entwicklern zur Verfügung stellt, mit den lizenzierten, die Spezifikation betreffenden Informationen versehen und (ii) diesem und jedem anderen Lizenznehmer erlauben, seine Zertifikate zu verwenden, um wahrheitsgemäß zu belegen, daß die Anwendung unter dem Betriebssystem lauffähig bzw. mit ihm kompatibel ist. Vom Betriebssystem-Anbieter geleitete Testlaboratorien sollten öffentlich bekannte Testverfahren einsetzen, um zu gewährleisten, daß die Zertifikate fair und chancengleich vergeben werden.

Dieser Punkt richtete sich gegen den unfairen Vorteil, von manchen Anwälten auch als ›Technologie-Kopplung‹ bezeichnet, den Microsoft sich durch das Zurückhalten von Informationen über technische Details sicherte. Es war ein Aspekt des Gedankens der *essential facilities*, der besagte, daß jemand, der eine derartige Ressource kontrollierte – in diesem Fall das Betriebssystem – diese allen zu fairen und gleichberechtigten Bedingungen zugänglich machen muß.

3. Einsatz eines Betriebssystems als Druckmittel beim Verkauf von Produkten und Dienstleistungen
Der Eigentümer eines marktbeherrschenden Betriebssystems kann das Betriebssystem als Druckmittel einsetzen, um von ihm bevorzugte Produkte und Dienstleistungen – auch für den Bereich des elektronischen Handels – zu vertreiben. Betriebssysteme sollten nicht dazu benutzt werden, eigenen Produkten und Dienstleistungen (oder denen favorisierter Partner) einen unfairen Vorteil gegenüber konkurrierenden Anbietern zu verschaffen. Ein Anbieter von Betriebssystemen sollte keine eigenen Dienstleistungen und Produkte als Teil des Betriebssystems oder der Benutzeroberfläche vermarkten, es sei denn, er gibt seinen Mitbewerbern ebenfalls die Möglichkeit, Produkte und Dienstlei-

stungen in das Betriebssystem zu integrieren. Der Wettbewerb um die wertvollen ›virtuellen Parzellen‹ des Desktops sollte statt dessen weiter unten im Vertriebssystem stattfinden. Darüber hinaus sollten keine künstlichen Hindernisse errichtet werden, die in unzumutbarer Weise die Möglichkeiten eines Hardwareherstellers oder Endanwenders eingrenzen, den Desktop zu rekonfigurieren, um andere Software, Inhalte oder Dienste zu benutzen. Davon ausgenommen sind solche Änderungen des Desktops, die wesentliche Funktionen des Betriebssystems beeinträchtigen.

Dieser Punkt zielte auf Microsofts angebliche Produktintegration und stützte sich ebenfalls auf die Rechtstheorien zur *essential facility*.

4. Konkurrenzfähige Lizenzierung von Anwendersoftware an OEMs (Original Equipment Manufacturers)

Jedem OEM steht für gebündelte Programme nur eine beschränkte Festplattenkapazität und ein begrenztes Budget für Software-Lizenzen zur Verfügung. Durch die Praxis, den Preis des Betriebssystems von dem für Software-Applikationen abhängig zu machen und bestimmte Applikationen nur in Kombination mit anderen Applikationen anzubieten, wird der Wettbewerb unter unabhängigen Softwareanbietern (ISV = Independent Software Vendors) um den ›virtuellen Regalplatz‹ des OEMs behindert. Für das langfristige Wohl der Softwareindustrie ist es von entscheidender Bedeutung, daß dieser Wettbewerb mit und unter den ISVs gefördert wird, anstatt eine Monopolisierung der OEMs durch einen einzigen Anbieter zuzulassen.

Derartige Praktiken wurden durch die Kartellgesetze schon seit langem eindeutig untersagt; es wurden hier also keine neuen Aspekte ins Spiel gebracht. Das Justizministerium hatte auf diesen Sachverhalt jedoch noch nicht angemessen reagiert. Behauptungen von Justizministern einiger US-Bundesstaaten zufolge bot Microsoft Computerherstellern immer noch regelmäßig Preisnachlässe bei seinem Betriebssystem an, wenn sie bereit waren, es im Paket mit anderen Produkten anzubieten. Da sie bei Betriebssystemen eine Monopolstellung besaßen, waren diese Praktiken eindeutig räuberisch.

5. Gleicher Zugang zu Einzelhandelskunden
Viele Softwarehersteller sind immer noch auf Einzelhandelsgeschäfte angewiesen, um ihre Kundschaft zu erreichen. Praktiken, die die begrenzte Verkaufsfläche des Einzelhandels monopolisieren, untergraben daher den Wettbewerb.

6. Softwareprodukte der Konkurrenz nicht behindern
Ein Softwareanbieter sollte die vorgesehene Funktionalität und Ausführbarkeit anderer Produkte nicht vorsätzlich blockieren, beeinträchtigen oder in irgendeiner Form behindern. Außerdem sollte ein Anbieter nicht den Eindruck erwecken, daß andere Produkte inkompatibel seien, die in Wirklichkeit als kompatibel bekannt sind.
Die Bewertungen von Kompatibilität oder Inkompatibilität sollten wahrheitsgemäß sein und auf angemessenen Tests und Wertungen basieren. Insbesondere sollte ein Softwareanbieter keine Fehlermeldungen, Warnungen oder andere Meldungen implementieren, die nicht vollkommen wahrheitsgemäß sind. Derartige Meldungen sollten dem Benutzer sämtliche Konsequenzen von deren Befolgung oder Nichtbefolgung aufzeigen. Die Förderung von Kompatibilität und offenen Standards steigert allgemein den Wettbewerb und die Innovation in der Softwareindustrie.

Microsoft bestritt weiterhin, jemals ein Produkt absichtlich so angelegt zu haben, daß es den Eindruck erwecke, Konkurrenzprodukte würden nicht zuverlässig mit ihm zusammenarbeiten – und das, obwohl das Justizministerium solche Bestrebungen in firmeninternen E-Mails aufgedeckt hatte. Kurz zuvor hatte Sun behauptet, daß die eigentliche Motivation hinter Microsofts Änderungen an seiner Java-Technologie der Wunsch sei,

Suns Version mit einer Windows-spezifischen Version inkompatibel zu machen.

7. Diskriminierungen beim Zugriff auf Internet-Inhalte
Ein marktbeherrschendes Betriebssystem sollte nicht dazu benutzt werden, solche Internet-Inhalte bevorzugt zu präsentieren, die sich im Besitz des Betriebssystem-Anbieters befinden, von ihm angeboten oder vorrangig lizenziert werden. Den Kunden sollte die größtmögliche Freiheit geboten werden, eigene Links zu Internet-Inhalten zu setzen und sämtliche Links, die vom Betriebssystem-Anbieter bereitgestellt wurden, durch Links eigener Wahl zu ersetzen.

Der Vertrieb proprietärer Technologie, die ausschließlich mit dem Betriebssystem zusammenarbeitet, ist geeignet, dem Kunden die Wahl zu nehmen, welche Internet-Inhalte er mit welcher Technologie einsehen kann.

Dementsprechend sollte es dem Anbieter eines marktbeherrschenden Betriebssystems nicht erlaubt sein, Betreiber von Websites davon abzuhalten, bei konkurrierenden Produkten deren sämtliche Funktionen für den Zugriff auf Informationen zu unterstützen. Darüber hinaus sollte es dem Anbieter eines marktbeherrschenden Betriebssystems auch nicht erlaubt sein, Betreiber von Websites dazu zu zwingen, Produkte und Dienstleistungen des Anbieters zu präsentieren bzw. zu bewerben oder von der Nutzung konkurrierender Produkte und Dienstleistungen abzuraten.

Microsoft hatte versucht, die Benutzung seiner eigenen Internet ›Channelleiste‹ in Windows 95 zu erzwingen, indem man Computerherstellern untersagte, diese Leiste um Internet-Sites eigener Wahl zu erweitern. Die Strategie hatte jedoch keinen Erfolg, und Microsoft zeigte erste Anzeichen eines Rückzugs. Das Justizministerium untersuchte immer noch Vereinbarungen zwischen Microsoft und Online-Diensten, in denen Microsoft verlangte, daß die Diensteanbieter keine Geschäftsbeziehung mit Microsofts Erzrivalen Netscape eingingen.

Die Microsoft-Akte

8. Vorankündigungen und Vaporware

Vorankündigungen bestimmter Produkte oder Produkteigenschaften sind mitunter für große Bereiche der Industrie von entscheidender Bedeutung, indem sie ihnen dabei helfen, die aktuellen Technologietrends richtig einzuschätzen. Eine vorsätzliche Vorankündigung von Produkten, die noch gar nicht existieren, kann jedoch zu einem Stillstand des Marktes führen. Wenn die Vorankündigung eines Produktes wissentlich unwahr ist, kann dies den Wettbewerb schädigen und innovative Produkte anderer Anbieter vom Markt fernhalten.

Es war eine langjährige Politik Microsofts, Produkte unmittelbar nach der Vorstellung von Konkurrenzprodukten anzukündigen – in Einzelfällen selbst dann, wenn die Produkte noch nicht einmal im Entwicklungsstadium existierten. Neben zahlreichen anderen Beispielen benutzte Microsoft diese Taktik im Fall von GO[7] und auch – angesichts der Konkurrenz durch DR-DOS – bei MS-DOS.

Im Februar 1998 hatte Netscape-Chef Jim Barksdale an der aktuellen Bewertung durch die Wall Street schwer zu schlucken: Netscape war zum ›Risikokandidaten‹ geworden. Der Marktwert des Unternehmens sank parallel zum Verlust seiner Marktanteile gegenüber Microsoft. Barksdale hatte Netscape im August 1995 an die Börse geführt, nachdem er zuvor Präsident bei McCaw Cellular war, die damals von AT&T geschluckt wurden. Davor war er lange Zeit bei Federal Express gewesen.

Jetzt war seine Chefberaterin Roberta Katz gerade damit beschäftigt, den nicht abreißenden Strom von Anfragen aus dem Justizministerium zu beantworten.

---

[7] Die GO Corporation stellte 1991 ein neues Betriebssystem für stiftbasierende Computer vor. Microsoft reagierte darauf innerhalb von 6 Wochen mit der Ankündigung von Pen Windows und verhinderte den sich abzeichnenden Erfolg von GO.

Als Reaktion auf Microsofts aggressives Marketing hatte sich Barksdale vor kurzem dazu entschlossen, den Quellcode seines Flaggschiffs Netscape Communicator zu veröffentlichen. Er hegte die Hoffnung, daß die Gemeinde der Softwareentwickler den Code annehmen und das Programm in einer »Bewegung von unten« schneller weiterentwickeln würde, als es ihm mit seiner kleinen Truppe von Programmierern möglich war. Barksdale hatte kürzlich in einer Vorstandssitzung seinen Kollegen gegenüber erklärt: »Es gibt mehr clevere Leute außerhalb von Netscape als innerhalb.« Mit diesem Schritt kehrte er zu einer Strategie aus den Anfangszeiten des Unternehmens zurück. Mitbegründer Marc Andreessen hatte den ersten Web-Browser von Netscape noch als Freeware[8] bereitgestellt.

Auch der Erfolg von Apache war Barksdale nicht entgangen. Der größte Teil der Fachwelt hatte überhaupt nicht realisiert, daß Microsoft und Netscape von diesem Konkurrenzprodukt abgehängt worden waren. Wieder einmal warf das Internet die gängigen Regeln der Geschäftswelt über den Haufen.

Apache war die Schöpfung einer lockeren Gruppe von Programmierern, die in ihrer Freizeit via Internet zusammengearbeitet hatten. Es handelte sich dabei um eine Server-Software, mit der Web-Seiten Millionen von Menschen zur Verfügung gestellt werden konnten. Die Software war 1995 fertiggestellt worden, und alle technischen Details wurden im Internet frei zugänglich gemacht, damit jeder daran herumbasteln und Verbesserungsvorschläge machen konnte.

Brian Behlendorf, einer der Organisatoren des Apache-Projektes, erklärte, die Gruppe wolle »unsere Zukunft in die eigenen Hände nehmen«. 1998 setzten mehrere Großkonzerne – darunter McDonalds, Texas Instruments und Kimberley-Clark Corp. – die Software für ihre Websites ein. Schätzungen besagten, daß Apache auf der Hälfte der insgesamt etwa zwei Millionen Web-Server des Internets eingesetzt wurde. Der Marktanteil von Apache war damit doppelt so groß wie der von Netscape

---

[8] Als Freeware werden Programme bezeichnet, die kostenlos verteilt und benutzt werden dürfen.

Die Microsoft-Akte

oder Microsoft (die Umsätze im Markt für Web-Server lagen 1997 bei etwa 400 Millionen US-Dollar).

Am Stadtrand von Cupertino, in einem kleinen Donutladen, hockte eine neue Generation von Softwareentwicklern und Unternehmern zusammen und unterhielt sich angeregt über alles mögliche, von komplexen Systemen bis hin zur Artenvielfalt.

Im Schutze der Internet-Kultur entwickelte sich hier eine neue Ästhetik. Dies hier war Sili Valley, und der größte aller Dinosaurier war weit weg in Seattle. Warum also sollte einer der jungen Entwickler dessen bedrohlichen Schatten über sich spüren?

Miko Matsumura, ein Samurai des Silicon Valley, hatte schulterlanges schwarzes Haar, das mit blauen und pinkfarbenen Strähnchen durchsetzt war. Er trug ein übergroßes schwarzes Jackett mit breiten Schultern und eine viel zu lange, ausgebeulte Hose, die in dicken Falten auf seinen Schuhen lag. Matsumura war von kleiner, kräftiger Statur. Obwohl er bereits dreißig Jahre alt war, wirkte er – abgesehen von seinem spärlichen Backenbart – eher wie ein ausgeflippter Zwölfjähriger. Seine tiefschwarzen Augen blickten beim Sprechen angestrengt um sich, und er hielt seinen Kopf leicht nach unten geneigt, so daß sein starrer Blick durch die Festung seiner Augenbrauen geschützt zu werden schien. Matsumura war japanischer Abstammung, jedoch in Minnesota aufgewachsen und verkörperte eine Mischung aus Philosoph, Neurowissenschaftler und typisch amerikanischem Durchschnittsjungen.

Er stand inmitten der Plastikwelt des *Donut Wheel*, dem fettigen Donutladen in Cupertino, der direkt gegenüber von Java-Soft lag.

Matsumura gehörte gewissermaßen zu den neuen Geistlichen des Silicon Valley. Er war einer der ›Evangelisten‹ der Spitzentechnologie von Sun Microsystems. Nachdem Java durch Microsofts Attacken angeschlagen war, hatten sich Matsumura und eine geheime Gruppe von Entwicklern bereits in ein neues Abenteuer gestürzt. Ihre Antwort, mit der sie Bill Gates ein für allemal entwischen wollten, hieß Jini.

Jini war als ›Föderation‹ von Rechnern und Diensten angelegt, auf die jedermann über das Internet oder durch direktes Einwählen in einen gewünschten Computerdienst zugreifen konnte. Es würde kein Betriebssystem benötigen und so die Abhängigkeit von Gates zu einem Phänomen der Vergangenheit machen.

Matsumuras Boss, Scott McNealy, wollte Jini im Herbst 1998 als ›Java Tone‹ herausbringen. Jini sollte das Tonwahlverfahren des digitalen Zeitalters werden, und er hoffte, daß es die gleiche Verbreitung und Akzeptanz erlangen würde wie das Telefon, mit dem die Menschen an jede gewünschte Information und jedes beliebige Produkt gelangen konnten.

McNealy hatte bereits geheime Kooperationsverträge mit wichtigen Computer- und Telekommunikationsfirmen abgeschlossen – mit IBM, Oracle, Sony und einer Reihe anderer Computergiganten. McNealys Chefentwickler hatten an diesem Projekt – völlig zurückgezogen – über ein Jahr lang gebrütet.

Kurz bevor die Feds im Mai 1998 eine umfangreiche Klage gegen Microsoft einreichten, war Jini in aller Stille in Suns offizielle Produkt- und Marketingstrategie integriert worden. Jini hatte die Labors verlassen und war bereit für die ›freie Wildbahn‹.

Die Monate vor der Eröffnung des größten Antitrust-Falls seit der Zerschlagung von AT&T waren konfliktgeladen. Das Beweismaterial in der Microsoft-Akte war denkbar brisant. Das Justizministerium behauptete, daß Gates' Strategien und Absichten, die er in jedem Marktsegment und mit permanenten skrupellosen Manövern an den Tag legte, völlig offensichtlich seien. All dies ließ sich aus Gates' eigenen Worten und denen seiner Top-Manager ablesen.

Doch der Fall wurde außerordentlich vielschichtig und geriet mehr und mehr zum Politikum. Die Situation war jedoch nicht annähernd so machiavellistisch, wie Gates und sein Top-Anwalt sie ausmalten. Niemand bestritt Microsofts riesigen Erfolg und seinen enormen Beitrag zur amerikanischen Wirtschaft und zur weltweiten Computerindustrie. Und niemand wollte Microsoft

Die Microsoft-Akte

Fußfesseln anlegen. Die Feds wollten lediglich sicherstellen, daß Bill Gates sich im Wettbewerb fair verhielt und damit aufhörte, innovative Firmen mit Hilfe seiner monopolistischen Machtstellung aus dem Markt zu drängen.

Seit Microsoft im November 1995 damit begonnen hatte, den Internet Explorer kostenlos zu verteilen, um sich so in den Netscape-Markt zu drängen und die kleine Firma zu überrennen, hatten die Feds einen detaillierten Bericht über Microsofts Pläne angelegt. Paul Maritz, Microsofts verantwortlicher Vizepräsident für den Bereich Betriebssysteme, hatte vor einer Gruppe von Industriemanagern über seine Absichten gegenüber Netscape erklärt: »Wir werden ihnen die Luftzufuhr abschneiden. Alles, was sie verkaufen, werden wir verschenken.«

Auch Gates hatte 1996 eine Warnung gegenüber Netscape geäußert, so das Justizministerium: »Unser Geschäftsmodell funktioniert selbst dann, wenn wir die ganze Internet-Software kostenlos verteilen. Wir verkaufen immer noch Betriebssysteme. Und wie sieht das Geschäftsmodell von Netscape aus? Nicht sehr gut.«

Das Justizministerium behauptete, daß Microsoft Anfang 1996 AT&T sogar angeboten habe, deren Verpflichtungen gegenüber Netscape in Höhe von 17 Millionen Dollar zu übernehmen. (Mit der gleichen Methode war Microsoft bei Vobis vorgegangen, um den deutschen Computergiganten vom Vertrieb eines konkurrierenden Betriebssystems abzubringen.) Die Zahlungen sollten in Form eines ›indirekten Zuschusses‹ abgewickelt werden, als Gutschrift für die Beträge, die AT&T an Microsoft für die Nutzung von Kundendaten hätte bezahlen müssen. AT&T mußte sich ebenfalls dazu verpflichten, Microsofts Internet Explorer exklusiv zu bewerben und zu unterstützen und seine bisherigen Beziehungen zu Netscape zu kappen.

In einer E-Mail aus dem Juli 1996 erklärte Gates persönlich seine Bereitschaft, Intuit dafür zu bezahlen, daß die Firma ihre Geschäftsbeziehungen mit Netscape beendet und statt dessen zum Microsoft-Browser wechselt.

Gates schrieb: »Ich habe ihm [Scott Cook, CEO von Intuit] ziemlich deutlich zu verstehen gegeben, daß ich bereit wäre, ihm im Gegenzug für einen baldigen Browser-Wechsel einen Gefallen zu tun, der uns ungefähr eine Million Dollar kosten würde.«

Die Feds hatten lediglich die neueste der langjährigen, räuberischen Praktiken des Softwaregiganten registriert: Er hatte sich den Ausschluß von Konkurrenzprodukten erkauft – sowohl indirekt, indem er die Dominanz von Windows als Druckmittel einsetzte und eine Verbreitung von Produkten und Dienstleistungen durch Windows versprach, als auch durch direkte Bezahlung.

Im Mai 1998 hatte das Justizministerium zusammen mit zwanzig Bundesstaaten ein großangelegtes Verfahren gegen den Softwaregiganten eingeleitet. Um die aufgestellten Behauptungen zu untermauern, wurden während des gesamten Verfahrens interne Microsoft-Dokumente und E-Mails aus den Chefetagen präsentiert.

Bill Neukom hatte diese Unterlagen als unbedeutend bezeichnet und behauptet, das Material stamme größtenteils von untergeordneten Mitarbeitern der Firma. War Bill Gates ein untergeordneter Mitarbeiter? Waren zahlreiche Mitglieder von Microsofts Führungsetage untergeordnete Mitarbeiter? Waren Spitzen-Manager untergeordnete Mitarbeiter?

Diese ›untergeordneten‹ Mitarbeiter, wie Neukom sie nannte, waren dieselben hochrangigen Angestellten aus Gates' ›innerem Heiligtum‹, die damals in den späten 80ern hinter der Blockade des DOS-Marktes steckten. Es handelte sich um Jim Allchin, David Cole, Brad Silverberg, Brad Chase, Paul Maritz, Joachim Kempin, Gates selbst und natürlich Neukom.

Microsofts eigene Rechtsabteilung war tief in diese Vorgänge verstrickt – und sich dessen sehr wohl bewußt. Sie hatte vermutlich die Formulierungen aufgesetzt, mit der Computerbenutzer vor dem ›fremden‹ Betriebssystem gewarnt werden sollten, als DRI damals versuchte, aus DR-DOS einen Erfolg zu machen. Gates hatte zusammen mit seinem Rechtsberater Neukom eine Notiz verfaßt, eine ›Säuberungs-E-Mail‹, und wurde dafür vom Justizministerium und von der FTC in die Mangel genommen. Bundesrichter hatten sowohl Sun als auch Caldera die Einleitung von Zwangsmaßnahmen zugesagt. Die beiden Firmen hatten Microsofts Methoden zur Blockade der Beweisaufnahme aufgezeigt. Im Falle von Sun ging es auch um Bill Gates' gescheiterte Konstruktion von Beweisen und um seine E-Mail, die mehrere Angestellte von Microsoft unabhängig voneinander aufbewahrt hatten.

Das Justizministerium sah sehr wohl, wie Microsoft versuchte, seine Spuren zu verwischen und seine wahren Absichten zu verbergen. Wenn eine Produktkopplung nach den Kartellgesetzen illegal war, so mußte Microsoft den Anschein erwecken, daß der Internet Explorer kein eigenständiges Produkt darstelle, sondern schon immer als Bestandteil des Betriebssystems Windows geplant war. In den vergangenen Jahren hatte Neukom die Mitarbeiter von Microsoft angewiesen, bei ihren Äußerungen über die Browser-Software »gut aufzupassen«, daß nicht der Eindruck entstehe, die Software sei ein eigenständiges Produkt. Interne Memos aus der Hand von Paul Maritz bestätigten diese Instruktionen Neukoms.

Die Führung von Microsoft war »sehr besorgt«, daß Äußerungen im beruflichen Alltag den Internet Explorer als »eigenständig erscheinen lassen« könnten. Sie kamen zu dem Schluß, es sei »absolut entscheidend«, daß »die Benutzeroberfläche gründlich nach korrigierbaren Stellen durchsucht wird«. Im Bewußtsein, daß die Feds auch auf Microsofts eigener Website nach Beweisen suchten, ordneten die Chefs die »Säuberung« der Internet Explorer-Website an, um sämtliche Hinweise zu beseitigen, die Microsofts aktueller Rechtsposition widersprachen. Die Anwälte des Justizministeriums vermerkten, daß zudem eine »Überprüfung von Win 98« vorgesehen war, die von leitenden Mitarbeitern und »jemandem aus der Rechtsabteilung« durchgeführt werden sollte, um »sicherzustellen, daß der Internet Explorer korrekt präsentiert wird«.

Das Justizministerium hatte – wie schon die FTC vor ihm – Microsofts Methoden und skrupellosen Praktiken dokumentiert, die nichts damit zu tun hatten, einen Markt durch den Erfolg erstklassiger Produkte zu erobern.

Im Februar 1997, so vermerkten sie, war Christian Wildfeuer zu der Schlußfolgerung gekommen, es würde »sehr schwer, den Marktanteil des IE 4 allein durch seine Qualitäten zu steigern; es ist wichtiger, unsere Stärke im Bereich Betriebssysteme einzusetzen, um die Leute dazu zu bringen, den IE anstelle des Navigators zu benutzen«.

Anfang Mai waren Neukom und Gates in Washington eingetroffen, um Einigungsgespräche mit Joel Klein und einer Handvoll Vertreter der Justizministerien der Bundesstaaten zu führen. Nach einer katastrophalen Tages- und Nachtsitzung hatten die Bundesbeamten die Gespräche abgebrochen. Bill Gates wandte dasselbe Manöver an, mit dem bereits Anne Bingaman im Verlauf der 1994er Vereinbarung konfrontiert war, als sie ihren Kollegen berichtete, daß Gates versuche, sie zu ›linken‹.

Microsoft hatte die Gespräche mit der Erklärung eröffnet, daß sie die Auslieferung von Windows 98 verzögern würden, wenn die Beamten die Klage zurückstellten, ferner daß Microsoft dann zu einigen Zugeständnissen bereit sei. Nach einigen Stunden hatte Gates seine Anwälte jedoch dahingehend instruiert, daß er sich weigere, die Veränderungen vorzunehmen, zu denen er angeblich schon bereit gewesen war.

Tage später wurde das Verfahren eingeleitet. Die Klage der Bundesstaaten würde Bereiche berühren, die das Justizministerium zwar nicht explizit aufgeführt hatte, aber während des Prozesses ansprechen wollte – einschließlich der illegalen Kopplung von Office-Programmen mit Windows. Das alles waren Streitpunkte, die Lotus, WordPerfect und zahlreiche andere Softwarefirmen schon seit Jahren zunächst von der FTC und dann vom Justizministerium untersuchen lassen wollten. Endlich wurde nun erkannt, daß diese Dinge den Wettbewerb im Bereich der Anwendungs-Software zerstörten – lange nachdem eine Menge Firmen in diesem Markt den Machenschaften Microsofts bereits zum Opfer gefallen waren.

Nur wenige Wochen vor Erhebung der Anklage hatte Gates seine Vertrauten bei einem inoffiziellen Treffen noch wissen lassen, daß es ihn besonders nervös mache, daß die Feds sich auf einen Fall vorbereiteten, der auf der Kopplung von Office und Windows basiere. An dieses heiße Eisen hatten sie sich bislang nicht herangewagt.

Darüber hinaus wurde Microsoft in diesem Prozeß vom Justizministerium beschuldigt, illegale Verträge mit Internet-Serviceprovidern abgeschlossen zu haben, in denen diese gezwungen wurden, den Verkauf und die Bewerbung von Konkurrenzprodukten einzustellen.

Das Ministerium versuchte, eine einstweilige Verfügung zu erwirken, die allerdings nicht zum Ziel hatte, daß der Softwaregigant die Auslieferung von Windows 98 stoppt. Statt dessen verlangte die Verfügung, daß Microsoft entweder den Internet Explorer innerhalb des Produktes deaktiviert – wie es nach einem Gerichtsbeschluß bereits bei Windows 95 geschehen war – oder aber zustimmt, auch den Netscape-Browser zusammen mit Windows 98 zu vertreiben, damit sich die Kunden frei entscheiden könnten. Neukom und Gates waren über diesen Vorschlag empört.

Microsofts Anteil am Browser-Markt war stetig von weniger als fünf Prozent Anfang 1996 auf über 60 Prozent gestiegen, und Joel Klein hoffte, beweisen zu können, daß Microsoft dies im wesentlichen durch die Ausnutzung seiner Monopolstellung gelungen war.

Gates war von der entscheidenden Bedeutung seines Marktanteils für einen Sieg im Bereich der Internet-Browser dermaßen überzeugt, daß er sogar bereit war, seinen eigenen Online-Service, das Microsoft Network (MSN), für seine Ziele zu opfern. Bei seinen Versuchen, Netscape zu schaden, hatte Gates America Online eine bevorzugte Position auf dem Windows-Desktop eingeräumt – auf Kosten seines eigenen MSN. Gates hatte Silverberg in einer E-Mail mitgeteilt, dies würde bedeuten, dem »MSN eine Kugel durch den Kopf zu jagen«.

Internet-Serviceprovider wie America Online, MCI und zahlreiche andere verfügten nun über eine Macht, wie sie die Computer-OEMs in den frühen Tagen der Computerindustrie besessen hatten. Sie waren für jede Firma der effektivste Weg, ihre Produkte zu vermarkten und zu vertreiben. Der Standard-

Browser für diejenigen zu sein, die Internet-Dienstleistungen für die Mehrheit der Computeranwender anboten, bedeutete einfach alles.

Im Juni 1996 zielte Paul Maritz in einer E-Mail genau darauf ab, um die Zielvorgaben beim Browser-Marktanteil zu erreichen: »Zusätzlich zur unserer Auslieferung des IE 3 [mit Windows 95 und NT] müssen wir auch AOL und CompuServe dazu bringen, den IE 3 auszuliefern.«

Jetzt versuchte die Regierung, den Markt für einen freien Handel im aufblühenden digitalen Zeitalter offenzuhalten. Sie versuchten, den Fortschritt anzuregen und zukünftige Innovatoren – wie Netscape – zu schützen, damit sie nicht weiterhin von Microsoft niedergetrampelt würden.

Wie sollten Konsumenten in den Genuß von Innovationen und weiterentwickelten Produkten gelangen, wenn sie gezwungen waren, den Internet Explorer anstelle der Netscape-Produkte zu benutzen? Wo in Microsofts internen Dokumenten wurde deutlich, daß mit der Integration der beiden Produkte ein innovatives Ziel angestrebt worden war? Daß es genau das nicht war, hätte nicht klarer formuliert werden können.

Während einer internen Präsentation am 5. Januar 1997 waren Gates' Absichten eindeutig. »Die Integration in Windows« bilde eine Möglichkeit, »den IE-Marktanteil zu vergrößern«, hatte er erklärt. Nur einige Tage früher hatte sein Senior-Vizepräsident Jim Allchin geschrieben, daß Microsoft, falls man Netscape schlagen wolle, damit beginnen müsse, »Windows als Marketing-Hebel einzusetzen«.

Er fuhr fort: »Der Funktionsumfang des IE muß konkurrenzfähig sein, aber wir brauchen noch etwas mehr – Windows-Integration.« ›Memphis‹, so der Codename für die nächste Windows-Version, würde dabei eine Schlüsselrolle spielen, fügte er hinzu. »Wir investieren nicht genug, um Wege zu finden, wie wir den IE und Windows miteinander verbinden können ... Memphis muß ein einfaches Upgrade werden, aber vor allem muß es ein Killer auf den OEM-Computern sein, damit Netscape keine Chance auf diesen Systemen bekommt.«

Die Integration des Internet Explorers in Windows hatte nichts mit Innovation zu tun; sie zielte einzig und allein darauf, Netscape aus dem Markt zu drängen.

Der Staat Texas, der als erster Bundesstaat eigene Untersuchungen zu den Vorwürfen wegen unfairer Praktiken Microsofts angestellt hatte, war ironischerweise nicht an jenem Prozeß beteiligt, der von mehreren Bundesstaaten parallel zu den Aktivitäten des Justizministeriums eingeleitet wurde. Der Grund: Große Computerhersteller aus Texas – Compaq und Dell – waren in Sorge, daß ihre PC-Umsätze durch ein gerichtliches Verbot der Auslieferung von Windows 98 sinken würden. Außerdem wollten sie ihre Beziehungen zu Microsoft nicht gefährden.

Es war das alte Problem: Diese Firmen waren derart abhängig von Microsofts Produkten, daß jede Störung im Nachschubsystem für Betriebssysteme gleich einem Dominoeffekt auf sämtliche Geschäfte durchschlagen würde. Es gab nur eine Karte, auf die man setzen konnte – und diese Karte hieß Microsoft. Auch wenn sie sich über die Macht ärgerten, die der Monopolist über sie hatte, wäre es für sie vorteilhafter, alles beim alten zu belassen, anstatt eine abrupte Änderung der Situation zu riskieren.

Außerdem waren der Sonderbeauftragte Sam Goodhope, der stellvertretende Justizminister Mark Tobey und deren Kollegen im texanischen Justizministerium inzwischen überzeugt, daß das Thema der Browser-Integration ein strittiger Punkt sei. Ein wesentlich wichtigerer Aspekt war Microsofts Potential, den Wettbewerb bei Online-Geschäften in den Bereichen Reisen, Medien und größeren Informations-Netzwerken zu behindern. Doch, wenn sich die Computerhersteller daran nicht störten und die Konsumenten keinen Schimmer von Microsofts wahren Absichten hatten, wie würden die Behörden dann dastehen, wenn sie knappe Ressourcen und Steuergelder in Untersuchungen zur Bereinigung einer Situation steckten, die von den meisten überhaupt nicht als problematisch angesehen wurde?

Mitte Juni trat die komplexe und kontroverse Natur dieses Falls noch einmal besonders klar zutage, als das Berufungsgericht eine Verfügung zurückwies, die Richter Jackson in dem

Verfahren wegen Mißachtung des Gerichts gegen Microsoft verhängt hatte. Dabei entschied sich das dreiköpfige Richtergremium nicht nur aufgrund verfahrenstechnischer Streitpunkte für die Ablehnung. Es war der Ansicht, daß es nicht über ausreichende Sachkenntnisse verfüge, um sich in Fragen des Produktdesigns einmischen zu können – eine Auffassung, die von Richterin Patricia Wald allerdings nicht geteilt wurde. Außerdem könne das Gericht nichts Unrechtes daran erkennen, daß ein Unternehmen neue Funktionen in ein vorhandenes Produkt integriere, falls dies zum Vorteil der Kunden wäre.

Ein paar Tage später wurde die Entscheidung in einem Leitartikel der *New York Times* als »irrig« bezeichnet, und in Artikeln und Nachrichtensendungen wurde eine weltweite hitzige Debatte losgetreten. Microsoft begrüßte die Entscheidung als einen Sieg, aber sie hatte wenig mit dem viel weitreichenderen Fall zu tun, den Joel Klein und seine Kollegen aus dem Justizministerium verfolgten.

Das Berufungsgericht hatte sich anscheinend aus der Affäre gezogen, indem es angesichts der technologischen Komplexität dieses digitalen Präzedenzfalls eine Entscheidung fällte, die den Sachverhalt stark vereinfachte. Aus demselben Grund hatte sich schon das Justizministerium während der Amtszeit von Anne Bingaman gescheut, einen komplexen Prozeß zu führen, der voraussichtlich einige der besonders unfairen Praktiken von Bill Gates und seinem mächtigen Unternehmen zum Gegenstand gehabt hätte.

Während die Schlagzeilen angesichts des Aufhebungsurteils im Berufungsverfahren Microsofts Sieg verkündeten, bereitete sich Joel Klein im Juni 1998 auf seinen Auftritt vor dem Bundesgericht am 8. September vor. Er beabsichtigte, ein Trommelfeuer an Beweismaterial abfeuern, das in zahllosen versiegelten Kartons, die sich in den rutschigen Fluren seiner Behörde stapelten, vor den Augen der Öffentlichkeit verborgen wurde.

Die Entscheidung des Berufungsgerichts gebe lediglich eine Vorahnung davon, »womit wir es in diesem Fall zu tun bekommen werden«, wie Kleins Assistent Jeff Blatner es ausdrückte. Wie auch immer das Ergebnis aussähe, es würde zum Meilenstein in der Geschichte der Kartellgesetzgebung werden.

Nachdem Windows 98 Ende Juni weltweit erschienen war, beklagten sich bald viele Kunden in Online-Chats erbost, daß diese Windows-Version kaum Vorteile gegenüber ihrem Vorläufer habe, ganz zu schweigen vom Fehlen echter ›Innovationen‹ – ein Begriff, auf den Gates nach wie vor bestand.

»Eine Sache möchte ich direkt vorausschicken: Netscape hat verloren«, schrieb ein technisch versierter Windows 98-Nutzer der ersten Stunde in einem öffentlichen Forum; »und zwar nicht, weil der Internet Explorer irgendwie besser ist (meiner Meinung nach ist er das nicht), sondern einfach weil es ihn gibt.« Er fuhr fort: »Microsoft hat ihn derart umfassend in das alte Explorer-Interface eingebettet, daß kaum jemand auf den Gedanken kommen wird, Netscape dem IE vorzuziehen. Die meisten Händler werden sich für den IE entscheiden, weil es für sie einfacher ist, einen Browser zu unterstützen statt zwei. Da man den IE nicht so ohne weiteres aus Win 98 entfernen kann und da sein Code bereits mit dem Betriebssystem geladen wird, wird die Ladezeit des IE immer kürzer sein als die von Netscape. Der Gewinner heißt am Ende immer: IE.«

In der Nachricht hieß es weiter: »Ich hatte bisher für die Installation lediglich ein oder zwei Stunden Zeit, und ich muß noch rauskriegen, wie sich ein paar von den Features abschalten lassen – ich nehme jedenfalls an, daß man sie abschalten kann. Auch die ... neue Optik des Desktops läßt sich deaktivieren, wie ich gehört habe. Bisher habe ich allerdings weder eine entsprechende Möglichkeit gefunden, noch konnte ich während der Installation irgendwelche Einstellungen vornehmen. Das heißt, daß sich 90 Prozent der Anwender gar nicht erst damit herumschlagen werden, wie sich diese Einstellungen vornehmen lassen. Sie werden einfach annehmen, daß das die Norm sei. Und damit fällt die Wahl erneut zugunsten des IE und gegen Netscape aus.«

Der Verfasser entschuldigte sich dann für seine Analyse: »Sorry, daß ich so düster klinge, aber genau so sieht es aus ... Die Durchschnittsbenutzer von Microsoft-Produkten kennen nichts Besseres ... Für 90 Prozent von ihnen bewegt sich die

Computerindustrie einfach zu schnell, und sie glauben, daß wir diesen Fortschritt den Innovationen aus dem Hause Microsoft zu verdanken haben. Ich habe versucht, einigen dieser Leute klarzumachen, daß genau das Gegenteil der Fall ist, aber bei diesen naiven Anwendern verschlägt es mir glatt die Sprache ... Ich fürchte, das gilt für ganz Nordamerika und für den Rest der Welt.«

Andere schimpften internetweit in öffentlichen Foren und Online-Chatrooms, daß die Regierung Microsoft in Ruhe lassen solle und daß es der Regierung eigentlich egal sein könne, welche Firma ihre Software herstelle, solange sie mit ihr die Dinge erledigen könnten, die sie damit erledigen wollten.

Während die Debatte in den Wochen nach der Entscheidung des Berufungsgerichts erst richtig hochkochte, milderten in Redmond die Brisen, die vom Pugetsund herüberwehten, die Sommerschwüle.

Und während das Tageslicht über Microsofts ausgedehntem Campus langsam schwand, schien das Licht aus einem der Fenster in Gebäude Nr. 8 noch heller zu leuchten.

Es war schon recht spät, als Bill Gates in die Weite der Nacht hinaustrat. Das Glitzern der Sterne, die vor Jahrmilliarden entstanden waren, erfüllte das Himmelsgewölbe und ließ die Geschäfte des Tages und das erbärmliche Glühen elektronischer Schaltkreise bedeutungslos erscheinen.

Wenn der Tag ein Sinnbild der Technik war, dann bildete die Nacht das Reich des Namenlosen und des Unverfügbaren.

Danksagung

»Alles war perfekt im Zirkus; ein glitzernder Schwindel mit Musik«, schrieb der Schriftsteller Julio Cortazar. Ich hatte einen ähnlichen Eindruck, als ich mich auf die überraschende Verfolgungsreise dieser leuchtenden Amerikanischen Ikone Microsoft Corp. machte.

Es gab sowohl eine Menge Attraktionen als auch Hindernisse auf diesem Weg. Attraktionen waren die vielen faszinierenden Entdeckungen sowie die Menschen, die sich die Zeit nahmen und den Mut hatten, mir beim Aufspüren von Informationen zu helfen, die nicht mehr im Lichte der Öffentlichkeit lagen und fast unmöglich zu bekommen waren. Die Hindernisse umfaßten unter anderem Bill Gates' persönliche Versuche, meine Arbeit zu zensieren, indem er verschiedene Zeitungs- und Zeitschriftenredakteure anrief und ihnen ohne Angabe von Gründen nahelegte, kein Wort von mir zu veröffentlichen. Glücklicherweise standen diese Redakteure hinter mir, ignorierten die Worte des reichsten Mannes der Welt und unterstützten mich dabei, zahlreiche Artikel darüber zu veröffentlichen, was wirklich hinter den Kulissen passierte – bei Microsoft und bei den Kartell-Untersuchungen gegen die Firma.

Für ihre Unterstützung bedanke ich mich bei Owen Youngman von der *Chicago Tribune*; Larry Edelman beim *Boston Globe*; Eric Nee, ehemaliger Redakteur bei *Upside*; Louis Rossetto von *Wired*; John Soat von der *Information Week*; Andy Lawrence von der *Computer Business Review* (London); und Tom Steinert-Threlkeld und Al Perlman von der *Interactive Week*.

Dank an CBS News, National Public Radio, die Canadian Broadcasting Corporation, PBS television, BBC Radio und BBC Television für die Sendungen über meine Arbeit in der Anfangsphase dieses Buches.

Außerdem möchte ich mich bei John Russel von CMP Media bedanken, der mir die Möglichkeit gab, schon früh unter der Oberfläche zu graben, der mich ermutigte und mir Beistand leistete; sowie bei Alice Greene und Bob Evans für die frühen, intensiven Tage im Nachrichtengeschäft.

Ich stehe bei vielen Leuten von Random House in tiefer Schuld, aber besonders bei Ann Godoff, die mir während eines dreitägigen ›Brainstorming‹ in ihrem Büro unendliche Inspiration und Staunen über den Prozeß bescherte, den ich gerade begonnen hatte; bei Tracy Smith, die als eine der ersten auf das Projekt aufmerksam wurde; und bei meinem früheren Lektor Karl Weber, der nie zweifelte.

Große Bewunderung und Anerkennung gehen an John Mahaney, meinen Lektor bei Random House, dessen professionelle Redaktion und freundliche Art es mir ermöglichten, mich voran zu kämpfen, gefestigt durch sein ungebrochenes Vertrauen und seine Ermutigungen. Auch Luke Mitchell, John's Assistent, schulde ich eine Menge, da er mich mit seinem Humor und seinen respektlosen Telefonnachrichten in Schwung hielt. Weiter stehe ich in der Schuld von Produktions-Guru Nancy Inglis, ebenfalls bei Random House, die bereitwillig die allerneuesten Entwicklungen annahm, und den PR-Zauberern Will Weisser und Mary Beth Roche, die die frohe Botschaft verbreiteten.

Es gibt viele wichtige vertrauliche Quellen, deren Namen in diesem Buch nicht auftauchen, denen ich Lob und Dank für ihren Mut und ihr Vertrauen aussprechen möchte, besonders ›Deep Vision‹ (Woodward und Bernstein haben den Spitznamen ›Deep Throat‹ gekippt), der mir erlaubte, einen unverhüllten Blick in das ›innerste Heiligtum‹ zu werfen.

Für ihre Wärme, Ermutigung und Kameradschaft während meiner vielen Aufenthalte in Los Angeles danke ich Steven, Gaye, Nicky und Zach Lalich; Helene Klosner; außerdem John C. Reilly und Alison Dickey. In New York bedanke ich mich bei

Liz Sipes, Liz Norman und Ian Klapper für anregende Abendessen, und bei meinem lieben Freund Robert Auletta für endlose Inspirationen und Blake'sche Vergnügungen.

Für viele aufbauende Telefonate, das frühe Lesen meiner ›Schnipsel‹ und eine Pause in Lexington, Kentucky, gilt meine Liebe Karen Tice und Dwight Billings, und auch Dan Mason, der mir Pakete voll Musik, Blumen und Ermunterungen schickte.

Zuhause bedanke ich mich für die ›Zauberkessel-Nächte‹ voll sprudelnder Eingebungen unter den Bäumen mit meinen lieben Freunden Gail Richman, Bibi Tinsley, S.L. Daniels und dem Dramatiker Steve Serpas, der in seinem eigenen Projekt feststeckte – der wie ich immer von einem Haufen Silben an der Nase herumgeführt wurde.

Für einen fröhlichen Rückzugsort in Malibu und für kreative Integrität inmitten dieser lärmenden Welt bedanke ich mich bei Gillian Anderson. Eine Umarmung und Dankbarkeit gehen an Jeannie Scheller und ihre Tochter Christina Scheller – eine hoffnungsvolle Schriftstellerin – für abenteuerliche Kinder-Tauschaktionen, wenn die Abgabetermine mich mal wieder an die Wand drückten.

Rachel Slavick, meiner langjährigen Freundin und Reinschreiberin, und Ann Slavick schulde ich viel für die emotionale Unterstützung und die zahlreichen Abendessen mit Freunden in Stunden der Dunkelheit; Lew Koch, der mich mit toller Literatur und vielen lustigen Geschichten versorgte; Terry Rohm, für dessen beschwingende E-Mail-Gedichte; John Kilcullen, der mich durch sein Lob unterstützte; Dan und Sandy Gookin, für sonnige Tage und ihre Freundschaft via E-Mail; und an Bill Gates für unser merkwürdiges Aufeinandertreffen in Las Vegas.

Ich darf natürlich meinen Agenten Bill Gladstone nicht vergessen, und die Dichters, die mich auf Trab hielten, und diese unvergeßlichen Abendessen mit den Investment-Bankern und dem tibetanischen Mönch! Ich möchte mich bei meinen Eltern Audrey und Sid Goldman bedanken, für ihre unentwegte Unterstützung und Bestärkung, gar nicht zu reden von den brillanten Titel-Ideen meines Vaters wie etwa ›Schlmozzle Power‹; bei meinem Bruder Jeffrey Goldman und Premiere Properties in Boston,

Die Microsoft-Akte

die mir mehr als einmal einen idyllischen Ort boten, an den ich fliehen und ohne Ablenkung schreiben konnte; bei meinem Bruder Gary, der hunderte von Meilen zu mir fuhr, um Licht in die Dunkelheit zu bringen; und bei meiner Schwester Cindy, daß sie ein paar Tränen über meinen Seiten vergossen hat. Meinen Mentoren Joseph Halpern und George F. Butterick, die mich auf tiefe Weise bereichert haben, bin ich ewig zu Dank verpflichtet.

Ich danke Josip Pasic, dem Bilderstürmer, daß er mir den Weg geleuchtet hat, als ich durch dunkle Gänge irrte; er erinnerte mich daran, daß Worte nie mehr sein können als ›ein Finger, der zum Mond zeigt‹ und mir so die Freiheit gab, frei von Urteil und Zweifel weiterzumachen.

Aber vor allem bedanke ich mich bei zwei Menschen: meiner wundervollen Tochter Madeline, die mein Leben mit Liebe und Licht erfüllt, und die ich niemals für ihr Verständnis belohnen kann, das sie aufbrachte, wenn sich unser Haus in einen riesigen Aktenschrank verwandelte und wenn die drückenden Abgabetermine die Abendessen bei Taco Bell zur Gewohnheit werden ließen; und schließlich Ric Murphy, der mir immer wieder mit seiner offenherzigen, ausgelassenen Art und einigen alles verändernden Apfelkuchen Kraft gab.

Die Akteure

Über die Jahre veränderten sich bei vielen der aufgeführten Akteure die Titel und Zuständigkeitsbereiche. Für unsere Zwekke wurden diejenigen Titel verwendet, die die Personen während des zeitlichen Rahmens und der in diesem Buch beschriebenen Aktivitäten am längsten innehatten.

Bei Microsoft

Bill Gates, Vorsitzender und CEO[1]
William Neukom, Chefberater
Steve Ballmer, Senior Vizepräsident (VP) und Vertriebsgeschäftsführer
Mike Maples, VP, Geschäftsführer internationale Produkte
Joachim Kempin, Senior VP, OEM-Verkauf
Jim Allchin, Senior VP
Brad Silverberg, Senior VP, Leiter der Abteilung Betriebssysteme
Paul Maritz, Senior VP, Technologie-Strategie
Brad Chase, VP, PC-Systeme
David Cole, VP, Entwicklungsleiter Betriebssysteme
Bernard Vergnes, Präsident, Microsoft Europa
Jeff Lum, VP, Europa
Jürgen Hüls, Abteilungsleiter OEM-Geschäft, Deutschland
Stefanie Reichel, Account Manager für Vobis

Die Konkurrenz

Ray Noorda, Vorsitzender und CEO, Novell
John Akers, Vorsitzender und CEO, IBM
Lou Gerstner, Vorsitzender und CEO, IBM
Jim Cannavino, Leiter der PC-Abteilung und Chefstratege, IBM

---

[1] Chief Executive Officer, der Hauptentscheidungsträger einer amerikanischen Firma.

Die Microsoft-Akte

Jim Manzi, Vorsitzender und CEO, Lotus Development Corp.
Philippe Kahn, Vorsitzender und CEO, Borland International
Jim Barksdale, Vorsitzender und CEO, Netscape
Scott McNealy, Vorsitzender und CEO, Sun Microsystems
Jerry Kaplan, Vorsitzender und CEO, Go Corp.
Alan Ashton und Bruce Bastian, Gründer von WordPerfect
Gary Clow, Präsident, Stac Electronics
Bryan Sparks, Präsident, Caldera

Die Anwälte

Steve Holley, Sullivan&Cromwell, externer Rechtsberater für
Microsoft
Tom Lemberg, Chefberater, Lotus
Andrew Berg, ext. Rechtsberater in Washington, D.C., für Lotus
Bob Kohn, Chefberater, Borland International
David Bradford, Chefberater, Novell
Sturge Sobin, externer Rechtsberater in Washington, D.C.,
für Novell
Mike Sohn, Arnold&Porter, Washington D.C., externer
Rechtsberater für Novell
Duff Thompson, Chefberater, WordPerfect
Roberta Katz, Chefberater, Netscape
Gary Reback, externer Rechtsberater für Netscape
Felix Rohatyn, Berater für Lotus
Mike Morris, Chefberater, Sun Microsystems
Morgan Chu, externer Rechtsberater für Stac
Steve Susman, Susman&Godfrey, externer Rechtsberater
für Caldera
Ralph Palumbo, The Summit Law Group, externer
Rechtsberater für Caldera

Die Bundesbeamten bei der FTC

Janet Steiger, Vorsitzende der Kommission
Deborah Owen, Kommissionsmitglied
Dennis Yao, Kommissionsmitglied

Die Akteure

Mary Azcuenaga, Kommissionsmitglied
Roscoe Starek III, Kommissionsmitglied
Kevin Arquit, Leiter der Wettbewerbsabteilung
Mary Lou Steptoe, Nachfolger von Kevin Arquit
Steve Newborn, Hauptankläger
Marc Schildkraut, Stellvertretender Direktor der
Wettbewerbsabteilung
Norris Washington, angestellter Anwalt

Die Bundesbeamten beim Justizministerium

Anne K. Bingaman, Staatssekretärin und Vorsteherin der
Kartellabteilung
Robert Litan, Unterstaatssekretär
Rich Gilbert, Unterstaatssekretär
Dianne Wood, Unterstaatssekretär
Sam Miller, Ankläger
Steve Sunshine, Unterstaatssekretär
Rich Rosen, Abteilungsleiter
Joel Klein, Staatssekretär und Vorsteher der Kartellabteilung
Dan Rubenfeld, Unterstaatssekretär
Doug Melamed, Unterstaatssekretär
Jeff Blatner, Fachberater für Informationstechnologie
David Boies, Fachberater für Gerichtsverfahren

Die Kartellwächter der Einzelstaaten

Dan Morales, Justizminister, Texas
Mark Tobey, Staatssekretär im Justizministerium, Texas
Sam Goodhope, Sonderbeauftragter des Justizministeriums,
Texas

Die Richter

Bundesbezirksgericht
Richter Stanley Sporkin (Washington, D.C.)
Richter Dee Bensen (Salt Lake City, Utah)
Richter Thomas Penfield Jackson (Washington, D.C.)